GW01605174

Simon Drescher

Persuasion zwischen Zweifel und Gewissheit

neue rhetorik
new rhetoric

Herausgegeben von
Joachim Knape, Olaf Kramer und Dietmar Till

Band 32

Simon Drescher

Persuasion zwischen Zweifel und Gewissheit

Ein philosophischer Beitrag zur Fundamentalrhetorik

DE GRUYTER

Die Bände 1 bis 29 der Reihe sind im Weidler Buchverlag Berlin erschienen.

ISBN 978-3-11-065359-5
e-ISBN (PDF) 978-3-11-065388-5
e-ISBN (EPUB) 978-3-11-065370-0

Library of Congress Control Number: 2019936884

Bibliografische Information der Deutschen Nationalbibliothek
Die Deutsche Nationalbibliothek verzeichnet diese Publikation in der Deutschen Nationalbibliografie; detaillierte bibliografische Daten sind im Internet über http://dnb.dnb.de abrufbar.

Druck und Bindung: CPI books GmbH, Leck

www.degruyter.com

Vorwort

Dass nach Jahren intensiver Arbeit an dem Text dieses Buch nun in seiner endgültigen Form erscheint, verdanke ich vor allem meinem Doktorvater, Joachim Knape, von dem ich lernen konnte. Olaf Kramer als Zweitgutachter und Thomas Sattig als Drittgutachter haben ebenfalls ihren Anteil daran, auch ihnen bin ich zu Dank verpflichtet. In das Graduiertenkolleg 1808 „Ambiguität – Produktion und Rezeption" wurde ich als assoziiertes Mitglied sehr offen und für mich bereichernd aufgenommen. Dafür ebenfalls mein herzlicher Dank!

Dieses Buch lag der Philosophischen Fakultät der Universität Tübingen im Wintersemester 2017/18 als Dissertation vor.

Meiner Familie danke ich für ihre Unterstützung, vielen Freunden und Bekannten für ihre Geduld.

Und auch ein schlauer Fuchs trug dazu bei...

Tübingen im Herbst 2018 SD

https://doi.org/10.1515/9783110653885-202

Inhalt

1 Einleitung

1.1 Das Spektrum der Persuasion: Konstruktion und Destruktion

Alles Rhetorische ist ein Spiel von Zweifel und Gewissheit. Das persuasive Moment des rhetorischen Aktes konstituiert sich erst unter dem Eindruck dieser basalen Dichotomie, welche die Bedingung aller Überzeugung in sich trägt, und wird schließlich zu ihrem sozial-kommunikativen Wirkungsfaktor. Was ‚Persuasion' heißt, ist die durch strategische Kommunikation lebensweltlich real gewordene Dimension jenes epistemischen Wechselvorgangs, in dem Überzeugungen ihr Status verliehen oder aberkannt und der Zustand des Überzeugt-Seins aufgebaut oder wieder eingerissen wird. Zweifel und Gewissheit gehen dabei ein Verhältnis eigentümlicher Verschränkung ein, dessen Charakteristik nicht nur in der offenkundigen kontradiktorischen Opposition zueinander besteht, sondern zugleich eine Abhängigkeit formuliert, die beide Zustände eher zu notwendig aufeinander bezogene Antagonisten macht. Wenn Persuasion als Überzeugungshandeln geschieht, ereignen sich zugleich jene beeinflussenden Wechselzustände, die eine Überzeugung ausbilden, wo zuvor eine andere war. Jemanden zu überzeugen heißt, ihm Gründe dafür zu geben, sich einer Meinung anzuschließen, die für ihn zunächst noch zweifelhaft war. Welcher Art diese Gründe sind, spielt für diese Feststellung keine Rolle, über ihre logische Güte oder ethische Rechtfertigung muss nichts gesagt sein, um festzuhalten, dass das zu überzeugende Subjekt überhaupt irgendwelcher Gründe bedarf. Aus diesen Gründen ergibt sich die Subjekt-interne Rechtfertigungslage, eine Überzeugung für wahr halten zu dürfen beziehungsweise in einem deontischen Sinne für wahr halten zu müssen, soll das eigene Überzeugungssystem aussagekräftig sein. Perspektiviert man Rhetorik aus dieser Blickrichtung, stellt sich für den Handlungsprozess ein generierend orientiertes, positiv-konstruierendes Bild ein, welches für Gewissheit sorgt. Persuasion steht damit unter dem Diktat der Konstruktion.

Dieses Diktat ist gerechtfertigt, wenn man Rhetorik als die *dynamis* begreift, die bereits Aristoteles in ihr gesehen hat,[1] als sozial wirksame Kraft, Entscheidungen in grundsätzlich widersprüchlicher oder unklarer Situation herbeizuführen. Sie ist dann ein öffentlich wirksamer, kommunikativer Impulsgeber, der soziale Prozesse in ihrem Erkenntnisbemühen zielgerichtet zu beeinflussen vermag, um

1 Vgl. Arist.: Rhet., ed. Ross 1959, I, 2 (1).

https://doi.org/10.1515/9783110653885-001

zu handlungspraktischen Entscheidungen zu führen. Das Diktat der Konstruktion folgt einer inklusiven Interpretation des Begriffs der Überzeugung: wer Gründe hat, darf überzeugt sein, und wer überzeugt ist, darf für wahr halten. Aus diesem Für-wahr-Halten folgt die Berechtigung zur Handlung, also gleichzusetzen mit einer Handlungslizenz, welche sich auf das Recht der Einsicht und Begründung berufen kann und auf ein Konzept verweist, das die abendländische Geistesentwicklung für sich zur Rechtfertigungsgrundlage des Handelns schlechthin erhoben hat – Vernunft. Die soziale Absicherung der Handlung ergibt sich im rhetorischen Zusammenhang aus dem vom rhetorisch Handelnden angestrebten Konsens-Moment. Einigkeit in ihrer kleinsten Einheit ist die Übereinstimmung zwischen dem Orator, also dem Überzeugenden, und seinem Adressaten, den er im Falle gelingender Rhetorik überzeugt hat.

Für den Persuasionsbegriff bilden Konstruktion und Inklusion jedoch nur die eine Hälfte des Spektrums. Die deontische Ebene der Gewissheit indiziert, dass eine Überzeugung zu haben heißt, sich auf eine bestimmte Ansicht über die Welt festzulegen und dieser Ansicht den Status der Wahrheit zuzuerkennen, zumindest für den Moment, in dem man sich durch Gründe berechtigt sieht, die eigene Überzeugung für wahr zu halten. Es ist schwer, von etwas überzeugt zu sein und zugleich zu denken, es verhielte sich in Wahrheit anders. Der Begriff der Überzeugung impliziert daher auch, dass bestimmte alternative Überzeugungen verneint werden müssen. Insofern ist Überzeugung auch als negatives Konzept zu verstehen: wer überzeugt ist, dass er einen Apfel in seiner Hand hält, muss die Aussage: ‚Ich halte eine Maus in meiner Hand.' und unzählige weitere Aussagen für sich und den Moment des Apfel-Haltens für falsch halten. Damit ist epistemisch erneut nichts über die Güte der Begründungen der Überzeugung gesagt und auch nichts über die Güte aller Begründungen für das Ablehnen gegenteiliger Überzeugungen. Aber für die Rhetorik ist doch eine wesentliche Charakteristik deutlich geworden: Jemanden von etwas zu überzeugen heißt in exklusiver Lesart, ihm Gründe dafür zu geben, eine unbekannte, aber doch große Menge an alternativen Überzeugungen abzulehnen. Diese Perspektivierung des Persuasionsprozesses folgt dem Diktat der Destruktion. Überzeugungshandeln heißt, gegenteilige Überzeugungen zu verdrängen beziehungsweise zu destruieren.

Das Spektrum des Begriffs ‚Persuasion' setzt sich daher aus zwei Polen zusammen, die einander notwendigerweise bedingen: Konstruktion und Inklusion auf der einen und Destruktion sowie Exklusion auf der anderen Seite. Wer persuasiv handelt, vereint stets beide Momente in seiner Handlung miteinander. Aus dieser Auffassung von Persuasion erhellt, dass Rhetorik eine starke Beziehung zu epistemischen Begriffen hat. Überzeugungen sind Basiseinheiten erkenntnistheoretischer Überlegungen. Alle Fragen nach Wissen und Rechtfertigung, und noch grundlegender, nach Erkenntnis und den möglichen Wegen zu ihr, kommen nicht umhin, von Überzeugungen zu handeln. Sofern Rhetorik als Kraft der Konstruktion und Destruktion von Überzeugungen angesehen wird, findet eine Theoriebeschreibung in epistemischen Begriffen statt, auch wenn diese im Zusammenhang rhetorischer Theoriebildung andere funktionale Rollen aufweisen, als es im Fall eines rein epistemischen Diskurses sein mag. Neben dem der Überzeugung sind jedoch noch weitere epistemische Begrifflichkeiten zentral, die das Spektrum der Persuasion beschreiben. Das konstruktive Element der Überzeugungsstiftung korrespondiert mit dem erkenntnistheoretischen Schwesterbegriff der Gewissheit, das destruktive Moment des Überzeugungsangriffs greift dessen Negation auf, den Zweifel. Damit ist rhetorisches Überzeugungshandeln stets auch ein Handeln zwischen Zweifel und Gewissheit.

Gerade die Auffassung des Persuasionsprozesses ex negativo mag auf den ersten Blick ungewöhnlich erscheinen, aber sie eröffnet dem rhetoriktheoretisch Forschenden ein weites und bislang noch recht unbearbeitetes Feld. Traditionell steht das konstruktive Spektrum der Persuasion im Vordergrund der theoretischen wie praktischen Bemühungen. Das Evozieren von Überzeugungen, das Versetzen in den Zustand des Überzeugt-Seins, bildet von Anfang an den Fokus der Rhetorik. Solange sie, wie gerade beschrieben, als echte *dynamis* verändernd wirken will, muss ihre positive Gerichtetheit auf neue mentale Zustände der Gewissheit das Ziel aller rhetorischen Interaktion bleiben. Dies wird auch durch die Betonung des destruktiv-exklusiven Anteils am persuasiven Prozess in keiner Form negiert. In seiner unumstritten bedeutsamen Theoriegrundlegung will Aristoteles die Rhetorik als konstruierende Wirkungsmacherin verstanden wissen. Jedem der drei von ihm skizzierten Wege der Überzeugung, also dem Redner, der Affekterregung beim Publikum und der Rede selbst,[2] wird dessen persuasive Wirkung als generierendem Konstrukt zugeordnet. Der Redner erscheint besonders glaubwürdig, die Zuhörer werden in bestimmte Emotionen versetzt und „durch die Rede endlich überzeugt man, wenn man Wahres oder Wahrscheinliches aus jeweils glaubwürdigen Argumenten darstellt."[3] Aristoteles wählt damit die naheliegende Variante, die Entstehung von Überzeugung zu charakterisieren, indem ein positives Überschussmoment an Begründung den Ausschlag für ein sich einstellendes Empfinden von Wahrheit oder Wahrscheinlichkeit beim Adressaten auslöst. Aus den glaubwürdigen Argumenten, der charakterlichen Integrität des Redners und der überzeugungs-günstigen affektiven Haltung des Publikums

2 Vgl. Arist.: Rhet., übers. Krapinger 1999, I, 2 (3). Soweit nicht anders angegeben, wird im Folgenden nach dieser Ausgabe zitiert.

3 Arist.: Rhet. I, 2 (6).

ergibt sich der epistemische Zustand der Gewissheit, das richtige Urteil in einer fraglichen Sache getroffen zu haben, indem man dem Orator folgt.

Insofern kann eine Arbeit, die sich mit dem Destruktions-Diktat der Persuasion beschäftigt, nicht das Ziel verfolgen, Rhetorik den Status des Konstruktiven abzuerkennen. Vielmehr muss sie dazu beitragen, die konstruktive Seite besser zu verstehen, indem der ihr stets inhärente destruktive Gegenpol systematisch beleuchtet wird.

Selbstverständlich ist dieser bei Aristoteles ebenfalls bereits angelegt. Zeugnis dessen sind die ersten Sätze der *Rhetorik*, in denen Aristoteles erklärt, was geschieht, wenn Menschen rhetorische Handlungen vollziehen: „Alle nämlich versuchen bis zu einem gewissen Grad, ein Argument einerseits zu hinterfragen, andererseits zu begründen, einerseits zu verteidigen, andererseits zu erschüttern."[4] Das hier ins Spiel gebrachte Verb *exetazein*[5] (fragen, untersuchen), insbesondere aber das Wort *kategorein*[6] (beschuldigen) verdeutlichen, worin Aristoteles das destruktive Wirkmoment der Rhetorik sieht: nicht etwa in einer Haltung absoluter Negation, sondern vielmehr in einem Selektionsprozess, der dazu zwingt, Überzeugungen zu verwerfen, die als unbegründet ausgeschlossen werden können.

In diesen Sätzen findet sich exakt das Spektrum der Persuasion wieder, wie es bereits dargestellt wurde. Dezidiert geht Aristoteles auf das dichotome Verhältnis von Zweifel und Gewissheit ein und gibt beiden Polen ihren Raum. Um der Zielvorstellung der Rhetorik als Überzeugungsmacherin gerecht zu werden, entwickelt er im weiteren Verlauf seiner Schrift seine eigene Antwort auf die Frage, wie der epistemisch positive Befund der Gewissheit bei einem Adressaten durch rhetorisches Handeln zustande kommen kann. Jedoch stellt er eben auch gleich zu Beginn seiner Überlegungen klar, dass dieser Seite grundsätzlich immer eine andere korrespondiert, die von der Destruktion der Gewissheiten ausgeht, welche dem rhetorisch Handelnden zuwiderlaufen. Rhetorik ist seit ihrer frühesten Theorie von Anfang an in die Dichotomie von Zweifel und Gewissheit eingewoben.

Diese Dichotomie wäre falsch verstanden, zöge man aus ihr die Schlussfolgerung, ein Orator müsse sich immer überlegen, ob er ausschließlich destruktive oder konstruktive Persuasion betreiben wolle. Wie bereits dargestellt wurde und sich im Laufe der Arbeit noch ausführlicher zeigen wird, ist das Ziel rhetorischer Interaktion immer, neue Überzeugungen im mentalen System eines Adressaten

4 Ebd., I, 1 (1).
5 Arist.: Rhet., ed. Ross 1959, I, 1 (1).
6 Ebd., I, 1 (1).

zu verankern.[7] Es geht deshalb vielmehr darum, festzuhalten, dass dieser Überzeugungsinstallation automatisch ein Ausschlusskriterium inhärent ist, welches sich destruktiv auf gegenteilige Überzeugungen auswirken muss.

1.2 Die vernachlässigte Seite des Spektrums: die Forschung am Zweifel

Dass Gewissheitserzeugung als Prozess stets mitberücksichtigen muss, einem Verdrängungsakt konkurrierender Überzeugungen gleichzukommen, weiß die Rhetorik also bereits seit ihrer frühesten disziplinären Systematisierung. Zugleich hat die gesamte Forschung zur Rhetoriktheorie die Dichotomie von Zweifel und Gewissheit immer nur unter dem einen Begriff der Persuasion verhandelt. Dies ist gerechtfertigt, insofern konstruktive Gewissheitssetzung das Kernanliegen aller Rhetorik ist. Und dennoch wird die Frage nach einer Überzeugungs-destruktiven Persuasion dadurch in gewisser Weise überdeckt, obwohl sie das notwendige Gegenstück zur Frage nach Gewissheitsevokation ist. Auf der Ebene systematischer Terminologisierung ist erstmals Joachim Knape diesem Zweifelsdesiderat begegnet. Sein Begriff für das destruktiv-exkludierende Spektrum der Überzeugung ist jener der inversiven Persuasion.[8] Invers ist diese Persuasion, da sie ein begründendes Überzeugungshandeln ist, jedoch in diesem Falle nicht unmittelbar zugunsten einer neuen Überzeugung, sondern vielmehr zuungunsten bestehender Überzeugungen. Inversive Persuasion ist strategische Zweifelsevokation, die gleichsam den Weg für die Gewissheitserzeugung ebnet, welche der Rhetorik ihr endgültiges Gesicht sozialer Handlungsmacht verleiht.

Neben den Grundzügen einer Zweifelstheorie Knapes, welche ausführlich im zweiten Kapitel dieser Arbeit dargestellt und diskutiert werden, ist der Rhetoriktheorie bislang eine Annäherung an den Begriff des Zweifels in erkenntnistheoretischer Hinsicht verwehrt geblieben. Die ausführliche Beschäftigung mit dem Begriff des Zweifels offenbart dabei aber noch eine zweite Forschungslücke, die es zu betrachten gilt. So sehr sich die Rhetorik auch seit jeher auf Begriffe wie Überzeugung und Gewissheit berufen mag, so wenig konnte sie bislang die Diskussionen der gegenwärtigen Erkenntnistheorie in ihre facheigene Debatte um

---

7 Dieser Frage, ob und weswegen Rhetorik nicht einfach beim Zweifel stehen bleiben kann, wird insbesondere das Kapitel 2.3 nachgehen. Vor allem ist hier die klare Position Knapes (2015a und 2015b) zu dieser Thematik zu beachten.

8 Vgl. Knape 2015b. Ausführlicher wird sein Konzept der inversiven Persuasion in Kapitel 2.2 dieser Arbeit erläutert.

diese Begriffe integrieren. Einmal mehr ist Knape die erste und einzige Anlaufstelle, um einen rhetoriktheoretisch fundierten Begriff der Gewissheit für eine Untersuchung bereitzustellen. Mit ihm erhält ‚rhetorische Gewissheit' (ein Ausdruck, der noch zu klären sein wird) den Namen ‚Zertum'.[9] Und trotz einer Definition dieses Terminus, die Knape selbst gibt, bleibt der Begriff in der gegenwärtigen Diskussion merkwürdig unkonturiert. Es gehört offenkundig zu den Eigenheiten der modernen Rhetorikforschung, die weitreichenden Angebote aus den philosophischen Strömungen der Philosophie des Geistes, der Erkenntnistheorie und weiter Teile der Sprachphilosophie nur am Rande zur Kenntnis zu nehmen und ihnen allenthalben den Stellenwert einer Fußnote zukommen zu lassen. Während sprechakttheoretische Überlegungen und Autoren wie Peirce und Grice insbesondere im Zuge Knapes neo-aristotelischer Rhetorikkonzeption Einzug in den Diskurs gehalten haben, sind wesentliche Stichwortgeber aus der neueren Entwicklung der Sprach- oder Geistesphilosophie noch unberührt geblieben. Als signifikantes Beispiel kann hier Donald Davidson gelten, dessen Konzept kommunikativer Intersubjektivität für eine philosophisch grundierte Persuasionstheorie einem noch ungehobenen Schatz gleichkommt. Gleiches gilt für einen der wirkungsreichsten Vertreter der gegenwärtigen Philosophie des Geistes, Robert Brandom. Während Habermas schreibt, Brandoms Werk *Making it explicit* sei eine epochale Neuordnung rund um die Konzepte von Begründungen und sprachlich-diskursiver Praxis,[10] sind seine Schriften im rhetorischen Diskurs noch nicht angekommen. Und selbst der Ausgangspunkt und Stichwortgeber der *ordinary language philosophy*, Ludwig Wittgenstein, ist bislang nicht in dem Maße auf seine Brauchbarkeit für rhetorische Theoriebildung hin untersucht worden, wie es seine Spätphilosophie eigentlich anbieten würde.

Es ist für eine einzige Arbeit selbstredend unmöglich, alle genannten Autoren systematisch auf ihre Erkenntnisleistung für die Rhetorik hin zu überprüfen. Aber die Fokussierung auf eine genauere Klärung der Begriffe ‚Zweifel' und ‚Gewissheit' im rhetorischen Sinne lässt es zu, einen Blick in die zeitgenössische Philosophie zu wagen und neue Aspekte aus ihr zu gewinnen, die erstmals systematisch für ein zentrales rhetoriktheoretisches Forschungsanliegen fruchtbar gemacht werden können.

9 Vgl. Knape 2012a, S. 76.
10 Vgl. Habermas 2004b [1999], S. 138.

1.3 Das Frageinteresse der Arbeit

Die vorliegende Arbeit bewegt sich im rhetoriksystematischen Zusammenhang der Fundamentalrhetorik und fragt nach der grundsätzlichen Bedingung der Möglichkeit rhetorischer Zweifelsevokation in epistemischer Hinsicht. Diese Ausrichtung verweist jedoch nicht auf eine primär philosophisch denkende Arbeit, welche sich den Gegenstand der Rhetorik vornimmt, sondern umgekehrt auf eine dezidiert rhetoriktheoretisch motivierte Auseinandersetzung, welche den Begriff des Epistemischen verwendet, um die erkenntnistheoretische Dimension der Untersuchung zu prononcieren. Damit unterscheidet sich das vorliegende Frageinteresse sowohl von rein mental-philosophischen als auch psychologisch geprägten Ansätzen. Es soll hier weder eine Untersuchung zur Philosophie der Gewissheit noch zur Psychologie des Zweifels vorgelegt werden. Gegenstand der Untersuchung sind in diesem Sinne auch nicht Zweifel und Gewissheit an sich, sondern ihre rhetorisch relevanten Erscheinungsformen als Dubium und Zertum, die im nächsten Kapitel noch näher definiert werden. Diese Zuspitzung des Frageinteresses bezieht sich also nicht allgemein auf sämtliche Formen des Zweifels, sondern vielmehr auf diejenigen, welche Gegenstand der inversiven Persuasion sind, insofern sie persuasionstechnische Signifikanz aufweisen und eine spezifische Funktion im rhetorischen Wechselspiel von Konstruktion und Destruktion erfüllen.

Diese persuasionstechnische und auch persuasionstheoretische Signifikanz bildet für die nachfolgenden Untersuchungen den methodischen Maßstab zur Annäherung an die philosophischen Grundlagen des Themas: Jene Grundlagen müssen referiert werden, aber sie sind nicht als eigenständige Beiträge zur fachspezifischen Diskussion der Philosophie zu verstehen, sondern als fundamentalrhetorische Beiträge zur Fachspezifik der Rhetorik. Gemeint ist damit das Gebiet einer Rhetorik-Philosophie, die der Rhetorik ihre unabdingbare philosophische Fundierung gibt, ohne dabei aus dem eigenen Frageinteresse dieser Disziplin auszubrechen. Daher sind die Darstellungen philosophischer Theorien in diesem Zusammenhang nicht als für sich abgeschlossene Analysen zu verstehen, sondern als methodisch notwendige Ausgangspunkte für die sich daraus ergebenen rhetoriktheoretischen Argumentationsgänge.

Die übergeordnete Frage dieser Arbeit lautet also: Wie ist rhetorische Zweifelsevokation aus epistemischer Sicht möglich? Diese Frage impliziert gleich mehrere weitere Untersuchungsanliegen, welche der Klärung bedürfen. Denn noch kann die Rhetorik nicht auf eine zufriedenstellende Theoriegrundlage blicken, welche die Frage klärt: Was ist überhaupt rhetorische Zweifelsevokation? Aus dieser zweiten Frage ergibt sich wiederum nochmals eine dritte Aufschlüsselung, die auf ganz basaler Ebene nach der Spezifik dessen fragt, was hier als rhetorischer Zweifel oder rhetorische Gewissheit bezeichnet wird: Was ist rhetorischer Zweifel (Dubium)? Was ist rhetorische Gewissheit (Zertum)?

Diese drei Frageebenen werden in den nachfolgenden Kapiteln Schritt für Schritt mit den bereits oben skizzierten Theorieangeboten aus der Erkenntnis- und Handlungstheorie zusammengeführt. Dabei folgt die Arbeit der umgekehrten Reihenfolge der hier angeführten Fragen, beginnend mit der basalen Ebene der Begriffsklärung.

Eine Auseinandersetzung wie diese legt auf der Metabene, abgesehen von dem dargebotenen Stoff und der inhaltlichen Argumentation, zwangsläufig auch eine besondere terminologische Sicht auf die hier verhandelte Disziplin frei: Auch wenn die vornehmlich aus der analytischen Philosophie stammenden Modelle und Theorien in dieser Arbeit nicht immer im streng philosophischen Sinne weitergedacht werden, so ist es doch notwendig, sich auf die Terminologie der hier verwendeten Begrifflichkeiten einzulassen. Die gerade gemachte Einschränkung, sich in dieser Arbeit nicht einer Untersuchung zur Psychologie des Zweifels zu widmen, hat daher nicht nur methodische, sondern auch sprachliche Konsequenzen. Besonders kommt dies in der Entscheidung zum Tragen, dem Begriff der Einstellung (attitude) den der Überzeugung (belief) vorzuziehen. Beide Konzepte bieten einen Ausgangspunkt zur Untersuchung des rhetorischen Zweifels. ‚Attitudes' verweisen auf komplexe psychomentale Muster, die sowohl kognitive, also propositionsbezogene Inhalte als auch affektive Komponenten, die mit diesen Inhalten in Verbindung stehen, zusammenführen. Nach Wood/Wood machen Einstellungen sogar drei verschiedene Bereiche aus: einen kognitiven (hier geht es um Überzeugungen), einen affektiven (hier spielen Gefühlsregungen gegenüber den Objekten von Überzeugungen eine Rolle) und einen handlungsorientierten beziehungsweise behavioralen Bereich (hier werden Verhaltensprädispositionen angenommen, die Überzeugungsbildungsprozesse zur Folge haben).[11] Laut der in der psychologisch orientierten Persuasionsforschung vorherrschenden Ausgangsdefinition für eine Einstellung ist diese „a psychological tendency that is expressed by evaluating a particular entity with some degree of favor or disfavor."[12] Einstellungen sind damit ein deutlich weiter gefasstes Konzept als Überzeugungen, insofern sie den Begriff der Überzeugung offenbar notwendigerweise beinhalten, zusätzlich jedoch eine evaluative Dimension ins Spiel bringen: Eine Einstellung zu haben, setzt bestimmte Überzeugungen gegenüber einem mentalen Objekt voraus, bedeutet darüber hinaus jedoch noch eine affektive Eva-

11 Vgl. Wood/Wood 2014, S. 470.
12 Eagly/Chaiken 1993, S. 1.

luation dieses Objektes, von der angenommen wird, dass sie handlungsbeeinflussend ist. Nach Eagly/Chaiken sind Einstellungen dabei nicht sinnvoll durch ihre zeitliche Wirksamkeit zu charakterisieren. So können sowohl fest verankerte mentale Dispositionen als auch flüchtige, schnell wechselnde Einstellungszustände darunter verstanden werden, was die Autorinnen zu der Einschätzung bringt: „[...] it is unwise to restrict the concept of attitude in a temporal sense."[13] Für sozial-experimentelle Untersuchungen menschlichen Verhaltens bietet das Konzept ‚Einstellung' also eine gute Beschreibungsterminologie, da aufgrund beobachteten Verhaltens nun auf den gesamten Komplex menschlicher Handlungsauslöser rekurriert werden kann. Von Einstellungen zu sprechen heißt hier, eine kognitive Dimension anzunehmen, sie jedoch nicht distinkt von einer affektiven mentalen Tiefenstruktur in ein Modell einbeziehen zu können.

Die hier vorliegende Arbeit erkennt die grundsätzliche Verwobenheit beider Ebenen, der kognitiven und der mentalen selbstverständlich an. Gerade die Rhetorik weiß, dass vermeintlich „rein rationale" Kommunikationsvorgänge immer einer affektive Wirkdimension haben. Davon zeugen bereits die frühesten systematischen Rhetorikuntersuchungen der Antike. Im hier verhandelten Fall von Zweifel und Gewissheit geht es jedoch um deren epistemische Dimension: Es wird durchgängig vom Zweifel an Überzeugungen oder der Gewissheit über das Haben einer Überzeugung gesprochen, was zur Zertums-Definition in Kapitel 3.3 dieser Arbeit führen wird. In diesem Sinne vom Zweifel an einer Einstellung oder von einer Gewissheit über das Haben einer Einstellung zu sprechen, wäre problematisch. Was es bedeutet, an einer Überzeugung zu zweifeln, ist eine jener erkenntnistheoretischen Fragen, die diese Arbeit mitverhandelt. Was es bedeuten mag zu sagen, jemand zweifle an seiner Einstellung, ist – wenn es überhaupt sinnvoll ist, so etwas zu sagen – eine psychologische Frage. Vielmehr drängt sich jedoch der Verdacht auf, dass ein solches Reden zu erheblichen begrifflichen Schwierigkeiten führt. Wie sich herausstellen wird, sind Zweifel und Gewissheit beides gründebasierte, kognitive Muster, die rationale Operationen voraussetzen. Beide werden unbestreitbar von affektiven Faktoren begleitet, was sie wieder zu möglichen Bestandteilen von Einstellungen werden lässt. Jedoch sind sie als distinkte Termini im epistemischen Sinne eben nicht mit Einstellungen gleichzusetzen.

Neben diesem inhaltlichen Argument steht noch die methodische Frage nach der begrifflichen Anschlussfähigkeit. Sowohl Davidson als auch Wittgenstein und später in der Arbeit auch Brandom verwenden den in der Philosophie des

13 Eagly/Chaiken 2007, S. 585.

Geistes klar favorisierten Begriff ‚Überzeugung'. Sich an ihre Theorien anzuschließen und sie für die Rhetorik fruchtbar zu machen, lässt es daher geboten erscheinen, sich diese Begrifflichkeit auch hier zu eigen zu machen.

1.4 Thesen der Arbeit und Übersicht über die Kapitel

Das zweite Kapitel beginnt zunächst mit einer kurzen Darstellung der fundamentalen Verwobenheit von Zweifel – hier noch nicht verstanden als Dubium – und Rhetorik. Am beispielhaften Fall der Sophistik zeigt sich, wie eng das Prinzip, an Vorhandenem zu zweifeln, mit der Ausbildung einer rhetorischen Haltung verbunden ist. Das destruktive Spektrum der Persuasion wird damit zu Beginn nochmals verdeutlicht, um die grundsätzliche Tiefendimension des Zweifelsphänomens in Bezug auf die Rhetorik zu betonen. Dieser historisch-paradigmatisch gelagerten Einstimmung folgt die terminologische Einführung der Theorieangebote, die die moderne Rhetoriktheorie in Sachen Zweifelsevokation bislang vorzuweisen hat.

Im Anschluss daran fragt das dritte Kapitel nach dem Gegenpol des Zweifels, der rhetorischen Gewissheit. Diese Vorgehensweise liegt zum einen darin begründet, dass der Begriff des Zertums in den vergangenen Jahren eine gewisse Ausdifferenzierung erfahren hat. Er stellt mittlerweile eine feste Systemgröße in manchen Theorien der Persuasion dar, was dem Dubium bislang verwehrt geblieben ist. Zum anderen fokussiert die Theorie der inversiven Persuasion vor allem den Gewissheitsangriff. Zweifelsevokation und Gewissheitsdestruktion sind simultan zu denken, insofern sich Zweifel immer nur als Negativmoment einer konkreten Gewissheit denken lässt. Es ist daher notwendig, vor der Frage nach der Zweifelsevokation selbst zunächst zu klären, worin eigentlich jene rhetorische Gewissheit, jenes Zertum bestehen soll, welches im Akt der inversiven Persuasion angegriffen wird. Es wird sich dabei zeigen, dass das Konzept des Zertums in der Forschung immer wieder gewissen Fehlinterpretationen unterliegt, welche kritisch aufgegriffen werden müssen. Aus dieser Kritik ergibt sich zugleich die zentrale These des dritten Kapitels: Das Zertum ist eine handlungsauslösende Meta-Gewissheit innerhalb eines modular-holistisch verfassten Überzeugungsschemas aus Objekt-Überzeugungen sowie den handlungstheoretisch jeweils zugeordneten evaluativen Einstellungen (Wünschen etc.).

Diese These ist ebenso voraussetzungs- wie folgenreich. Sie speist sich wesentlich aus der Philosophie Donald Davidsons und dessen Theorie des *Holismus des Mentalen* sowie der Behauptung, dass eine funktionale Größe wie das Zertum innerhalb eines Persuasionsprozesses nicht isoliert von weiteren mentalen Zuständen sowie handlungstheoretischen Aspekten betrachtet werden kann.

Im vierten Kapitel wendet sich die Arbeit dann Wittgensteins fundamentalen Erkenntnissen über Zweifel und Gewissheit zu. Der entscheidende Gedanke für diese Arbeit kommt von Wittgenstein selbst: Um zu zweifeln, braucht ein Subjekt Gewissheit. Der Zweifel ist als rationales Phänomen an Begründungen gebunden, die sich wiederum auf Gewissheiten stützen müssen – andernfalls wäre der Zweifel nicht verstehbar. Mit diesem Ansatz ist eine grundlegende Einsicht für die Rhetorik gewonnen, denn eine Theorie sprachlich-strategischer Zweifelsevokation muss sich Gedanken darüber machen, welche Plausibilitätskriterien ein Zweifel erfüllen muss, um vom Adressaten einer rhetorischen Interaktion übernommen werden zu können. Die Frage des Dubiums wird damit zu einer Frage des „möglicherweise Überzeugenden"[14] einer Sache. Wer an etwas zweifeln soll, muss davon überzeugt werden, dass es vernünftig ist, daran zu zweifeln.

Mit Wittgenstein geht noch ein weiterer Gedanke einher, der für diese Arbeit bestimmend ist: Zweifel und Gewissheit sind für Wittgenstein stets eingebettet in ein System bestimmter Gewissheiten, worin sich die von Davidson gewonnene Modellvorstellung eines Holismus gut fortführen lässt. Zugleich ist dieser Holismus jedoch modular, das heißt durch den jeweiligen Kontext beschränkt. Bestimmte Zweifelsfälle ergeben für Wittgenstein auch nur in bestimmten Kontexten Sinn. Ausgehend von dieser Überlegung versucht die Arbeit daher im fünften Kapitel, die philosophische Strömung des Kontextualismus, als deren Vorläufer Wittgenstein gesehen werden kann, für die Rhetorik nutzbar zu machen. Daraus ergibt sich eine weitere These dieser Arbeit: Das Überzeugungsschema selbst ist epistemisch kontextsensitiv. Das heißt auch, es ist in seinen Akzeptabilitätskriterien konstitutiv beeinflussbar durch den intersubjektiven Raum zwischen Orator und Adressat.

Diesen intersubjektiven Raum näher zu untersuchen und dessen Bedeutung für die Kontextsensitivität des Zweifels zu durchleuchten, ist die Aufgabe des sechsten Kapitels. Hier kehrt die Arbeit zu Davidson zurück und widmet sich wesentlich dessen Modell der Triangulation. Im triangulären Verhältnis zwischen Orator und Adressat, so die Idee, findet sich für den Orator die Möglichkeit zur strategischen Kontextverschiebung, mit der er den Rahmen schafft, um vormalige Gewissheit überhaupt erst bezweifelbar zu machen. Innerhalb des sechsten Kapitels findet sich zudem ein Exkurs zu Platons *Menon*, der zur Illustration rhetorischer Triangulation und strategischer Kontextverschiebung herangezogen wird. Damit unternimmt die Arbeit einen ersten Klärungsversuch der Zweifelsevokation auf der Prozessebene.

---

14 Arist.: Rhet., übers. Rapp Hbd. 1, 2002, I, 2 (1).

Die Vertiefung dieses Klärungsversuches wird im siebten Kapitel vorgenommen. Als hauptsächlicher Stichwortgeber für den letzten Theoriebaustein zieht die Untersuchung Robert Brandom zurate, dessen Kant-Interpretation konsequent und originell zugleich die Dimension der Normativität alles Begrifflichen ins Spiel bringt. Begriffe sind grob gefasst normative Statusträger, deren Verwendung zu bestimmten inferentiellen Konsequenzen innerhalb eines Diskurses führt. Wer einen Begriff verwendet, bestimmt damit zugleich, welche weiteren inferentiellen Anschlussoperationen normative Geltung haben können, auf welche logischen Inferenzen er sich als Begriffsverwender festlegen muss und welche diskursiven Begründungsforderungen an ihn gestellt werden können.

Eine solche Ebene der Begrifflichkeit spricht direkt die für die Rhetorik wichtige Verbindung zwischen der intrasubjektiven und der intersubjektiven Dimension an. Der daraus resultierende Gedanke des siebten Kapitels führt die Frage nach einer strategischen Kontextverschiebung durch den Orator mit der normativ-inferentiellen Begriffs-Philosophie Brandoms zusammen. Denn das zuvor dargestellte Überzeugungsschema wird nun als ein Schema, bestehend aus normativen Inferenzen, aufgefasst, deren logisch-konsistenter Kristallisationspunkt das Zertum ist. Die Bedeutung Brandoms für diese Arbeit liegt in der Offenheit seiner Theorie für den Raum der Intersubjektivität. Denn diskursives Handeln ist für Brandom vornehmlich ein gegenseitiges Geben und Einfordern von Gründen und zwar implizit wie explizit. Jede Äußerung wird grundsätzlich auf die damit einhergehenden begrifflichen Festlegungen untersucht, so dass auftretende Inkonsistenzen von den Diskursteilnehmern sanktioniert werden können.

Der entscheidende Punkt dieses Kapitels besteht nun darin, diese Theorie Brandoms mit dem Konzept der Regel-Deutung Wittgensteins zu beleuchten. Ein Begriff besteht aus der Summe aller inferentiellen Regeln, nach denen er mit anderen Begriffen in Verbindung gebracht werden kann. Diese Regeln zu deuten heißt, über Aussagen und deren Akzeptanz in sozialen Diskurszusammenhängen zu urteilen. Die sich daraus ableitende These zur Zweifelsevokation lautet daher, dass ein Orator durch seine begrifflichen Handlungen den inferentiellen Kontext bestimmen kann, innerhalb dessen die Begründung eines Zweifels konsistent genug ist, um von einem Adressaten übernommen werden zu können. Dabei hat der Orator selbst die ‚Deute-Hoheit' über die Situation, indem er durch sein Handeln als sozialer Vorsprecher die Kontextverschiebung selbst evoziert, welche zur Akzeptanz eines Zweifelskonstruktes führt.

In struktureller Hinsicht bietet das siebte Kapitel noch einen weiteren Vorschlag zum Theoriedesign rhetorischer Zweifelsevokation. Legt der Gedanke des Holismus nahe, nicht einzelne Überzeugungen, sondern vielmehr deren schematische Verbindung zu betrachten, so zeigt die Idee normativer Inferenz nun, dass zwischen den einzelnen Überzeugungen dieser Schemata Beziehungen bestehen müssen, welche am Ende einen Kulminationspunkt der Konsistenz zulassen – zumindest im Falle der Gewissheit. Dieser Kulminationspunkt lässt sich, so die These, mit dem Strukturmerkmal der Eindeutigkeit beschreiben. Sind alle Beziehungen der Überzeugungen eines Schemas untereinander eindeutig, das heißt inferentiell widerspruchsfrei, ist ihr Ergebnis die Meta-Überzeugung des Zertums. Sind die Strukturen jedoch inferentiell widersprüchlich, kommt es zu einer Zertums-Destruktion, die Konsequenzen aus unterschiedlichen Überzeugungen treten in Konkurrenz zueinander und machen eine eindeutige Zertifikation für das Subjekt nicht mehr möglich – es beginnt zu zweifeln. Aus terminologischen Gründen, die später noch erläutert werden, wird für den Zustand des Zweifels der Ausdruck der ‚Undeutigkeit' gewählt, für den Zustand der Gewissheit jener der ‚Eindeutigkeit'. Die abschließenden Thesen der Arbeit lauten daher: Alle Objekt-Überzeugungen sind im Falle des Zertums nach dem Strukturmerkmal der Eindeutigkeit geordnet, wodurch sich die vektorielle Gerichtetheit des Zertums ergibt, die auf sozialer Handlungsebene in ein oratorisches Telos mündet. Im Falle des Zweifels (Dubium) wird die Eindeutigkeitsstruktur durchbrochen und in einen Zustand der Undeutigkeit überführt. Diese Strukturveränderung von Ein- zu Undeutigkeit findet durch eine strategische, trianguläre Kontextverschiebung des Orators statt sowie durch seine begrifflichen Entscheidungen, die das normative Spiel der Inferenzen prägen und ihm so eine Deutungs-Hoheit über die Situation verschaffen.

Die Kapitel dieser Arbeit vollziehen damit eine Entwicklung von einer ersten Annäherung an den fundamentalen Zusammenhang von Persuasion und Zweifel über eine Begriffsdiskussion über Dubium und Zertum hin zu einer philosophisch motivierten fundamentalrhetorischen Betrachtung von persuasivem Handeln zwischen Zweifel und Gewissheit.

2 Die Stellung des Zweifels in der Rhetorik

2.1 Rhetorik des Zweifels – ein historisches Paradigma

Der Darstellung der Rolle des Zweifels auf systematisch-theoretischer Ebene sei ein kurzer historischer Exkurs vorangestellt, der helfen soll zu verstehen, welche Signifikanz dem Phänomen des Zweifels für das Phänomen des Rhetorischen eignet. Am Beispiel der ersten Sophistik im antiken Griechenland lässt sich paradigmatisch erläutern, was Zweifel und Rhetorik überhaupt miteinander zu tun haben. Die folgenden Abschnitte sollen dabei weder die Geschichte der Sophistik in allen Aspekten reflektieren noch deren historische Bedeutung für die gesamte Entwicklungsgeschichte der Rhetorik erörtern. Sie dienen lediglich einer Art Einstimmung auf den Nexus von Rhetorik und Zweifel.

Als sich die griechische Gesellschaft im fünften Jahrhundert vor Christus grundlegend wandelt, die politischen und sozialen Verhältnisse sowie die Traditionen und mehr noch, die Riten und Mythen sich transformieren, sind sowohl das Moment des Rhetorischen als auch das des Zweifels treibende Kräfte dieser kulturellen Umwälzung. Die attische Polis beginnt sich in dieser Zeit radikal zu ändern, nicht zuletzt unter dem Eindruck neuer politischer, wirtschaftlicher und militärischer Macht nach dem Sieg in den Perserkriegen. Allgemein kann man diese Veränderungsprozesse als Demokratisierung und Entwicklung des Bürgertums bezeichnen, mit denen zugleich ein Stellungsverlust alter Machtansprüche des Adels verbunden ist.[1] Durch die zunehmende Entwicklung einer auf politische Kommunikation ausgerichteten Öffentlichkeit und der sich verändernden Gleichheits- und Gerechtigkeitsansprüche wird die bürgerliche Beredsamkeit nun zur Notwendigkeit. Ihre fundamentale Bedeutung erhält sie etwa vor Gericht, bei dem Urteil und Strafe jede der beteiligten Prozessparteien treffen können und es wesentlich dem rednerischen Geschick von Kläger und Beklagtem anheimgegeben ist, wie aussichtsreich ein Prozess für die eigene Sache sein kann.[2] Die *polis* zeichnet sich durch die Normen der *isonomia* und *isegoria* als Rechts- und Redegleichheit aus, wodurch das rhetorische Vermögen des Einzelnen ungemeines Gewicht im politischen Prozess gewinnt.[3] *Isegoria*, mit Rede-Gleichheit übersetzt, ist dabei im Wortsinn zu verstehen, denn Meinungsäußerung ist hier, anders als in der durch die omnipräsente Skripturalität geprägten Moderne, im

---

1 Vgl. Kerfeld/Flashar 1998, S. 3f.; Fuhrmann 2011, S. 11f.; Schirren/Zinsmaier 2003, S. 14f.

2 Vgl. Brodersen 2004, S. 25.

3 Zum Begriff der *isonomia* vgl. Meier 1980, S. 88f.; S. 283f.; Rhodes 1989, Sp. 1143; sowie zum Begriff der *isegoria* Meier 1980, S. 283; S. 294 Anm. 39.

https://doi.org/10.1515/9783110653885-002

Wesentlichen auf die mündliche Rede bezogen. Die griechische Kultur der Antike ist eine Kultur der Oralität, wer gehört oder überhaupt wahrgenommen werden will, muss reden. Die Rede selbst rangiert weit vor der Verschriftlichung der Worte. Kennedy konstatiert: „Greek society relied on oral expression. Although literacy was clearly extensive in fifth- and fourth-century Athens, even then reading and writing, whether on stone, bronze, clay, wood, wax, or papyrus, was difficult and unnatural."[4] Dies ist zum einen bedingt durch technische, zum anderen durch kulturelle Hindernisse der Verschriftlichung. Texte zu schreiben und zu reproduzieren ist mühsam und wird mit technisch vorindustriellen Methoden angefertigt. Vor allem jedoch ist die gesamte Kultur des öffentlichen Lebens auf die Rezeption innerhalb einer Situativik ausgerichtet. Nicht nur die Scherbengerichte fordern die Präsenz und direkte mündliche Rede der Prozessparteien, auch die politische Kommunikation läuft über die öffentlich vorgetragene, mündliche Rede.[5] Für den Redner bedeutet dies, dass Niederschriebe von Texten im Vergleich zu direkt vorgetragenen Reden Sekundärcharakter haben.[6] Die Oralität bedingt in einem Zuge die situativ-korporale Performativität öffentlicher Texte. Die Situativik ist daher, mit Knape gesprochen, das entscheidende Basissetting für den Orator, während die Dimissivik als zweites mögliches Basissetting so gut wie keine Rolle spielt.[7] Was adpragmatisiert werden soll, also als Kommunikat in den sozialen Handlungszusammenhang eingebracht wird,[8] bedarf der Gegenwart des Redners. Man darf hierin nicht lediglich das Symptom fehlender medialer Einrichtungen zur Distanzkommunikation sehen, sondern vielmehr ein tief verwurzeltes Verständnis von Mündlichkeit als der direkten, reinen und höherwertigen Form des Gedankenvortrages. Platon bedenkt die Logographen, die Redenschreiber, mit abfälligen und spöttischen Bemerkungen. Es lohnt, seine Schriftkritik im *Phaidros* kurz zu vergegenwärtigen, um die Tragweite des Oralitäts-Primats zu erkennen, aber auch sich Motive für Platons Ablehnung der Rhetorik vor Augen zu führen. Denn die Kritik an der Scheinkunst der zeitgenössischen Redelehrer geht gegen Ende des *Phaidros* nahtlos in eine Kritik an der Schrift über, die zur Kunst wird, scheinbares Wissen zu externalisieren, anstatt wahrhaftes Wissen in sich zu tragen. Platon lässt dafür seinen Sokrates den Mythos des Gottes Theuth erzählen, der dem ägyptischen König Thamus die Schreibkunst gebracht haben

4 Kennedy 1963, S. 3.
5 Vgl. ebd., S. 4f.
6 Vgl. Knape 2012b, S. 133f.
7 Vgl. Knape 2005, S. 30.
8 Vgl. Knape 2013a, S. 209f.; S. 264; Knape 2015b, S. 18.

soll, damit dieser jene Kunst unter seinem Volk verbreite. In der ablehnenden Reaktion des Thamus spricht eigentlich der Platon'sche Sokrates:

> Denn diese Erfindung wird den Seelen der Lernenden vielmehr Vergessenheit einflößen aus Vernachlässigung der Erinnerung, weil sie im Vertrauen auf die Schrift sich nur von außen vermittels fremder Zeichen, nicht aber innerlich sich selbst und unmittelbar erinnern werden. Nicht also für die Erinnerung, sondern nur für das Erinnern hast du ein Mittel erfunden, und von der Weisheit bringst du deinen Lehrlingen nur den Schein bei, nicht die Sache selbst.[9]

Unverkennbar treten zwei grundsätzliche Motive in diesen Sätzen hervor, die Platons Gedanken zur Rhetorik und Textualität immer wieder bestimmen: die Spannung zwischen Eigentlichem und Uneigentlichem und das Verhältnis von wahrer Erkenntnis und bloßem Schein. Die Subordination des Schreibens unter das lebendige, gesprochene Wort gerät dabei auch zu einer Verteidigung des Gesprächs gegenüber der monologen Rede. Denn Sokrates bemängelt am geschriebenen Text vor allem, dass dieser nicht wie ein Gesprächspartner befragt werden kann, sondern in stummer und gleichbleibender Form quasi unterkomplex vorliegt.[10] Damit entwickelt seine Schriftkritik zwei Dimensionen, zum einen eine technisch-mediale und zum anderen eine sozial-erkenntnistheoretische. Knape drückt diesen Befund in der für die Rhetorik grundlegenden Terminologie aus, wenn er schreibt, „Platon setzt [...] auf den kommunikationsanalytischen Ebenen von Setting und Medium an."[11] Er extrahiert die wesentlichen Kritikpunkte Platons an der Schriftlichkeit, die für die Rhetorik praktische Relevanz haben: der starre Schrifttext gleicht der monologen Rede, wobei eine Analogie zwischen dem erkenntnistheoretischen Defizit des Geschriebenen und dem der unbeweglichen Rede besteht, wohingegen das mündliche Wort in der flexiblen und lehrreichen Gesprächssituation Anwendung findet. Zudem sind die Schrifttexte angreifbar, da ihr der Autor nicht situativ zur Seite stehen kann, sobald sie zu Instrumenten dimissiver Distanzkommunikation werden.[12] Daher gilt: „Der Schrifttext bedingt oratorischen Kontrollverlust."[13] Schriftlichkeit und Schreiben werden damit analog zur Rhetorik als irreführende Meinungsmache dem platonisch-dialektischen Lehrgespräch gegenübergestellt.

---

9 Vgl. Plat.: Phaidr., übers. Schleiermacher 2011, 275a.

10 Vgl. ebd., 275d.

11 Knape 2015c, S. 115.

12 Vgl. ebd., S. 115f.

13 Ebd., S. 116.

Die griechische Gesellschaft bietet zu diesem Zeitpunkt aufgrund ihres kulturellen Selbstverständnisses als öffentlich redende Gemeinschaft den idealen Nährboden für eine Entwicklung der Rhetorik, die letztlich durch Aristoteles in ein wissenschaftliches Programm mündet. Parallel zu dieser Entwicklung wird jedoch ein weiteres Phänomen kultiviert, welches mit der Entwicklung der Beredsamkeit von Anfang an Schritt hält und schließlich untrennbar zu einem Faktor des Rhetorischen wird: die Kritik. In der kulturellen Strömung des ausgehenden fünften und vierten Jahrhunderts vor Christus finden Rhetorik und Kritik zusammen und lassen in ihren Grundzügen erkennen, welche grundlegende Bedeutung der Zweifel für die Rhetorik insgesamt hat.

Es ist die Entwicklung der Sophistik, die zum Teil mit den angedeuteten gesellschaftlichen Veränderungen einsetzt, zum Teil diese aber auch maßgeblich initiiert und bestimmt. Bedeutung und Stellenwert der Sophisten werden verschieden aufgefasst, die Spanne reicht von einer rein auf ihr berufliches und ökonomisches Interesse konzentrierten Betrachtungsweise als bezahlte und umherziehende Redelehrer[14] über ihre Charakterisierung als „Enzyklopädisten Griechenlands“[15] bis hin zur Betonung ihres politischen und revolutionären Engagements für die Entwicklung der attischen Demokratie.[16] Dabei legt besonders die Vielzahl der unterschiedlichen Rezeptionsmeinungen wie auch der politischen Gesinnungen einzelner Sophisten den Schluss nahe, dass innerhalb dieser Bewegung individuell divergierende Interessensausprägungen auf politischem, pädagogischem oder moralischem Gebiet vorgeherrscht haben mögen, die sich schwer unter je ein Schlagwort subsumieren lassen. Zeugnis dessen ist etwa die kurze, jedoch prägnante Darstellung des Zusammenhangs von Demokratie und Sophistik, die Schirren/Zinsmaier geben:

> Die politischen Konzepte der Sophisten lassen sich indessen nicht einfach einer bestimmten Parteiung, also etwa den Demokraten oder Oligarchen zuordnen. Zwar mag es zunächst naheliegen, die athenische Demokratie, deren Bedarf an ausgebildeten Rednern der sophistischen Profession zugute kam, als die der sophistischen Lebensform einzig gemäße Verfassung zu betrachten; doch lässt sich auch nicht leugnen, dass die Sophisten gerade die

14 Vgl. Tordesillas 2007, Sp. 996f.

15 Vgl. Nestle 1975, S. 261.

16 Vgl. Jaeger 1989, S. 406. In die gleiche Richtung geht auch die Bewertung durch Marcic, der in den Sophisten „die erste und bekannte ‚linksintellektuelle‘ Opposition gegen die Gesellschaft im Allgemeinen, gegen Recht und Staat im Besonderen“ sieht. Marcic 1971, S. 166. Dabei wird die Bedeutung der Sophisten für die Entwicklung der Rhetorik in jüngster Zeit wiederentdeckt, wie etwa Poulakos zeigt. Vgl. Poulakos 2016, S. 19.

jeunesse dorée ansprachen und deren oligarchischen Tendenzen auch mit der ‚Ausbildung zur Bestheit' engegenkamen.[17]

Dennoch ist der sophistischen Bewegung zumindest in ihren Anfängen ein Initialmoment gemein, welches als historisches Paradigma für die grundsätzliche Ausgangslage des Rhetorischen stehen kann: der Zweifel am Bestehenden.

Fuhrmann stellt den Beginn der Sophistik ganz in diesem Sinne dar, wenn er schreibt: „Die sophistische Bildung hatte bei aller Vielfalt der Bestrebungen einen Generalnenner: sie nahm die gesamte Kultur – die Sprache, die Religion, den Staat, die Moral, das Recht, die Gesellschaft – nicht mehr einfach als gegebene Tatsache, sondern suchte sie zum Gegenstand der Reflexion und Kritik zu machen."[18] Diese Darstellung charakterisiert auf prägnante Weise das Resultat des sophistischen Ursprungs, stellt die Programmatik einer wesentlichen Einsicht dar, welche die Sophisten entwickelten und anschließend sprachlich-didaktisch kultivierten: die Einsicht in die Bezweifelbarkeit des bisher Geglaubten. Bereits an dieser Stelle ist erkennbar, dass sich eine grundsätzliche Dichotomie zwischen einem Ausgangszustand fester bisheriger Überzeugung und einem Wechselzustand des Hinterfragens und der Kritik in der Sophistik auftut.

Fuhrmann führt eine Sammlung von Diskursen an, in die die Sophisten eingriffen und die sie auf ihre Weise je unterschiedlich prägten, wobei nicht einmal gesagt werden kann, jeder Sophist habe zu jedem Thema eine Position vertreten, die bis heute tradiert oder sicher rekonstruierbar sei. Exemplarisch für die Diversität der Standpunkte stehen neben der bereits angedeuteten politischen Ausrichtungsvielfalt etwa auch die Standpunkte zur Rechtslehre, über die Kirste einen illustrativen Überblick gibt.[19] Wiewohl thematisch auf allen Feldern inhaltliche Divergenzen ausgemacht werden können, die ein einheitliches Bild der Sophisten so schwierig machen, bleibt dennoch die von Fuhrmann beobachtete Gemeinsamkeit: welcher Art auch immer der jeweilige Diskurs sein mag, in den die Sophisten eintreten, sie agieren in ihm als Kritiker, als Zweifler. Hieraus ergibt sich eine methodische Gemeinsamkeit, die direkt zu einer ersten Annäherung an die Rhetorik des Zweifels führt.

Aus dem weitgefächerten Programm der Sophisten können schlaglichtartig drei Zweifelsfälle angesprochen werden, um die Charakteristik des sophistischen Zweifelns zu verdeutlichen. Der erste Zweifelsfall betrifft den Begriff des *mythos* (überlieferte Erzählung):

---

17 Schirren/Zinsmaier 2003, S. 15.
18 Fuhrmann 2011, S. 18.
19 Vgl. Kirste 2002, S. 10f.

> Die Ordnung, welche die Sophistik vorfand, die archaische Kultur, beruhte auf einem Regiment des Adels, das nach überkommenen Normen ausgeübt wurde; ihr wichtigstes Merkmal war das religiös-mythische Weltbild, der ungebrochene Glaube an eine Vielzahl außermenschlicher Mächte.[20]

An dieser Stelle berühren sich Sophistik und Philosophie in der Fortführung ionischer Denktradition, wie bereits Nestle ausführt:

> Dazu gehören in erster Linie der ganze Fragekomplex, der das Wesen des Menschen und seine Schöpfungen, die Kultur, betrifft: seine Stellung im Kosmos und unter den lebenden Wesen auf Erden, sein Verhältnis zu den Göttern und zu seinesgleichen, die Anfänge der Kultur, die Entstehung der Sprache.[21]

Wesentliches Kennzeichen der Sophisten ist der Zweifel am *mythos*, wenngleich auch nicht dessen vollständige Überwindung. Denn entgegen einer vereinfachenden Darstellung, die in der Sophistik einen radikalen Wandel von *mythos* zu *logos*, von Irrationalem zu Rationalem, Symbolischem zu Sprachlichem sieht, wie sich etwa der Einschätzung von Nestle entnehmen lässt,[22] plädiert Morgan für eine differenzierte Analyse.[23] Sie identifiziert auch die sophistische Sicht der Welt als eindeutig Mythen-geprägt und verweist auf die Lehrtätigkeit, zu deren Inhalten die gesamte mythische Literatur der Vorsokratiker gezählt werden muss. Vielmehr gehen bei den Sophisten ihrer Ansicht nach die Arbeit mit mythischen Texten und die Kritik an deren unhinterfragter Gültigkeit Hand in Hand: „It is clear that, for some, the challenges of the sophists represent the radical undermining of traditional beliefs. But this does not prevent them from developing their critiques in tandem with, say, Homeric exegesis. Poetic texts are part of the conventional background; the world of the poets and of myth is part of the sophistic stock in trade."[24]

Es ist überzeugend, den Sophisten als Lehrmeistern, die in einer mythisch sozialisierten Gemeinschaft Geltung erlangen wollen, nicht jeglichen Umgang mit dem *mythos* abzusprechen, sondern vielmehr Gewicht darauf zu legen, in welcher Form sie ihn rezipieren, hinterfragen und selbst weitervermitteln. Morgan fasst die Beziehung zwischen den Sophisten und dem *mythos* in drei Punkten zusammen. Ihr zufolge sind die frühen Dichtungen und Mythen für die Sophisten

---

20 Fuhrmann 2011, S. 18.
21 Nestle 1975, S. 250f.
22 Vgl. ebd., S. 256ff.
23 Vgl. Morgan 2000, S. 30ff.
24 Ebd., S. 90.

vor allem textueller Gegenstand der Analyse und Interpretation.[25] Man könnte auch sagen, sie nehmen den *mythos* nicht als *kosmos* [Ordnung/Weltordnung] an, sondern als Text über den *kosmos*. Dadurch wird er relativ, wie jeder Text, rückt in das Beziehungsgeflecht von Autorschaft und Interpretation und ist ein kommunikatives Artefakt ohne echte Transzendenz mehr.[26] Der zweite Punkt Morgans nimmt den didaktischen Aspekt der Mythenrezeption stärker ins Visier. Die Charaktere und Situationen der mythischen Schilderungen werden als Prototypen ethischen Verhaltens verwandt,[27] sie sind damit ideale Lehrstücke, ohne mehr als kulturell bedingte Konstruktionen sein zu müssen. Und drittens sind nach Morgan gerade die epideiktischen Reden etwa eines Gorgias sehr freie Adaptionen klassischer Mythen, etwa zum Zweck der Demonstration eigener rhetorischer Kunstfertigkeit.[28] Morgan schreibt hier von „freewheeling appropriations of myth"[29] und kennzeichnet den Umgang der Sophisten mit dem *mythos* insgesamt als „a more relaxed acceptance of the importance of poetry and myth."[30]

Um Mythen jedoch überhaupt als Texte auffassen zu können, mit denen man nicht nur dozieren, sondern auch spielen kann, sie als Konstruktionen zu lesen und zum Gegenstand provokativer Interpretationen zu machen, bedarf es des Zweifels an ihrer originären und referentiellen, das heißt transzendenten Echtheit. Die Sophisten verwenden in ihrer Entwicklung des Rhetorischen den Zweifel am *mythos* (und nicht etwa dessen Abschaffung) als Sprungbrett eigener Gedanken und Weltvorstellungen. Der Zweifel am Bisherigen, sowohl was die substantiellen Inhalte als auch deren diskursive Legitimität anbelangt, spiegelt sich im Zweifel am *mythos* deutlich wider.

Eng damit zusammen hängt der zweite Zweifelsfall, welcher sich auf den Begriff des *nomos* (des Gesetzes) bezieht. „‚Nomos' war im archaischen Denken höchste menschliche, göttlich sanktionierte und daher unabänderliche Norm"[31], eine Art konzeptuelles Bindeglied also zwischen der Notwendigkeit einer sozialen Ordnung und der Tradition eines mythischen Ordnungssystems. Es sind vor allem die Entdeckungen der Relativität und Konsensualität als konstitutiver Prinzipien gesellschaftlicher Ordnung, die diese unhinterfragte Norm ins Wanken

25 Vgl. ebd., S. 91.

26 Diese Verwendung des Text-Begriffs korreliert mit Knapes Definition, nach ihm ist ein Text „begrenzter, geordneter Zeichenkomplex in kommunikativer Absicht". Knape 2008, S. 896.

27 Vgl. Morgan 2000, S. 91.

28 Vgl. ebd., S. 92.

29 Ebd.

30 Ebd., S. 90.

31 Kerfeld/Flashar 1998, S. 12.

bringen. Wesentlich trägt hierzu die ionische Ethnographie bei,[32] die einen Vergleich mit anderen Sitten und Bräuchen und deren Sanktionsernst innerhalb wie außerhalb ihres jeweiligen Geltungsbereiches ermöglicht. Durch sie kommt ein konstitutives Außen ins Spiel, welches das daran gemessen Innere, die eigene Lebenswelt, in relativierendem Licht erscheinen lässt. Für viele, wenn auch nicht für alle Sophisten gilt ein starker Rechtspositivismus als Betonung der Faktizität der sozialen Ordnung.[33] Der *nomos* als Zweifelsfall berührt die grundlegende sophistische Frage nach der Rechtfertigung von Gesetz und Ordnung und sucht, nach der Erosion mythischer Legitimierungskonstrukte, nach neuen Quellen ordnungsstiftender Potenz.

Den dritten Zweifelsfall kennzeichnet der Begriff *physis* (Natur). Gadamer fasst *physis* in der frühen griechischen Philosophie in einem weiten Sinn zunächst auf als „Von-sich-aus-Da-Sein, in der Ordnung des Ganzen"[34] stehen. In einem engeren Sinne bezieht sich *physis* auf die Naturanlagen des Menschen und dessen Konstitution als sozialem Wesen, womit der Begriff in das Interessengebiet der Sophisten fällt. Im Zuge der sich ändernden Machtverhältnisse der Polis, eines aufstrebenden Bürgertums und den daraus resultierenden Fragen der politischen Eignung des Einzelnen, lehnen viele Sophisten das alte genealogische Verständnis einer besonderen politischen Eignung ab. Als Lehrmeister und Pädagogen mit ökonomischem wie politischem Interesse propagieren sie eine Lehrbarkeit der *arete* (Tugend, Integrität).[35] Für den Verfasser des *Anonymus Iamblichi* steht fest, „der natürlichen Anlage bedarf es zuerst [um die Tugend zu erlangen, *Anm. d. Verf.*], doch die gehört in den Bereich des Zufalls."[36] Damit ist der Elitenlegitimation durch Abstammung bereits eine Absage erteilt. Weiter führt der Autor aus, es bedürfe zusätzlich einer fleißigen Gelehrsamkeit und Strebsamkeit,[37] welche zweifelsohne auf die Teilnahme am sophistischen Unterricht gemünzt ist. Ebenso sieht Protagoras die pädagogische Weiterentwicklung der menschlichen *physis* als Ansatzpunkt zur Ausbildung bestmöglicher *arete*.[38]

Spiegel dieser sophistischen Auffassung sind nicht zuletzt einige Dialoge Platons, wie etwa der *Menon*, der einsetzt mit den Fragen des Sophisten Menon an Sokrates: „Kannst du mir wohl sagen, Sokrates, ob die Tugend gelehrt werden kann? Oder ob nicht gelehrt, sondern geübt? Oder ob sie weder angeübt noch

32 Ebd.

33 Vgl. Marcic 1971, S. 167f.

34 Gadamer 1999 [1978], S. 152.

35 Kerfeld/Flashar 1998, S. 12.

36 Anonym. Iambl., ed. Schirren/ Zinsmaier, 1p. 95, 13-24, (2).

37 Vgl. ebd.

38 Vgl. Kerfeld/Flashar 1998, S. 14.

angelernt werden kann, sondern von Natur aus den Menschen einwohnt oder auf irgendeine andere Art?"[39] Im Grunde trägt Platon mit diesen ersten Zeilen seines Dialoges das gesamte Frageinteresse der Sophisten in Bezug auf *arete* und *physis* zusammen. Durch die veränderte Stellung des Menschen in seinem Kosmos, seine Loslösung und Emanzipation von der determinierenden Pseudorationalität des *mythos* verändert sich auch die Sicht auf die Stellung der Menschen untereinander. Es wäre falsch zu behaupten, die Sophisten lehnten das Konzept einer Elite ab, vielmehr muss dieses Konzept im sophistischen Sinne anders gedacht werden. Eignung, das heißt *arete*, ist nun eine Frage der Entwicklung menschlicher Natur durch Erziehung. Marcic geht so weit zu sagen, die *physis* werde unter den Sophisten „zum allseitigen Kriterium" und als „normloses und antinormatives blankes Faktum gedeutet."[40]

Sophistische Erziehung jedoch heißt zunächst und hauptsächlich Erziehung zum Reden-Können. Das Schlagwort für die neue Ausdrucksweise der Sophisten ist der *logos*, die öffentliche Rede, die jedoch deutlich mehr als nur das technische Vermögen des Redens bedeutet. Der *logos* wird zugleich zu einem alternativen Konzept zum *mythos*, in ihm werden die Verhältnisse von *physis* und *nomos* neu geklärt, durch ihn wird die Wirkung der Kultur- und Gesellschaftskritik überhaupt erst erreicht. Den *mythos* zu bezweifeln heißt, die Ordnungs- und Legitimationsstruktur sämtlicher Bereiche des öffentlichen Lebens anzugreifen und einer destruktiven Kritik zu unterziehen, welche in eine konstruktive Instanziierung eines neuen Leitparadigmas mündet, dem des *logos*, also sowohl der ‚Vernunft' als auch der ‚Rede'.

An diesem Punkt kommt auch die eingangs erwähnte Verbindung der öffentlichen Rede mit dem redenden Subjekt erneut ins Spiel. Wie dargestellt, ist die Adpragmatisierung, das Einbringen in die Handlungswelt, subjektgebunden, sie findet nicht als dekonstruktivistischer Akt reiner Textualität statt, die Sophisten sehen die Polis nicht als subjekt-transzendenten Diskurs, der die Ebene des Persönlichen übersteigt. Vielmehr betten sie mehr als alle Denker vor ihnen jede politische Handlung, jedes Wort und jede Meinung in das Wirkungsgeflecht menschlicher *physis* ein und propagieren dadurch eine Gebundenheit des Denkens an den Horizont des Denkenden. Damit sind Gedanken und Ideen nicht mehr unabhängig von der strukturgebenden Normativität des faktischen Subjektseins. Das Subjekt findet nicht an einer Sache, wie diese an sich wirklich ist, sondern findet die Sache, wie sie für das Subjekt ist und stellt sie dar. Und im

39 Plat.: Men., übers. Schleiermacher 2011, 70a. Soweit nicht anders angegeben, wird im Folgenden nach dieser Ausgabe zitiert.
40 Marcic 1971, S. 172.

Vollzug dieser Darstellung, das heißt im Akt der Rede, wird die öffentliche Sache so, wie sie für den Redner ist.

Von dieser Auffassung ist es nicht mehr weit zum Diktum des Protagoras: „Aller Dinge Maß ist der Mensch, derer die sind, dass sie sind, derer die nicht sind, dass sie nicht sind."[41] Schirren/Zinsmaier fassen dazu zusammen: „Der sogenannte Homo-mensura-Satz [...] besagt nach jüngster Deutung [...], dass der Mensch den Dingen nicht ein objektives abstraktes Maß vorgibt, sondern *immer schon* die Situation als Anwesender mitbestimmt und so aus der Situation heraus angemessen handeln kann und muss."[42] Willaschek zeigt sich gegenüber einer möglichen idealistischen Lesart des Homo-mensura-Satzes äußerst skeptisch und macht anhand der Exegese von Platons *Theaitetos* geltend, dass Protagoras nur vor dem Denkhintergrund der realistischen Ontologie seiner Zeit verstanden werden kann.[43] „Die *Relativität* der Erkenntnis ist danach ein Sonderfall der Relationalität des *Seins*."[44] Cassirer hingegen vertritt eine deutlich weiterreichende Interpretation. Er sieht in der Formel des Protagoras die sophistische Hinwendung zur anthropologischen Sprachauffassung, die endgültig den Bruch zur Metaphysik des Heraklit besiegelt.[45] Um die Dimension dahinter zu verstehen, ist es erneut notwendig, den *mythos* als Angriffsziel der sophistischen Überlegungen in Erinnerung zu rufen. Denn Sprache und Sein können durch ihre Reziprozität nur als anti-mythologische Ontologie funktionieren, wenn ihnen die Vernunft innewohnt. Und daher ist der griechische *logos* auch Sprache und Vernunft zugleich. War die *physis* noch das Sein in der Ordnung des Ganzen, so ist der *logos* nun „Einsicht und Einsichtigkeit dieses Ganzen, einschließend auch noch den Logos der menschlichen Kunstfertigkeit"[46], wie Gadamer ausführt. Der erkenntnistheoretische Satz, ‚Der Mensch ist das Maß aller Dinge', wird nun zum sozialkommunikativen Satz, ‚Der Mensch ist durch den *logos* das Maß aller sozialen Wirklichkeit'. Im *logos*, das heißt in der vernünftigen, argumentativen Rede, findet das Subjekt sein Instrument, die soziale Wirklichkeit zu konstituieren und der eigenen Perspektivität die Potenz zur Akzeptanz durch andere Subjekte zu verleihen. Genau aus diesem Grund finden die Sophisten in der Rhetorik ihr bevor-

41 Diog. Laert., ed. Schirren/Zinsmaier 2003, IX 51. Vgl. Protagoras, ed. Diels/Kranz 1985, Frag. 1.: „Aller Dinge Maß ist der Mensch, der seienden, dass (wie) sie sind, der nicht seienden, dass (wie) sie nicht sind."

42 Schirren/Zinsmaier 2003, S. 33.

43 Vgl. Willaschek 2003, S. 134ff.

44 Ebd., S. 141 [Herv. i. Orig.].

45 Vgl. Cassirer 2007 [1944], S. 178.

46 Gadamer 1999 [1978], S. 152.

zugtes Organon: Rhetorik ist die Fähigkeit, der eigenen Perspektive soziale Anerkennung zu verschaffen und damit die Grundlage der eigenen Urteile zur Grundlage der Urteile anderer zu machen. Die Folge ist der konsensuelle *nomos*, die menschliche Übereinkunft qua sprachlicher Auseinandersetzung. Dass das Werben um Akzeptanz der eigenen Perspektive ein sprachliches Werben ist, erhellt aus der sophistischen Einsicht in die grundsätzliche Sprachlichkeit jeder Situation, in der sie stehen. Dieses Zusammenspiel von Epistemologie und Rhetorik kommt einmal mehr in dem konzeptuellen Verhältnis von Wahrheit und Wahrscheinlichkeit zum Tragen. „Die sophistischen Sprachtheorien schließen die Wahrheit nicht aus, sondern relativieren sie so weit, dass sie zu einem Sonderfall der Wahrscheinlichkeit wird“[47], resümiert Tordesillas. Seiner Einschätzung nach ist das Wahrheitskriterium für die Sophisten im Konsens begründet,[48] wodurch die Sophistik den Konsenstheorien zuzuschlagen wäre. An dieser Stelle soll eine Diskussion darüber nicht vertieft werden, da sie nicht unmittelbar zur Klärung von Rhetorik und Zweifel beiträgt, es sei aber darauf hingewiesen, dass auch Argumente geltend gemacht werden können, die Sophistik vertrete mehrheitlich eher eine Proto-Form des Deflationismus der Wahrheitstheorie.[49]

In dieser Hinsicht ist der Mensch tatsächlich das Maß der Dinge und vor allem ihres Seins als einem spezifischen So-Sein in der Gegebenheit durch Sprache. So nimmt es nicht Wunder, dass sich Platons Vorstellung der Ideen und ihrer Transzendenz an der sophistischen Subjektgebundenheit stößt. Und mit ihr verurteilt er den Relativismus der Sophisten, der auf abstrakter Ebene den Weg für die Unbestimmtheit ebnet, die sich im konkreten Phänomen des Zweifels in der Rede artikulieren lässt.

Es ließen sich noch weitere Punkte ergänzen, etwa die Frontstellung des Protagoras gegen die eleatische Ontologie,[50] oder die halb im sprachlichen Spiel, halb im philosophischen Ernst verfasste Abhandlung *Über das Nichtseiende oder über die Natur* des Gorgias, welche sich ebenfalls gegen Parmenides wendet.[51] Man kann den ersten Sophisten also auch eine philosophisch motivierte Ausübung ihrer Tätigkeit unterstellen, selbst wenn etwa Gomperz hierzu kritisch

47 Tordesillas 2007, Sp. 998f.

48 Ebd., Sp. 998.

49 Der Deflationismus als Wahrheitstheorie besagt im Kern, dass das Prädikat ‚wahr‘ keine tatsächliche Eigenschaft im epistemischen Sinne aufweist und daher im kommunikativen Gebrauch wertvoll sein kann, im erkenntnistheoretischen jedoch keinen Mehrwert bietet. Vgl. Grundmann 2008, S. 56ff.

50 Vgl. Baumhauer 1986, S. 183ff.

51 Vgl. Tordesillas 2007, Sp. 1002.

Stellung nimmt.[52] Die Frage, ob und wie stark die Sophistik nun tatsächlich auch philosophisch zu einer relevanten Strömung neben der Philosophie avancierte, beziehungsweise wo eigentlich die Grenze gezogen werden soll, muss hier nicht entschieden werden. Sie war und ist bis heute Gegenstand kontroverser Forschung.[53] Es ist jedoch einsichtig, den Sophisten durchaus philosophisches Gewicht beizumessen, gerade was die erkenntnistheoretischen Aspekte ihres Denkens anbelangt. Angesichts dieses Befundes kommentiert Kraus den philosophiegeschichtlichen Einfluss der Sophisten mit den Worten: „Die bisherige Vorrangstellung der Naturphilosophie fällt dem erkenntnistheoretischen Relativismus und Skeptizismus ebenso zum Opfer wie dem neuerwachten Interesse am Menschen und seinen Fähigkeiten."[54] Auch Vorländer will dies so verstanden wissen, da die Sophisten „mit der Frage nach der *Subjektivität* auf dem Felde des Erkennens wie des Wollens zugleich die Fundamentalfrage nach dem Recht des *Individuums* in der Gesellschaft entfachten."[55] Jüngst hat Žižek diese Einstellung auf seine Weise bestätigt, indem er die Sophisten als Demokraten der „kooperativ-organischen Ordnung"[56] des Platonischen Staates entgegenstellt.

Von noch größerer Bedeutung an dieser Stelle der knappen Darstellung des sophistischen Programms ist vor allem eines: Ausgangspunkt jeder sophistischen Programmatik war der einsetzende Zweifel am Bisherigen. Göttert bezeichnet die Sophisten daher nicht zu Unrecht als die Gelehrten, „die einen pragmatischen Vernunftgebrauch auf der Grundlage eines (Selber)könnens mit individualistisch-skeptizistischen Zügen propagierten"[57], und kennzeichnet sie zudem als „die ersten berufsmäßigen Intellektuellen."[58] Die Sophisten begannen ihre Zweifel an der bestehenden sozialen Ordnung, dem Menschenbild, den Meinungen der Gelehrten und den Traditionen ihrer Zeit zu methodologisieren, lange, bevor der methodische Zweifel Descartes' in die Philosophiegeschichte einging. Die erste Gemeinsamkeit aller sophistischen Ursprünge kann daher in der Erkenntnis gesehen werden, feste Gewissheitsinhalte dem Zweifel zu unterziehen. Und in dem Streben, dieses Zweifelhafte publik zu machen, liegt die zweite Gemeinsamkeit: die Kunst der Beredsamkeit als Organon der politischen wie wissenschaftlichen Zweifelsevokation zu nutzen. Dahinter steht ein instru-

52 Vgl. Gomperz 1965 [1912], S. 28ff.
53 Vgl. Classen 1976, S. 9.
54 Kraus 1987, S. 169.
55 Vorländer 1990, S. 52 [Herv. i. Orig.].
56 Žižek 2014 [2012], S. 112, Anmerkung.
57 Göttert 2009, S. 75f.
58 Ebd., S. 76.

mentelles Verständnis der vermittelten Erziehungsinhalte, es werden Fertigkeiten gelehrt, allen voran die Fertigkeit der argumentativen Rede. Die Weisheit der Sophisten, und dies mag ein wesentlicher Grund für die philosophische Geringschätzung ihrer Zunft gewesen sein, liegt nicht nur in der Vermittlung spezifischer Wissensinhalte, sondern vor allem in der praktischen Anwendung dieser Inhalte durch sprachlich-diskursive Methoden öffentlicher Wortgewandtheit. Als Ausgangspunkt für den Disput zwischen Philosophie und Sophistik kennzeichnet Žižek daher zutreffend den sophistischen Skeptizismus hinsichtlich der mythischen Ordnungsbilder der Philosophen und deren Wahrheitsanspruch:

> Die Sophisten haben die mythische Einheit von Worten und Dingen zerschlagen und spielerisch auf der Lücke bestanden, die diese beiden trennt; und die Philosophie lässt sich strenggenommen nur als Reaktion darauf verstehen, als Versuch, die Lücke zu schließen, welche die Sophisten aufgerissen haben, und den Worten ein Wahrheitsfundament zu geben, als Rückkehr zum Mythos, jedoch unter den neuen Bedingungen der Rationalität.[59]

Bemerkenswert an diesem Zitat ist dabei weniger die restaurativ-revisionäre Haltung, die Žižek in seiner eigenen Art der Philosophie unterstellt, sondern vielmehr die Kennzeichnung der sophistischen Methode als eines ‚spielerischen Bestehens' auf etwas. Damit ist, wenn auch nicht als solche benannt, die Rhetorik gemeint. Sie bietet die Möglichkeit, ernste Erkenntniskritik und Ontologie im Gewand des kommunikativen Spiels zu präsentieren und stellt das perfekte Organon dar, sprachrelativistische Theorien in kommunikativ erfahrbare Wirklichkeit umzuwandeln. Der sprachliche Relativismus der Sophisten ist nicht an sich schon rhetorisch, aber er wird im Prozess seiner rhetorischen Verarbeitung zu einem sozial wirksamen Erleben. In Anlehnung an Žižek kann man daher formulieren, dass das ernste Programm des Zweifels bei den Sophisten maßgeblich erst durch den Einsatz der Rhetorik im kommunikativen Spiel erfahrbar wird. Zweifel und Rhetorik verschränken sich in dem Maße miteinander, wie die Subjekt- und Relativitätsphilosophie sophistischer Denker mit deren öffentlichkeitswirksamer Darstellung verbunden wird. In ihrer Eignung, Zweifel als Denkmuster im öffentlichen Diskurs zu etablieren, steht die Rhetorik als spezifisches kommunikatives Können daher vor allen anderen Instrumenten.

Die Sophistik ist mit der Rhetorik untrennbar verbunden und vielfach hat dies auch dazu geführt, den pejorativen Gebrauch des Wortes ‚Sophist' auf die Anwender der *ars rhetorica* zu übertragen. Ungeachtet dessen bleibt das zweite

59 Žižek 2014 [2012], S. 112.

Verdienst der Sophisten neben der Entdeckung des Zweifels an ihrer Weltordnung die Entwicklung einer Art rhetorischer Proto-Disziplin[60]: sie beschließen nicht nur eine andere Lebenswelt-konstituierende Paradigmatik, sondern verleihen dieser auch in der öffentlichen Rede Ausdruck und Gehör. So ist für Gorgias die Rede „eine große Bewirkerin, die mit dem kleinsten und unscheinbarsten Körper die göttlichsten Werke vollbringt"[61], wobei der Begriff ‚Rede' wie beschrieben nicht annähernd die Dimension des *logos* wiederzugeben vermag. *Logos* ist immer zu denken als ein Konzept von Vernunft, (allgemeiner) Sprache und (situativer) Rede, in dem alle drei Dimensionen untrennbar miteinander verwoben sind. Cassirer führt die Sprachbetrachtung und die sozio-politische Stellungnahme der Sophisten zusammen und attestiert ihnen die Etablierung der Rhetorik als sozialtechnologischem Wissenszweig, der den *logos* nicht mehr mythologisch oder metaphysisch, sondern pragmatisch auffasst.[62]

Sämtliche Relativismen der Sophistik sind wesentlich durch die Sprache geprägt, umgekehrt erhält das Denken der Sophisten seine Fähigkeit zu zweifeln erst durch die gründliche Untersuchung von zu Text gewordener Sprachlichkeit und deren konstitutiver Rolle für die soziale und wissenschaftliche Welt. Wahrheit, Recht, Norm und alle weiteren ordnenden Bestandteile des sozialen Lebens sind nun keine Mythologeme mehr, sondern „Folge eines Konsenses und Ergebnis einer argumentativen Auseinandersetzung."[63]

Das Sprachliche bietet den Sophisten damit den Raum für ihr Zweifeln und schafft zugleich erst die Methodik dieses Zweifels. Dieses Verhältnis ist hochgradig reziprok und nicht nur aufgrund der historischen Distanz aus heutiger Sicht nur noch schwer zu rekonstruieren. Ihr liegt aber ein Ansatz zugrunde, der auf interessante Weise dem Ausgangspunkt moderner analytischer Philosophie ähnelt: Die Probleme des Nachdenkens über Sein, Subjekt und Gesellschaft sind nicht zu verstehen, ohne über sprachliche Ausdrucksweisen nachzudenken, in denen wir über diese Probleme reden, und die Begriffe zu erforschen, die für uns diese Probleme erst begreifbar machen.

Dies leitet die Sophisten zur Frage, ob es überhaupt einen urwüchsigen Zusammenhang von Ding und Bezeichnung gibt oder dieser nicht vielmehr auf bloßer Konvention beruht. Zeugnis dieser Diskussion ist etwa das Gespräch von

---

60 Als Proto-Disziplin wird die sophistische Rhetorik hier der tatsächlichen wissenschaftlich-disziplinären Grundlegung der Rhetorik des Aristoteles gegenübergestellt. Die sophistische Rhetorik ist in keiner Form eines Lehrbuches oder eines systematisch reflexiven Theoriewerkes dargelegt, wie dies bei Aristoteles erstmals der Fall ist.

61 Gorg. Enkom., ed. Schirren/Zinsmaier 2003, § 8.

62 Cassirer 2007, 178f.

63 Tordesillas 2007, Sp. 998.

Kratylos in Platons gleichnamigem Dialog mit Hermogenes und Sokrates. Hermogenes fasst die eine Seite zusammen, indem er sagt:

> Kratylos hier, o Sokrates, behauptet, jegliches Ding habe seine von Natur ihm zukommende richtige Benennung, und nicht das sei ein Name, wie einige unter sich ausgemacht haben etwas zu nennen, indem sie es mit einem Teil ihrer besonderen Sprache anrufen; sondern es gebe eine natürliche Richtigkeit der Wörter für Hellenen und Barbaren insgesamt die nämliche.[64]

Zu dieser verbum-proprium-These verkörpert er als literarische Figur Platons die Gegenthese, es könne keine sprachliche Bezeichnung für etwas geben als eine, „die sich auf Vertrag und Übereinkunft gründet."[65] Diese zunächst epistemologische Diskussion enthält für die Sophisten von Anfang an eine rhetoriktheoretische Implikation. Denn wenn ontologische Fragen durch Betrachtungen des Sprachgebrauches entschieden werden können und der Sprachgebrauch wiederum ein Moment des kommunikativen Konsenses ist, werden auch die ontologischen zu konsensuellen Verhältnissen. Ungeachtet dessen ist deutlich hervorgetreten, wie fundamental die Auseinandersetzung mit dem *logos* für die Sophistik ist. Man kann an dieser Stelle auch etwas pointierter sagen, den Sophisten sei als ersten die Auffassung gemein, das gesamte Zusammenleben basiere auf Kommunikation. Und da sie ihre eigenen intellektuellen, politischen und ökonomischen Ziele hatten, mussten sie die Methode für sich kultivieren, die das Zusammenleben am nachhaltigsten prägen konnte – die Fähigkeit, andere durch Kommunikation zu beeinflussen und zu überzeugen. Die Hinwendung der Sophisten zur Rhetorik ist daher keine zufällige Entdeckung ihrerseits oder gar ein reines Mittel zum Zweck für andere Ziele, sie ist vielmehr die folgerichtige und unabdingbare Konsequenz ihres (skeptizistischen) Weltbildes.

Der Kreis, der hiermit um die Gedankengänge der Sophisten gezogen wurde, schließt sich, wenn man sich vor Augen führt, dass eine sprachliche Konstitution der sozialen Welt auch eine sprachliche Konstitution des Zweifels an sozialen Verhältnissen impliziert. Es wurde bereits dargelegt, dass das Initialmoment des Sophistischen der Zweifel und die Einsicht in die Bezweifelbarkeit sind.

Bei dieser Darstellung des Zusammenhangs von Zweifel und Rhetorik muss von Anfang an auf eine saubere Begriffsverwendung geachtet werden. Die sophistische Methode des Zweifels an sich liegt in dem vertretenen Sprachrelativismus, die Methode der sozial-distributiven Zweifelsevokation liegt in der Hinwendung zur Rhetorik. Damit wird hier auf eine eindeutige Trennung von

64 Plat.: Krat., übers. Schleiermacher 2013, 383a-b.
65 Ebd., 384d.

Sprachrelativismus und Rhetorik hingewiesen. Denn nicht jede Form eines erkenntnistheoretischen oder sprachphilosophischen Relativitäts-Gedankens ist zugleich Rhetorik. Im Gegenteil, erst die Ebene strategisch eingesetzter Kommunikationsverfahren eröffnet die konzeptuelle Möglichkeit, von Rhetorik zu sprechen. Die Argumentation dieses Kapitels läuft daher keineswegs darauf hinaus, dass die Entdeckung der Rhetorik mit der Entdeckung des Bezweifelbaren identisch sei. Skeptizismus ist in seiner epistemischen Grundform weder konstitutiv an spezifische Kommunikationsformen gebunden, noch impliziert er, ausschließlich über sie geäußert werden zu können. Vielmehr stellt die Entwicklung einer schulischen Beredsamkeit zwar eine plausible und konsistente, jedoch keineswegs eine kausale oder notwendige Folge des sprachrelativen Ansatzes des Sophisten dar.

Zugleich fällt die Nähe zwischen Rhetorik als kommunikativem und Zweifel als kognitivem Phänomen stark ins Auge. Die Sophisten sind daher insofern paradigmengebend für die enge Verzahnung von Zweifel und Rhetorik, als sie zwei methodische Denkgestalten vor dem Hintergrund ihres historischen Kontextes miteinander verbinden: die Gestalt des Zweifels und die seiner möglichen kommunikativen Vermittlung. Hier wirken die Sophisten als diskursive Katalysatoren kultureller Veränderung, wenn man die sich ändernden politischen und sozialen Verhältnisse ihrer Zeit bedenkt. Gabriel konstatiert: „Charakteristische historische Entstehungsbedingungen für skeptische Bewegungen sind deswegen insbesondere in Zeiten eines maximalen Außendrucks auf bestehende Diskurse gegeben.“[66] Die sozialen und politischen Momente dieses ‚Außendrucks‘ wurden bereits zu Beginn des Kapitels erläutert. Es ist kein Zufall, dass eine dieser skeptischen Bewegungen, als die die Sophistik hier aufgefasst wird, mit einer Kultivierung der Beredsamkeit einhergeht und wesentlich durch diese erst Fuß fassen kann. Die prononcierte und öffentliche Form des Kritisierens bis hin zur Provokation ist systematisch betrachtet lediglich eine besondere Ausprägung eines strukturimmanenten Konnex von Zweifel und Rhetorik. Dieser These auf abstrahierter, überhistorischer und systematischer Ebene nachzugehen und die Strukturmechanismen dahinter zu beleuchten, ist Aufgabe der folgenden Überlegungen.

66 Gabriel 2014, S. 233.

2.2 Das rhetorische Prinzip der Infestation

Was am historischen Paradigma der Sophistik aufgezeigt wurde, gilt in grundlegender Form für die theoretische Ebene der Rhetorik: Zweifel und Gewissheit bilden die konstitutive Polarität, zwischen der Rhetorik in jeder Form ihrer realweltlichen Wirkung oszilliert. Persuasion, also die Kernoperation des Rhetorischen, wird von Knape daher auch in diese Dichotomie eingebettet. Die Prinzipien Metabolie und Systase, Loslösung und Bindung, können nur vor diesem Hintergrund angenommen werden, also nur unter der Prämisse verstehbar sein, dass es zur Loslösung eines Zweifels an bisher Geglaubtem und zur Bindung der Ersetzung des Zweifels durch neue Gewissheit bedarf.

„Demnach hat die rhetorische Handlung das Ziel, einen Bewusstseinszustand der Ungewissheit oder des Zweifels (Dubium)“[67] in den der Gewissheit (Zertum) zu überführen. Wichtig ist für Knape dabei die klare Distinktion zwischen dem lateinischen Wort *certum* (ein Gewisses) und dem neuen rhetorischen Terminus technicus Zertum.[68] Denn das Zertum steht für eine feste Systemgröße im Persuasionsmodell, nicht für Gewissheit per se. Es ist „irgendeine handlungsauslösende feste, innere Überzeugung des Orators“[69], beziehungsweise kann auch für eine „feste innere Gewissheit auf Seiten des Adressaten“[70] stehen. Im Gegensatz zum allgemeinen Begriff der Gewissheit indiziert der Ausdruck Zertum bereits, dass die durch ihn bezeichnete spezifische Gewissheit eine operationale Funktionalität im Persuasionsprozess besitzt. Durch sie ist das Zertum konstitutiv für das, was Knape den ‚rhetorischen Fall‘ nennt: „Der in unserem Zusammenhang allein interessierende rhetorische Fall tritt dann ein, wenn ein Sprecher das Zertum (seine innere Gewissheit) gefunden hat, es zu seinem Anliegen macht, mit oratorischem Impetus hervortritt und ihm mit seinem *Ego autem dico* aktiv Geltung verschaffen will.“[71] Analog dazu bedeutet das Zertum in seiner Ausweitung auf den Adressaten daher stets die Gewissheit, die im aktualen Persuasionsvorgang im Fokus des Orator-seitigen Interesses steht. Das Zertum ist, bezogen auf den Adressaten, also ein Gewissheitszustand, der unter der spezifisch strategischen Perspektive des Orators relevant wird. Mit Sicherheit können einem Adressaten viele verschiedene Gewissheiten zugleich eignen, etwa kann ein Adressat zugleich der Gewissheit sein, dass es politisch geboten ist, eine bestimmte Partei

67 Knape 2003, Sp. 877, wo „Zertum“ fälschlicherweise von der Redaktion durch das antike Wort *certum* ersetzt wurde.

68 Vgl. Knape 2015a, S. 155, Anmerkung 10.

69 Knape 2012a, S. 77.

70 Knape 2015a, S. 155.

71 Knape 2012a, S. 76.

zu wählen, wie auch, dass er sich gerade auf dem Weg in ein Wahllokal befindet, die Erdanziehungskraft ihn am Fliegen hindert und Schnee in der Regel weiß ist usw. Je nach erkenntnistheoretischer Anschauung mögen alle diese Propositionen vom Adressaten einer rhetorischen Operation als Gewissheiten eingestuft werden, jedoch gelten auch hier wieder nur diese als Zerta, die tatsächlich in einem funktionalen Zusammenhang mit dem jeweiligen rhetorischen Fall stehen.[72] Im Falle der hier aufgeführten beispielhaften Gewissheiten, die ein Subjekt für sich in Anspruch nehmen kann, können also nicht alle als Zerta gelten, sondern erhalten diesen Status nur qua Eingebundenheit in einen rhetorischen Zusammenhang.

Insofern indiziert der Terminus ‚Zertum' die spezifische relationale Gebundenheit des Bezeichneten zum Kontext des Rhetorischen. Ist also von Zweifel und Gewissheit als Dubium und Zertum *sub specie artis rhetoricae* die Rede, so sind diese Begriffe immer im Kontext rhetorischer Strategieoperationen zu interpretieren: „Zweifel und Gewissheit versteht die Rhetorik teleologisch als beim Adressaten herbeigeführte, strategisch erzeugte Mentalzustände"[73], wie Knape schreibt. Es kann, folgt man der Logik des Persuasionsprozesses, zwei unterschiedliche Zerta eines Adressaten geben: ein Zertum *prae rhetorica* und eines *post rhetoricam*. Diese Feststellung ergibt sich aus der schlichten Überlegung, dass ein Orator mit seinem rhetorischen Handeln bei einem Adressaten im Sinne der Metabolie auf einen bereits in welcher Form auch immer gefestigten Mentalzustand trifft, welcher als Gewissheit *prae rhetorica* bezeichnet werden kann. Im Akt der Metabolie kommt es dann zu einer Loslösung von dieser Gewissheit, solange, bis das Funktionsprinzip der Systase greift und der Adressat in einen Gewissheitszustand *post rhetoricam* überführt werden kann. Genau an jener Stelle setzen auch die Überlegungen Knapes zum Stellenwert und Funktionsprinzip des Zweifels aus rhetorischer Sicht ein.

Ausgehend von der bereits eingeführten Prämisse, Rhetorik handle stets von Persuasion mittels Metabolie- und Systaseeffekten, steht zunächst die Metabolie

---

72 Bereits in dieser beiläufigen und bewusst wahllosen Aufzählung möglicher Gewissheiten steckt ein Fallstrick des Zertumbegriffs, den es später nochmals aufzugreifen gilt: Es gehört nämlich zur Spezifik des Zertums, dass diese besondere, rhetorisch relevante Gewissheit als solche von dem jeweiligen Gewissheitsträger, sei er Orator oder Adressat, aktiv reflektiert wird. Ein Subjekt ist sich niemals aller seiner Gewissheiten zugleich bewusst, dennoch kann man davon sprechen, es habe mehrere Gewissheiten auch in den Momenten, in denen es diese nicht selbst aktiv rezipiere. Inwiefern es jedoch für einen konsistenten Zertumsbegriff notwendig ist, eben doch von einer situationsspezifischen Realisierung dieser Gewissheit von Seiten des Subjektes auszugehen, wird später noch dargestellt werden.

73 Knape 2015b, S. 11.

im Vordergrund. Zur Verdeutlichung des zu erläuternden Prozesses wählt Knape eine Szene aus Shakespeares *Othello*, in der der Protagonist Jago mittels rhetorischer Strategie letztlich erfolgreich versucht, die Hauptfigur Othello von der Untreue seiner Frau zu überzeugen, wiewohl Othello zuvor im Stück noch sein absolutes Vertrauen in die Treue seiner Desdemona beteuert.[74] Abstrahiert gesehen sind diesem Modell zufolge die beiden grundsätzlichen Akteure Orator und Adressat auszumachen, welche in einer kommunikativen Handlung miteinander situativ verbunden sind. Gemäß dem rhetorischen Fall hat der Orator ein Telos und ein Zertum, welches in der oben beschriebenen Weise eine handlungsauslösende Gewissheit darstellt. Gleichzeitig muss beim Adressaten selbst auch ein Zustand der Gewissheit angenommen werden, der jedoch, wie im Beispiel Othellos, den sozialen Zielen seines Opponenten Jago im Wege steht. Die rhetorische Handlung hat daher zunächst das Ziel, den Zustand der Überzeugung in Bezug auf einen spezifischen Sachverhalt beim Adressaten zu destruieren, um anschließend eine neue, den eigenen Zielen opportune Überzeugung instanziieren zu können. Nun setzt in der chronologischen Handlungsfolge des Modells jener Akt ein, den Knape „Infestation“[75] nennt, also Angriff auf die Gewissheit. Diese „kognitive Ablösung“[76] von einer bereits vorhandenen Überzeugung ist nach Knape der Zweifel. Er resümiert in Bezug auf Shakespeare: „Jago [allgemeiner: der Orator, *Anm. d. Verf.*] hat gewonnen, wenn bei Othello [allgemeiner: dem Adressaten, *Anm. d. Verf.*] der Wechsel von A nach B [als einander entgegengesetzter mentaler Standpunkte, *Anm. d. Verf.*] gelungen ist, also von $Zertum_1$ zu $Zertum_2$.“[77]

Auch wenn Knape also an anderer Stelle wie oben zitiert schreibt, das adressatenseitige Zertum sei im rhetorischen Sinne ein teleologisch erzeugter Zustand, so ergibt sich eine gewisse Aufweichung dieser Aussage, insofern auch der erste Zustand der Gewissheit, sozusagen prä-inversiv, ein Zertum darstellt, nämlich das $Zertum_1$. Dieser Gewissheitszustand wurde oben bereits als prä-rhetorisch gekennzeichnet und erhält erst im Nachhinein, durch die rhetorische Interaktion selbst, den Stellenwert eines Zertums. Zuvor ist es als eine Gewissheit unter vielen zu verstehen, von denen der Adressat zweifelsohne eine undefinierbar große Menge haben kann. Dieses $Zertum_1$ wird aber unter der Menge vieler beliebiger Gewissheiten nur dadurch zu einem Zertum im rhetorischen Sinne als es der Erreichung des Telos des Orators in Form eines mentalen Widerstandes entgegensteht, nicht jedoch, indem es vom Orator tatsächlich aktiv erzeugt würde. Das

74 Vgl. Knape 2015a, S. 152ff.
75 Ebd., S. 154.
76 Ebd., S. 156.
77 Ebd., S. 162.

Zertum$_1$ des Adressaten ist in dieser ersten rhetorischen Momentaufnahme daher gerade nicht teleologisch zustande gekommen, sondern wird vielmehr ex negativo bestimmt, insofern es den konstitutiven Gegenpol zum Zertum$_2$ darstellt, welches der Orator im Adressaten erzeugen mag.

Inversives Vorgehen bezeichnet damit eine Art Richtungswechsel der Überzeugungshandlung des Orators: einmal muss er Überzeugungen destruieren, einmal sie (wieder) aufbauen. Dabei kann nicht angenommen werden, jede Form der Verunsicherung eines Adressaten, gleich welcher Quelle sie entspringt, sei bereits im rhetorischen Sinne inversiv. Hier gilt einmal mehr die Forderung, dass es sich um eine zielgerichtete und absichtsvolle, mithin einem strategischen Kalkül unterworfene Aktion handeln muss, will man in distinkter Form von einem rhetorischen Vorgang sprechen können. „Im Rahmen einer rhetorischen Intervention, eines Persuasionsaktes oder -prozesses, haben wir es auch bei der teleologischen Inversion mit einem kalkulierten Vorgang, eben dem der aktiven Verunsicherung als einer Art Angriff auf mentale Sicherheit zu tun“[78], stellt Knape klar. Dieser Vorgang „verhält sich invers zu dem der Versicherung (der Zertifikation)“[79], womit einmal mehr das Wechselspiel von Loslösung und Bindung im Persuasionsprozess angesprochen ist. Diese Umkehr der Richtung, also das inversive Element des Persuadierens, kennzeichnet Knape weiter mit der Vektorialität der Persuasion. „Bevor Persuasion neu versichert“, erklärt er in Hinblick auf die beschriebene Umkehroperation, „muss der vektorielle Pfeil in Richtung Verunsicherung gedreht worden sein.“[80]

Welche Formen die Zweifelserregung in semantischer Hinsicht auf Ebene der rhetorischen Texthandlung annehmen kann, ist hier zunächst nicht weiter von Belang. Es kommen im Grunde viele Vertextungsstrategien in Frage, die die Rhetorik auch aus anderen Kalkülzusammenhängen kennt und die unterschiedlichster quantitativer wie qualitativer Ausprägung sein können: von der ganzen Rede bis hin zu einzelnen Bemerkungen oder gar semantisch unterkomplexen Lautäußerungen (selbst der gezielte Einsatz einzelner Häsitationspartikeln wäre hier denkbar), von plumpen oder offenkundigen Zweifelsäußerungen bis hin zu psychologisch raffinierten Subtilitäten und Suggestionen. Eine gewisse beispielhafte Bandbreite solcher Textphänomene zeigt Knape anhand des *Othello* selbst, wenn er in seinem rhetorischen Close reading Kernszenen von Jagos Infestation analysiert.[81] Knape beschreibt diese Techniken ähnlich allgemein, indem er resümiert:

78 Knape 2015b, S. 15.
79 Ebd.
80 Ebd., S. 15f.
81 Vgl. Knape 2015a, S. 157ff.

„Im konkreten rhetorischen Ereignis sind für diesen Zweck alle gesellschaftlich akzeptierten Kommunikationsmittel recht, auch alle, die die Affekte anregen. Aber natürlich steht bei der Erschütterung und Subversion auch immer wieder die rhetorische Argumentation im Mittelpunkt."[82] In diesem Zusammenhang wird sogar das Verfahren der Kritik besonders hervorgehoben, welches unter Verbindung unterschiedlicher strategischer Operationen zu einer „zentralen, rationalen Dedogmatisierungs-Methode des wesentlichen Denkens"[83] gezählt werden kann. Es sei an dieser Stelle nochmals auf das historische Paradigma der Sophisten verwiesen, bei denen die Kritik als eines ihrer wesentlichen Merkmale bereits dargestellt wurde.

Diese Betonung der Rationalitätsverfahren zeigt auch, dass es zu eindimensional gedacht wäre, eine Verunsicherungsrhetorik von den klassischen *pisteis* (Beweismitteln) des aristotelischen Ansatzes abzusondern und ihr lediglich destruktives Querulantentum oder psychologische Spielerei zuzuerkennen. Auch in einer dezidiert *logos*-zentrierten Rhetorik, die ihre Enthymeme aus *endoxa* (anerkannten Meinungen) gewinnt und auf die Akzeptanz eines Verstehens auf Basis der *opinio communis* aus ist, hat die inversive Persuasion ihren Platz. Die Annahme etwa, es gäbe das rationale, konstruktive Beweisverfahren der positiv auf Überzeugung gerichteten Rhetorik und demgegenüber das destruktive Verunsicherungsverfahren der negativ auf Zweifel gerichteten Inversions-Rhetorik ist deutlich zu kurz gegriffen. Sie übersieht zweierlei: erstens stehen alle persuasiven Mittel, gleich welcher kommunikations-ethischen oder epistemologischen Färbung, unter den Vorzeichen der ambigen Vektorialität der Rhetorik, das heißt, sie können alle sowohl zur Zweifels- als auch zur Gewissheitsevokation eingesetzt werden. Und zweitens besteht eben genau hierin die ureigene Ambivalenz des Rhetorischen – Zweifel und Gewissheit sind einander ermöglichende und notwendig aufeinander angewiesene Gegenpole eines jeden Persuasionsprozesses. Rhetorik, das ist der springende Punkt des Inversions-Gedankens, kann überhaupt nur unter der Prämisse dieser Ambivalenz gedacht werden. Nach Knape gilt daher: „Jedem Persuasionsvorgang ist ein Moment der Verunsicherung als Ermöglichungsbedingung neuer Gewissheit inhärent."[84]

Gleich welcher Art die Infestation auch ist, ihr Ergebnis als ein Verfallen in den Zweifel und das Fahrenlassen der bisherigen Gewissheit nennt Knape das

82 Knape 2015b, S. 19.
83 Ebd., S. 20.
84 Ebd., S. 17.

Othello-Reaktiv, beziehungsweise O-Reaktiv.[85] Inversive Rhetorik zielt also darauf ab, das Moment des O-Reaktives zu erreichen, wobei das Anzweifeln selbst und auch schon die Bereitschaft dazu von Knape als „Addubitation“[86] bezeichnet wird.

Die hier dargestellten Ausführungen können den Eindruck entstehen lassen, Persuasion sei als punktuelle Umschlagsdynamik zu verstehen, bei der eine singuläre kommunikative Intervention des Orators eine vorher feste Gewissheit mit einem Mal ins Schwanken bringt. Natürlich kann sich inversive Persuasion auch in derartiger Radikalität abspielen, das in dieser Arbeit noch auszuarbeitende Modell arbeitet jedoch unter der Vorannahme, dass Persuasionsprozesse oft graduelle Veränderungen der Überzeugungen eines Adressaten bedeuten, so wie Überzeugungen generell sich ständig verändernden und neu kontextualisierenden Einflussfaktoren ausgesetzt sind. Daher wird das Persuasionsmodell dieser Arbeit zwar von einem Überzeugungswechsel von einem Standpunkt A zu einem Standpunkt B sprechen. Diese Standpunkte bezeichnen jedoch zunächst lediglich die Verschiedenheit der Gewissheiten vor und nach einem Persuasionsprozess. Dass dieser Prozess selbst sich in graduellen, oft unmerklichen Schritten vollzieht, muss dabei immer mitgedacht werden. Zudem bedeutet der Wechsel einer Überzeugung nicht, dass diese veränderte Überzeugung isoliert von weiteren mentalen Inhalten verändert würde. Insbesondere das Kapitel 3.1.3 wird deutlich machen, dass stets von einem hoch komplexen Geflecht unterschiedlicher mentaler Zustände auszugehen ist, wenn man sich die Prozesshaftigkeit des mentalen Wechsels von A nach B vor Augen führt. Wenn hier also von einem Wechsel von A nach B die Rede ist, so bezeichnet dies einen Standpunktwechsel, bei dem jeder Standpunkt, also sowohl A als auch B, als eine modellhafte Abstraktion des mentalen Geflechts unterschiedlicher Überzeugungssysteme zu verstehen ist. Die sowohl aus psychologischer als auch aus mental-philosophischer Sicht anzunehmende Flüchtigkeit vieler mentaler Zustände ist davon keineswegs ausgeschlossen. Strukturell lässt sich auch dann ein Standpunkt B als neue Gewissheit annehmen, wenn diese nach kürzester Zeit selbst wieder zum Gegenstand des Zweifels werden sollte.

85 Vgl. Knape 2015a, S. 163.
86 Ebd., S. 173.

2.3 Wie weit reicht der rhetorische Zweifel?

Es erscheint zunächst kontraintuitiv, in der Rhetorik dem Verfahren zur Gewissheitsdestruktion einen großen Stellenwert zuzuordnen, wenn der Fokus des rhetorischen Bemühens eines Orators oberflächlich betrachtet doch im konstruktiven Überzeugen, nicht im destruktiven Verunsichern liegt. Es sind wohl deutlich weniger Fälle denkbar, in denen das O-Reaktiv das tatsächliche Ende der teleologischen Bemühung eines Orators sein wird. Jedoch kann sich der Orator, so wie in Knapes Beispiel Jago, auf einen Psychomechanismus verlassen, der ihm hilft, schnell wieder auf die Schiene der Überzeugungsleistung zurückzukommen. Knape rekurriert hierzu auf Festingers Theorie der kognitiven Dissonanz, nach der „die aversive Spannung des Verunsichertseins ständig zugunsten der Zertifikation abgebaut werden“[87] muss.

Das O-Reaktiv ist nach dieser Theorie also selbst ein höchst fragiler und ephemerer Zustand, welcher schnellstens seitens des Adressaten überwunden werden wird, um erneut das eigene Handeln an einer Gewissheit ausrichten zu können.[88] Die Zweifelsevokation ist daher ein transitorisches Moment, sie ist in dieser Hinsicht kein Selbstzweck des Rhetorischen, sondern wie eben dargestellt die Ermöglichungsbedingung der Persuasion.

Natürlich sind auch hier Ausnahmefälle denkbar, zumal der absolute Zweifel als Ausweglosigkeit in Form der Aporie exakt mit der Abwesenheit eines direkt nach dem Zweifel einsetzenden Gewissheitsangebotes arbeitet. Die Aporie stellt daher eine Sonderform des Zweifels dar, insofern sie einer nachhaltigen Verwirrung gleichkommt, die im Wortsinne eben keinen Zugang oder Weg zu neuer Gewissheit bietet. Als Ausnahmesituation des Rhetorischen ist sie etwa in Platons Dialogen ein Standardphänomen.[89] Das soll an dieser Stelle jedoch nicht näher erörtert werden. Für die Mehrheit der rhetorischen Fälle gilt, dass die Zweifelsevokation ihren transitorischen Charakter bewahrt, insofern Rhetorik als „die Schwester des Dezisionismus“[90] darauf hinarbeitet, Entscheidungsfragen, die auf ein Mandat zur Handlung drängen, zu bearbeiten. Diese Positionierung ist wichtig, um sich die Dimension des rhetorischen Handelns bewusst zu machen und

---

87 Ebd., S. 163.

88 Bereits Peirce weißt aus mental-philosophischer Sicht darauf hin, dass der Zustand des Zweifelns nicht von Dauer ist, sofern das Subjekt irgendeine Möglichkeit sieht, sich aus ihm zu befreien: „Zweifel ist ein unangenehmer und unbefriedigender Zustand, in dem wir Anstrengungen machen, uns von ihm zu befreien und den Zustand der Überzeugung zu erreichen suchen.“ (Peirce 1967 [1877], S. 300).

89 Vgl. Erler 1987, S. 1-18.

90 Knape 2015a, S. 173.

eine Abgrenzung rhetorischer Fragen von denen vorzunehmen, deren Beantwortung bewusst warten kann. Dabei stellt bereits Blumenberg fest, dass Rhetorik eben nicht im infiniten Zweifel verharren darf: „Rhetorik ist ein Verhalten angesichts von Ungeduld; verständlicher Ungeduld übrigens, denn wer könnte sich leisten, die Antworten künftigen Generationen zu überlassen, wenn sie so tief ihn selbst betreffen wie eben die auf die großen Fragen?“[91] Was hier als Ungeduld bezeichnet wird, ist tief verankert in der anthropologischen Anschauung Blumenbergs, die den Horizont seiner Rhetorikrezeption markiert, und sie drückt in pointierter Form aus, was Festinger auf psychologischer Ebene feststellt – das Bedürfnis nach Sicherheit. Denn das rhetorische Wesen Mensch ist bei Blumenberg ein Mängelwesen, es ist abseits sicher geglaubter Erkenntnis und strebt nun nach deren Reparation.[92]

In einem Punkt muss die Aussage Blumenbergs, es ginge um die ‚großen Fragen‘ jedoch nachgeschärft werden. Seine Rhetorikkonzeption ist weiter gespannt, sie umfasst eine größere Bandbreite an Fragen, die das erkennende Subjekt durch sie zu entscheiden sucht, als es die Infestations-Theorie Knapes zulässt.[93] Denn Knapes Bemühen gilt auch einer Abgrenzung des rhetorischen Zweifels von dem des methodischen etwa in der Philosophie. „Kasuistisch gesehen verhält es sich im eigentlichen rhetorischen Kommunikationsfall anders als bei dem [...] philosophischen.“[94] Denn das Proprium der Rhetorik ist zunächst begrenzt auf jene Fragen, die im direkten lebensweltlichen Diskurszusammenhang stehend erörtert werden und einer tatsächlichen, wenn auch nur vorübergehenden Antwort bedürfen. Quintilian schreibt über die Fragen möglicher Entscheidungsfälle des Lebens, es bestehe „Einigkeit darin, dass die Fragen entweder unbegrenzt oder begrenzt sind. Unbegrenzt sind sie, wenn sie ohne Begrenzung durch Personen, zeitliche, räumliche und ähnliche Angaben im Sinne beider Parteien behandelt werden [...]. Begrenzt aber sind die Fragen durch die Verknüpfung von Sachen, Personen, zeitlichen und anderen Gegebenheiten [...].“[95] Es gehört zur Konsistenz einer pragmatisch ausgerichteten Kommunikationsspezifik, wie sie die Rhetorik darstellt, sich zunächst an den finiten *quaestiones* zu orientieren und sie als das eigentliche Proprium von den infiniten zu trennen.[96] Dies schließt gleichwohl keineswegs den Einsatz einer persuasiven Strategie in den

---

91 Blumenberg 1981b, S. 4.
92 Vgl. Blumenberg 1981a [1971], S. 104ff.
93 Zur Rhetorikkonzeption Blumenbergs vgl. ausführlich Kapitel 5.2.
94 Knape 2015a, S. 172.
95 Quint. Inst. orat., ed. Rahn 2011, III 5, 5-7.
96 Vgl. Knape 2015b, S. 24ff.

Diskursen infiniter Ausrichtung aus, wodurch ebenfalls die inversive Seite der Persuasion in den Gegenstandsbereich der infiniten Quaestiones rücken kann.[97] Jedoch wird diese Inversiv-Strategie wiederum der Statuierung eines positiv bestimmbaren Überzeugungsziels gewidmet sein.

Die Distinktion in finite und infinite Fragen soll an dieser Stelle nicht weiter vorgenommen werden. Sie ist in dem Maße fruchtbar, indem sie vor Augen führt, dass Rhetorik als praxeologische Kommunikationsfähigkeit ihren Sitz primär in den alltäglichen Situationen hat, in denen um Handlungsmandate und tatsächliche Entscheidungen gerungen wird. Sie wird jedoch keine befriedigende Eingrenzung des Rhetorischen per se liefern können und sollte nicht dazu missbraucht werden, anstelle lebensweltlich realer Phänomene lediglich universitäre Disziplinen voneinander zu unterscheiden. Noch mehr als eine bisweilen artifizielle Trennung von Frageinteressen ausbuchstabieren zu wollen, kommt es daher darauf an, eine essentielle Verschiedenheit zu erläutern, die den rhetorischen Zweifel von zumindest einer anderen Form fundamental unterscheidet.

Denn die Etablierung des Zweifels könnte auch im Sinne der pyrrhonischen Skeptik ausgelegt werden. Pyrrhon von Elis (ca. 360–270 v. Chr.) steht mit seinem Namen, nicht jedoch mit schriftlichen Überlieferungen, für diese Schule Pate,[98] über welche Sextus Empiricus im zweiten Jahrhundert nach Christus umfassend Zeugnis ablegt.[99] Im Kern läuft seine Philosophie darauf hinaus, sich eines Urteils über die grundlegenden Dinge zu enthalten und sich damit der Anerkennung eines Dogmas zu entziehen. Die Skepsis des Sextus Empiricus begreift sich dabei als Fähigkeit, das Widersprüchliche dogmatischer Weltbetrachtung zu erkennen und sich angesichts der prinzipiellen Unentscheidbarkeit des jeweiligen Widerspruchs der *epoche* zuzuwenden, also der Enthaltung einer Entscheidung. Dadurch gelangt der Mensch zur *ataraxia* als Seelenruhe.[100] Knape hat in Anlehnung an Sextus Empiricus den Konnex von Dogma und Rhetorik herausgearbeitet und schlägt vor, „gefestigte mentale Einheiten“[101] als Dogmen oder Desiderien zu bezeichnen, je nachdem, ob es sich hierbei „um Prinzipien oder philosophisch-theoretische Grundsätze“ oder eher um „lebensweltlich operationalisierte *Anliegen*“[102] handelt. Die Unterscheidung von Dogma und Desiderium kommt dabei vielleicht weniger dem Charakter eines ausschließenden *oders*

97 Vgl. ebd., S. 25.
98 Vgl. Frede 2001, Sp. 644.
99 Vgl. Gabriel 2008, S. 39.
100 Vgl. ebd., S. 83f.
101 Knape 2015b, S. 12.
102 Ebd.

gleich, sondern dient mehr einer Binnendifferenzierung, ohne dabei Schnittmengen auszuschließen. Über verschiedene Interpretamente für sehr ähnlich gelagerte Zustände ist sich auch Knape im Klaren, nicht umsonst zählt er eine ganze Reihe möglicher anderer Ausdrücke auf: „Aber auch Begriffe wie Konzept, These, Theorie, Glaubenssatz, Idee, Formel, Gesetz, Regel, fixe Idee, Einstellung, Haltung oder Plan, ja auch so etwas wie Denk- oder Verhaltensmuster usw. kommen als Einzelbegriffe für Dogma oder Desiderium in Betracht.“[103]

Diese Aufzählung ist bemerkenswert, da sie nochmals den Fokus auf das scharf stellt, worum es der Rhetorik geht: jedem der genannten Begriffe eignet eine Spezifik, die ihm die passende Semantik für die je und je verhandelten rhetorischen Situationen verleiht. Ungeachtet der Singularität eines jeden empirischen Ereignisses, lässt sich das Prinzip dahinter jedoch stets als Dogma oder Desiderium vereinheitlichen und damit im Sinne einer allgemeinen Theoriebildung konzeptualisieren. Damit ist auf der einen Seite der Freiraum für die situative und lebensweltlich reale Spezifik gewahrt, auf der anderen Seite verfügt die Rhetorik als übergeordnete, notwendig abstrakte Theorie dennoch über distinkte Termini.

Der Vorteil der terminologischen Schärfe Knapes bei der Differenzierung von Dogma und Desiderium liegt zunächst darin, die oben erläuterte Trennung von *quaestiones finitae* und *quaestiones infinitae* zu vergegenwärtigen. Darüber hinaus ermöglicht die Distinktion von Dogma und Desiderium jedoch vor allem, nicht alle Fragen zu Grundsatzentscheidungen machen zu müssen, unabhängig davon, ob diese finit oder infinit sind. Vielmehr nimmt er einfach ein anderes Unterscheidungskriterium zur Hand, welches sich weniger an einer Prozessgröße als an der mentalen Situierung der Gewissheit orientiert.

Hierin liegt das wesentliche Argument gegen eine zu starke Spezialisierung auf die Quaestiones-Trennung Quintilians. Der Finitheits-Begriff suggeriert, die Fragen, die die Rhetorik bearbeite, ließen sich nach der Prozessdauer bestimmen, während die Unterscheidung von Dogma und Desiderium eher den Aspekt der mentalen Tiefenstruktur einer Überzeugung in den Blick nimmt. Das Charakteristikum des rhetorischen Prozesses besteht dabei darin, dass gerade die Fragen, welche im Sinne einer Entscheidungsfindung kurzfristig beantwortet sind, ebenso schnell auch wieder aufgegriffen werden können. Als definitorisches Kriterium trägt die Prozessdauer daher nur bedingt zur Klärung bei, da rhetorische Prozesse, betrachtet man sie lediglich als Bausteine eines ganzen Diskurses, wenig über das endgültige Klärungsvermögen entsprechender Fragen aussagen. Hinzu kommen gewisse Aufweichungstendenzen der disziplinären Philosophie,

103 Ebd.

wie sie heute im Unterschied zu Quintilians Zeit verstanden wird. Auch philosophische Fragen werden weit weniger im klassischen Sinne als infinite Fragen aufzufassen sein, je nachdem, welche Strömung etwa der analytischen Philosophie man anspricht.

Die Konzentration sollte daher darauf liegen, den rhetorischen Zweifel weniger über seine prinzipielle Beantwortbarkeit oder Unbeantwortbarkeit zu definieren als vielmehr über seine Funktion im kommunikativen Zusammenhang. Denn was die institutionalisierte skeptische Permanenz des Zweifels im Wesentlichen charakterisiert, ist, dass sie eben nicht den transitorischen Charakter des „um zu" trägt, sondern ein in sich ruhendes „für sich" postuliert. Dieses Verfahren steht dem Orator grundsätzlich fern, ihm schwebt beim Hinwirken auf die Addubitation bereits dessen Auflösung im Sinne seiner eigenen Gewissheitskonstituierung vor.

„Persuasionstheoretisch gesehen darf es nicht beim transitorischen Zweifel bleiben. Es gibt die nächste Stufe."[104], sagt Knape, und zieht damit die Grenze zum Skeptiker. „Wer mit auf Entscheidungen hin orientierter Kommunikation zu tun hat, wie es im rhetorischen Fall immer der Fall ist, der hat als Orator stets eine neue Gewissheit zu schaffen, auch wenn sich diese bald nach der Entscheidung wieder verflüchtigen mag."[105] Die Betrachtung des Zweifels und seiner Systematik in der Theorielandschaft der rhetorischen Disziplin hat daher auch nur Platz in einer Rhetorik, deren Ziel bewusst und offen das Persuadieren ist.

Rhetorik muss also in jedem Fall als Gegenposition einer pyrrhonischen Skepsis behandelt werden, weil eine Re-Dogmatisierung einsetzt, wo die Skepsis stehen bleibt. Was den Teil der inversiv verlaufenden Persuasion anbelangt, kann sie jedoch im Anschluss an Gabriel als Instrument eines rhetorischen negativen Dogmatismus verstanden werden: „Der negative Dogmatismus führt im Unterschied zum methodischen Skeptizismus zu einem theoretischen Resultat, das er durch Argumente begründet. Er verpflichtet dabei auf Konklusionen dahingehend, dass man eine Klasse von Wissensansprüchen, zu der man sich zumeist und zunächst berechtigt glaubte, nicht mehr vorbehaltlos behaupten kann."[106] Während Rhetorik also dem methodischen Skeptizismus entgegentritt und am Ende wieder zur Gewissheitserzeugung strebt, ist ihre operative Zweifelserregung verwandt mit dem negativen Dogmatismus. Denn dieser ist „eine revisionäre

104 Knape 2015a, S. 173.
105 Ebd.
106 Gabriel 2014, S. 31.

These, die uns dazu bewegen will, über ein gegebenes Verfahren der Erkenntnisoptimierung anders nachzudenken als bisher."[107] Natürlich geht es Rhetorik nicht darum, im philosophischen Sinne Erkenntnisoptimierung zu betreiben, da der damit implizierte normative Anspruch größtmöglicher Objektivität dem rhetorisch-parteilichen Strategiemanagement entgegensteht. Man könnte auch sagen, die epistemischen Pflichten eines Erkenntnissubjektes sind anderer Natur und anderen Normen verpflichtet als die strategischen Pflichten eines Orator-Subjektes. Aber klarerweise muss es rhetorischer Zweifelsevokation darum gehen, im Adressaten eine Erkenntnisoptimierung vorzunehmen, nur eben eine solche, die dem Telos des Orators Vorschub leistet. Was Gabriel in einem epistemischen Verständnis als negativen Dogmatismus beschreibt, gilt daher in einem rhetorischen Verständnis für die Zweifelsevokation. Es muss eine Methode des In-Zweifel-Ziehens für Dogmen gefunden werden, deren Ziel es ist, bisherige Gewissheitsansprüche als unbrauchbar zu erweisen, um den Weg für neue, teleologisch gelenkte Gewissheitsansprüche zu bereiten. In beiden Fällen reicht der Zweifel also nur bis zu dem Punkt, an dem die Revision ihr negatives Moment beendet und in die positive Phase der Re-Dogmatisierung übergeht.

Dies lässt für Überlegungen, die Rhetorik zu einer reinen *ars bene dicendi* zu machen, selbstverständlich keinen Raum mehr. Eine intrinsische Rhetorik, die die Akteursebene und deren realweltliche Gebundenheit weitestgehend ausblendet,[108] kennt daher auch keine Möglichkeit, den Zweifel als Phänomen wirklich umfassend einzuordnen. Natürlich könnte auch in der Tradition dieser Denklinie quasi textimmanent eine Struktur des Zweifels erkennbar gemacht werden, es könnte sogar in diesem Zusammenhang über eine Stilistik des Zweifels nachgedacht werden. Inwiefern der Zweifel und dessen Erregung auf Ebene des Textes seine eigenen Strukturalismen entfaltet, mag auch Gegenstand einer höchst interessanten Untersuchung sein – nicht jedoch der Kern dessen, worauf die Infestation funktional gerichtet ist. Es ist sogar legitim so weit zu gehen, einer Rhetorik, die sich nur als Schnittstelle von Diskursen begreift, um diese Allusion an Barthes zu verwenden, ein Verständnis für Infestation abzusprechen. Denn ohne akteursbezogene Persuasion kann auch keine inversive Persuasion stattfinden, ohne Akteure kein Zertum bestehen. Es gibt, das sei deutlich gesagt, kein Zertum des Textes. Ein Zertum muss ein Subjekt voraussetzen, sonst wird sein Begriff leer.[109]

---

107 Ebd., S. 37.

108 Vgl. Knape 2003, Sp. 877.

109 Dieser Aspekt wird unten in Kapitel 3.1.1 nochmals aufgegriffen und erläutert.

Wie weit reicht also der rhetorische Zweifel wirklich? Zumindest seine äußersten Markierungen können beziehungsweise müssen sogar abgesteckt werden: Er beginnt mit der Bereitschaft des Adressaten, aufgrund der inversiven Persuasion des Orators, sein Zertum$_1$ in Frage zu stellen. Und er endet mit der Bereitschaft des Adressaten, aufgrund der fortgesetzten Persuasion des Orators, ein Zertum$_2$ anzunehmen. Aus diesen Komponenten ergibt sich, was Knape den „persuasiven Dreischritt“[110] nennt: die ursprüngliche Gewissheit, das Zertum$_1$, erfährt seine Negation in der Addubitation und diese wieder wird aufgehoben durch eine neue Gewissheit, welche nun das Zertum$_2$ ergibt. Dies ist die Kurzform „einer näherungsweise an Hegels Modell orientierten Art rhetorischer Verfahrensdialektik“[111], die dem Zweifel seine Funktion und seine Grenze zugleich zuweist. Entscheidend dabei ist und bleibt, dass die Addubitation den Adressaten nicht an das Ziel der rhetorischen Intervention führt, sondern lediglich in die Lage versetzt, ihn für das nun folgende Einsetzen der Systase empfänglich zu machen.[112] Der Orator kann sich dabei auf der einen Seite darauf verlassen, dass die psychologische Neigung des Adressaten diesen früher oder später ohnehin wieder in Richtung einer Gewissheit treiben wird, dass dadurch auf der anderen Seite jedoch auch das Aktionsfenster für eine auf neue Gewissheit ausgerichtete Persuasion äußerst gering ist. Es gilt daher das Strategiemanagement so zu betreiben, dass der Adressat im Moment des Zweifels noch in gewissen Bahnen lenkbar bleibt – eine Schwierigkeit, die insbesondere in der Aporie von enormer Bedeutung ist. „Das Chaos ist nicht vektoriell gerichtet“[113], wie Knape sagt, muss jedoch so neu geordnet werden, dass es für den Adressaten auf das Zertum$_2$ hinausläuft, welches sich der Orator von seiner Aktion erhofft. Dabei ist darauf hinzuweisen, dass trotz womöglich ähnlich anmutender Formulierungen der Adressat in der rhetorischen Theorie kein willenloses Objekt omnipotenter Lenkung des Orators ist. Im Zweifel gefangen zu sein, ist kein gleichsam hypnotischer Zustand, der dem Orator als einem Dompteur mentaler Vorgänge freie Hand lässt. Nicht einmal Menon, der Sophist aus Platons gleichnamigen Dialog, der sich aufgrund des Fragespiels des Sokrates in eine Aporie gestürzt sieht und von sich sagt, er sei gelähmt wie von einem Zitterrochen,[114] ist Sokrates gegenüber willenlos. Im Gegenteil ist sogar davon auszugehen, dass gerade die Verwirrung des Zweifels ir-

110 Knape 2015a, S. 169.
111 Ebd.
112 Vgl. ebd., S. 170.
113 Ebd., S. 175.
114 Vgl. Plat.: Men. 80a-b.

rationale Denkoperationen wahrscheinlich macht, die für den Orator in ihrer Wirkung nur schwer einzuschätzen sind. Auch wenn sich die inversive Persuasion in der Theorie so liest, als sei sie in der Lage, den Adressaten über alles Denkbare in Verunsicherung zu stürzen, gilt gerade für sie, was Knape der Rhetorik generell attestiert: jede rhetorische Strategie ist zuallererst eine Kontingenzreduktionsstrategie[115], muss zuallererst darauf achten, Widerstände und Zufälle zu minimieren, muss wie jede Strategie zuallererst darauf bedacht sein, den Faktor Kontingenz per se unter Kontrolle zu bringen.

Daraus ergibt sich ein Paradoxon, welches symptomatisch für den gesamten rhetorischen Vorgang ist. Der ideale Nährboden für rhetorisch gewonnene Gewissheit ist Zweifel. In einer schönen Formulierung bringt dies Knape auf den Punkt: „Wenn ein mentaler Wechsel erzeugt werden soll, muss jedoch als Zwischenmodus die Verunsicherung als Zweifelerzeugungsinitiative (Infestation) rhetorisch prozessiert werden. Insofern ist rhetorische Verunsicherung die Mediatrix, die Mittlerin und Vermittlerin, zwischen zwei differenten Bewusstseinszuständen der Gewissheit (einer alten und einer neuen).“[116]

Dieses rhetorische Zweifels-Paradox greift auf systematischer Theorieebene auf, was die Sophisten bereits in der historisch-paradigmatischen Betrachtung erkennen ließen. Erst die Befähigung, überhaupt den Zweifel zu artikulieren und ihm so einen Raum zu geben, ihn aus der mentalen Brutstätte auf die Agora zu holen, ebnete den Weg für die ersten systematischen Schritte einer auf Persuasion ausgerichteten Rhetorik. Natürlich waren die Sophisten nicht die ersten, die zweifelten, und auch nicht die ersten, die persuadierten. Aber sie sind ein Paradebeispiel für die methodische Artikulation des Zweifels unter Rückgriff auf das Organon einer proto-wissenschaftlichen Rhetorik. An ihrem Beispiel ist nicht zuletzt deutlich geworden, was Knape unter der Rhetorik als Sozialtechnik versteht.[117] Denn die Sophistik zeigt, dass Rhetorik auch über die individuelle Kommunikationssituation hinaus Wirkung erzielen kann, indem sie „zu einer großen Bewegerin bei kulturellen Veränderungen [wird], wenn sie auch gewiss nicht die alleinige Bewegerin ist.“[118]

---

115 Vgl. Knape 2006, S. 12.; Knape 2013b, S. 213.

116 Knape 2015b, S. 51.

117 Vgl. Knape 2012a, S. 86.

118 Knape 2015b, S. 51.

3 Die Gewissheit in der Rhetorik – das Zertum

Im Ausgang von Knapes Ansatz zur inversiven Persuasion ist deutlich geworden, welche funktionale Bedeutung der Zweifel für die Rhetorik hat. Damit ist seine Systemstelle im Modell der Persuasion als Mediatrix zwischen vorgängiger und nachgängiger Gewissheit bestimmt, seine transitorische Bedeutung für die Grundprozesse von Metabolie und Systase eingegrenzt. Nichtsdestotrotz ist der Zweifel als rhetorisches Phänomen in seiner Struktur ungeklärt. Er wurde bislang lediglich als funktionale Komponente aufgefasst und bekam einen Platz im Modell der Persuasion zugewiesen. Über seine Wirkungsweise ist damit wenig gesagt, denn die Beschreibung als Destruktion einer Gewissheit ist zu allgemein, um die strukturelle Verfahrensweise der Zweifelserregung zu verstehen. Genau hier müssen jedoch weitergehende Überlegungen ansetzen, will man verstehen, wie genau der Zweifel wirkt, das heißt, wie es auf einer Ebene theoretischer Modellierung möglich sein soll, plausibel anzunehmen, der Zweifel destruiere Gewissheit. Wer Vorschläge zur Beantwortung dieser Frage unterbreiten will, mag schnell in den Verdacht geraten, Aussagen über Prozesse und Elemente treffen zu wollen, über die nichts ausgesagt werden kann. Die mentalen Vorgänge innerhalb eines Adressaten wie auch die innerhalb eines Orators sind unerschlossen und werden dies in gewisser Hinsicht auch bleiben. Was innerhalb der Black-Box geschieht, bleibt den Blicken des Beobachters verborgen, hieran ändern weder philosophische Theorien über den Geist noch bildgebende Verfahren und Neurowissenschaften etwas. Aber dennoch sind Modelle zur Verdeutlichung dessen, was im Geist vor sich gehen mag, legitim.

Vom Standpunkt der Rhetorik aus setzt hier eine Frage ein, die Gegenstand äußerst kontroverser Diskussion ist: Wie weit muss die Rhetorik in ihrer Theoriebildung ausgreifen, um Annahmen über die Grundlagen ihrer eigenen Begrifflichkeiten zu machen? Besonders virulent wird diese Frage in Bezug auf die Begriffe Zweifel und Gewissheit, die hier im Fokus der Betrachtung stehen. Anhand dieser beiden lässt sich die grundsätzliche Frage spezifischer wiederholen: Braucht die Rhetorik ein eigenes Modell zum Verständnis von Zweifel und Gewissheit? Oder genügt es anzunehmen, dass es beide Zustände gibt, dass sie geistige Zustände darstellen, die reale Auswirkungen auf das Verhalten und Handeln von Akteuren haben, die wiederum in Hinblick auf den rhetorischen Fall relevant werden können? Wer diese Position vertritt, wird zu Recht die Frage stellen, warum sich Rhetorik nicht einfach auf die theoretische wie praktische Beschäftigung mit dem Persuasionsprozess beschränkt und Ergebnisse offenkundiger Wirkung analysiert sowie Annahmen über die dahinterstehenden Mechanismen zum Zweck ihrer Reproduktion macht.

https://doi.org/10.1515/9783110653885-003

Genau hier setzt jedoch die Entgegnung an. Die Beschränkung einer Theorie auf die Interaktion ihrer Begrifflichkeiten führt unweigerlich zu einer Verfälschung ihrer Begrifflichkeiten selbst. Die Rhetorik kann sich kein Vokabular ausleihen, es als Miet-Metaphern zur Aufstellung eigener Modelle verwenden und anschließend unverändert, höchstens mit leichten Gebrauchsspuren, wieder an die ursprünglichen außerrhetorischen Theorien zurückgeben. Die Interaktion zwischen zwei Elementen hängt von der spezifischen Konstitution der Elemente selbst ab, oder umgekehrt betrachtet könnte man auch sagen, die Funktion, die die Elemente im Zusammenhang eines sie enthaltenden Systems erfüllen, macht sie zu den Elementen, die sie sind. Für die Beobachtung realweltlicher Prozesse des Rhetorischen gilt das Gleiche wie für Wittgensteins Schachspiel: Die Figuren des Spiels sind die Summe der Regeln, nach denen sie bewegt werden können.[1] Was als Spiel beobachtbar ist, bildet einen Ausschnitt dessen, was prinzipiell als Spiel möglich ist. Und dieses Mögliche bildet zugleich die Gesamtheit aller Regeln, nach denen die Figuren definiert werden. Wenn der rhetorische Fall in Abstraktheit die Summe aller sozial-kommunikativen Funktionen ist, die unter dem Begriff des persuasiven Handelns angenommen werden können, dann sind die Elemente, die an diesem Handeln beteiligt sind, durch die Summe dieser Funktionen definiert. Leiht sich die Rhetorik ihre Begriffe aus anderen Disziplinen aus, so müssen diese ihre Funktion notwendig ändern, um nun zur Spezifik des Rhetorischen zu passen. Es ist selbstverständlich möglich, mit anderen Figuren, etwa Dame-Steinen oder Hütchen Schach zu spielen, aber nur, nachdem die Spieler vorher einander sagen: ‚Dieser Stein steht für die Dame, dieser für den König' usw. Andernfalls könnten sie kein Schach spielen. Und ebenso muss auch die Rhetorik die Begriffe, die sie aus sich selbst gewinnt, wie auch die, die sie aus anderen Disziplinen holt, als Elemente des eigenen Systems benennen, um überhaupt Theorien leisten zu können. Daher muss sie auch Zweifel und Gewissheit für sich als Begriffe, das heißt als Konzepte klären, um sie im Kontext rhetorischer Theoriebildung überhaupt zum Funktionieren zu bringen.

Der erste, essentielle Schritt dafür liegt mit den bisher vorgestellten Überlegungen Knapes bereits vor, insofern die Funktion der beiden Spielsteine Zweifel und Gewissheit im rhetorischen System bereits annäherungsweise geklärt werden konnte. Nun kommt es darauf an, die Spezifik beider Steine näher auszuarbeiten.

Dabei wurden Zweifel und Gewissheit bis hierher immer als Paar in die Überlegungen einbezogen. Nun soll diese aneinandergekoppelte Betrachtung zunächst aufgebrochen werden, um von dem Teil der Polarität auszugehen, der in

1 Vgl. Wittgenstein: PU, § 563.

der rhetorischen Theorie Anfangs- und Zielpunkt des persuasiven Handelns ausmacht, also der Gewissheit. Sie ist gewissermaßen der Fluchtpunkt, auf den die Überlegungen zum Zweifel später zulaufen werden, daher muss dieser Fluchtpunkt als erster bestimmt werden. Die folgenden Gedanken befassen sich also mit der Frage, wie das Konzept rhetorischer Gewissheit, genannt Zertum, überhaupt zu denken ist.

3.1 Drei Fehlinterpretationen des Zertum-Begriffs

Was Knape unter dem Zertum versteht, wurde oben bereits besprochen, es steht sowohl für die handlungsleitende Gewissheit des Orators, aus der er sein handlungspraktisches Telos gewinnt als auch für die spezifische, Telos-kompatible, mithin strategisch erzeugte Gewissheit des Adressaten. Eine gewisse Erweiterung dieser Definition wurde insofern bereits vorgenommen, als auch die Gewissheit des Adressaten von Knape als Zertum bezeichnet wird, die noch vor der strategischen Kommunikation vorhanden ist und auf die sich der Orator im Akt der inversiven Persuasion bezieht. Zur erleichterten Darstellung wählt Knape die Indexikalisierung $Zertum_1$ und $Zertum_2$, die auch hier so übernommen wird. Man könnte also eingedenk dessen formulieren, das Zertum sei jede Gewissheit, die im rhetorischen Fall für oder durch den Akt der Persuasion auslösend beziehungsweise ausgelöst ist. Als Zerta können daher nur jene Gewissheiten gelten, die in einem spezifisch funktionalen und operativen Zusammenhang mit dem Akt der Persuasion stehen. Dabei ist zunächst unerheblich, ob sie als Ausgangs- oder Endpunkte festgemacht werden können, was der Differenzierung von $Zertum_1$ und $Zertum_2$ Rechnung trägt.

Diese Darstellung scheint nach den bisherigen Ausführungen über die Zweifels-Rhetorik klar zu sein – und ist es gleichwohl nicht. Denn bei genauerem Blick zeigt sich, dass das Zertum damit weder distinkt definiert ist, noch, dass alle implizit mit dem Vorgang des Rhetorischen einhergehenden Prozesseigenschaften dieses Begriffs klar zum Ausdruck gekommen sind. Diese Schwierigkeiten sind zum Teil sehr allgemeiner Art und werden an manchen Stellen auch anhand unterschiedlicher Rezeptionen des Zertum-Begriffs deutlich, welche kritisch analysiert und anschließend zu alternierenden Vorschlägen umgearbeitet werden sollen. Es lassen sich nach der hier vorgenommenen Analyse drei Fehlinterpretationen des Zertum-Begriffs ausmachen, die teils auf einem zu kritisierenden Rhetorikverständnis basieren, teils Lösungen für tatsächliche Schwierigkeiten der Begrifflichkeit anbieten, dabei jedoch selbst neue Schwierigkeiten produzieren.

Zunächst wird gegen den Irrtum Stellung bezogen, das rhetorische Zertum verhielte sich zu anderen Gewissheiten in keiner nennenswerten Unterscheidung der Reflexion. Dieser Irrtum besteht im Wesentlichen in der Ausblendung der Tatsache, dass rhetorisches Handeln als strategisches Kalkülhandeln eine andere Voraussetzungslage erfüllen muss, als dies die meisten Gewissheiten, die ein Subjekt hat, bieten könnten. Es kommt zwar potentiell jede mögliche Überzeugung, die ein Subjekt haben kann, auch als Zertum in Frage, jedoch erst, nachdem sie eine bestimmte Qualität in der Form ihrer Reflexion aufweist. Dies hängt mit dem handlungstheoretischen Aspekt zusammen, der Rhetorik ausmacht. Ein Zertum steht in einer kausalen Verbindung mit dem Telos, welches der Orator aufgrund des Zertums auf der sozialen Handlungsebene zu erreichen sucht. Nähme man keine Form der Kausalität zwischen Zertum und Telos an, wäre das Reden von einer Gewissheit hinfällig, insofern dann jede oder auch keine Gewissheit einer rhetorischen Handlung vorgängig sein könnte. Die davon ausgehende Argumentation baut auf der These Davidsons auf, dass Handlungen evaluative Einstellungen zugrunde liegen.[2] Um die rhetorische Handlung als solche erklären zu können, müssen Wünsche und Überzeugungen als propositionsbezogene Einstellungen gleichermaßen angenommen werden. „Absichtliches Handeln kann nicht vor Überzeugungen und Wünschen entstehen, denn eine absichtliche Handlung ist eine, die mit Hilfe der sie verursachenden Überzeugungen und Wünsche erklärt wird"[3], wie Davidson festhält. Daraus ergibt sich die Notwendigkeit, das Zertum in einen reflexiven Kontext zu Telos, Strategie, Kalkül etc. einzubetten. Ein Zertum, das sich in diesem reflexiven Zusammenhang bewegt, wird von der Reflexion auch selbst erfasst, es scheint also plausibel anzunehmen, dass das Zertum nicht irgendeine Überzeugung im Sinne einer Einstellung zu einer Proposition ist, sondern darüber hinaus auch den Status einer Meta-Überzeugung besitzt, welche den Akt des Gewahrseins einer Objekt-Überzeugung inkludiert. Die Termini Objekt- und Meta-Überzeugung sollen hier zum Ausdruck bringen, dass es Überzeugungen über Propositionen auf einer basalen Ebene gibt und Überzeugungen, die auf einer Metaebene über diese Überzeugungen bestehen. Meta-Überzeugungen sind, vereinfacht gesagt, Sätze, die man nicht nur für wahr hält, sondern von denen man auch im Akt einer Reflexion selbst überzeugt ist, sie für wahr zu halten. Daher wird das Zertum als Meta-Überzeugung gegen den Irrtum verteidigt, es handle sich hierbei lediglich um eine Objekt-Überzeugung.

Der zweite Irrtum besteht darin, das Zertum verhielte sich ähnlich oder gar kongruent zum Begriff der Evidenz. Diese Interpretation basiert unter anderem auf dem missverständlichen Gebrauch des Wortes ‚Gewissheit', welcher dazu

2 Vgl. Davidson 2013h [1997], S. 214.
3 Ebd., S. 217.

verleiten mag, eine Form der Objektivität hineinzuinterpretieren, die für das Zertum keineswegs konstitutiv ist. Dieser Fehler soll im weiteren Verlauf Evidenz-Irrtum genannt werden und bedarf zur Analyse und Korrektur einer genauen Klärung dessen, was eigentlich zur rhetorischen Situation führt und worin der Unterschied zwischen dem rhetorisch Gewissen und dem wahrheitstheoretisch Gewissen liegt.

Das dritte Missverständnis wird zunächst nur kurz angesprochen. Es besteht in dem hier so benannten Eins-zu-eins-Theorem. Dieses besagt, es gebe eine handlungsauslösende Überzeugung des Orators, welche ein handlungstheoretisches Ziel, sein oratorisches Telos, bedinge, nach dem sich alle weiteren Operationen ausrichten. Ziel dieser Operationen sei es, in dem Adressaten die gleiche Überzeugung zu evozieren, also eine Eins-zu-eins-Korrelation zwischen einer singulären Überzeugung des Orators und einer singulären Überzeugung des Adressaten herzustellen. Diese Vorstellung, man könne im rhetorischen Prozessmodell von einer singulären Überzeugung ausgehen, die für die rhetorische Analyse einzig relevant sei, um das Zertum benennen zu können, erweist sich jedoch als trügerisch. Zunächst soll ein genereller Einwand besprochen werden, ehe im darauffolgenden Kapitel eine Gegenthese installiert wird. Diese wird am Ende darauf hinauslaufen, das Zertum als den funktionalen Kern eines Systems von Überzeugungen zu begreifen, welcher rhetorische Gewissheit im Singular heißt, damit jedoch den sich aus dem pluralen System ableitenden Zustand meint, nicht aber eine einzelne, singulär vorliegende Einstellung zu einer ebenso isolierten Proposition.

3.1.1 Die erste Fehlinterpretation: Der Objekt-Irrtum

Über die Entstehung des Zertums gibt Knape selbst wenig Auskunft. Grundsätzlich gilt für ihn, dass das Zertum elementarer Bestandteil des persuasiven Prozesses sein muss, um überhaupt die Rückgebundenheit des Handelns an mentales Geschehen zu sichern. Wie es darüber hinaus jedoch für den Orator zum Zertum kam, ist für Knape im eigentlichen Sinne nicht mehr Teil der rhetorischen Überlegung. Dies ergibt sich für ihn unter anderem aus der Perspektivierung der Akteursebene, welche die Rhetorik vornimmt, während sie das Zustandekommen der intramentalen Prozesse als zeitlich vorgelagerte Vorgänge mit entsprechenden handlungstheoretischen Implikationen mehr oder weniger als gegeben vorausgesetzt.[4] Dennoch macht er ein paar Angaben dazu, was sich die Rhetoriktheorie unter möglichen Entstehungsbedingungen des Zertums vorzustellen hat. So kann eine solche Gewissheit etwa „durch Gespräch oder Inspiration, durch unmittelbare Erkenntnis [...] oder ursprüngliche Seinserfahrung entstanden sein; und natürlich ist im Sinne der rhetorischen Zirkularität [...] immer auch an vorgängige Rhetorik als Auslöser zu denken."[5] Hier werden unterschiedliche Quellen in einer losen Aufzählung mit Beispielcharakter genannt, die strikt auf der Akteursebene verbleiben und zum einen auf Diskursphänomene verweisen, zum anderen die Interaktionsbeziehung von Orator und Erfahrungswelt jenseits einer Intersubjektivität in den Blick nehmen. Knape nimmt auch zu Überlegungen Perelmans Stellung, der Rhetorik zu einer Vermittlerin von Gewissheiten macht, seien diese Gewissheiten individueller oder auch kollektiver Natur.[6] Obwohl Perelman durchaus zuzustimmen ist, dass das Zertum als persönliche Gewissheit Teil einer übergeordneten Denkfigur oder eines historischen oder kulturellen Verständnisses von etwas sein kann, sollte man nicht der Versuchung erliegen, es allzu voreilig vom Subjekt zu entkoppeln und es über eine quasi topische Struktur definieren zu wollen. Sonst entsteht nämlich jenes Missverständnis, welches sich in einer Knape-Rezeption Gardts wiederfindet. Im Zuge seines Aufsatzes *Zur Rhetorik des Kunstdiskurses* verweist Gardt für seine Überlegungen zu einer anthropologischen Perspektivierung der Rhetorik auf den Orator als zentrale Größe der Rhetorik. Hierzu schreibt er: „er [der Orator, *Anm. d. Verf.*] hat ein oratorisches Telos, ein kommunikatives Anliegen, das von einem Zertum, einer in der Sache liegenden Gewissheit ausgeht und das er seinem Gegenüber in der Kommunikation zu vermitteln versucht, und zwar so, dass der Angesprochene die Position des Orators für die richtige hält und zu seiner eigenen macht."[7] Gardts Zusammenfassung scheint zunächst unproblematisch, erweist sich bei näherem Hinsehen jedoch als irreführend. Denn entgegen Gardt soll hier geltend gemacht werden, dass der Orator sein Zertum eben nicht in der Sache selbst findet, wie dies suggeriert wird. Hierbei liegt eine offenkundige Verwirrung vor, die entsteht, wenn die Unterscheidung zwischen Zertum als spezifischer Gewissheit und Gewissheit per se nicht getroffen wird, so wie sie im vorangegangenen Kapitel ausführlich dargelegt wurde. Denn Gardt geht davon aus, der Orator sei in Bezug auf einen Sachverhalt von einem spezifischen Umstand überzeugt und dieser

4 Vgl. Knape 2015b, S. 25.
5 Knape 2012a, S. 76f.
6 Vgl. Perelman 1980, S. 16f.
7 Gardt 2012, S. 51.

Umstand sei nun auch sein Zertum. Was hierbei jedoch übersehen wird, ist exakt jene Differenzierung zwischen Objekt-Gewissheit und einer Meta-Gewissheit. Als Objekt-Gewissheiten kommen Gewissheiten wie ‚Ich gehe in ein Wahllokal.', und ‚Schnee ist in der Regel weiß.' infrage, als Meta-Gewissheiten im rhetorischen Sinne eben nur operationalisierte Gewissheiten, die eine Funktion im Persuasionsprozess aufweisen und damit eine höhere Stufe der Reflexion erreicht haben müssen.

Um diesen Fehler zu verdeutlichen, muss man sich klar vor Augen führen, was eine Überzeugung überhaupt ist. Eine Überzeugung als Konzept ruft sowohl einen Aussageinhalt als auch eine Aussagequalität auf. Überzeugungen handeln stets von etwas Bestimmten und drücken zugleich zu diesem Bestimmten eine eigene Positionierung, nämlich die des Überzeugt-Seins aus. Hier kommt die Unterscheidung zwischen propositionalem Inhalt oder propositionalem Gehalt einer Überzeugung und propositionaler Einstellung ins Spiel. Der Inhalt einer Überzeugung, aufgefasst als propositionaler Inhalt, drückt aus, „dass etwas so-und-so beschaffen ist", er gibt die „Gehaltseigenschaften konkreter Sätze und Überzeugungen [an, *Anm. d. Verf.*], durch die diese zu Wahrheitswertträgern werden."[8] Von ihm unterschieden ist die Einstellung, mit der der Träger der Überzeugung zu diesen Inhalten steht, wobei der in der Philosophie verwendete Terminus technicus der propositionalen Einstellung insofern irreführend ist, als er die Einstellung des Subjektes, nicht der Proposition bezeichnet, welche mit ihr ausgedrückt werden soll. Es wäre in diesem Sinne intuitiver, von einer propositionsbezogenen Einstellung zu sprechen. Überzeugungen stellen eine solche propositionsbezogene Einstellung dar, wobei diese gesamte Definition natürlich voraussetzt, dass man Überzeugungen überhaupt als propositionale, mentale Akte auffasst, wovon hier jedoch im Einklang mit weiten Teilen der gegenwärtigen erkenntnistheoretischen Diskussion ausgegangen wird.[9]

---

8 Grundmann 2008, S. 593.

9 Im weiteren Verlauf der Arbeit wird sich mit Wittgensteins Ansatz des Kontextualismus der Rechtfertigung auch eine Theorie des Inferentialismus ergeben. Daher ist es bereits an dieser Stelle von Bedeutung, auf den propositionalen Charakter von Überzeugungen hinzuweisen. Nach Brandom spielt das Propositionale eine fundamentale Rolle für das Begriffliche an sich, insofern Begriffe nur in propositional gehaltvollen Überzeugungen (oder Behauptungen oder Gedanken) sinnvoll verwendet werden können. Für Begründungszusammenhänge zwischen Überzeugungen ist es daher essentiell, den Überzeugungen eine propositionale Grundlage zuzusprechen. Dazu erläutert er: „Propositional gehaltvoll zu sein, so wird behauptet, heißt, in der Lage zu sein, die basalen inferentiellen Rollen sowohl der Prämisse als auch der Konklusion in Inferenzen zu spielen." Brandom 2001 [2000], S. 24.

Im Terminus Überzeugung und damit auch in dem der Gewissheit, als die das Zertum bisher aufgefasst wurde, sind also beide Komponenten enthalten: das Zertum besteht aus einer inhaltlichen Aussage und einer persönlichen Einstellung zu dieser Aussage. Knape trägt dieser Unterscheidung Rechnung, indem er das Zertum als Dogma respektive Desiderium und dessen willenspsychologischer Verankerung begreift.[10] Entscheidend ist dabei, dass für die spezifische Qualität der Überzeugung nicht angegeben werden muss, ob es sich unter Prüfung des propositionalen Gehaltes wirklich so verhält wie angenommen. Viel eher geht es um die Frage, ob dieser Gehalt wirklich als so gewiss für wahr gehalten wird, wie das Subjekt es vorgibt. Letztlich gilt mit Davidson: „[...] einen Satz, den man versteht, für wahr oder falsch halten heißt nichts anderes als etwas glauben, d. h. eine Überzeugung haben."[11]

Was unterscheidet nun aber das Zertum von einer solchen Überzeugung? Gabriel differenziert hierzu zwischen einem Wissen erster Ordnung und einem Wissen zweiter Ordnung: „Wenn ich weiß, dass ein Glas vor mir steht, so weiß ich nicht schon ipso facto, dass ich weiß, dass ein Glas vor mir steht. Dazu bedarf es einer anderen theoretischen Einstellung."[12] Gabriel führt dazu aus, dass Wissen in aller Regel ohne diesen Akt der Reflexion stattfindet und sich auf die Objektebene beschränkt, ohne dabei den Reflexionsschritt zu einer Metaebene zu vollziehen. Die Selbstthematisierung des Wissens kennzeichnet er als Wissen einer Erkenntnistheorie, welches seiner Darstellung nach eher eine Ausnahme als die Regel markiert.[13] Ihm zufolge gilt, „die Umstellung von einer Theorie erster Ordnung auf eine Theorie zweiter Ordnung [...] muss stets motiviert werden"[14], Wissen ist also von sich aus nicht selbstreflexiv. Der springende Punkt ist nun jedoch, dass im Falle der Rhetorik genau solch eine Motivation vorliegt. Denn das Zertum ist nicht Zertum, weil etwas gewusst wird, sondern es ist Zertum, weil der Orator darum weiß, dass er eine bestimmte Proposition für gewiss hält. Die *differentia specifica* des Zertums gegenüber jeder anderen Überzeugung eines Subjektes liegt gerade darin, dass sich das Subjekt als Orator seiner eigenen Gewissheit bewusst ist. Denn wäre dies nicht der Fall, so müsste man rhetorisches Handeln auch dort annehmen, wo der Orator selbst nicht im Stande wäre anzugeben, aus welcher Überzeugung heraus er handle. Und dies ist ein offenkundiger Wider-

10 Vgl. Knape 2015b, S. 12.
11 Davidson 2013b [1988], S. 89.
12 Gabriel 2014, S. 29.
13 Vgl. ebd.
14 Ebd.

spruch zur theoretischen Grundannahme, der Orator agiere strategisch, teleologisch und absichtsvoll.[15] Die spezifisch rhetorische Gewissheit ist daher in den Worten Gabriels eine Gewissheit zweiter Ordnung, sie ist die Gewissheit darüber, eine Gewissheit zu besitzen. Diese Meta-Gewissheit wird nun in einen interaktionalen Zusammenhang eingespeist, in dem sie Teil einer Relation von Zertum, Telos, Strategie und tatsächlicher Handlung wird. Davidson geht davon aus, dass Überzeugungen stets auch in Beziehungen zu Wünschen und anderen evaluativen Einstellungen stehen. Diese These stützt er mit dem Argument, Überzeugungen stünden in direktem motivationalen Zusammenhang mit dem Verhalten eines Subjektes, „denn es ist ein wesentlicher Aspekt der Überzeugungen, dass sie Verhalten beeinflussen und durch Verhalten belegt werden."[16] Man müsste Davidson hier nicht einmal folgen, was die Allgemeingültigkeit seiner These anbelangt, um gleichwohl ihre Geltung für spezifisch rhetorisches Handeln zu verstehen. Tatsächlich erscheint es widersinnig, einem Orator zwar ein Ziel und eine ganze Menge gedanklicher Operationen zur strategischen Erreichung dieses Ziels zu unterstellen, dann jedoch keinen Wunsch dahinter anzunehmen. Da es unzweifelhaft ist, dass diese evaluativen Einstellungen wie Wünsche oder Absichten bei einem Orator zwingender Bestandteil seines Handlungskomplexes sind, kann hier auch die These der Verbindung von Überzeugung und Wunsch übernommen werden. Davidson beschreibt ohne es zu wissen diese Komponente der Rhetorik sehr gut, wenn er sagt: „Wünsche und Gelüste sind auf propositionale Inhalte gerichtet. Was man will, ist, dass es wahr sein möge, dass man den Apfel in der Hand hält oder essen kann. Ähnliches gilt für Absichten. Wer die Absicht hat, in die Oper zu gehen, beabsichtigt, dafür zu sorgen, dass er im Opernhaus sitzt."[17]

Wenn das Zertum also tatsächlich eine handlungsauslösende Gewissheit sein soll, so wie Knape den Terminus von Anfang an modelliert hat, müssen die Überzeugungen, die ein Orator hat, mit weiteren motivationalen Einstellungen, die Davidson als Wünsche bezeichnet, gekoppelt werden, um als Zerta tatsächlich Ursache von Handlungen zu sein. Das Zertum als Meta-Gewissheit umfasst

15 Davon unberührt bleibt das erkenntnis- und handlungstheoretische Problem bestehen, dass man sich bezüglich der Gründe, aus denen man absichtsvoll zu handeln meint, auch irren kann. Die Problematik des absichtsvollen Handelns bespricht auch Davidson (siehe Davidson 1990g [1971]). Dies ist jedoch kein rhetoriktheoretisches Problem, denn für den Orator, so die Theorieannahme, muss es nur möglich sein, im Sinne des Strategiegedankens ein Handlungskalkül mit evaluativen Komponenten aufzustellen. Über die tatsächliche epistemische Bewertung muss weder er noch die Rhetorik selbst in der Lage sein, Auskunft geben zu können.

16 Davidson 2013h [1997], S. 214.

17 Ebd., S. 215.

daher auch zumindest eine Verbindung zu evaluativen Einstellungen, die nicht-rationaler Art und willenspsychologisch verankert sind.

Eine solche Auslegung des Zertums steht im Einklang mit der Handlungstheorie Davidsons: „Überzeugungen und Wünsche wirken zusammen und bringen es dadurch zuwege, dass absichtliche Handlungen verursacht, rationalisiert und erklärt werden. Wenn man absichtlich handelt, handelt man aus Gründen, und diese Gründe enthalten stets sowohl Werte als auch Überzeugungen."[18] Gewissheit und Wunsch müssen miteinander verbunden sein, um als handlungsauslösender Komplex in Frage zu kommen, denn „es gibt keine Überzeugungen ohne Wünsche, keine Wünsche ohne Überzeugungen, keine Absichten ohne Überzeugungen und Wünsche."[19] Damit aber beide diesen Komplex bilden können, muss sich das Subjekt seiner Gewissheit in Bezug auf Wunsch und Telos gewiss sein – und diese Meta-Gewissheit macht das Zertum erst tatsächlich zum Zertum.

Vergegenwärtigt man sich nochmals die Aussage Gardts, das Zertum sei ‚eine in der Sache liegende Gewissheit', fällt nun auf, worin das Problem liegt. Die Gewissheit, die in der Sache liegt, das heißt, in ihr begründet ist, bezieht sich auf die Gewissheit, die das Subjekt gegenüber dieser Sache selbst hat. Es ist also die Haltung oder Einstellung, die das Subjekt der Sache gegenüber annimmt. Dieses Subjekt ist jedoch noch kein Akteur im rhetorischen Sinne, denn ihm kann auch noch nicht jener Motivationskomplex zugeschrieben werden, der oben beschrieben wurde. Erst die Reflexion des Subjektes über die Gewissheit, dass es selbst einer Gewissheit gewiss ist, in Verbindung mit dem Wunsch, das Ziel, das dieser Gewissheit auf Ebene der sozialen Handlung korrespondiert, zu erreichen, macht das Zertum zum Zertum. Es ist insofern äußerst irreführend, dem Orator eine Gewissheit zuzusprechen, die in der Sache liegt, anstatt ihm viel eher eine Gewissheit zu attestieren, die in ihm selbst liegt. Die Gewissheit zweiter Ordnung bezieht sich auf ein Wissen erster Ordnung, das Zertum ist daher hier eine Meta-Überzeugung. Meta-Überzeugungen jedoch liegen per definitionem nicht in einer Sache selbst, denn sie setzen ein Subjekt voraus, das über eine Objektebene reflektiert und dafür über die Begriffe verfügt, Objekt- und Metaebene voneinander zu unterscheiden. Diese Begriffe liegen ihrerseits jedoch nicht in einer Sache, da sich diese sonst sowohl auf der Objektebene befinden müsste als auch zugleich auf ihrer eigenen Metaebene, was offenkundig widersinnig ist. Daher bleibt nur die Reflexion über die Sache und die in ihr liegenden Begriffe, einschließlich des in ihr liegenden Begriffs einer sachbezogenen Gewissheit. Und diese Reflexion kann

18 Ebd.

19 Vgl. ebd., S. 216.

unmöglich auf derselben Ebene ablaufen, auf der auch die Reflexion über die Sache ablief. Der Orator geht mit Gabriel gesprochen im Akt der Ergreifung seines Zertums jene Umstellungsoperation ein, von der oben die Rede war, und die ihn von einer Theorie erster Ordnung auf eine Theorie zweiter Ordnung verweist.

Es wird später notwendig sein, auf diesen Punkt zurückzukommen, denn er führt zu einer These, die für die Zweifelsevokation von höchster Relevanz ist. Eine Theorie zweiter Ordnung, um einstweilen in Gabriels Terminologie zu bleiben, ermöglicht nämlich eine Ausdehnung der Reflexion über die Grenzen des eigenen Subjektseins hinaus. Das bedeutet, dass auf dieser Ebene der Gewissheitsfindung bereits eine intersubjektive Komponente enthalten ist: Wenn der Orator weiß, dass er sich einer Überzeugung gewiss ist, dann weiß er auch, dass es sich hierbei um eine Überzeugung handelt. Er kennt also die Bedingungen ihrer Wahrheit und weiß zugleich, unter welchen Bedingungen sie falsch sein kann, er sich also irren kann. Dieses Wissen hat für den Akt strategischer Zweifelserregung den Stellenwert einer *conditio sine qua non*. Denn nur, wer weiß, was eine Überzeugung wahr oder falsch machen kann, kann rhetorisch so agieren, dass andere denken, diese Überzeugung sei wahr oder falsch. Mit anderen Worten: über das Wissen zu verfügen, was eine Überzeugung in den Augen eines Betrachters wahr oder falsch macht, heißt über die notwendige Voraussetzung zur Argumentation zu verfügen.

3.1.2 Die zweite Fehlinterpretation: Der Evidenz-Irrtum

Noch aus einem weiteren Grund soll hier verdeutlicht werden, dass das Zertum weit mehr im Subjekt zu verankern ist als in der Sache selbst, um die es geht. Dies mag zunächst als Manko erscheinen, es kann sogar die Frage aufkommen, ob eine *logos*-zentrierte Rhetorik, die eine rationale Argumentation als wesentlichen Überzeugungsweg für sich in Anspruch nimmt,[20] nicht vielmehr die Kategorie des Zertums aus der Evidenz einer Sachlage heraus definieren sollte. Antiker Gewährsmann dieser Haltung ist Platon, der den Gebrauch der Rhetorik nur dem zubilligt, der eine wahre Erkenntnis durch sie verbreiten kann.[21]

20 Aristoteles spricht in seiner *Rhetorik* von drei Wegen der Überzeugung, die neben dem *logos* auch das rednerische *ethos* und das publikumsseitige *pathos* für die Rhetorik stark machen (vgl. Arist.: Rhet. I, 2 (3)). Jedoch gilt der *logos* als das vornehmlich stärkste Element unter den dreien, wie etwa der einschlägigen Bemerkung von Aristoteles gegen die zeitgenössischen Rhetoriklehrbücher zu entnehmen ist, die sich alle mit Nebensächlichkeiten, nicht aber mit dem Enthymem als Kern der Rhetorik beschäftigt hätten (vgl. Arist.: Rhet. I, 1 (3)).

21 Vgl. Plat.: Phaidr., übers. Schleiermacher 2011, 271d-272d.

Gewissheit könnte in diesem Zusammenhang definiert werden, wie Kant es tut, als eine von drei Stufen des Für-wahr-Haltens:

> Meinen ist ein mit Bewusstsein sowohl subjektiv, als objektiv unzureichendes Führwahrhalten. Ist das letztere nur subjektiv zureichend und wird zugleich für objektiv unzureichend gehalten, so heißt es Glauben. Endlich heißt das sowohl subjektiv als objektiv zureichende Führwahrhalten das Wissen. Die subjektive Zulänglichkeit heißt Überzeugung (für mich selbst), die objektive, Gewissheit (für jedermann). Ich werde mich bei der Erläuterung so fasslicher Begriffe nicht aufhalten.[22]

Aus rhetoriktheoretischer Perspektive sind die Begrifflichkeiten, die hier von Kant mehr oder weniger *en passant* eingeführt werden, jedoch keineswegs so „fasslich", wie es für ihn scheinen mag. Es liegen zwei Schwierigkeiten in seiner Terminologie vor, die es für den Rhetoriker nicht möglich machen, seine Definition zu übernehmen. Zunächst ist auffällig, dass er dem Begriff der Überzeugung eine objektive Gültigkeit zuspricht, womit er ihn zugleich von der „Überredung"[23] abzugrenzen versucht. Die Überzeugung ist für Kant eine rational einsehbare und für jeden durch Vernunft als gültig zu erkennende und daher objektiv hinreichende Begründung eines Urteils, wohingegen die Überredung lediglich einen Schein der Objektivität darstellt und daher nur in der privaten Einsicht des Subjektes als hinreichend begründet gelten kann.[24] Diese künstliche Trennung von Überredung und Überzeugung hat zur Folge, dass Rhetorik ihren Anspruch auf eine Vermittlung des Überzeugenden im Sinne eines *pithanon* verliert und zum Spiel mit lediglich schönen Worten verkommt, während die Themen, die nicht der bloßen Unterhaltung dienen, sondern auf Erkenntnis via Vernunft angewiesen sind, ihrem Geltungsbereich entzogen werden.[25] Denn die Beredsamkeit „ist die Kunst, ein Geschäft des Verstandes als ein freies Spiel der Einbildungskraft zu betreiben"[26], wodurch der Adressat einer intellektuellen (und sittlichen) Unredlichkeit aufsitzt: „Der Redner gibt also etwas, was er nicht verspricht, nämlich ein unterhaltendes Spiel der Einbildungskraft; aber er bricht auch dem etwas ab, was er verspricht und was doch sein angekündigtes Geschäft ist, nämlich den Verstand zweckmäßig zu beschäftigen."[27] Daher fasst Eisler die Position Kants

22 Kant: KrV, ed. Timmermann 1998, A 822/B 850.
23 Ebd.
24 Vgl. Eisler 2008 [1930], S. 547.
25 Kritisch zur Unterscheidung von Überreden und Überzeugen siehe Knape 2003, Sp. 889f.
26 Kant: KU, ed. Klemme 2009, B 205-B 206.
27 Ebd., B 206.

mit den Worten zusammen, die Beredsamkeit sei durch ihre Wirkung der Überredung für ernste Dinge nicht zu gebrauchen, hier müsse die Sache selbst für sich sprechen.[28]

So klar also im ersten Augenblick die Terminologie Kants wirkt, so wenig brauchbar ist sie bei näherem Hinsehen für die Rhetorik. Denn sie bildet nicht etwa eine Distinktion unterschiedlicher zu beobachtender mentaler Zustände ab, sondern gibt vielmehr die Normativität für die Verwendung der zustandsbezeichnenden Begriffe an. Diese Normativität fragt jedoch nach einem gänzlich anderen Interesse, als es in der Rhetorik verankert ist. Denn Kant gibt an, wann es epistemisch gerechtfertigt sei, von Meinung, Glauben oder Wissen zu sprechen. Die Rhetoriktheorie hingegen will angeben, wann es aus Sicht einer Akteurs-Modellierung gerechtfertigt ist, von einem Subjekt zu behaupten, es sehe sich selbst gerade gerechtfertigt, von Meinung, Glauben oder Wissen zu sprechen.[29] Denn das Zertum füllt im Theoriedesign jene Lücke die entsteht, wenn einem Akteur eine intentionale und gewissheitsbasierte Handlung zugeschrieben wird, und diese Gewissheit, auf der die soziale Intervention beruht, nun selbst zu einem Bestandteil der Persuasionstheorie wird. Diese Unterscheidung ist mithin zentraler Bestandteil der Rhetorik, nämlich: nicht danach zu fragen, wann ein Subjekt in seiner Ansicht gerechtfertigt ist, sondern zu fragen, wann es gerechtfertigt ist, dem Subjekt zu unterstellen, es sehe sich in einer (durch Rhetorik evozierten) gerechtfertigten Position und handle aus dieser. Diese Feststellung muss klar sein, um zu verstehen, was es mit dem Zertum auf sich hat: es bedarf zur Einführung einer Zertums-Kategorie in die Theorie der Rhetorik keiner epistemologischen Theorie seiner Rechtfertigung selbst. Die Rhetorik ist berechtigt ein Zertum anzunehmen, ja handlungstheoretisch sogar verpflichtet es zu unterstellen, ohne dabei zu überprüfen, ob es sich um Gewissheit im epistemisch gerechtfertigten Sinne handelt oder nicht. Um es an dieser Stelle nochmals zu betonen: Die Frage, ob das Zertum eines Orators erkenntnistheoretisch gerechtfertigt ist, gehört nicht

---

28 Vgl. Eisler 2008 [1930], S. 473.

29 Die Rhetorik bleibt dabei freilich nicht auf der Stufe eines Sprechens von Meinung oder Wissen stehen, sondern nimmt die Handlung durch Meinung oder Wissen in den Blick. Der Unterschied zwischen der epistemologischen und der rhetorischen Perspektive ist der der unbedingten Fokussierung eines handlungstheoretischen Interesses, welches die Rhetorik hat. Insofern fragt die Rhetorik, wann es gerechtfertigt ist, einem Subjekt eine Handlungsrolle zuzusprechen, welche auf bestimmten Einsichten und Erkenntniszuschreibungen beruht, die das Subjekt in Bezug auf sich selbst macht und wie es durch kommunikative Interaktion bewusst in den Zustand dieser Selbstzuschreibungen geführt wurde. So betrachtet greift die Rhetorik lediglich einen kleinen Ausschnitt aus der Epistemologie heraus, bringt ihn jedoch mit überaus komplexen kommunikations- und handlungstheoretischen Konstrukten in Verbindung.

zum Untersuchungsbereich der Rhetorik. Die Frage jedoch, auf welche epistemischen Implikationen sich eine Theorie der Rhetorik einlässt, wenn sie ein Zertum als innere Rechtfertigungsinstanz bei einem handelnden Orator annimmt, muss auch von dieser Rhetoriktheorie selbst reflektiert werden. Denn damit greift sie auf einen erkenntnistheoretischen Begriff zurück, der handlungstheoretische Relevanz erhält.

So betrachtet, nimmt die Rhetorik eine eigentümlich meta-epistemologische Position ein, indem sie nicht die epistemische Rechtfertigung der Urteile selbst untersucht, sondern das Zustandekommen der praktischen Plausibilität für eine epistemische Rechtfertigung. Wenn ein Orator O einen Adressaten A davon überzeugt, dass die Handlung S rational sinnvoll ist, so kann die Erkenntnistheorie der Philosophie danach fragen, wann A berechtigt ist anzunehmen, dass die Gründe, die O genannt hat, tatsächlich rational sinnvoll zu S führen. Ferner kann sie fragen, was rational sinnvoll heißt und wann überhaupt Gründe zu S führen sollten, wenn man etwa das Kriterium ‚rational sinnvoll' anlegt. Keine dieser Fragen ist jedoch eine genuin rhetorische Frage. Die Rhetorik fragt vielmehr, wann und unter welchen Umständen davon ausgegangen werden kann, dass A Gründe von O für S als in seinem Sinne für rational sinnvoll hält, um sich im Anschluss daran zu einer Handlung bewegen zu lassen. Hieraus wiederum leiten sich dann alle weiteren Operationen klassischer rhetorischer Strategiebildung ab, etwa das Handlungskalkül, das Adressatenkalkül, die Taxonomie möglicher Widerstände, das konkrete Handlungsmanagement bis hin zu praktischen Formen der *actio* und *pronuntiatio* etc.

Und zugleich handelt es sich, das ist zu betonen, bei der rhetorischen Perspektive um eine meta-epistemische Frage, da sie die Gelingensbedingungen der subjektiven Rechtfertigung einer Überzeugung in den Blick nimmt und nicht die objektive Rechtfertigung der Überzeugung selbst.

In dieser Hinsicht zeigt die kantische Reflexion über die Begriffe Meinen, Glauben und Wissen vor allen Dingen, dass sie für eine pragmatische Ausrichtung der Rhetorik zu apodiktisch und praxisfern ist. Denn sie legt nahe, von Überzeugung oder Gewissheit im Sinne einer propositionsbezogenen Einstellung nur gerechtfertigt sprechen zu können, wenn tatsächliche Vernunftgründe vorliegen, die eine entsprechende propositionsbezogene Einstellung auch über-individuell rechtfertigen. Hielte sich die Rhetorik nun an diese Terminologie, so käme sie in die Schwierigkeit, entweder jede Form der Überzeugung nur unter Vorbehalt vermerken zu können, bis sie die tatsächlich dahinterstehenden Rationalitätsverhältnisse geklärt hätte, oder aber jeden Anspruch auf ein Überzeugungshandeln zurückzuweisen und lediglich in die pejorativ verwendete ‚Überredung' Einsicht zu vermitteln. Beide Konsequenzen sind jedoch unannehmbar. Die erste, weil sie den Gegenstandsbereich der Rhetorik in unzulässiger Form auf die Materie der Erkenntnistheorie im Allgemeinen und die Wahrheitsfrage im Besonderen ausdehnt, die zweite, weil damit der Rhetorik jede Form der ernsthaften und sozial gerechtfertigten Interaktionsmöglichkeit abgesprochen und sie ihrer Spezifik als legitimem sozial-kommunikativen Organ der Interessenvertretung beraubt wird.

Was für die Rhetorik viel eher zählt als die tatsächliche Vernunftgemäßheit von Urteilsgründen und deren Überprüfung, ist das, was Wittgenstein in § 42 von *Über Gewissheit* etwas fremd anmutend als „Seelenzustand" der Überzeugtheit bezeichnet. Gemeint ist hier nicht die Grammatik, die hinter den Begriffen Glauben oder Wissen steht, sondern die propositionsbezogene Einstellung, die ein Subjekt zu bestimmten Gedanken haben kann und für sich und sein subjektives Empfinden für gerechtfertigt hält.

> 42. Man kann sagen „Er glaubt es, aber es ist nicht so", nicht aber „Er weiß es, aber es ist nicht so". Kommt dies von der Verschiedenheit der Seelenzustände des Glaubens und des Wissens? Nein. – „Seelenzustand" kann man etwa nennen, was sich im Ton der Rede, in der Gebärde etc. ausdrückt. Es wäre also *möglich*, von einem seelischen Zustand der Überzeugtheit zu reden; und der kann der gleiche sein, ob gewusst oder fälschlich geglaubt wird. Zu meinen, den Worten „glauben" und „wissen" müssten verschiedene Zustände entsprechen, wäre so, als glaubte man, dem Worte „ich" und dem Namen „Ludwig" müssten verschiedene Menschen entsprechen, weil die Begriffe verschieden sind.[30]

Ein weiterer Grund muss den Rhetoriker stören, nähert er sich der kantischen Terminologie. Denn Kant verbindet Gewissheit mit Wissen.[31] Dieser Versuchung mag auch der Rhetoriker erliegen, kann er dadurch doch eine epistemisch höherwertige Basis als Ausgangspunkt rhetorischer Interaktion annehmen als bloßes Meinen. Es scheint auch plausibel zu sagen, ein Orator wisse etwas und vertrete daher eine bestimmte Position. So ist es beispielsweise denkbar, einem Orator ein propositionales Wissen „dass p" zuzuschreiben und anzunehmen, dass er aus diesem Wissen heraus mit persuasivem Impetus in die Interaktion zu anderen Subjekten geht.

Ein triviales Beispiel mag dies verdeutlichen: Wenn ein Orator O etwa weiß, dass jeden Mittwoch ein Zug um 18:00 Uhr abfährt, den er erreiche möchte, und er ferner weiß, dass er mindestens 30 Minuten braucht, bis er von seinem Büro beim Bahnhof angelangt ist, mag dies dazu führen, dass er versucht, seinen Kollegen davon zu überzeugen, eine Besprechung nicht erst auf 17:30 Uhr zu legen, da er sonst mit Sicherheit seinen Zug verpassen wird.

---

30 Wittgenstein: ÜG, § 42.

31 Eisler 2008 [1930], S. 204f.

Es läge nun nahe, O ein Zertum zuzuschreiben, das auf den Begriff des Wissens rekurriert. O hat die innere Gewissheit, dass er bei einer Besprechung um 17:30 Uhr seinen Zug verpassen wird, das heißt, in diesem Falle weiß er, dass er bei einer Besprechung um 17:30 Uhr seinen Zug verpassen wird. Es ist nach dieser Auffassung also legitim, sein Zertum mithilfe eines Wissensbegriffs zu definieren.

Besonders verlockend wird diese Möglichkeit durch die Annahme einer ähnlich gelagerten Beispielsituation, in der kein Wissen vorliegt: O etwa weiß nicht, wann sein Zug fährt, er vermutet lediglich, dass etwa um diese Zeit einer fahren müsste, weiter weiß er auch nicht, wie lange er zum Bahnhof braucht, schätzt aber die Strecke, oder aber er rechnet einfach mit viel Zeitpuffer etc. In diesem Falle könnte man wohl nicht sagen, sein Zertum basiere auf Wissen.

Aber man könnte nun zu der Annahme gelangen, dass der epistemische Wert des Persuasionsversuches im ersten Fall höher einzuschätzen ist als im zweiten Fall, da die Ausgangslage des Vorganges einmal ein Wissen, einmal eine bloße Schätzung respektive Meinung oder Annahme darstellt. Man könnte auch so weit gehen zu sagen, dass in der ersten Situation die Argumentation, die O vorbringen könnte, wertvoller oder gerechtfertigter sei als in der zweiten. Und das selbst dann, wenn die Formulierungen und die Argumente selbst komplett gleich wären, und man lediglich ein anderes Zertum als Grundlage annähme. Das Zertum hätte demzufolge eine direkte Auswirkung auf die epistemische Bewertung des persuasiven Vorganges an sich. Und zudem, was im gegenwärtigen Zusammenhang noch schwerer wiegt, hätte dieser Gedanke zur Folge, dass sich alle Zerta klassifizieren ließen in echte Gewissheiten im Sinne eines Wissens und epistemisch minderwertigere Meinungen, denen dieser Anspruch verwehrt bleibt. In diesem Sinne wäre Zertum nicht gleich Zertum, sondern jedes Zertum könnte und müsste sogar auf seine spezifische epistemische Rechtfertigung überprüft werden. Es ergäbe sich daraus eine Konkurrenzsituation zwischen Zerta unterschiedlicher epistemischer Status.

Diese Auffassung ist jedoch falsch, und sie ist es interessanterweise sowohl aus genuin rhetoriktheoretischen als auch aus philosophisch-epistemologischen Gründen. Denn erstens ist das Zertum, wie sich zeigen wird, zu keinem Zeitpunkt und in keinem Fall abhängig von Wissen. Ob Wissen vorliegt oder nicht, hat nichts mit der Frage zu tun, ob im rhetorischen Sinne Gewissheit vorliegt oder nicht. Das bedeutet, dass aus rhetorischer Sicht die beiden skizzierten Fälle gleich zu bewerten sind, beide haben das gleiche Zertum. Und zweitens darf stark bezweifelt werden, ob im dargestellten ersten Beispielfall O tatsächlich epistemisch gerechtfertigt Wissen unterstellt werden kann. Denn der Sprung von Meinung zu Wissen ist keineswegs so eindeutig zu vollziehen, wie es das Beispiel suggeriert. Ein kurzer Blick auf die Schwierigkeiten der Philosophie, eine Antwort auf die Frage zu geben, was Wissen ist, verdeutlicht diese Behauptung nochmals aus einem anderen Blickwinkel.

Die klassische Auffassung von Wissen bis in die Moderne hinein, aber auch die daraus resultierenden Probleme in der Reflexion der analytischen Philosophie, lassen sich zurückverfolgen auf die Erläuterung des Wissens in Platons *Menon*. Als Volte gegen die Tradition der wandernden Sophisten beschreibt Platon das Wissen als gebunden an einen Ort, während die Meinung frei sei, zu kommen und zu gehen.[32] Er verbindet damit seine Polemik gegen die Sophisten Gorgias und Menon mit der Auffassung, Wissen sei unwandelbar und bleibend. In der hier herangezogenen *Menon*-Passage sind jedoch noch mehr definitorische Bedingungen enthalten, welche sich als drei Bedingungen des Wissens extrapolieren lassen.

Zunächst spricht Platon von den Bildern des Daidalos, welche dem Betrachter stets zu entfliehen drohen.[33] Erst wenn sie festgebunden und dauerhaft dem Betrachter zugänglich sind, erhalten sie ihren eigentlichen Wert. Dieser Vergleich wird anschließend auf die richtigen Überzeugungen übertragen:

> SOKRATES: [...] Worauf das nun geht? Auf die richtigen Überzeugungen. Denn auch die richtigen Überzeugungen sind eine schöne Sache, solange sie bleiben, und bewirken alles Gute; lange Zeit aber pflegen sie nicht zu bleiben, sondern gehen davon aus der Seele des Menschen, so dass sie doch nicht viel wert sind, bis man sie bindet durch begründendes Denken. Und dies, Freund Menon, ist eben die Erinnerung, wie wir im vorigen zugestanden haben. Nachdem sie aber gebunden werden, werden sie zuerst Erkenntnisse und dann auch bleibend. Und deshalb nun ist die Erkenntnis höher zu schätzen als die richtige Überzeugung, und es unterscheidet sich eben durch das Gebundensein der Erkenntnis von der richtigen Überzeugung.[34]

Die erste Bedingung für die Zuschreibung von Wissen liegt klarerweise im Vorhandensein einer Überzeugung. Diese muss zusätzlich richtig sein, wie Sokrates Menon erläutert, dies bindet sie an das Kriterium der Wahrheit. Entspricht die Überzeugung nicht der Wahrheit, kann sie die zweite Bedingung des Wissens nicht erfüllen. Wissen und Wahrheit wirken in dieser Definition so selbstverständlich aneinander gekoppelt, dass es fast müßig wirkt, ihre Verbindung noch-

---

32 Vgl. Plat.: Men. 97e-98a. Diese Interpretation findet sich ausführlicher dargestellt bei Erler, vgl. Erler 1987, S.86ff.

33 Vgl. Plat.: Men. 97d-e.

34 Plat.: Men. 97e-98a. Die Übersetzung wurde zur Verdeutlichung leicht verändert, Schleiermacher wählt anstatt „Überzeugung“ hier „Vorstellung“. Vgl. Grundmann 2008, S. 87.

mals herauszustellen, dennoch ist diese Bestimmung für die systematische Analyse des Wissens notwendig. Als drittes Kriterium führt Platon dann das begründende Denken an, um für die Bindung der Überzeugung zu sorgen. Man könnte hier auch von einem Kontingenz-Ausschlusskriterium sprechen, welches die Zuschreibung des Wissens rechtfertigt. Eine wahre Überzeugung könnte auch durch Zufall erworben sein, wäre dann aber nicht gerechtfertigt, Wissen genannt zu werden. Tatsächlich verbindet sich damit auch der von Platon angesprochene Effekt der Stabilität des Wissens. Wissen kann in Platons Vorstellung als Teilhabe an der Transzendenz der ewigen Ideen nicht zeitlich gebunden sein, daher muss der Akt des Erwerbs auch eine überkontextuelle Stabilität gewährleisten. Diese wiederum ist in ihrer Zuschreibung alleine durch die rationale Begründung gerechtfertigt. Grundmann nennt diese Wissensbedingungen die „Standardanalyse des propositionalen Wissens“[35] und verweist auf ihre enorme Wirktradition bis hinein in das 20. Jahrhundert.[36] Seide bemerkt zudem zurecht, dass „dieser Analyse eine große Anfangsplausibilität kaum abgesprochen werden kann.“[37]

Es sind jedoch verschiedene Einwände gegen diese Standardanalyse vorzubringen. Nicht alle sind im vorliegenden Rahmen relevant, manche hingegen müssen kurz aufgeführt werden. Allen hier dargestellten Einwänden eignet eine interessante Hinwendung zur Rhetorik, auch wenn eine solche Verbindung im Diskurs der modernen analytischen Philosophie wohl kaum gesehen wird. Zunächst ist mit dem Aufkommen des Pragmatismus auch ein Zweifel an der Rechtfertigungsbedingung verbunden. Während im Anschluss an Platon die Standardanalyse davon ausgeht, dass ein Träger einer Überzeugung in dieser Überzeugung nur dann gerechtfertigt ist, wenn er Gründe dafür hat, dass die Überzeugung wahr ist, hält etwa Peirce dagegen, es genüge auch die Begründung, dass die Überzeugung wahrscheinlich wahr sei: „Wenn die Prämissen faktisch überhaupt nicht angezweifelt werden, können sie nicht zufriedenstellender sein, als sie es tatsächlich sind.“[38] Die von ihm als faktisch bezeichnete Valenz der Wahrheit einer Überzeugung trägt den grundsätzlichen Charakter der metaphysischen Unbestimmtheit. ‚Faktisch‘ meint hier ‚wahrscheinlich‘, denn es könne keinen Satz geben, der nicht zu einem späteren Zeitpunkt potentiell bezweifelbar wäre.[39] Damit ist der Standardanalyse jedoch nicht prinzipiell widersprochen, es müsste lediglich eine ihrer Grundbedingungen modifiziert werden.

35 Ebd., S. 86.
36 Vgl. ebd., S. 87f.
37 Seide 2011, S. 17.
38 Peirce 1967 [1877], S. 302.
39 Vgl. ebd., S. 91.

Dies ändert sich mit der Überlegung Edmund Gettiers über eine Möglichkeit der Widerlegung der Standardanalyse. Grundmann bezeichnet den 1963 erschienen und nur drei Seiten umfassenden Artikel als die Schrift, die vermutlich, gemessen an ihrer Länge, die beachtlichste Rezeption der modernen Philosophie nach sich gezogen habe.[40] Dabei ist der Kerngedanke Gettiers recht simpel, er beruht lediglich auf der Konstruktion eines Beispiels, in dem eine Person eine gerechtfertigte, wahre Konklusion aus gerechtfertigten, aber falschen Prämissen folgert.[41] Damit steht das Argument im Raum, dass es eine gerechtfertigte und wahre Überzeugung geben kann, von der jedoch nicht behauptet werden darf, dass sie ein Wissen sei, da ihr Zustandekommen von (mindestens) einer falschen Prämisse abhängt. Das Treffen der Wahrheit ist im Gegenbeispiel Gettiers zur Standardanalyse dem bloßen Zufall geschuldet.[42] Was oben in Platons Definition noch als Kontingenz-Ausschlusskriterium behandelt werden konnte, nämlich das begründete Denken, erweist sich nun als inadäquat, beziehungsweise logisch nicht hinreichend. Begründetes Denken alleine ist also zu schwach, es fehlt auch hier eine weitere Qualifizierung dieser Begründung.

Welche unterschiedlichen Nachbesserungsvorschläge die Philosophie mittlerweile geliefert hat, um die Standardanalyse oder besser überhaupt eine Analyse des Wissens wieder haltbar zu machen, kann hier nicht weiter berücksichtigt werden. Im Vorgriff auf eine weiter unten erläuterte Theorie bleibt jedoch an dieser Stelle festzuhalten, dass sowohl Peirce als auch Gettier die Standardanalyse des Wissens angreifen, indem sie eine kontextsensitive Perspektive einnehmen. Beiden eignet die Annahme, dass die Wissenszuschreibung unter den je gegebenen Umständen eine Rechtfertigung erfährt, unabhängig davon, ob später zu Tage tretende Umstände eine Revision dieses Urteils erforderlich machen könnten. Analog zur Rhetorik geht es etwa Peirce eher um Fragen der Plausibilisierung als um die Feststellung metaphysischer Absolutheit.

Summa summarum zeigt sich, dass Wissen keine Kategorie ist, in der die Rhetorik denken sollte. Und selbst, wenn man annimmt, ein Orator wisse etwas, unabhängig von der genauen Art der Zuschreibung dieses Wissens, steht das Wissen selbst jedoch in keiner rechtfertigenden Verbindung zum Zertum.

---

40 Vgl. Grundmann 2008, S. 99.

41 Vgl. ebd., S. 105.

42 Eine ausführliche Darstellung der Gettier-Fälle, in denen die wahre, gerechtfertigte Überzeugung nicht als Wissen bezeichnet werden kann, ist hier nicht zielführend. Es sei auf die ausführliche Erörterung Fogelins verwiesen, vgl. Fogelin 1994, S. 15-30.

Was ein Orator weiß oder nicht weiß, steht für die Rhetorik weder fest, noch fällt es ihr zu, es festzustellen. Daran ändert auch die Kombination unterschiedlicher Gewissheiten, die einen Orator in eine Situation führen, nichts. Die Beziehung zwischen dem Begriff des Wissens und einer angenommenen Summe an wie auch immer gerechtfertigten Überzeugungen des Orators, die ihn zu einem Zertum führen mögen, endet auch hier, ohne eine direkte Korrelation von Zertumszuschreibung und Wissensanspruch zuzulassen. Davidson stellt diesen Nicht-Zusammenhang von Gewissheiten und Wissen einmal mehr in pointierter Form dar, wenn er schreibt:

> Leider ist es nicht möglich, die possierliche und erfreuliche Schlussfolgerung zu ziehen, alle wahren Überzeugungen konstituierten Wissen. Denn obwohl aus der Sicht des Überzeugungsträgers alle seine Überzeugungen in gewissem Maße gerechtfertigt sind, kann es sein, dass manche von ihnen nicht ausreichend oder nicht in der richtigen Weise gerechtfertigt sind, um Wissen zu konstituieren. Die allgemeine Annahme zugunsten der Wahrheit von Überzeugungen dient dazu, uns vor einer Standardform des Skeptizismus zu bewahren, indem sie zeigt, warum unsere Überzeugungen unmöglich alle zugleich falsch sein können. Die Aufgabe, die Bedingungen des Wissens zu bestimmen, wird davon so gut wie gar nicht tangiert.[43]

Es bleibt daher für eine zufriedenstellende Definition des Zertums nichts anderes übrig, als die Idee ihrer Bildung unter Rekurs auf den Begriff des Wissens wieder aufzugeben. Nicht nur ist Wissen ein unzuverlässiger Parameter, darüber hinaus ist es nicht einmal das Wissen selbst, welches zum Zertum führt, vielmehr die Überzeugung darüber, Wissen zu haben. Es zeigt sich also erneut die Meta-Stellung des Zertums im Vergleich zu den anderen Überzeugungen des Orator-Subjektes. Weder Wissen noch Evidenz kommen daher als Quellen eines Zertums in Frage, noch vermögen sie ein Zertum zu rechtfertigen. Es gilt daher, was Knape im Zusammenhang mit der inversiven Persuasion anführt: „Ob hinter [...] dogmatischen oder desideralen Mentalfixierungen auch noch so etwas wie ‚Wahrheit' im außerpsychologischen Sinne steckt, ist keine Frage der pragmatisch ausgerichteten Rhetoriktheorie mehr und muss in anderen Kontexten erörtert werden."[44]

---

43 Davidson 2013c [1990], S. 262.

44 Knape 2015b, S. 12.

3.1.3 Die dritte Fehlinterpretation: Das Eins-zu-eins-Theorem

Bisher wurde besprochen, dass das Zertum eine Meta-Gewissheit darstellen muss, die selbst wiederum in reflexivem Verhältnis zu verschiedenen Überzeugungen steht. Dabei spielt es keine Rolle, ob diese Überzeugungen einer Evidenz entspringen oder als Form des Wissens vorliegen. Die Argumentation der beiden vorherigen Punkte hat gezeigt, dass eine vorliegende propositionsbezogene Einstellung an sich genügt. Formen ihrer außer-subjektiven Rechtfertigung stehen für die Rhetorik weder zur Debatte, noch sind sie notwendig zu erörtern, um aus ihnen die Qualität einer rhetorischen Interaktion ableiten zu können. Im Grunde kann man hierin auch die Bestätigung des Satzes von Knape lesen, der in Bezug auf die möglichen Quellen des Zertums sagt: „Es ist in diesem Zusammenhang unerheblich, wie der Orator zu dem rhetorikauslösenden Gewissheitsgrad gekommen ist.“[45]

In der Folge soll nun die Struktur des Zertums selbst näher beleuchtet werden, um die Ausführungen hierzu schließlich in das nächste Kapitel münden zu lassen. Die oben als Eins-zu-eins-Theorem vorgestellte Strukturvorstellung behandelt die Begriffe Gewissheit und Überzeugung weitestgehend als Zustand eines Gewissheit-Habens oder Überzeugt-Seins und identifiziert mit diesem Zustand jeweils eine Proposition, zu welcher eine entsprechende Einstellung des Subjektes hinzukommt.

Ein solches Eins-zu-eins-Theorem folgt einem naiven Modellgedanken. Es versucht, den rhetorischen Prozess modellhaft bewusst zu verschlanken und unterstellt zum Zweck der Operationalisierung der Modelleinheiten *ein* oratorisches Ziel, *eine* oratorische Gewissheit und im Optimalfall einen adressatenseitigen Überzeugungswechsel, der *eine* Überzeugung$_1$ in *eine* divergierende Überzeugung$_2$ umwandelt. Der vermeintliche Nutzen dieser Vorstellung mag darin liegen, einen übersichtlichen Prozess zur Analyse vorliegen zu haben und nicht in den haltlosen Strudel der Spekulation zu geraten, was sich wohl in der Blackbox des Orators und des Adressaten abspielen mag. Zweifelsohne klingt diese Lösung zunächst attraktiv, jedoch ist sie auch von einer kaum zu übersehenden Naivität geprägt und wird der Komplexität der anzunehmenden tatsächlichen mentalen Vorgänge nicht gerecht, unabhängig davon, ob diese nun zu beobachten sind oder nicht. Es spricht aus der hier vorgestellten Sicht nichts dagegen, es bei der Vorstellung eines Zieles, des oratorischen Telos zu belassen, jedoch einiges, diese Singularität auch für die dahinterstehenden mentalen Einheiten anzunehmen. Dies liegt schon in gewisser Weise in der Sache selbst begründet, denn ein

45 Knape 2012a, S. 76.

Ziel im rhetorischen Sinne muss distinkt und isolierbar sein, soll es für die Rhetoriktheorie operabel bleiben. Per definitionem ist eine rhetorische Handlung eine teleologische, dies setzt voraus, ein Ziel eindeutig benennen zu können. Dass es dabei Abstufungen geben mag, subordinierte Ziele, primäre und sekundäre Tele, bleibt davon unberührt. Der springende Punkt ist, dass es sich bei all diesen Zielen um eindeutig zu benennende Komponenten des rhetorischen Modells handelt. Gerade dies gilt jedoch für Überzeugungen nicht in gleichem Maße.

Es kann bei der Argumentation gegen das Eins-zu-eins-Theorem nicht darum gehen, sichtbar machen zu wollen, was nun einmal nicht sichtbar zu machen ist. Die spezifischen mentalen Inhalte sind eben nicht einsehbar. Aber es ist dennoch ein Unterschied, ob man annimmt, es sei potentiell eine Vielzahl an Überzeugungen im Spiel und diese wären in spezifischer Weise miteinander verbunden, oder ob man behauptet, angeben zu können, um *welche* Überzeugungen es sich dabei handle. Umgekehrt bedeutet dies, man muss keine Antwort auf den zweiten Teil dieser Frage haben, um den ersten Teil sinnvoll annehmen zu können.

Wenn Knape von einer inneren, festen Überzeugung als Zertum spricht, so mag dies verwundern. Denn es stellt sich die Frage, ob diese Formulierung nicht tautologisch ist. Welche Überzeugung sollte nicht innerlich und fest sein? Tatsächlich jedoch ist Knapes Ausdrucksweise nur oberflächlich betrachtet tautologisch, im Grunde nämlich ist sie hochgradig informativ. Denn sie weist auf zwei wesentliche Momente hin, die den Charakter des Zertums fundamental bestimmen. Zum einen steht diese Formulierung für den herausgehobenen Status der Zertums-Gewissheit gegenüber anderen Gewissheiten, also die bereits besprochene Unterscheidung von Objekt-Überzeugungen und Meta-Überzeugungen. Zum zweiten signalisiert sie, dass es sich um eine spezifische Überzeugung unter vielen anderen handeln muss.

Es lohnt, an dieser Stelle nochmals einen flüchtigen Blick auf die Theorie zur Entstehung von Gedanken und Handlungen Davidsons zu werfen. Nach Davidson sind Überzeugungen als mentale Zustände zwingend mit anderen Überzeugungen, und zwar undefinierbar vielen anderen, verbunden. In seinem Aufsatz *Vernünftige Tiere* schreibt er: „Eine Überzeugung setzt viele Überzeugungen voraus, und Überzeugungen verlangen weitere Grundeinstellungen wie z.B. Absichten und Wünsche sowie – wenn ich recht habe – Sprachfähigkeit.“[46] Ohne auf die letzte Bemerkung in Bezug auf die Sprachfähigkeit, an der Davidson die Befähigung zu Gedanken überhaupt festmachen will, hier näher eingehen zu wollen, kann man mit Davidson doch offenkundig annehmen, dass Überzeugungen nur vor dem Hintergrund anderer Überzeugungen als solche zu klassifizieren

46 Davidson 2013a [1982], S. 168.

sind. „Dass wir Gedanken identifizieren, auseinanderhalten und als das kennzeichnen, was sie sind, gelingt nur insofern, als sie im Rahmen eines dichten Netzwerkes verwandter Überzeugungen lokalisiert werden können."[47]

Dabei ist es nach Davidson nicht möglich, eine feste Liste an notwendigen oder hinreichenden Überzeugungen anzugeben, die weitere Überzeugungen ermöglichen, nichtsdestotrotz sind seiner Ansicht nach andere Überzeugungen zwingend notwendig, um überhaupt eine singuläre Überzeugung über etwas gewinnen zu können.[48] Nach Davidson gilt: „Überzeugungen stellen sich nicht jeweils einzeln ein. Was die Identität einer Überzeugung bestimmt und sie zu eben dieser gegebenen Überzeugung macht, ist (neben anderen Faktoren) ihre Beziehung zu anderen Überzeugungen."[49] Damit ist zugleich der Kern einer seiner einflussreichsten Theorien angeführt, nämlich die These vom *Holismus des Mentalen.*[50] Auf diese These wird später noch zurückzukommen sein.

Steht das Zertum also für eine Überzeugung, die, wie Knape sagt, handlungsauslösend ist, dann handelt es sich hierbei um eine Überzeugung, die in ein überaus komplexes Gefüge verschiedenster mentaler Zustände eingebunden ist. Dies ergab sich bereits aus Davidsons Handlungstheorie, die oben kurz besprochen wurde, und findet nun ihre grundsätzliche Bestätigung in der Theorie des mentalen Holismus. Der Terminus ‚Zertum' operationalisiert dieses Konglomerat mentaler Beweggründe für die Beschreibung des persuasiven Prozesses und fasst es als Kollektivabstraktum unter einem Begriff zusammen, wobei die Rede von *einer* Überzeugung als Zertum leicht irreführend ist, da sie eher der Eins-zu-eins-Vorstellung folgt. Rhetorische Gewissheit ist daher vor allem als Zustand und nicht als singuläre propositionale Einstellung zu betrachten. Und die Rede von der inneren, festen Überzeugung suggeriert bei Knape zurecht, dass es sich beim Zertum eher um eine operationalisierte Überzeugung unter vielen anderen handelt, deren reflexiver Meta-Status sie erst zum Zertum erhebt und so unter anderen Überzeugungen hervorhebt. Sie gleicht eher dem hierarchisch stärksten Oszillationspunkt, um den alle anderen Überzeugungen gelagert sind.[51] Alternativ

---

47 Ebd., S. 172.

48 Vgl. ebd., S. 173.

49 Davidson 2013h [1997], S. 212.

50 Vgl. ebd., S. 216f.

51 Aus Gründen des mentalen Holismus, den Davidson annimmt, ist es nicht unproblematisch, die angedeutete Hierarchie-These unterschiedlicher an einer rhetorischen Handlung beteiligter Überzeugungen durch ihn rechtfertigen zu wollen. Denn Davidson muss, will er sein Postulat eines holistischen Überzeugungsgeflechtes konsequent halten, eine hierarchische Gliederung von Grund-Überzeugungen und daraus abgeleiteten Überzeugungen anderer Ordnung ablehnen. Von einer derart hierarchischen Architektur der Zertums-Komponenten auszugehen, ist bis

könnte man die funktionale Zertums-Kategorie auch ausweiten und zum Zweck einer Zustandsbeschreibung auf das gesamte System an Überzeugungen ausdehnen, welches Davidson zufolge im Hintergrund jeder Überzeugung mitgedacht werden muss. Da das Zertum unter dieser holistischen und handlungstheoretischen Perspektive nicht einfach nur noch als eine Überzeugung unter vielen verstanden werden kann, verweist Knape also völlig zurecht auf die spezifische Festigkeit und innere Verankerung der entsprechenden Überzeugung.[52] Diese wiederum ergibt sich aus der Einsicht in die epistemische Komplexität einer handlungsauslösenden Überzeugungslage nach Davidson, wie sie bereits oben skizziert wurde. Oder nach Knape: „Wir können auch von verschiedenen Zertumsfeldern sprechen, die unser Denken und Handeln regieren."[53]

Dabei kennt die Rhetorik die enge Verzahnung dieser unterschiedlichen mentalen Einheiten bereits seit Aristoteles. Im dritten Buch seiner *Rhetorik* schreibt er über die Erzählung, sie müsse dem *ethos* des Orators gemäß sein, denn zum einen sei dies „das Mittel, das die Absicht des Redners verdeutlicht", zum anderen entspräche diese Absicht auch „irgendwie dem Zweck (der Rede)."[54] In seiner Poetik wird Aristoteles in der Bemerkung über das *ethos* noch etwas deutlicher: „Der Charakter [das *ethos, Anm. d. Verf.*] ist das, was die Neigung und deren Beschaffenheit zeigt."[55] Die deutsche Übersetzung gibt in beiden Fällen mit ‚Absicht' oder ‚Neigung' nur einen Teil des griechischen Ausdrucks *prohairesis* wieder. Knape zieht daher Heideggers Begriffsexegese heran, um die Bedeutungsdimension des aristotelischen Gedankenganges zu illustrieren und setzt die *prohairesis* mit „dem oratorischen Impetus, [...], dem entschiedenen Entschlossensein des Orators als ‚Ich'"[56] gleich. Daher schreibt er an anderer Stelle: „Zur Rhetorik wie zum rhetorischen Monolog gehören die innere Gewissheit (das Zertum) und die innere Entschiedenheit (die Prohairesis), die für den Moment der

zu diesem Punkt daher noch eine reine Arbeitsthese ohne befriedigende Begründung. Es gibt jedoch gute Argumente, die in Kapitel 4 vorgestellt werden und dafür sprechen, dass zumindest aus rhetoriktheoretischer Sicht eine Zertums-Architektur hierarchischer Ordnung sinnvoll und dem rein holistischen Modell vorzuziehen ist. Daher wird später auch von einem modularen Holismus die Rede sein.

52 Eine Zertumsdefinition, welche sowohl dem Gedanken des Holismus als auch der theoretischen Notwendigkeit einer funktionalen Sonderstellung der Zertums-Überzeugung Rechnung trägt, wird in Kapitel 3.3 gegeben.

53 Knape 2015a, S. 175.

54 Arist.: Rhet. III, 16 (8).

55 Arist.: Poet., ed. Fuhrmann 1982, 1450b 8ff.

56 Knape 2012a, S. 73.

Rede gelten."[57] Diese durch die aristotelischen Betrachtungen über das *ethos* motivierte Aussage spiegelt die oben angeführte Feststellung wider, dass Wünsche, Überzeugungen und Absichten nur in einer gegenseitigen Abhängigkeit stehend im Orator vorkommen können. Der funktionale Terminus Zertum ginge in dieser Auslegung daher nicht nur auf eine Überzeugung des Orators ein, sondern indizierte zugleich die spezifisch-relationale Gebundenheit dieser Überzeugung an dessen Absichten und Wünsche. Dies rechtfertigt auch die Rede von ‚festen, inneren' Überzeugungen.

Der kurze Verweis auf Davidsons Handlungstheorie hat oben bereits gezeigt, dass in Bezug auf das Zertum offenkundig mehrere Gedanken im Spiel sein müssen, die zumindest zum Teil evaluativer Art sind. Davidson bezeichnet sie als Wünsche und Überzeugungen, in jedem Fall aber sprechen er und Knape von ihnen im Plural. Es gehört tatsächlich zur Besonderheit der Theorie Davidsons, diesen Plural vehement zu verfechten. Denn der *Holismus des Mentalen* lässt keine andere Möglichkeit zu, als Überzeugungen in einem System miteinander vernetzt auftreten zu lassen.

Die Argumentation gegen die Sicht des Eins-zu-eins-Theorems auf das Zertum läuft letztlich darauf hinaus, jedes Zertum als funktionale Komponente eines ganzen Systems oder Schemas[58] zu begreifen, als ein Netz mentaler Einheiten, die in ihrer Gesamtheit gewissheitsgebend sind. Das Zertum bezeichnet also eine Meta-Überzeugung über ein Netz an Objekt-Überzeugungen und steht in enger Verbindung mit den Wünschen des Orators. Eine solche Konzeption des Zertums deckt sich interessanterweise auch mit Ansätzen der psychologischen Persuasionsforschung, in der unter anderem Erwartungs-Wert-Modelle zur Operationalisierung des Einstellungs-Begriffs verwendet werden, wie dies etwa Fishbein vorschlägt.[59] Diese Modelle arbeiten mit der Vorstellung, dass sich die Haltung (attitude), die ein Subjekt gegenüber einem mentalen Objekt einnimmt, aus der Summe salienter Überzeugungen (beliefs) in Bezug auf deren Festigkeit (strength) und deren Bewertung (evaluation) ergibt.[60] Wie den Ausführungen über diese summativen Erwartungs-Wert-Modelle bei O'Keefe zu entnehmen ist, werden also auch in der psychologisch orientierten Forschung unterschiedliche Ebenen von basalen mentalen Einheiten und übergeordneten, sich daraus ableitenden Meta-Einheiten angenommen. [61] Knape spezifiziert solche Überlegungen

57 Knape 2015c, S. 146.
58 Der Schema-Begriff wird unter Kapitel 3.3 ausführlicher erläutert und begründet.
59 Vgl. Fishbein 1967, S. 477–492.
60 Vgl. ebd.
61 Vgl. O'Keefe 2002, S. 53f.

in seiner Theorie dahin gehend, dass er auch von Zertums-„Hierarchien“[62] spricht. Das Zertum offenbart sich nun als hoch motivationaler und keineswegs kontingent gewonnener Funktional-Terminus, der die anzunehmende mentale Komplexität der handlungsauslösenden Gewissheit eines Orators für die Beschreibung des persuasiven Prozesses zu operationalisieren vermag. Diese Komplexität des Begriffs gibt daher auch viel eher eine zufriedenstellende Antwort auf die Frage, was denn das Zertum sei, als die Vorstellung, das Zertum könne einfach jedwede Überzeugung sein, die ein Subjekt in sich trägt. Zugleich macht sie simplifizierende Vorstellungen singulärer Propositionen, zu denen eine einfache Einstellungsänderung im Adressaten erfolgen muss, obsolet.

3.2 Das Zertum als handlungstheoretische Größe

Der Rekurs auf die Handlungstheorie Davidsons in Punkt 3.1.1 wirft eine Frage auf, die an das Grundverständnis der Rhetorik als spezifischer Handlungstheorie rührt. Es geht hierbei um das Binnengefüge von Zertum und Telos, die beide offenkundig handlungstheoretische Implikationen aufweisen, welche in nicht unproblematischem Verhältnis zueinander stehen.

Rhetorik ist nach Knape wesentlich durch ihren teleologischen Charakter bestimmt:

> In der Praxis ist Rhetorik die Beherrschung erfolgsorientierter strategischer Kommunikationsverfahren. Rhetorik ist die kommunikative Möglichkeit des Menschen, einem von ihm als berechtigt angesehenen Anliegen, dem oratorischen Telos, soziale Geltung zu verschaffen und sich selbst damit, wenigstens im Moment des kommunikativen Erfolgs, aus sozialer Determination zu befreien.[63]

Diese Definition stellt Kategorien vor, welche die Rhetorik eindeutig in eine teleologische Handlungstheorie einbetten. Sowohl die Betonung der strategischen Ausrichtung aller Kommunikationsverfahren als auch deren funktionale Fokussierung auf das Telos des Orators ordnen alle Bestandteile der oratorischen Handlungskette einer klaren Fokalisierung unter. Fluchtpunkt aller rhetorischen Bemühungen ist damit das Telos und dessen Realisierung. „Die in der Definition enthaltene Kategorie der Erfolgsorientiertheit“, schreibt Knape dazu, „ist eine formale Kategorie, die nur besagt, dass der Orator ein Telos hat, sein kommuni-

62 Knape 2015a, S. 175.
63 Knape 2012a, S. 33.

katives Handeln also an einem kommunikativen Ziel ausrichtet. [...] Eine Implikatur der Erfolgsorientiertheit ist die am Ziel orientierte Funktionalisierung aller kommunikativen Mittel."[64] Von einem Orator zu sprechen, heißt daher unweigerlich, Rhetorik als Handlungs-, nicht als Verhaltenstheorie aufzufassen. Mit Brandom gilt zur Unterscheidung von Handlung und Verhalten:

> Handlungen, die als Reaktion auf propositional gehaltvolle Intentionen die Vorgänge um uns herum verändern, unterscheiden sich von Performanzen, die bloßes Verhalten sind (die also nicht anhand auslösender propositional gehaltvoller Absichten verstehbar sind) dadurch, dass für sie Gründe gegeben werden können; sie können als Konklusionen praktischer Inferenzen auftreten.[65]

Dieser Ausrichtung der rhetorischen Handlungstheorie eignet die Grundstruktur des ‚Um-zu', also die basale Verhältnismäßigkeit einer Mittel-Zweck-Relation, aus welcher heraus sich sowohl die Handlung selbst motiviert als auch im Nachhinein begründen lässt. Ein Orator wählt den Weg bestimmter kommunikativer Aktion und konstituiert damit seine sozial-kommunikative Rolle als Orator selbst, um einem Telos Geltung zu verschaffen. Dieser Analyse der Handlung korrespondiert die post-aktuale Rekonstruktion, die in dem Ziel der Handlung die Motivation des Orators für sein Handeln erkennt und das Telos als Auslöser des Handelns sowie Begründungsquelle des Handlungskalküls ansieht.[66]

Es ist offensichtlich, dass hier ein problematisches Verhältnis zu den bisherigen Ausführungen vorliegt, die dem Zertum eine handlungsauslösende, motivationale und aktionsgenerierende Funktion zugewiesen haben. Die Annahme einer teleologischen Handlungsperspektive gerät offenbar in einen Widerspruch mit der zuvor geführten Argumentation, das Zertum bilde die Grundlage des rhetorischen Handelns durch seine Verbindung von Wunsch und Gewissheit. Nach der dort im Sinne Davidsons vertretenen Handlungstheorie sind Überzeugungen und Wünsche, nicht jedoch deren Ziele, die Erklärungsgrundlagen für Handlungen. Die Ursachen für eine rhetorische Kommunikation lägen in dem Falle also entgegen dem teleologischen Ansatz nicht in der Zielvorstellung des Orators, sondern entsprechend in der Verbindung von Wunsch und Überzeugung innerhalb eines kausalen Zusammenhangs. Macht das Zertum damit die Rhetorik zu einer kausalistischen Handlungstheorie? Ist etwa die teleologische Ausrichtung

---

64 Ebd., S. 33f.

65 Brandom 2000 [1994], S. 42.

66 Dabei geht es wohlgemerkt nur um die Erklärung der Handlung auf motivationaler und rationaler Ebene, nicht um eine etwaige Rechtfertigung. Die Rechtfertigungsfrage ist grundsätzlich epistemisch und/oder ethisch gelagert und davon unabhängig zu bewerten.

der Rhetorik in Gefahr, sobald man im Zertum mehr sieht als eine diffuse Überzeugungsgrundlage, die rhetorisches Handeln irgendwie flankiert?

Diese Fragen berühren das Diskussionsfeld der analytischen Handlungstheorie, zu dessen einflussreichsten Positionen zweifellos Davidson gerechnet werden muss. Löhrer bemerkt zur immer noch virulenten Auseinandersetzung:

> In der analytischen Handlungstheorie (*Theory of Mind and Action*) streiten seit einigen Jahren handlungstheoretische Kausalisten und Verfechter teleologischer Handlungserklärungen über die angemessene Erklärung menschlichen Handelns. Beiden Positionen gemeinsam ist die Auffassung, dass Handeln ein Verhalten ist, das aus Gründen geschieht. Strittig ist, was als Handlungsgrund in Betracht kommt und wie *Handeln aus Gründen* modelliert werden sollte.[67]

Was hier als Streitpunkt gekennzeichnet ist, also der Handlungsgrund, ließe sich nach den bisherigen Darstellungen in Bezug auf die Rhetorik entweder mit dem Begriff ‚Zertum' oder dem Begriff ‚Telos' darstellen, je nachdem, ob man der rhetorischen Strategiehandlung eine ‚Um-zu-Struktur' (Mittel-Zweck-Relation) oder eine ‚Weil-Struktur' (Grund-Ursache-Relation) unterstellt. Ein einfaches Beispiel kann helfen, die vorgestellten strukturellen Merkmale zu unterscheiden: Man kann eine rhetorische Handlung, etwa das Tätigen einer Aussage der Form ‚Der Orator O macht die Aussage p zu einem Adressaten A.', in zweifacher Hinsicht erklären. Entweder, indem man sagt, O macht p, *um* damit A *zu* überzeugen. Das heißt in der Interpretation des teleologischen Ansatzes, dass es das Ziel von O ist, A zu überzeugen und er *deshalb* p macht. Oder man interpretiert die Strukturierung der Satzkomponenten in der Form O macht p, *weil* er will, dass A überzeugt ist.[68] Diese kausal-theoretische Variante interpretiert das Machen von p so, dass O überzeugt ist, p zu machen, stelle ein geeignetes Mittel dar, seinen Wunsch, A möge überzeugt sein, zu erreichen.

Diesen Differenzierungen könnte man anfänglich einen marginalen Stellenwert einräumen und sie als Subtilitäten abtun, jedoch besteht Davidson darauf, dass die teleologisch ausgerichtete Struktur nicht die gleiche Erklärungssicherheit der Handlung böte, die seine kausale Struktur leiste. Nach Davidson sind die Tatsache ‚O hat A mit p überzeugt' und der Wunsch ‚O wollte A mit p überzeugen' logisch unabhängig voneinander. Denn sofern O tatsächlich überzeugt hat, muss

67 Löhrer 2006, S. 785 [Herv. i. Orig.].

68 Dieses Beispiel ist auf eine für die Rhetorik passende Weise den gängigen Beispielen alltäglicher Handlungen nachempfunden, die in der Literatur einschlägig sind. Beispiele hierfür liefern etwa Gerlach 2014, S. 34; Löhrer 2006, S. 786f.

er es „zu einem genauen Zeitpunkt in bestimmter Weise getan haben – jede Einzelheit steht fest."[69] Gleiches gilt natürlich nicht für den reinen Wunsch von O, A mit p zu überzeugen: „Es hat jedoch keinen Sinn, zu verlangen, mein Wollen müsse sich auf eine in irgendeinem bestimmten Augenblick vollzogene oder in eindeutig feststehender Weise ausgeführte Handlung richten. Jede beliebige Handlung aus einer unbestimmt großen Anzahl würde dem Wollen entsprechen und lässt sich mit gleichem Anrecht als sein Objekt ansehen."[70] Absicht und Grund sind seiner Ansicht nach daher keine gleichwertigen Parameter, was die eindeutige Handlungserklärung anbelangt. Jede Handlung bedarf nach Davidson eines „primären Grundes"[71] (*primary reason*), der sich aus einem Wunsch und einer Überzeugung zusammensetzt: „Die Angabe des Grundes, weshalb jemand eine Handlung ausgeführt hat, besteht oft darin, dass man die Proeinstellung [...] oder die diesbezügliche Überzeugung [...] oder beide nennt"[72], wie er ausführt. Jenseits der Nennung des Grundes gilt für das Zustandekommen der Handlung an sich:

> 1. Um zu verstehen, wie ein Grund beliebiger Art eine Handlung rationalisiert, ist es notwendig und hinreichend, dass wir zumindest in den wesentlichen Umrissen erkennen, wie ein primärer Grund konstruiert wird.
> 2. Die Ursache einer Handlung ist ihr primärer Grund.[73]

Grund und Absicht stehen daher in der Handlungstheorie Davidsons in einem ungleichen Verhältnis, insofern der primäre Grund die Kriterien der Notwendigkeit und des Hinreichenden zugleich erfüllt, um eine Handlung rational erklärbar zu machen, wohingegen die Absicht oder das Ziel der Handlung alleine nicht hinreichend ist. In der Distinktion zwischen Grund und Absicht lässt sich die aristotelische Unterscheidung von *causa efficiens* (Wirkursache, auch ‚Bewegursache') und *causa finalis* (Zielursache oder Zweckursache) wiedererkennen.[74] Die subjektiven Handlungsgründe eines Akteurs, also die Zielursache oder, wie Aristoteles in der *Metaphysik* sagt, „dasjenige, um deswillen etwas geschieht"[75], liefern nach

69 Davidson 1990a [1963], S. 23.
70 Ebd.
71 Ebd., S. 20.
72 Ebd.
73 Ebd.
74 Vgl. Arist.: Met., ed. Wellmann 2014, 1013b28ff. Über den Zusammenhang zwischen seiner Handlungstheorie und der eigenen Aristoteles-Rezeption informiert Davidson selbst, vgl. Davidson 1990a [1963].
75 Ebd., 1013b33.

Davidson jedoch ohne den Gedanken der Kausalität keine befriedigende Erklärung von Handlungen. Für ihn gilt: „Kennt man einen primären Grund, weshalb jemand in bestimmter Weise gehandelt hat, so kennt man eine Absicht, aus der die Handlung vollzogen worden ist. [...] Doch dass man die Absicht kennt, heißt nicht unbedingt, dass man den primären Grund in allen Einzelheiten kennt."[76] Damit wäre dem oratorischen Telos jedoch seine Fluchtpunkt-Position genommen und es lediglich zur Begleiterscheinung des Zertums selbst gemacht. Und der Anspruch der Rhetorik, einer teleologischen Handlungstheorie zu folgen, fiele dem Strukturmuster der kausalistischen Begründung anheim.

Umgekehrt können jedoch auch Einwände gegen die Kausaltheoretiker geltend gemacht werden. Eine kurze Übersicht über gängige Gegenargumente bietet Löhrer,[77] aus dessen Zusammenstellung zunächst zwei für die Rhetorik besonders wichtige Punkte herausgegriffen werden sollen. Denn erstens ist die Kausaltheorie dazu veranlasst, Handlungserklärungen auf der Grundlage naturwissenschaftlicher Modelle zu entwickeln und diese dann auf alltägliche Handlungen zu übertragen. Löhrer wendet dagegen ein: „Es besteht keine begründete Aussicht darauf, die zur Vermittlung kausaler und alltagspsychologischer Erklärungen nötigen Brückenprinzipien zu finden."[78] Damit ist zumindest potenziell die Adäquatheit der kausalen Lesart von dezidiert in der Praxis verankerten rhetorischen Handlungen in Frage gestellt. Und zweitens merkt Löhrer völlig zu Recht an, dass auch die kausalen Handlungsbeschreibungen „offenbar nicht umhin können, von Ausdrücken wie ‚zielgerichtet' und ‚angemessen' und insbesondere vom normativen Begriff der Richtigkeit Gebrauch zu machen."[79] Für eine rein kausale Theorie fehlt also die Instanz objektiver Gesetzmäßigkeit, die ohne interpretatorisches Verfahren auskommt und reine Reiz-Reaktions-Schemata beobachtet. Gerade mit Blick auf die Rhetorik ist jedoch die Kategorie der Angemessenheit im Kalkül einer oratorischen Handlungslogik ein Störfaktor für eine solche rein kausalistische Auffassung.

Diese Argumente machen den kausaltheoretischen Ansatz zwar nicht auf einen Schlag obsolet, jedoch stellt sich die Frage, worin noch das Alleinstellungsmerkmal und die besondere Erklärungsqualität vor der teleologischen Perspektive sein soll, wenn man dem kausalistischen Ansatz abspricht, aus sich selbst heraus wirklich hinreichend für Handlungserklärungen zu sein.

---

76 Davidson 1990a [1963], S. 25.

77 Vgl. Löhrer 2006, S. 787f.

78 Ebd.

79 Ebd., S. 796.

Stellt man diese beiden Standpunkte nun unvermittelt nebeneinander, ergibt sich ein vermeintliches Dilemma. Entweder wird die teleologische Annahme der Rhetorik in Bezug auf ihre Handlungstheorie verworfen, oder man lässt die Argumentation Davidsons komplett fallen, wodurch jedoch auch der mühsam gewonnene Begriff des Zertums in erneute Unklarheit gestürzt würde. Telos und Zertum scheinen sich also unvereinbar gegenüber zu stehen. Dass dem nicht so ist, soll im Folgenden erörtert werden. Es kann eine Möglichkeit skizziert werden, beide Standpunkte miteinander in Verbindung zu bringen, so dass der teleologische Charakter der rhetorischen Kommunikationshandlungen erhalten bleibt, und das Zertum zugleich seine Handlungsrelevanz bewahrt.[80]

Die folgenden Überlegungen folgen dabei insbesondere Gerlachs Idee, den Gegensatz von kausaler und teleologischer Handlungstheorie vor dem Hintergrund der Dimension ‚Zeit' zu beleuchten.[81] Mit Hilfe dieses Parameters von Handlungen gelingt ihm eine neue Perspektivierung der Verhältnisse von Zielen, Gründen und Ereignissen zueinander, was eine Lösung für das hier drohende Dilemma verspricht.

Gerlach rekurriert dabei auf die Unterscheidung zweier Zeitreihen nach McTaggart/McTaggart,[82] die diese als „A-Reihe" und „B-Reihe" bezeichnen.[83] Die A-Reihe bildet Ereignisse ab, die gemessen an einem Beobachterpunkt ihre Relation zu anderen Ereignissen ändern, die also vergangen, gegenwärtig oder zukünftig sein können. Ereignisse (die hier auch Zustände subsumieren) dieser Reihe können daher ihre Proportionen zueinander ändern, etwa indem Ereignis X zunächst gegenwärtig ist, während Ereignis Y noch in der Zukunft liegt, sich dann aber beide Ereignisse annähern, bis sowohl X als auch Y gegenwärtig sind oder Y irgendwann in der Vergangenheit liegt, während X noch andauert. Die B-Reihe hingegen bildet die Positionen ab, die „von früher bis später verlaufen"[84], also die Proportionen zwischen den Ereignissen immer im gleichen Zustand halten. Gerlach stellt nun fest, dass das Strukturmuster von Ursache und Wirkung zur B-Reihe gehört, „da im Begriff der Ursache bereits mitgedacht wird, dass

80 Löhrer stellt selbst eine Lösungsvariante vor, inwiefern sich die Zweck-Mittel-Relation beider Ansätze miteinander aussöhnen ließen, räumt jedoch sein eigenes Unbehagen in Bezug auf seine Gedanken ein. Am Ende bescheinigt er seinen eigenen kurzen Überlegungen eine „über Gebühr idealisierte" Lösungsfindung und wähnt die Darstellung damit in der „versprochenen Ausweglosigkeit angekommen – was nur die Hartgesottenen unter den Freunden des Aporetischen freuen mag." (Löhrer 2006, S. 796.)

81 Vgl. Gerlach 2014, S. 33-55.

82 Vgl. ebd., S. 35.

83 McTaggart/McTaggart 1993 [1908], S. 68.

84 Ebd.

diese früher oder zumindest zugleich mit ihrer Wirkung sei und etwas, das ein anderes verursacht hat [...] nicht seine Position ändern [...] kann."[85]

Mit Hilfe beider Reihen kann man nun versuchen, die unterschiedlichen Elemente einer Handlung in ihrem Verhältnis zu bestimmen und zu überprüfen, ob sich tatsächlich alle in der B-Reihe darstellen lassen, wie es die kausalistische Auffassung erforderlich macht. Im Zuge dieses Vorgehens zeigt Gerlach, „dass die kausalistische These, wonach sich alle relevanten Merkmale von Handlungen in einem kausalen Modell der Gründe-Verursachung und damit innerhalb des B-Reihen-Schemas darstellen lassen müssten, unhaltbar ist, weil es keine Möglichkeit gibt, Ziele in ein kausales Modell zu integrieren, ohne dass deren eigentümlicher zeitlicher Status verloren ginge."[86] Dieser eigentümliche Status besteht unter anderem darin, dass sich ein Ziel als Wunschvorstellung bereits zu einem beliebigen Jetztpunkt einer Handlungskette eingestellt haben muss, zugleich aber qua Wunschvorstellung noch zukünftig ist, da es sich noch nicht erfüllt haben kann. „Das bedeutet, dass der Gehalt des Wunsches in jeder Phase des Wünschens als ein und derselbe *gegenwärtig* ist."[87] Daher hält Gerlach fest: „Wünsche spielen also in der Gegenwart und Zukunft des Handelnden zugleich, ja sie binden seine Gegenwart eben dadurch an seine Zukunft."[88]

Gerlachs Darstellung kann nun als Folie für die Überlegungen zur Rhetorik verwendet werden. Nach wie vor müssen Zertum und Telos in ihrem handlungstheoretischen Stellenwert für den persuasiven Akt bestimmt werden. Der Vorschlag zur Lösung der oben aufgeworfenen handlungstheoretischen Problematik lautet daher, die Zertums-Genese im Sinne Davidsons am Zusammenwirken einer Proeinstellung und einer Überzeugung festzumachen und für diesen, der eigentlichen Handlung vorausgelagerten Schritt, sein kausal motiviertes Modell zu akzeptieren. Dies steht dann nicht mehr in einem Widerspruch zum teleologischen Handlungsverlauf, wenn man die Verfolgung des Telos als eigentliche Handlung davon abkoppelt. Daraus ergeben sich zwei Sequenzen, die Zertums-Sequenz und die Telos-Sequenz. Beide haben zwar handlungstheoretische Bedeutung, können aber je eigenen Binnenstrukturen folgen. Die Zertums-Sequenz bleibt nach dem Modell Davidsons kausal nach der B-Reihe strukturiert, verhält sich im Verlauf der gesamten rhetorischen Handlung jedoch gemeinsam mit der Telos-Sequenz teleologisch, also nach dem Strukturmuster der A-Reihe.

---

85 Gerlach 2014, S. 35.

86 Ebd., S. 36.

87 Ebd., S. 48.

88 Ebd.

Ein Orator-Subjekt muss bestimmte Überzeugungen und Wünsche im Sinne einer Pro-Einstellung nach Davidson haben, um überhaupt eines sozialen Telos fähig zu sein. Der Konflikt zwischen teleologischer und kausalistischer Auffassung einer Handlungstheorie ließe sich dadurch vermeiden, dass man die Genese der Zielvorstellung eines Orators von der Genese seiner Handlungskalkulation und Durchführung trennt. Für den Prozess der Zielerfassung, also des Aufstellens eines ‚als berechtigt angesehenen Anliegens', wie es bei Knape oben heißt, ist zunächst der kausalistische Weg unumgänglich. Es gilt, dass ohne Zertum kein Telos entstehen kann. Es muss ein Element des Wollens von etwas geben, um eine konkrete Zielvorstellung des Erreichens von etwas entwickeln zu können. Gleichzeitig bedarf es auch adäquater Überzeugungen, die den logischen Raum dessen ermöglichen, was überhaupt gewollt werden kann. Mithin sind Überzeugungen sogar notwendig zur Erfassung einer Zielvorstellung, insofern Überzeugungen, dass die Wirklichkeit in bestimmter Form beschaffen ist, erst die Kriterien konstituieren, unter denen ein Wunsch in ein tatsächliches Handlungsziel überführt werden kann. So mag es etwa der Wunsch eines Menschen sein, fliegen zu können, jedoch leitet sich daraus im Normalfall kein oratorisches Telos ab. Der Grund hierfür liegt in den üblicherweise vorhandenen Überzeugungen, dass es dem menschlichen Körper nicht möglich ist, aus eigener Kraft zu fliegen, dass auch persuasives Einwirken auf andere Menschen an diesen physikalischen Gegebenheiten nichts ändern kann usw. Die Überzeugungen über die Konstitution der sozialen Wirklichkeit, oder spezifischer gesagt, des Kontextes, in dem sich der Orator in einem bestimmten Augenblick befindet, sind daher maßgeblich für die Frage, aus welchen Wünschen sich konkrete Zielvorstellungen im Sinne einer oratorischen Handlungsabsicht entwickeln können. Insofern gilt zunächst mit Davidson, dass rhetorischen Handlungen tatsächlich Pro-Einstellungen und Überzeugungen vorausgehen müssen. Die Telos-Genese, deren Ziel die Zertums-Sequenz ist, läuft daher tatsächlich in dem Maße kausalistisch ab, in dem die Wünsche und Überzeugungen eines Orators den primären Grund für das oratorische Telos geben. Es ist höchst einsichtig, dass der Orator ein Telos nur erfassen kann, *weil* er Wünsche und Überzeugungen hat. Dieser Satz ließe sich zwar theoretisch auch ausdrücken als ‚Der Orator fasst ein Telos, *um* seine Wünsche *zu* erfüllen.', jedoch ändert sich an dem feststehenden zeitlichen Verhältnis von der Vorgängigkeit des Wunsches und der Überzeugung nichts. Zudem könnte gegen diese Variante wiederum der Einwand Davidsons angeführt werden, dass nicht klar ist, welcher Wunsch und welche Überzeugung nun tatsächlich Grund für exakt dieses Telos sind.

In der zweiten Sequenz in der Folgenreihe, also der Telos-Sequenz, ist die Kalkulation persuasiv-kommunikativer Handlungsschritte wiederum an die Orientierung an der Zielvorstellung des Orators gebunden. Die rhetorische Aptums-Kategorie als zentrales Richtinstrument der oratorischen Zweck-Mittel-Relationskalkulation lässt es nicht zu, auf ein rein kausales Verhältnis reduziert zu werden, wie bereits die Ausführungen Löhrers zu bedenken gaben. Hinzu kommt, dass nach Gerlach die Zielvorstellung nicht in eine kausalitätskompatible B-Reihe der Zeitlichkeit eingebunden werden kann. Das Telos und natürlich auch das Zertum werden alle Handlungsschritte des Orators begleiten und daher trotz fortlaufender Ereignisfolge eine permanente Gleichzeitigkeit bilden.

Dies ist die These eines Sequenz-Dualismus, der aus der Zertums-Sequenz und im Anschluss daran aus der Telos-Sequenz besteht. Beide Sequenzen laufen dabei nicht nach der Art einer B-Reihe der Zeit ab, sondern erfüllen die Kriterien der A-Reihe, insofern die Zertums-Sequenz zeitlich vor der Telos-Sequenz eintritt, jedoch auch während (und nach) der Durchführung der Telos-Sequenz anhält. Dazu gehört auch die Überlegung, dass sich an eine Zertums-Sequenz mehrere, zum Teil zeitlich stark voneinander entfernt liegende Telos-Sequenzen anschließen können, also dass es immer wiederkehrende Handlungsmuster zur Überzeugung von Adressaten gibt, die stets ein Telos verfolgen, welches sich aus ein und derselben, permanenten Zertums-Sequenz speist. Durch diese Differenzierung zwischen der Binnenstruktur einzelner Sequenzen und der Gesamtstruktur der rhetorischen Handlung kann die Davidson'sche Argumentation zur Ausgestaltung des Zertums bestehen bleiben und in die grundsätzlich teleologische Handlungstheorie der Rhetorik integriert werden.

3.3 Das Zertum als fundamentale Gewissheit innerhalb eines Überzeugungssystems

Die Synopse des bisher Dargestellten läuft darauf hinaus, für ein neues Verständnis des Terminus ‚Zertum' zu plädieren, das keineswegs alle bisherigen Auseinandersetzungen mit dem Begriff negiert, sie jedoch neu konzeptioniert. Die wesentlichen Erkenntnisse der bisherigen Überlegungen basieren dabei auf einem Begriffsverständnis, welches unter Zertum nicht einfach eine Überzeugung oder Gewissheit im rein epistemischen Sinne versteht, sonst wäre ein rhetoriktheoretischer Terminus technicus überflüssig. Vielmehr eignet dem Zertum sowohl eine funktionale als auch strukturelle rhetorische Spezifik. Diese Spezifik beschreibt vier Komponenten, zwei auf der funktionalen, zwei auf der strukturellen Ebene. Die funktionale besteht darin, (i) handlungsauslösend und (ii) Telos-generierend zu sein, die strukturelle Spezifik bezieht sich auf die (iii) meta-reflexive Stellung des Zertums innerhalb eines Überzeugungsschemas und seine (iv) grundsätzliche Verbindung zu evaluativen Einstellungen wie etwa Wünschen.

Ausgangslage war die bereits zitierte Definition Knapes:

> Def. 1: Das Zertum ist irgendeine handlungsauslösende feste, innere Überzeugung des Orators.

Diese nach wie vor gültige und präzise, wenn auch sehr knappe Definition wird nun erweitert:

> Def. 2: Das Zertum ist eine handlungsauslösende Meta-Gewissheit, die ein Überzeugungsschema aus Objekt-Überzeugungen sowie die handlungstheoretisch jeweils zugeordneten evaluativen Einstellungen (Wünsche) reflektiert und damit zur funktionalen mentalen Verankerungsgrundlage für die Zielsetzung eines rhetorischen Strategiekalküls und der Ergreifung des oratorischen Telos wird.

Es ist dabei unerlässlich zu betonen, dass nur alle Kriterien (i-iv) zusammen ein rhetorisches Zertum ergeben. Die wesentliche Differenz zwischen Gewissheiten im allgemeinen epistemischen Kontext und Zerta im rhetorischen ergibt sich daher auch nur aus der Summe aller hier vorgestellten Merkmale. Der Begriff des Schemas wird von dieser Stelle der Arbeit an systematisch für die modular-holistischen Überzeugungskonstrukte verwendet, innerhalb derer sich das Zertum manifestieren kann oder die im Falle der Infestation von der Addubitation betroffen sind.

Erstens wird im Ausdruck des Schemas die Strukturkomponente nochmals stärker betont. Wesentliches Merkmal des hier verhandelten Überzeugungsschemas ist seine ebenso modular-holistische wie hierarchische Anordnung. Dieser Anordnungsgedanke wird insbesondere für das siebte Kapitel eine entscheidende Rolle spielen, da es dort explizit um bestimmte schematische Strukturbeziehungen gehen wird, die Dubium und Zertum voneinander trennen, indem die strukturellen Beziehungen aller am Schema beteiligten Überzeugungen untereinander eingehender untersucht werden.

Zweitens verdeutlicht der Ausdruck ‚Schema' die Gedanken der Operationalisierbarkeit und Regelhaftigkeit, die für eine Produktionstheorie wie die Rhetorik immer von entscheidendem Interesse sind. Sobald Aussagen über Handlungskalküle getroffen werden sollen, wie es die Rhetoriktheorie grundsätzlich versucht, müssen diese Gedanken eine Rolle spielen. Ein Schema ist stets eine operationalisierende Form gewisser Strukturbeschreibungen, weswegen sich dieser Begriff in dem hier vorliegenden Zusammenhang hervorragend eignet. Für Lenk etwa, der seine Philosophie maßgeblich der Frage nach Schema-Konstrukten und deren Interpretation gewidmet hat, steht fest:

> Man kann sagen, dass beim Erkennen *und* Handeln, sowohl beim eher (angeblich „passiven") „erfassenden" Erfahren wie beim vorwiegend zugreifenden, „fassenden" Handeln Strukturierungs- und Rasterungsanfänge und dementsprechend – methodologisch gesprochen – Musterbildungen und -verwendungen bzw. abstraktere Strukturen im Spiele sind, die wir immer anwenden müssen, wenn wir etwas tun oder insbesondere wenn wir etwas repräsentierend erfassen oder darstellen. Ich denke, dass man den Begriff „Schema" hier verwenden kann und sollte.[89]

Im weiteren Verlauf der Arbeit wird aufgrund der Idee eines Überzeugungsschemas, welches erst ein Zertum hervorbringen kann, immer zu unterscheiden sein zwischen Objekt-Überzeugungen, die sich auf einzelne Propositionen beziehen, und Meta-Überzeugungen, die das Schema verschiedener Objekt-Überzeugungen reflektiert auffassen und im rhetorisch-funktionalen Sinne zu Gewissheiten in der Form von Zerta werden können. Daraus leitet sich die Forderung ab, kein Zertum isoliert von dem es umgebenden Schema an Objekt-Überzeugungen und evaluativen Einstellungen zu betrachten.[90]

Diese Feststellungen halten zugleich die Anschlussmöglichkeit der hier vorgestellten Theorie an weitere Zweige der Persuasionsforschung offen. Neben den bereits erwähnten summativen Erwartungs-Wert-Modellen bilden noch weitere rhetorikaffine Theorien die Komplexität mentaler Konstruktionen ab, wie dies etwa in der Theorie des „conceptual blending" bei Fauconnier und Turner ausgearbeitet wird.

Für das Thema der Zweifelsevokation und der Gewissheitserzeugung ergibt sich aus der nun gewonnenen Definition noch ein weiterer Aspekt, der die strategische Dimension der Rhetorik anspricht. Besieht man sich das Kriterium der Meta-Reflexivität von Nahem, fällt auf, dass die Gewissheit eines Subjektes, bestimmte Überzeugungen und Wünsche zu haben, eine besondere Form eines Quasi-Wissens konstruiert. Als Quasi-Wissen wird es hier deshalb bezeichnet, da es eine erkenntnistheoretische Frage darstellt, ob die Reflexion über eigene mentale Inhalte wirklich Wissen erzeugt, also die Erste-Person-Perspektive eine epistemisch privilegierte ist, und welche Merkmale diese Introspektion erfüllen muss, um Wissens-generativ zu sein. In jedem Fall beinhaltet die Meta-Überzeugung, dass man bestimmte Überzeugungen hat, aber zugleich beinhaltet sie auch, dass man sich über ihre Relationen zu anderen Überzeugungen im Klaren ist.

Wer daher als Subjekt über eine Meta-Überzeugung verfügt, kennt auch die Kriterien, welchen bestimmte Überzeugungen eines Schemas genügen müssen,

89 Lenk 1995, S. 16.
90 Vgl. Fauconnier/Turner 2002, S. 39f.

um in diesem Schema einen konsistenten Platz eingeräumt zu bekommen. Mit anderen Worten heißt dies, dass Überzeugungen nicht nur einfach unvermittelt nebeneinander stehen und gekannt werden, sondern dass auch der Grund für ihr Nebeneinanderstehen gekannt wird. Wer über ein Überzeugungsschema verfügt, welches zusätzlich mit evaluativen Einstellungen angereichert ist, und wer ferner über die Meta-Überzeugung verfügt, dieses Schema zu haben und sich dessen bewusst zu sein, der verfügt zugleich über ein zumindest rudimentäres Wissen darüber, wie dieses Schema funktioniert. Es geht in dieser Überlegung nicht nur darum, dass man viele Überzeugungen haben muss, um eine Überzeugung zu haben, wie es Davidson darstellt, sondern auch darum, dass man viele Überzeugungen als eigene Überzeugungen reflektiert, wenn man eine davon reflektiert. Über mehrere Überzeugungen nicht nur zu verfügen, sondern sich zugleich ihrer bewusst zu sein, bedeutet jedoch auch, sich ihrer Beziehung zueinander bewusst zu sein, also die Bauart der Relationen, in denen die Überzeugungen stehen, zu kennen. Die Reflexion der Meta-Überzeugung ‚Zertum' gibt dem Orator damit zumindest ansatzweise einen Einblick in die Relation, in der die Zertums-konstitutiven Überzeugungen zueinander stehen. Diese Relation muss einer rechtfertigenden Axiomatik folgen, irgendeiner Form empfundener Konsistenz, die im Beziehungsgefüge der Zertums-konstituierenden Überzeugungen herrscht. Was der Orator damit mit dem Zertum hat, ist nicht nur eine handlungsleitende Überzeugung an sich, sondern auch ein zumindest rudimentäres oder intuitives Wissen darüber, wie sich diese Überzeugung stützt und in ein Weltbild beziehungsweise in einen lebensweltlichen Kontext einbetten lässt. Damit steht ihm ebenfalls eine Einsicht in mögliche Rechtfertigungsbedingungen seines eigenen Zertums zur Verfügung. Diese Einsicht ist quasi der Bauplan seines Zertums. Für die Rhetorik ist dieser Aspekt von fundamentaler Bedeutung. Denn über Einsicht in das Zustandekommen einer Begründungsbeziehung und deren Akzeptanz zu verfügen, heißt zugleich, über Einsicht in die mögliche Reproduktion dieser Begründungsbeziehung und deren Akzeptanz bei einem Adressaten zu verfügen. Den Bauplan eines Gebäudes zu haben, mag nicht hinreichend sein, das Gebäude tatsächlich an anderer Stelle nochmals erbauen zu können, aber zumindest ist es eine notwendige Voraussetzung dafür (wenn man von reiner Zufälligkeit absieht). Und zu wissen, welcher Begründung man folgt, um einer eigenen Meinung gewiss zu sein, mag ebenfalls keine hinreichende Bedingung sein, andere ebenso in diese Gewissheit zu versetzen, aber in jedem Fall ist es doch eine notwendige Voraussetzung dafür. Nicht jede Gewissheit versorgt den Gewissheitsträger zugleich mit einem Wissen darüber, wie er zu dieser Gewissheit kam. Aber im rhetorischen Sinne versorgt jedes Zertum den Zertumsträger zumindest mit einer rudimentären Vorstellung davon, welcher Axiomatik seine Gewissheit folgt. Davon bleibt das epistemologische Problem völlig unberührt, dass sich ein Erkenntnissubjekt hinsichtlich der Gründe für seine Gewissheit irren kann. Rhetorisch spielt dies keine Rolle, solange dieser Irrtum nicht zu einem erfolgsgefährdenden Faktor wird.

Alle Möglichkeiten der Kenntnis des Überzeugungs-Bauplans stehen selbstverständlich immer unter dem Defizit des Subjektiven, was ihre Übertragbarkeit anbelangt. Weder ist ein Irrtum in der Selbstreflexion des Zertums-Trägers ausgeschlossen, noch kann dieser davon ausgehen, dass seine empfundenen Konsistenzansprüche denen des Adressaten genügen. Daher bleibt es dabei, dass keine Reflexion über das eigene Zertum, so gründlich diese auch sein mag, objektive oder intersubjektiv gültige Erkenntnis über die logischen Zusammenhänge von Propositionen und den Einstellungen dazu vermitteln kann. Aber dennoch ist das Haben des eigenen Zertums und damit verbunden die Kenntnis eigener Begründungszusammenhänge eine notwendige Voraussetzung für die Möglichkeit zur zielgerichteten Persuasion. Alles außerhalb dieses Konstruktes ist Kontingenz.

Es liegt auf der Hand, dass die Frage nach einer möglichen Zweifelsevokation durch die eben gemachte Beobachtung ebenfalls einen Impuls erhält. Um Zweifel überhaupt erzeugen zu können, muss es dem Orator möglich sein, sowohl die Gewissheiten des Adressaten zu antizipieren, die es anzugreifen gilt, als auch die Umstände zu kennen, unter denen der Gewissheitsangriff in neue Gewissheit als systatisches Moment umgewandelt werden kann. Die Bauplan-These des eigenen Zertums verhilft ihm hierbei zum entscheidenden kognitiven Vorsprung bzw. strategischen Vorteil, dem oratorischen *proterhema*.[91] Das eigene Zertum stattet den Orator mit architektonischem Wissen über mögliche Überzeugungszusammenhänge in Bezug auf die jeweilige Kontextspezifik der rhetorischen Situation aus. Das architektonische Wissen hält zugleich die Möglichkeit bereit, Vermutungen über die Statik der Gewissheiten des Adressaten anzustellen. Addubitation als Angriff auf eben diese Statik setzt voraus, dass das Handlungskalkül zur Infestation auf architektonischem Wissen über eigene Gewissheit aufbauen kann. Der entscheidende Faktor hierbei ist die Dialektik der Gewissheit. Jede Gewissheit trägt die Gründe des Zweifels an ihrem Gegenteil in sich. Sich über die eigene Gewissheit im Klaren zu sein, bedeutet daher, sich über die Gründe des Zweifels an ihrem Gegenteil im Klaren zu sein. Alleine diese Dialektik macht es möglich, überhaupt von einer Gewissheit in deren gegenteilige Gewissheit überzuwechseln. Der in sich selbst ruhende Zweifel, der die Negativität der eigenen Gewissheit anerkennt, sie jedoch nicht zu Gunsten neuer Positivität überschreitet, mag

91 Vgl. Knape 2009, S. 25; Knape 2013a, S. 106.

in der Gestalt philosophischer Aporie eine Ausnahmeerscheinung sein. In der Regel und zumal in der rhetorischen Praxis steht ein Verharren im Zweifel jedoch nicht zur Diskussion.

Zweifelsevokation ist auf mentaler Ebene daher nur denkbar, wenn man erstens ein Zertum als konstitutiven Bestandteil des oratorseitigen Persuasionsprozesses annimmt und man zweitens davon ausgeht, dass es als reflexive Meta-Überzeugung wirksam ist. Insofern ist das Zertum zwingend an einen subjektiven mentalen Prozess gebunden. Dass die systemische Größe ‚Orator' auch überindividuell verfasst und mehr als nur einen individuellen empirischen Akteur bezeichnen kann, steht zu den bisher gemachten Aussagen in keinem Widerspruch. Solange an beiden Enden der Kommunikationskette, die mit Orator und Adressat bezeichnet werden, mentale und subjekt-individuelle Einheiten stehen, bleibt die Notwendigkeit eines Modells mentaler Zweifels- und Gewissheitszustände für die Rhetorik bestehen.

Der bereits zu Beginn dieser Arbeit thematisierte Schematismus eines Persuasionsmodells, welches einen Wechsel eines Standpunktes A hin zu einem Standpunkt B annimmt, erhält durch die nun vorliegende Zertums-Definition auch eine Präzisierung. A und B stehen in diesem Modell für verschiedene Zerta, die handlungstheoretisch als handlungsauslösende Gründe betrachtet werden können. Sie sind jedoch nicht als singuläre Überzeugungen zu verstehen, sondern nur als Meta-Überzeugungen, denen komplexe, modular holistisch gebaute Überzeugungsschemata zugrunde liegen. Damit stellt sich auch ein vermeintlich simpel erscheinendes Modell nun als ausgesprochen vielschichtig dar.

Was den hier vorliegenden Theorieentwurf anbelangt, wird damit auch eine Grenze zwischen epistemologischen Diskursen und der Disziplin der Rhetorik markiert. Zerta bauen zwar auf elementaren Gewissheiten auf, sind jedoch keine rein erkenntnistheoretischen Konstrukte mehr. Anstatt dessen werden unterschiedliche erkenntnistheoretische Merkmale zu einem operativen Handlungs- und Kommunikationskomplex synthetisiert, dessen Eignung sich weniger an epistemologischen als an rhetoriktheoretischen Maßstäben messen lassen muss. Zugleich bewahrt diese Zertums-Theorie ihre philosophischen Wurzeln in der Erkenntnis- und Handlungstheorie.

Gerade was den Übergang zwischen beiden Theorien anbelangt, stehen jedoch noch einige Überlegungen aus. Besonders der Kontext, innerhalb dessen die oratorseitige Erkenntnis vom Adressaten angenommen werden kann und die dann für ihn handlungsleitend wird, muss im weiteren Verlauf dieser Arbeit näher untersucht werden. Denn er gibt Auskunft über das Zustandekommen einer Axiomatik, die sowohl für den Orator als auch für den Adressaten zumindest insoweit gemeinsam ist, als dass der Zertums-Bauplan des Orators Erkenntnisse über inversive Persuasionsvorgänge abwirft, die auch für das mentale System des Adressaten gelten. Es mangelt also bislang noch an theoretischen Überlegungen zur gemeinsamen Lebenswelt und mentalen Axiomatik von Orator und Adressat, in der Zweifelsevokation und daran anschließende neuerliche Gewissheitserzeugung statthaben können. Das folgende Kapitel wird dieses Anliegen unter Rückgriff auf die Überlegungen Wittgensteins zu Zweifel und Gewissheit aufgreifen.

4 System und Kontext – Wittgenstein über Zweifel und Gewissheit

Wenn die Rhetorik über Zweifel und Gewissheit spricht, dann spricht sie darüber in ihrem Interesse an der Verbindung dreier Komponenten: Erstens der mentalen Zustände Zweifel und Gewissheit selbst, zweitens dem Raum des Sprachlichen als Ort des Wirkens der Rhetorik und drittens der Struktur von Behauptungen und Begründungen als eines wesentlichen Grundmusters rhetorischen Handelns mit Text. Einer der vielversprechendsten Ansätze, diese drei Komponenten zusammenzudenken, ist die späte Philosophie Wittgensteins, insbesondere repräsentiert in der Schrift *Über Gewissheit*. Die Sicht Wittgensteins ist höchst aufschlussreich, sowohl was die Möglichkeitsbedingungen des Zweifelns anbelangt, als auch die Frage, wie Sprache und Argumente den Anstoß zu Zweifel oder Gewissheit liefern können. Sich auf Wittgenstein zu beziehen, setzt jedoch zugleich voraus, sich ihm langsam anzunähern, um die Hintersinnigkeit und Tragweite seiner Ideen gewinnbringend nutzen zu können. Daher müssen manche Gedanken aus *Über Gewissheit* schrittweise entfaltet werden, um am Ende Rhetoriktheoretisches aus ihnen ziehen zu können.

4.1 Die Moore-Wittgenstein-Debatte

4.1.1 Moores Gewissheiten

> There exists at present a living human body, which is *my* body. This body was born at a certain time in the past, and has existed continuously ever since, though not without undergoing changes; it was for instance much smaller when it was born, and for some time afterwards, than it is now.[1]

Diese Sätze – und viele mehr – seien wahr, behauptet Moore in seinem vielrezipierten Aufsatz von 1925 *A Defense of common sense*. Worauf es Moore dabei ankommt, ist weniger die Behauptung, die Sätze seien wahr, als vielmehr, dass er wisse, die Sätze seien wahr („I *know*, with certainty, to be true."[2]), und dass er

1 Moore 1959 [1925], S. 33 [Herv. i. Orig.].
2 Ebd. [Herv. i. Orig.].

https://doi.org/10.1515/9783110653885-004

wisse, dass das, worüber die Sätze berichteten, wahr sei.[3] In solcher Nüchternheit vorgetragen, klingt sein Postulat eines vermeintlichen Wissens fast provokant, bedenkt man, dass weite Teile des philosophischen Diskurses seit Descartes darin bestanden, hochartifizielle Argumente gegen den Skeptizismus zu konstruieren, deren wesentlichstes Merkmal sein sollte, irgendwie auf ein *fundamentum inconcussum* zu gelangen.[4] Moore hingegen behauptet, gleich hunderte dieser Fundamente gefunden zu haben und sich ihrer gewiss sein zu können, ohne dabei große methodische Anstrengungen unternehmen zu müssen. Die Quelle dieses Wissens ist für ihn der Common Sense, den er mit anderen Menschen teile, und der so die Feststellung erlaube, nicht nur er wisse die von ihm vorgetragenen Sätze, sondern auch viele andere.[5] Dieses Wissen ist seiner Ansicht nach unabhängig davon, ob man in der Lage ist, anzugeben, was die Ausdrücke der Sätze im einzelnen bedeuten. Dreh- und Angelpunkt seiner Argumentation ist jene Rekurrenz auf den Common Sense, die sowohl die Verbindung von sozialer Gemeinschaft und Wahrheitskriterium liefert als auch für die verblüffende Einfachheit seiner Darstellungen sorgt. Dabei stellt Moores Arbeit inhaltlich eher eine Neuauflage klassischer Argumente für die common-sense-Theorie dar und wirkt vor allem durch ihre bewusst schlichte Begründungsleistung.[6] Moores Common Sense lässt sich dabei nicht ohne weiteres etwa mit dem ‚gesunden Menschenverstand' übersetzen. Im Moore'schen Sinne besteht der Common Sense aus der „Summe jener Überzeugungen, die praktisch alle Menschen zu allen Zeiten im

3 Moore wäre missverstanden, wenn man seinen Gebrauch von ‚wahr' als schlichte Kohärenztheorie auslegte. Denn ‚wahr' meint in seinem Sinne nicht nur, dass die von ihm angegebenen Sätze in ein kohärentes System anderer Sätze passen. Vielmehr bezieht er sich einmal mehr auf die Bedeutung des Common Sense, indem er sagt, die Sätze seien wahr in dem Sinne, in dem man „wahr" gleichsam im alltäglichen Sprachgebrauch verstehen würde (vgl. Moore 1959 [1925], S. 34-36.) Möglicherweise steht dahinter ein impliziter Repräsentationalismus, in jedem Fall aber wählt Moore bewusst einen intuitiven Zugriff auf den Begriff der Wahrheit und lässt daher wohl bewusst offen, wie genau er „wahr" definiert. Vgl. Kober 1993, S. 358.

4 Für Svensson ist die Herangehensweise Moores geradezu revolutionär, wie er schreibt, da Moore darauf verzichte, eine ausgefächerte Systemphilosophie gegen den Idealismus zu entwerfen. So läge die Kraft seiner Argumentation eher in der verblüffenden Perspektive auf die Erkenntnisprobleme, die er angehen wolle. „Instead of looking for positive arguments in favour of the existence of an external world, Moore tries to show that we cannot doubt that there is such a world." Svensson 1981, S. 32.

5 Vgl. Moore 1959 [1925], S. 34f.

6 Coates bemerkt dazu, die Argumentation Moores komme einem „Atavismus" gleich, bedenke man, dass der Standard damaliger analytischer Philosophie durch Russels *Principia Mathematica* geprägt war. Vgl. Coates 1996, S. 21.

Alltagsleben als selbstverständlich wahr akzeptiert haben“[7], wie Hoerster schreibt.

Ein wesentlicher Aspekt in der Rechtfertigung, vom Begriff des Wissens Gebrauch zu machen, besteht in der Annahme, es gebe Belege für für wahr gehaltene Sätze, die sowohl er als auch andere Menschen jedoch nicht anzugeben vermögen. Dies hängt mit der oben genannten Auffassung zusammen, man könne wissen, was ein Satz bedeutet, ohne alle seine Elemente genau analysieren zu können. Laut Moore sind alle Subjekte in der seltsamen Lage, Wissen über Dinge angeben zu können, ohne jedoch im Stande zu sein, den Ursprung dieses Wissens angeben zu können. Der Mensch verfügt also nicht nur über Objekt-Wissen, sondern auch über das Meta-Wissen, Gründe für sein Wissen gehabt zu haben, ohne sich jedoch darüber im Klaren zu sein, worin diese Gründe bestanden: „We are all, I think, in this strange position, that we do *know* many things, with regard to which we *know* further that we must have had evidence for them, and yet we do not know *how* we know them, i.e. we do not know what the evidence was.“[8] Der entscheidende Faktor liegt in der Gesamtheit der gewissen Sätze, die dem Common Sense entsprechen. Denn selbst die Einzelwiderlegung eines solchen Satzes hätte lediglich zur Folge, dass es noch eine undefinierbar große (auf jeden Fall aber größere) Menge weiterer Sätze gäbe, die weiterhin als Gewissheiten gelten könnten.[9] Diese Sätze des Common Sense bilden den ersten Typus an Sätzen, er verwendet sie in den folgenden Schritten seiner Darstellung dazu, weitere, ungleich komplexere oder abstraktere Sätze zu rechtfertigen. Jener zweite Typus von Sätzen ist zwar weniger offenkundig, man könnte sagen, sie seien zu weit entfernt vom intuitiven Zugriff des Für-gewiss-Haltens, lassen sich jedoch alle aus den eindeutigen, klaren Sätzen des ersten Typs schlussfolgern. Hierfür bedient sich Moore des Verfahrens, welches er in seinem späteren Aufsatz *The Conception of Reality* eine Übersetzung „into the concrete“[10] nennt. Die Sätze, die er für unmittelbar einleuchtend und gewiss hält, implizieren beispielsweise bestimmte Meta-Annahmen, etwa, dass es eine Welt außerhalb des eigenen Subjektes gibt, dass es Materie und nicht nur Begriffe gibt etc. Bestreite nun jemand eine dieser Annahmen, so genügt es nach Moore, einen jener unmittelbar einleuchtenden Sätze heranzuziehen, die offensichtlich die Wahrheit der in Zweifel gezogenen Meta-Annahmen implizieren.[11] Damit wird etwa ein abstraktes skeptisches

7 Hoerster 1975, S. 13.
8 Moore 1959 [1925], S. 44 [Herv. i. Orig.].
9 Vgl. Wright 1986, S. 172.
10 Moore 1922, S. 209.
11 Vgl. Coates 1996, S. 22.

Problem, welches in den Skeptizismus oder Solipsismus führen würde, in die Konkretion des Common Sense ‚übersetzt'. Auf diese Weise muss die argumentative Kraft der Gewissheit aus dem Common Sense heraus nicht die Ebene jener Sätze verlassen, die tatsächlich unmittelbar zugänglich sind, zugleich ist jedoch auch eine Inferenz zu Sätzen hergestellt, die diese Zugänglichkeit nicht aufweisen. Sie können dennoch von dem intuitiven Zugriff einer von selbst einsichtigen Gewissheit her abgeleitet werden.[12] Es gibt weitere Interpretationen Moores, die zum Teil anders prononcierte Erklärungen seiner Argumentation verfolgen, hier jedoch aus pragmatischen Gründen nicht erörtert werden. Verwiesen sei etwa auf die Auseinandersetzung Norman Malcolms mit Moore, die Coates darstellt.[13] In jedem Falle jedoch bleibt Moore bei seiner Ansicht, der Common Sense-Zugang zur Gewissheit sei gerechtfertigt: „The more I look at objects round me, the more I am unable to resist the conviction that what I see does exist, as truly and as really, as my perception of it. The conviction is overwhelming."[14]

Moores Ansatz verweist stark auf eine Diskussion, die weiter oben in dieser Arbeit bereits einmal aufgegriffen wurde. Denn er leitet aus dem Common Sense als Rechtfertigungsparadigma zwei Begriffe ab, die seiner Ansicht nach eindeutig aufeinander Bezug nehmen und einander sogar zu stützen vermögen.

Der erste Begriff ist der der Gewissheit. Rhetoriktheoretisch gewendet könnte hierin das Beispiel für eine Theorie gesehen werden, die eben doch so etwas wie Evidenz, unmittelbare Einsicht, einen intuitiven Zugriff auf die unmittelbare Außenwelt, Sinneseindrücke etc. als Quellen eines Zertums ausmacht. Denn die Sätze des ersten Typs, Moores Common Sense-Sätze, beruhen exakt auf diesen Ausgangspunkten eines Für-gewiss-Haltens. Und die Common Sense-Theorie selbst ist der Rhetorik in gewisser Hinsicht wohlvertraut. Wenn Moore sagt, nicht nur er habe diese oder jene Gewissheit aus alltäglicher Anschauung, sondern auch die meisten anderen (unter normalen Umständen) und dabei auf ein natürliches, alltagssprachliches Verständnis von ‚wahren' Sätzen verweist, erinnert

---

12 Kober vertritt die Ansicht, Moore ginge es in seiner Verteidigungsschrift des Common Sense noch nicht um jene Sätze des zweiten Typs, sondern eher um die Art des Wissens, das in den Common Sense-Sätzen des ersten Typs selbst stecke. Erst in seinem Vortrag *Proof of an External World* kommt laut Kober jene Implikation eines Außenwelt-Beweises ins Spiel (vgl. Kober 1993, S. 359f.). Dies mag, was die Chronologie der gedanklichen Entwicklung (oder zumindest ihrer äußeren Darstellung) anbelangt, auch richtig sein. Um Bezug auf die Gesamtschau von Moores Argumenten und deren Bedeutung für den späten Wittgenstein nehmen zu können, wurde hier jedoch eine etwas geraffte Darstellung gewählt. Ähnlich verfährt etwa auch Wright, vgl. Wright 1986, S. 170ff.

13 Vgl. Coates 1996, S. 22f.

14 Moore 1906, S. 126.

dies den Rhetoriker sehr stark an die aristotelischen *endoxa* (anerkannte Meinungen). Diese sind allgemein anerkannte Meinungen bzw. akzeptierte Sätze, für die Aristoteles eine sehr common-sense-Theorie-affine Definition gibt: „Anerkannte Meinungen dagegen sind diejenigen, die entweder von allen oder den meisten oder den Fachleuten und von diesen entweder von allen oder den meisten oder den bekanntesten und anerkanntesten für richtig gehalten werden."[15] Diese *endoxa* finden nach Aristoteles auch als Prämissen in rhetorischen Beweisverfahren Verwendung, um an den Horizont der Adressaten anschließen zu können und die Plausibilität der enthymematischen Deduktion auf allgemein anerkanntem Niveau halten zu können. Dies betont Aristoteles in seiner *Rhetorik* unter anderem mit explizitem Verweis auf seine *Topik.*[16] Nicht zu Unrecht bemerkt auch Coates: „Aristotle's careful attention to, and respect for, common forms of speech makes him the first of the common sense philosophers."[17] Aus rhetoriktheoretischer Sicht müsste der Klarheit halber ergänzt werden, dass sich Aristoteles nicht nur auf Formen der Sprache oder des Sprechens bezieht, sondern auch allgemein anerkannte, allgemein für gültig erachtete Formen des Denkens annimmt (formale Topoi), insofern er keine rein philosophische Sprachanalyse betreibt, sondern eine produktionstheoretisch ausgerichtete Argumentationstheorie aus ihr entwickelt. Die analytische Sprachphilosophie mag dies bisweilen aus dem Blick verlieren, jedoch muss die Rhetorik an dieser Stelle insistieren. Denn gerade die Tatsache, dass Aristoteles seine Überlegungen zur persuasiven Argumentation auf *endoxa* bezieht, macht einen wesentlichen Teil seiner Dialektik und Rhetorik aus.[18]

---

15 Arist.: Top., übers. Wagner/Rapp 2004, 100b21-23.

16 Arist.: Rhet. I, 2 (8-9).

17 Coates 1996, S. 14.

18 In diesem Zusammenhang ist interessant, sich Gedanken über mögliche Formen des Common Sense bei Aristoteles zu machen, was die Unterscheidung von Dialektik und Rhetorik anbelangt. Einschlägig sind hier die Diskussionen über die *differentia specifica* von Syllogismus und Enthymem, welche auch unter dem Licht betrachtet werden können, welchen Akzeptanzbedingungen eines Common Sense-Verständnisses des Publikums die jeweilige Form der Argumentation unterworfen ist. (Zur Unterscheidung von Syllogismus und Enthymem vgl. Rapp 2010, § 6.) Zu bedenken wäre hierbei etwa, dass unterschiedliche Publika, an denen Aristoteles die jeweilige Eignung von Syllogismus und Enthymem unter anderem festmacht, unterschiedliche Formen des Common Sense repräsentieren. Aus praxeologischer Sicht rückt die Common Sense-Theorie, will man sie rhetoriktheoretisch urbar machen, damit in den Bereich einer Kontextabhängigkeit, womöglich in den epistemologisch und auch terminologisch verankerten Kontextualismus.

Moore bringt jedoch nicht nur den Begriff der Gewissheit ins Spiel, sondern zweitens eben auch den des Wissens. Und an dieser Stelle ist seine Argumentation jener Diskussion sehr ähnlich, in der oben bereits das Verhältnis von Wissen und Gewissheit aus rhetorischer Sicht erläutert wurde. Und es stellt sich einmal mehr die Frage, ob ‚Wissen' letztlich ein Zertum ist, wenn die Gewissheit eines Satzes wie etwa ‚Hier ist meine Hand.' zugleich ein Wissen sein kann. Es wurden jedoch bereits Gründe genannt, weswegen die direkte Verbindung eines epistemologischen Anspruchs des Typs ‚Ich halte etwas für gewiss' und des Typs ‚Wissen' nicht gegeben ist. Gerade das Beispiel Moores zeigt, dass es nicht nur ein gradueller Unterschied ist, der zwischen beiden Ansprüchen besteht, sondern ein kategorialer. Denn dem Anspruch ‚ich halte etwas für gewiss' korrespondiert lediglich die Aussage ‚ich bin überzeugt, dass ich etwas weiß' beziehungsweise ‚ich bin überzeugt, dass ich über ein Wissen-dass-p verfüge'.[19] Es bleibt also einmal mehr zu betonen, dass ein Anspruch darauf, ein Wissen zu haben, und die Überzeugung, bei einem Wissensanspruch gerechtfertigt zu sein, nach wie vor keinen hinreichenden Grund ausmachen, von tatsächlichem Wissen auszugehen. Die Rhetorik sollte daher von einer Stützung oder Klärung des Zertum-Begriffs durch den des Wissens Abstand nehmen.

4.1.2 Wittgensteins Antwort auf Moore

In der posthum erschienenen Textsammlung *Über Gewissheit* spricht Wittgenstein das erkennende Subjekt, womöglich als Statthalter Moore selbst, direkt an: „Wenn du weißt, dass hier eine Hand ist, so geben wir dir alles übrige zu."[20] In der Literatur zu *Über Gewissheit* sind unterschiedliche Einschätzungen zu finden, wie stark die ganze Entstehungszeit dieses und der dazugehörigen Sätze von Moores Texten geprägt sind. Die beiden Herausgeber Anscombe und von Wright beginnen ihr Vorwort zu *Über Gewissheit* mit folgender Einordnung: „Was wir hier veröffentlichen, gehört in die letzten anderthalb Jahre von Wittgensteins Leben. [...] Malcolm gab ihm neuen Antrieb, sich mit Moores ‚defence of common

19 Es werden immer wieder Versuche unternommen, verschiedene Formen des Wissens voneinander zu unterscheiden, so etwa eine Differenzierung zwischen einem Wissen-dass und einem Wissen-wie einzuziehen (vgl. Ernst 2007, S. 45f.). Eine Diskussion darüber, ob diese Unterscheidung gerechtfertigt oder gar notwendig ist, verbietet sich hier aus thematischen wie zeitlichen Gründen. Es sei lediglich angemerkt, dass es gute Argumente gibt, alle Formen des Wissens letztlich auf eine Form zu reduzieren, das heißt, in ihre kleinsten Bestandteile zu zerlegen, welche ihrerseits immer auf eine Form des Wissens-dass hinauslaufen werden.

20 Wittgenstein: ÜG, § 1.

sense‘ [...] zu beschäftigen.“[21] Kober merkt aufgrund dieser Formulierung jedoch kritisch an, Wittgenstein habe sich bereits vor seinem Besuch bei Malcolm in den USA mit Moore und dessen ‚gewissen‘ Sätzen beschäftigt.[22] Auch geht Kober mit den Herausgebern nicht einig in der Einschätzung, *Über Gewissheit* behandle geschlossen die thematische Hauptbeschäftigung Wittgensteins letzter Jahre. Vielmehr stellt Kober eine Beschäftigung mit vielen weiteren Themen fest,[23] und legt zudem dezidiert Wert auf die Klarstellung, der Titel der Textsammlung selbst sei von den Herausgebern und nicht von Wittgenstein gewählt. Dies hält er insofern für relevant, als es in der gesamten Schrift weit weniger um Gewissheit alleine als mehr um eine Darstellung (und Differenzierung) von Wissen und Gewissheit ginge.[24] Zudem bleibt fraglich, inwiefern Wittgenstein Teile seiner Überlegungen, die später in *Über Gewissheit* zusammengefasst wurden, als direkte Entgegnung zu Moore konzipierte und inwiefern er sie lediglich als Anregung nahm, um seine eigenen, von Moores Gedanken losgelösten Argumente zu entwickeln. So bezeichnet etwa Billing *Über Gewissheit* als eine „Auseinandersetzung“[25] mit Moores *Defence of a Common Sense*, wohingegen Fay meint, „ein Desinteresse Wittgensteins an Moores Argumentationskonzept bleibt auf alle Fälle zu konstatieren.“[26] Er verweist an gleicher Stelle auf Ayer, da dieser den Moore-Sätzen eher die Rolle eines Ausgangspunktes für Wittgensteins eigenes Denken zuweise.[27] Jedoch scheint diese Aussage zu hart zu kontrastieren zwischen den Sätzen, die Moore verwendet und auf die Wittgenstein später offenkundig rekurriert, und der Argumentation dahinter. Denn auch Ayer beispielsweise setzt sich mit den Defiziten der Moore’schen Argumentation auseinander, um daran Wittgensteins eigene Position zu schärfen.[28] Die nachfolgende Darstellung der Moore-Wittgenstein-Kontroverse wird noch verdeutlichen, dass Wittgenstein auch an einer Widerlegung der Argumentation Moores gelegen war. Von Desinteresse, wie Fay sagt, kann in diesem Zusammenhang also keine Rede sein.

Diese rezeptionskritischen Bemerkungen bieten nützliche Hinweise zur weiteren Annäherung an die Passagen aus *Über Gewissheit*, die wohlgemerkt bisweilen den insularischen Charakter von Einzeltexten bewahren und daher nur bedingt als ein Gesamttext zu betrachten sind. Gleichwohl weisen viele

21 Anscombe/Wright 1984, S. 115.
22 Vgl. Kober 1993, S. 19.
23 Vgl. ebd., S. 17.
24 Vgl. ebd., S. 16f.
25 Billing 1980, S. 131.
26 Fay 1992, S. 15.
27 Vgl. Ayer 1985, S. 123.
28 Vgl. ebd., S. 116ff.

Paragraphen zweifelsohne starke Kohärenzmerkmale auf.[29] Zugleich steht hier keine historisch-kritische oder umfassend kommentierende Würdigung zur Diskussion.

Zum vorliegenden Zweck der Annäherung an eine Rhetorik des Zweifels sollen vielmehr bewusst einzelne Passagen herausgegriffen werden, ohne dabei den gesamten Zusammenhang und ihre Stellung in der Wittgenstein'schen Philosophie rezipieren zu können. Dass ein solches Vorgehen legitim ist, ergibt sich jedoch nicht nur aus dem Anliegen dieser Arbeit, sondern eben gerade auch aus der ohnehin fragmentarischen Gesamtkomposition von *Über Gewissheit*. Gleich wie stark man daher Wittgensteins gedankliche Fixierung auf Moores Programm einschätzen mag, bleibt unbestreitbar, dass ein nicht unwesentlicher Teil seiner Sätze in *Über Gewissheit* direkt oder indirekt auf Moore und sein vermeintliches Wissen Bezug nimmt.[30]

Wittgenstein entgegnet also auf Moore, „Wenn du weißt, dass hier eine Hand ist, so geben wir dir alles übrige zu." In dieser ersten Bemerkung spiegelt sich eine für Wittgenstein typische Doppelbödigkeit – denn die Aussage, „wenn du weißt", ist zugleich als Aufforderung zu verstehen. Was Wittgenstein damit nämlich impliziert, ist: ‚Wenn du uns glauben machen kannst, dass du weißt, dass hier eine Hand ist, so geben wir dir alles übrige zu.' Damit ist bereits wieder das Interesse der Rhetorik im Spiel. Der Geltungsanspruch einer Aussage ist für die Rhetorik eben nur in Bezug auf ihre soziale Dimension interessant. Welche ontologische, metaphysische oder transzendentale Rechtfertigung sich dahinter verbirgt, spielt für die an sozialer Interaktion interessierte Rhetorik daher zunächst keine Rolle. Es gilt für sie das Primat des Faktischen in der Betrachtung der lebensweltlichen Praxis. Das ist natürlich nicht derselbe Horizont, den sich auch Wittgenstein für sein Denken steckt, aber dennoch eignet beiden Positionen eine dezidierte Bezugnahme auf die Praxis des tatsächlichen (kommunikativen) Geschehens, wie sich zeigen wird.

Nachdem er Moores Konzept im ersten Paragraphen aufruft, setzt in den folgenden Paragraphen gleich die Kritik ein. Anschließend beginnt Wittgenstein, seine Darstellung von Gewissheit zu erläutern. Diese Schritte folgen schnell aufeinander und müssen einzeln betrachtet werden, sollen aber zunächst in ihrem natürlichen Fluss zusammenhängend angeführt werden:

---

29 Fay weist etwa explizit darauf hin, dass die Schrift keine Sammlung von Aphorismen darstellt, seiner Ansicht nach ist „diese Bezeichnung [...] aus literaturwissenschaftlicher Sicht falsch, aus interpretatorischer Sicht irreführend". Fay 1992, S. 80.

30 Dazu zählen etwa direkte Erwähnung wie in den 43 Paragraphen, die Fay selbst auflistet (vgl. Fay 1992, S. 85.) und zahlreiche eindeutige Bezugnahmen wie etwa in § 1.

2. Dass es mir – oder Allen – so scheint, daraus folgt nicht, dass es so ist. Wohl aber lässt sich fragen, ob man dies sinnvoll bezweifeln kann.

3. Wenn z.B. jemand sagt „Ich weiß nicht, ob da eine Hand ist", so könnte man ihm sagen „Schau näher hin". – Diese Möglichkeit des Sichüberzeugens gehört zum Sprachspiel. Ist einer seiner wesentlichen Züge.

4. „Ich weiß, dass ich ein Mensch bin." Um zu sehen, wie unklar der Sinn des Satzes ist, betrachte seine Negation. Am ehesten könnte man ihn so auffassen: „Ich weiß, dass ich die menschlichen Organe habe." (Z. B. Ein Gehirn, welches doch noch niemand gesehen hat.) Aber wie ist es mit einem Satze wie „Ich weiß, dass ich ein Gehirn habe"? Kann ich ihn bezweifeln? Zum Zweifel fehlen mir die Gründe! ‚Es spricht alles dafür, und nichts dagegen.' Dennoch lässt sich vorstellen, dass bei einer Operation mein Schädel sich als leer erwiese.[31]

Der zweite Paragraph ist fraglos ein direkter Konter der Moore'schen Argumentation. Für die Rhetorik bedeutet er mutatis mutandis, dass die Trennung von *endoxa* und *episteme* (Wissenschaft/wissenschaftliche Erkenntnis) bestehen bleibt. Die bloße Quantität der Überzeugungen, auch über die Subjekt-Grenze hinaus, das heißt unter Einbezug der sozialen Dimension des Intersubjektiven, rechtfertigt noch keine Rede von ‚Wissen'. Diese schroffe Absage wird in zunächst etwas schwer verständlicher Weise jedoch gleich wieder relativiert. Denn „Wohl aber lässt sich fragen, ob man dies sinnvoll bezweifeln kann". Dieser Satz ist stark klärungsbedürftig und rhetoriktheoretisch zugleich sehr bedeutsam, da er zwei Begriffe zueinander in Beziehung setzt: das Bezweifeln wird offenbar nur anerkannt, wenn es sinnvoll, das heißt, nach welchen Kriterien auch immer, gerechtfertigt erscheint. Es vollzieht sich hier ein signifikanter und für Wittgenstein paradigmatischer Wechsel der Fragerichtung: Denn nicht etwa eine mögliche Gewissheit muss sich hier fragen lassen, ob sie denn überhaupt sinnvoll angenommen werden kann, sondern vielmehr ein möglicher Zweifel wird der Prüfung unterzogen, ob er denn sinnvoll, das heißt, gerechtfertigt ist. In späteren Paragraphen wird dieses Prinzip der Inversion klassischer Erkenntniskritik noch stärker zum Ausdruck kommen. Bis hierher lässt sich aber zumindest festhalten, dass trotz der Kritik an Moore sich interessanterweise nicht etwa die Gewissheit, sondern eben doch der Zweifel fragen lassen muss, ob er überhaupt anwendbar sei. Man könnte meinen, Wittgensteins Zurückweisung einer Wissens-Inferenz müsste in eine rigorose Ablehnung des Geltungsanspruchs von Gewissheit überhaupt münden. Und tatsächlich scheint der erste Satz des zweiten Paragraphen dies auch nahe zu legen. Dennoch vollzieht Wittgenstein nicht den Schritt zu fragen, ob man überhaupt sinnvoll annehmen könne, Moore könne sich seiner

31 Wittgenstein: ÜG, §§ 2-4.

Hände im Rahmen seiner subjektiven Gewissheitszuschreibung sicher sein. Diese Bemerkung ist von großer Bedeutung, zeugt sie doch von einer gewissen Ähnlichkeit zwischen Wittgenstein und Moore. So schreibt von Wright, Wittgenstein habe zwar den Ehrgeiz gehabt, „Moores explizite philosophische Position an praktisch jedem Punkt zu widerlegen“[32], aber doch ist seiner Einschätzung nach Wittgenstein „die Tendenz, die in Moores Unterfangen implizit enthalten ist, sympathisch.“[33] Und weiter: „Man kann, glaube ich, sagen, dass Wittgenstein dieser Tendenz klareren und getreueren Ausdruck verleiht.“[34] Diese Tendenz liegt zunächst darin, dem Zweifel selbst weit weniger Spielraum zu lassen, als es vormals erkenntniskritisch der Fall war. Denn auch Wittgenstein akzeptiert, dass die Moore-Sätze nicht völlig haltlos als für sicher gehaltene Sätze gelten können.

Der dritte Paragraph ist in dieser Hinsicht die konsequente Fortsetzung des Bisherigen. Er unterstreicht zwei wesentliche Aspekte, die für die weiteren Paragraphen immer wiederkehrende Gedanken beinhalten. Zum einen spiegelt er eine – wenn auch artifiziell erscheinende – konkrete Kommunikationssituation wider. Im Grunde verfolgt auch Wittgenstein hier das Moore-Diktum der Übersetzung ins Konkrete, welches oben bereits angeführt wurde. Diese situationsspezifische Gebundenheit der gedanklichen und sprachlichen Operation manifestiert sich terminologisch in Wittgensteins Ausdruck des Sprachspiels.

Zum anderen gehört „die Möglichkeit des Sichüberzeugens“ zum Sprachspiel selbst. Eine Gewissheit zu fassen, ist also in ihrer Möglichkeit an die Konkretion des Sprachspiels selbst gebunden. Für den Zweifel gilt unter den Vorzeichen der Inversion natürlich dasselbe. Kellerwessel spricht hier zu Recht davon, dass der dritte Paragraph „die Einbettung eines Zweifels an einem Mooreschen Satz in einem Sprachspiel“[35] „präsentiert.“[36] Man könnte sogar sagen, Wittgenstein präsentiere nicht nur, sondern demonstriere dieses Prinzip hier gleich selbst.

Ein gewichtiges Argument Wittgensteins gegen Moore ist also die Differenzierung zwischen Wissen und Gewissheit, wie sie in anderem Kontext auch früher in dieser Arbeit bereits besprochen wurde. Daran ändert auch der Common Sense nichts. Selbst, wenn alle kompetenten Sprecher einer Sprachgemeinschaft einen Satz unter den gleichen Umständen für gewiss hielten, hieße das nicht,

32 Wright 1986, S. 173. Diese Aussage spricht einmal mehr gegen die oben referierte Einschätzung Fays, Wittgenstein hege kein Interesse am Argumentationskonzept Moores.

33 Wright 1986, S. 174.

34 Ebd.

35 Kellerwessel 1998, S. 232.

36 Ebd.

dass Wissen vorläge. Die Paragraphen 13 und 14 unterstützen dies, so schreibt Wittgenstein in § 13: „Es ist nämlich nicht so, dass man aus der Äußerung des Anderen ‚Ich weiß, dass es so ist' den Satz ‚Es ist so' schließen könnte."[37] Und weiter im nächsten Paragraphen: „Es muss erst erwiesen werden, dass er's weiß."[38]

Alle weiteren Erwiderungen Wittgensteins auf Moores Common Sense-Sätze sollen hier nicht ausführlicher behandelt werden, da es nicht darum geht, die Debatte der beiden nachzuzeichnen, sondern nur die an ihr relevanten Punkte für die Rhetorik zu extrahieren. Was also bisher bleibt, ist die Bestätigung der bereits geführten Argumentation, Wissen und Gewissheit seien aus rhetoriktheoretischer Sicht zwei separat zu behandelnde Termini, die keine inferenzielle Beziehung zueinander zulassen. Die Moore-Wittgenstein-Kontroverse illustriert diese Erkenntnis nochmals auf prominente Weise. Darüber hinaus offenbart die Negation der Moore'schen Position jedoch auch zwei neue gedankliche Züge, die in der Philosophie Wittgensteins begründet liegen und weiter extrahiert werden müssen: erstens ist der Zweifel ebenso wie die Gewissheit in ein Sprachspiel eingebettet. Dies ist jene praxeologische Orientierung, die Wittgenstein mit dem Frageinteresse der Rhetorik verbindet. Und zweitens ist es der Zweifel, der einer Begründung bedarf, nicht nur die Gewissheit. Ob überhaupt gezweifelt werden kann, macht Wittgenstein von der sprachlichen Verfasstheit des Zweifelfalls abhängig. Spätestens an diesem Punkt wird das Interesse der Rhetorik an den Gedanken Wittgensteins offenkundig. Es scheint aufgrund dieser Ausgangslage sehr aussichtsreich, sich Wittgensteins Gewissheits-Theorie weiter zuzuwenden, um an ihr die Entstehungsbedingungen und Möglichkeiten von Gewissheit und Zweifel für die Rhetorik auszuloten.

4.2 Wittgensteins Auffassung von Sprache

Es ist unmöglich, sich mit Wittgensteins Philosophie auseinanderzusetzen, ohne dabei grundlegende Termini zu erläutern, die zugleich Einblick in die Art seines Denkens gewähren können. Die Erläuterung der Grundbegriffe seiner Philosophie stößt dabei auf wieder neue Schwierigkeiten, gerade was ihre Genese und Verwobenheit zu anderen Begriffen anbelangt. Die folgenden Abschnitte sind daher keine allgemeinen Darstellungen bestimmter Begriffe, sondern spezifisch auf

37 Wittgenstein: ÜG, § 13.
38 Ebd., § 14.

die späte Philosophie Wittgensteins und die Thematik von *Über Gewissheit* bezogen.

4.2.1 Das Sprachspiel

Das Sprachspiel als Begriff taucht in *Über Gewissheit* an verschiedensten Stellen auf, in Paragraph drei fällt er das erste Mal und wird danach immer wieder verwendet. Das nimmt nicht wunder, da es einer der zentralen Termini in Wittgensteins später Philosophie ist. In einer vergleichsweise umfassenden Erklärung wendet sich Wittgenstein im *Blauen Buch* direkt an den Adressaten:

> Ich werde in Zukunft immer wieder deine Aufmerksamkeit auf das lenken, was ich Sprachspiele nennen werde. Das sind einfachere Verfahren zum Gebrauch von Zeichen als jene, nach denen wir Zeichen in unserer äußerst komplizierten Alltagssprache gebrauchen. Sprachspiele sind Sprachformen, mit denen ein Kind anfängt, Gebrauch von Wörtern zu machen. Das Studium von Sprachspielen ist das Studium primitiver Sprachformen oder primitiver Sprachen.[39]

Auffällig ist, dass Wittgenstein hier vor allem den methodischen Charakter seiner Begrifflichkeit in den Vordergrund stellt. Was er als Sprachspiel kennzeichnet, scheint ein sprachpraktischer Nukleus zu sein, eine Art vereinfachtes Beispiel des komplexen Sprachgeschehens, welches die Essenz sprachlicher Verwendung zu beschreiben hilft, ohne dabei das weit verzweigte Beiwerk aller Sprachlichkeit *in toto* mitbedenken zu müssen. Das Sprachspiel ist nach dieser Erläuterung eher einer besonderen Verfahrensweise philosophischer Untersuchung geschuldet und erweckt den (täuschenden) Anschein, als bezöge es sich bewusst nicht auf die volle Komplexität aller möglichen sprachlichen Ausdrucksformen:

> Wenn wir die Probleme von Wahrheit und Falschheit, von der Übereinstimmung oder Nichtübereinstimmung von Sätzen mit der Wirklichkeit, von der Beschaffenheit von Behauptung, Annahme und Frage studieren wollen, dann wird es von Vorteil sein, primitive Sprachformen zu untersuchen, in denen diese Denkformen ohne den verwirrenden Hintergrund äußerst komplizierter Denkprozesse auftreten. Wenn wir solche einfachen Sprachformen untersuchen, dann verschwindet der geistige Nebel, der unseren gewöhnlichen Sprachgebrauch einzuhüllen scheint.[40]

39 Wittgenstein: BlB, S. 36f.
40 Ebd., S. 37.

Was ein solches methodisches Vorgehen jedoch so erschwere, sei der Wunsch des Analysten, Fälle zu betrachten, die die Gesamtheit aller realen Erscheinungsmöglichkeiten eines bestimmten Typs ausmachten.[41] Wittgenstein hält dem seine kasuistische und bewusst simplifizierende Methode entgegen:

> Wenn wir die Grammatik von Wörtern wie „wünschen", „denken", „verstehen", „meinen" studieren, wird es uns genügen, wenn wir verschiedene Fälle des Wünschens, Denkens etc. beschrieben haben. Sollte jemand sagen, „Gewiss ist das nicht alles, was man ‚wünschen' nennt", würden wir antworten: „Gewiss nicht, aber du kannst kompliziertere Fälle konstruieren, wenn du willst."[42]

Damit ist das Sprachspiel als Gebrauchsverfahren eines sprachlichen Zeichens in die weiteren Untersuchungen eingeführt, wobei die Argumentation Wittgensteins hier primär auf die Legitimierung aus methodischer Sicht zielt. Er macht das Sprachspiel zum Format seines Philosophierens, das der „verächtlichen Haltung gegenüber dem Einzelfall"[43] die deskriptive Methode seiner eigenen Betrachtungen entgegensetzt.[44] Auch Kroß stellt heraus, dass es sich bei Wittgensteins Beispielnennungen, die das Sprachspiel jeweils erläutern sollen, um eine bewusste inhaltliche und methodische Verfahrensweise handle.[45]

Das Sprachspiel ist damit aber noch nicht in seinem Spiel-Charakter erklärt. In *Eine Philosophische Betrachtung* schreibt Wittgenstein, Sprachspiele „sind dem, was wir im gewöhnlichen Leben Spiele nennen mehr oder weniger verwandt."[46] Kennzeichnend für diese Spiele ist ihre Regelhaftigkeit, nach der bestimmten Verhaltensweisen der Spielenden innerhalb (und nur innerhalb) dieses Spieles eine spezifische Bedeutung zukommt. Ein Spiel zu beschreiben, heißt, die Regeln anzugeben, nach denen innerhalb des Spiels Züge gemacht werden, wo-

41 Vgl. ebd., S. 37ff.

42 Ebd., S. 40.

43 Ebd., S. 39.

44 Darin spiegelt sich das Selbst- und Philosophieverständnis Wittgensteins, Probleme zu erhellen, die vor allem durch falsches Fragen in die Philosophie selbst eingetreten sind. Vgl. Wittgenstein: BlB, S. 38ff. In diesen Kontext ist auch seine Äußerung in PU § 109 zu stellen: „Und wir dürfen keinerlei Theorie aufstellen. Es darf nichts Hypothetisches in unsern Betrachtungen sein. Alle Erklärung muss fort, und nur Beschreibung an ihre Stelle treten. Und diese Beschreibung empfängt ihr Licht, d. i. ihren Zweck, von den philosophischen Problemen. [...] Diese Probleme werden gelöst, nicht durch Beibringen neuer Erfahrung, sondern durch Zusammenstellung des längst Bekannten." Wittgenstein: PU, § 109; Zur Verortung der Philosophie aus der Sicht Wittgensteins auch Beerling 1980, S. 44f.

45 Kroß 1993, S. 43.

46 Wittgenstein: EPhB, S. 121.

bei als Zug sinnvollerweise nur gelten kann, was in dem und für das Spiel Bedeutung hat. Analog zum Spiel begreift Wittgenstein auch die Verwendung von Sprache, beziehungsweise einzelner Worte. Die bekannteste Aussage hierzu markiert der Paragraph 43 der *Philosophischen Untersuchungen*: „Man kann für eine große Klasse von Fällen der Benützung des Wortes ‚Bedeutung' – wenn auch nicht für alle Fälle seiner Benützung – dieses Wort so erklären: Die Bedeutung eines Wortes ist sein Gebrauch in der Sprache."[47] Der Gedanke, ein Zeichen erhalte erst durch seinen Gebrauch eine Bedeutung, ist dabei bereits im *Tractatus* präsent.[48] Mit der Absage an die klassische Korrespondenztheorie der Bedeutung[49] ist zugleich die fundamentale Einsicht Wittgensteins verbunden, eine Betrachtung der Sprache sei im Wesentlichen eine Betrachtung des Sprechens.[50] Um zu verdeutlichen, nach welchem Prinzip dieses Sprechen verläuft, rekurriert er auf die Metapher des Spielens. So wie sich das Spiel aus Spielsteinen und deren Zügen zusammensetzt, setzt sich Sprache aus Worten und deren Verwendung zusammen. Mit dem Wort oder Zeichen als sprachlicher Einheit muss dabei genauso wie auch mit dem Spielstein im Spiel nach bestimmten Regeln operiert werden.[51] „Wir erkennen, dass, was wir ‚Satz', ‚Sprache', nennen, nicht die formelle Einheit ist, die ich mir vorstelle, sondern die Familie mehr oder weniger miteinander verwandter Gebilde."[52], schreibt Wittgenstein. Und weiter:

> Wir reden von den räumlichen und zeitlichen Phänomenen der Sprache; nicht von einem unräumlichen und unzeitlichen Unding. (Randbemerkung. Nur kann man sich in verschiedener Weise für ein Phänomen interessieren.) Aber wir reden von ihr so, wie von den Figuren des Schachspiels, indem wir Spielregeln für sie angeben, nicht ihre physikalischen Eigenschaften beschreiben. Die Frage „Was ist eigentlich ein Wort?" ist analog der „Was ist eine Schachfigur?"[53]

Zwei wesentliche Elemente des Sprachspiels werden hieran deutlich. Erstens ist das Sprachspiel eine konkrete Realisation des Sprechens in Raum und Zeit. Und

47 Wittgenstein: PU, § 43.

48 Vgl. Wittgenstein: TLP, 3.328.

49 Wittgenstein referiert zu Beginn der *Philosophischen Untersuchungen* die Abbildthese aus Augustinus *Confessiones*, um anschließend gegen sie zu argumentieren (vgl. Wittgenstein: PU, §§ 1-6.).

50 Brandom ordnet Wittgenstein daher zusammen mit Davidson den linguistischen Pragmatisten zu, was einmal mehr die grundsätzliche Nähe des Wittgenstein- und des Davidson-Ansatzes unterstreicht. Vgl. Brandom 2001 [2000], S. 16.

51 Vgl. Billing 1980, S. 63.

52 Wittgenstein: PU, § 108.

53 Ebd.

Zweitens wird auch diese konkrete Realisationsform auf besondere Spezifika hin untersucht, nämlich auf ihre Eingebundenheit in die soziale Welt intersubjektiver Kommunikation. Darauf zielt die Bemerkung zu den Spielregeln ganz wesentlich ab: nicht die Physis der Schachfigur steht zur Debatte, sondern ihre Relation zu den anderen Figuren als die Summe der Regeln, die sie verkörpert und aus der sie sich konstituiert. Diese Schachregeln können sich jedoch nur realisieren, solange es andere Figuren und deren gemeinsamen Interaktionsraum gibt. Gleiches gilt mutatis mutandis für das Sprachspiel, es wird ebenfalls nur in Hinblick auf seine Interaktionskomponente sprachverarbeitender Subjekte untersucht. Dies zeugt auf der einen Seite von einer starken Verengung der forschenden Perspektive, auf der anderen Seite wird der Begriff der Sprache selbst jedoch auch stark erweitert. Denn Sprechen und daher auch das Sprachspiel umfasst bei Wittgenstein in gewissem Sinne mehr als den Akt einer Äußerung samt dazugehöriger performativer Begleiterscheinungen. Vielmehr erfährt der Begriff der Sprache bei ihm eine enorme Ausdehnung: „Ich werde jede Tatsache, deren Bestehen Voraussetzung für den Sinn eines Satzes ist, als zur Sprache gehörig rechnen."[54], wie er in seinen *Philosophischen Bemerkungen* schreibt. Daraus erhellt, dass das Sprachspiel als Terminus keineswegs eine solch nur methodisch gebotene, artifiziell verkürzte Modellform des Sprechens verkörpert, wie es zunächst scheinen mochte. Denn trotz der programmatischen Forderung nach Komplexitätsreduktion bleibt das Sprachspiel authentisches Sprechen. Dies liegt vor allem daran, dass Wittgenstein den Sprachbegriff als eine Tätigkeit in äußerst umfassendem Sinne begreift und jedes Sprachspiel nicht nur als Menge isolierter Zeichen auffasst, sondern ihm eine untrennbare Verbindung mit der Lebenswelt attestiert, in der es zur Anwendung kommt.

In seiner weitesten Erläuterung des Sprachspiels schreibt Wittgenstein in den *Philosophischen Untersuchungen* daher:

> Ich will diese Spiele „Sprachspiele" nennen, und von einer primitiven Sprache manchmal als einem Sprachspiel reden.
> Und man könnte die Vorgänge des Benennens der Steine und des Nachsprechens des vorgesagten Wortes auch Sprachspiele nennen. Denke an manchen Gebrauch, der von Worten in Reigenspielen gemacht wird.
> Ich werde auch das Ganze: der Sprache und der Tätigkeiten, mit denen sie verwoben ist, das „Sprachspiel" nennen.[55]

54 Wittgenstein: PB, § 45.
55 Wittgenstein: PU, § 7.

Der Vergleich zwischen Sprache und Spiel hat neben dem Element der Regelhaftigkeit, die die Zugehörigkeit bestimmter Züge zu einem bestimmten Spiel ordnet, noch einen weiteren, weitaus weniger normativen Grund. Wittgenstein sieht die Sprache als hochgradig wandelbar und facettenreich, so dass es kaum möglich ist, mehr als lose Zusammenhänge zwischen allen Sprachspielen zu erkennen. Manche mögen einander ähnlicher sein als andere, alle sind Teil der Sprache, aber doch in sich äußerst verschieden. Wittgenstein sieht hierin ein „kompliziertes Netz von Ähnlichkeiten, die einander übergreifen und kreuzen“[56], und verwendet dafür den Begriff der Verwandtschaft:

> Betrachte z. B. einmal die Vorgänge, die wir „Spiele“ nennen. Ich meine Brettspiele, Kartenspiele, Ballspiel, Kampfspiele, usw. Was ist allen diesen gemeinsam? – Sag nicht: „Es muss ihnen etwas gemeinsam sein, sonst hießen sie nicht ‚Spiele‘“ – sondern schau, ob ihnen allen etwas gemeinsam ist. – Denn wenn du sie anschaust, wirst du zwar nicht etwas sehen, was allen gemeinsam wäre, aber du wirst Ähnlichkeiten, Verwandtschaften, sehen, und zwar eine ganze Reihe.[57]

Die Gebundenheit der Züge innerhalb eines Sprachspiels impliziert noch einen dritten Faktor. Die Regeln und das gesamte Spiel erfordern einen Zweck, um dessentwillen sie eingehalten und gespielt werden. Wittgenstein verdeutlicht auch dies einmal mehr anhand der Schachspielanalogie: „Wie wäre es, wenn einer Schach spielte und wenn er matt gesetzt wäre, sagte ‚siehst du, ich habe gewonnen, denn das Ziel wollte ich erreichen‘? Wir würden sagen, dieser Mensch wollte eben nicht Schach spielen, sondern ein anderes Spiel“[58], womit deutlich wird, dass das Ziel des Spiels den Regeln erst ihren Sinn verleiht.[59] Billing hält daher fest, die Ausrichtung der Sprache an einem Handlungszweck sei essentieller Bestandteil dieser Theorie.[60]

Aus dieser Zweckorientierung lässt sich ableiten, dass die Regeln nicht um ihrer selbst willen vorhanden sind. Sie begrenzen das Sprachspiel dort, wo es begrenzt werden muss, um dem Zweck des Spiels zu dienen. Dies macht zugleich Regeln, deren Einhaltung den Charakter des Spiels veränderten, dabei jedoch dem Zweck nicht unmittelbar dienlich wären, obsolet. Ähnlich verhält es sich auch mit dem Begriff der Verwandtschaft oder Familienähnlichkeit, denn auch er gibt an, dass es eine Gemeinsamkeit zwischen verschiedenen Begriffen gibt,

56 Ebd., § 66.
57 Wittgenstein: PU, § 66.
58 Wittgenstein: PB, § 24.
59 Vgl. Billing 1980, S. 64.
60 Vgl. ebd.

ohne die klare Grenze zu ziehen, wo diese beginnt oder endet. In den *Philosophischen Untersuchungen* ist diese Absage an eine Regel-Absolutheit illustriert:

> 68. [...] „Aber dann ist ja die Anwendung des Wortes nicht geregelt; das ‚Spiel', welches wir mit ihm spielen, ist nicht geregelt." – Es ist nicht überall von Regeln begrenzt; aber es gibt ja auch keine Regeln z. B., wie hoch man im Tennis den Ball werfen darf, oder wie stark, aber Tennis ist doch ein Spiel und es hat auch Regeln.
>
> 69. Wie würden wir denn jemandem erklären, was ein Spiel ist? Ich glaube, wir werden ihm Spiele beschreiben, und wir könnten der Beschreibung hinzufügen: „das, und Ähnliches, nennt man ‚Spiele'". Und wissen wir denn selbst mehr? Können wir etwa nur dem Anderen nicht genau sagen, was ein Spiel ist? – Aber das ist nicht Unwissenheit. Wir kennen die Grenzen nicht, weil keine gezogen sind.[61]

Wittgenstein verteidigt in den darauffolgenden Paragraphen vehement sein Argument, ein Begriff im Kleinen ebenso wie ein Sprachspiel im Großen müsse keine eindeutigen Grenzen haben, um anwendbar zu sein, ja er bestreitet sogar, dass ein eindeutiger Begriff (wobei er freilich davon ausgeht, dass es diesen überhaupt nicht geben kann) einen Vorteil in seiner Nutzbarkeit für den Sprecher böte.[62] Daher betont er nochmals „Man kann sagen, der Begriff ‚Spiel' ist ein Begriff mit verschwommenen Rändern."[63] Und es steht außer Frage, dass Wittgenstein auf einer Meta-Ebene auch seine Verwendung des Begriffs Spiel oder Sprachspiel in diese Bemerkung mit einbezieht.

4.2.2 Regel, Grammatik und Lebensform

In aller Kürze werden an dieser Stelle noch weitere Begriffe Wittgensteins angeführt, die man auch als Charakteristika seiner Philosophie bezeichnen könnte. Ohne sie bliebe die ohnehin flüchtige Darstellung des Sprachspiels zu lückenhaft, um weiter mit dem Terminus zu operieren.

Zunächst sei der bereits angerissene Begriff der Regel nochmals vertieft. Regeln beziehungsweise das Regelfolgen stellen ein gewisses Gravitationszentrum im Denken Wittgensteins dar, welches sich durch alle Phasen seiner Philosophie zieht. Im gegenwärtigen Interesse der Arbeit steht jedoch besonders die Form des

61 Wittgenstein: PU, §§ 68; 69.
62 Vgl. ebd., § 70.
63 Ebd., § 71.

Regelfolgens, die Wittgenstein in den *Philosophischen Untersuchungen* als „Gepflogenheit“[64] bezeichnet. Er verwendet an dieser Stelle auch die Ausdrücke „Gebräuche, Institutionen“[65], wobei alle drei Begriffe auf eine intersubjektive Gemeinschaft verweisen. Der Paragraph 202 unterstützt die Deutung, Regeln könnten nicht privat aufgestellt und befolgt werden: „Darum ist ‚der Regel folgen‘ eine Praxis. Und der Regel zu folgen glauben ist nicht: der Regel folgen. Und darum kann man nicht der Regel ‚privatim‘ folgen, weil sonst der Regel zu folgen glauben dasselbe wäre, wie der Regel folgen.“[66] Glock legt schlüssig dar, dass sich diese Passage in Anbetracht des Gesamtwerks Wittgensteins wohl nur auf Regeln bezieht, die tatsächlich gemeinschaftlicher Natur seien. Wittgenstein scheint demnach entgegen der Ansicht vieler Autoren nicht die Meinung zu vertreten, jede Form eines privaten Aufstellens und Befolgens von Regeln sei durch die Bedeutung des Wortes Regel ausgeschlossen.[67] Zumindest in Bezug auf das Sprachspiel bleibt jedoch unbestreitbar, dass es als soziale Praxis auch eine des Regelfolgens ist.[68] Mit dem Begriff der Regel zeichnet Wittgenstein ein Merkmal nach, das Sprache und Leben in seinen Augen gleichermaßen zu eigen ist, denn die Regeln der Sprache wirken sich formend auch auf die Lebenssituationen aus, in denen die Sprache zur Anwendung kommt: „Die Regelmäßigkeit unserer Sprache durchdringt unser Leben.“[69] Bei aller Normativität, die die Regeln ausüben, ergibt sich in den Augen Wittgensteins jedoch eine eigentümliche Rückkopplung in der Anwendung der Regeln. Denn Regeln alleine können nur wirken, solange sie in ständiger praktischer Ausübung stehen, die Regel besteht geradezu in ihrer Ausübung in der Praxis. In *Über Gewissheit* heißt es: „Um eine Praxis festzulegen, genügen nicht Regeln, sondern man braucht auch Beispiele. Unsre Regeln lassen Hintertüren offen, und die Praxis muss für sich selbst sprechen.“[70] Dies heißt aber auch, dass nicht nur die Regel der Praxis ihre Normativität auferlegt, sondern die Praxis zugleich der Regel erst ihre Bedeutung verleiht. Dies verdeutlicht Wittgenstein etwa anhand des Bildes eines Wegweisers, der erst dadurch seine Bedeutung erhält, dass er in einem bestimmten Praxiszusammenhang steht, in dem man etwa gelernt hat, sich nach ihm zu richten, wenn man den Weg sucht.[71] Jedoch entsteht eine Schwierigkeit, die Wittgenstein als Paradox kennzeichnet:

64 Ebd., § 199.
65 Ebd.
66 Ebd., § 202.
67 Vgl. Glock 2000, S. 299f.
68 Vgl. Stetter 1997, S. 579ff.
69 Wittgenstein: BF, II § 303.
70 Wittgenstein: ÜG, § 139.
71 Vgl. Wittgenstein: PU, § 198.

Wie soll eine Regel eine Handlung bestimmen, wenn praktisch jede Handlung mit einer Regel in Übereinstimmung gebracht werden kann?[72] Diesen skeptischen Einwand kontert Wittgenstein mit der Zurückweisung des Solipsismus,[73] insofern die Grammatik einer Regel erfordert, dass es ein soziales Korrektiv für die Beliebigkeit einer Regelinterpretation gibt.[74] Dieses Korrektiv besteht zu einem wesentlichen Teil in Konsensgemeinschaften, die bestimmte basale Annahmen miteinander teilen, nach denen die übrige Regelinterpretation vorstrukturiert wird. Als Beispiel führt Wittgenstein an:

> 240. Es bricht kein Streit darüber aus (etwa zwischen Mathematikern), ob der Regel gemäß vorgegangen wurde oder nicht. Es kommt darüber z.B. nicht zu Tätlichkeiten. Das gehört zu dem Gerüst, von welchem aus unsere Sprache wirkt (z. B. eine Beschreibung gibt).
>
> 241. „So sagst du also, dass die Übereinstimmung der Menschen entscheide, was richtig und was falsch ist?" – Richtig und falsch ist, was Menschen sagen; und in der Sprache stimmen die Menschen überein. Dies ist keine Übereinstimmung der Meinungen, sondern der Lebensform.[75]

Der soziale Kontext, in dem das Regelfolgen stattfindet,[76] wirkt damit selektiv auf bestimmte Interpretationsmuster, die verschiedene Regeln in einer Situation zur Anwendung kommen lassen können. Und Regeln sowie Begriffe haben nur dadurch Bedeutung[77], dass es soziale Kontexte gibt, in denen ihre Anwendung geschieht:

> 61. ...Eine Bedeutung eines Wortes ist eine Art seiner Verwendung. Denn sie ist das, was wir erlernen, wenn das Wort zuerst unserer Sprache einverleibt wird.
>
> 62. Darum besteht eine Entsprechung zwischen den Begriffen ‚Bedeutung' und ‚Regel'.[78]

---

72 Vgl. ebd., §§ 198; 201.

73 In der Geschichte der Wittgenstein-Rezeption sind etliche unterschiedliche Anläufe unternommen worden, mit dem Problem des Regelfolgens bei Wittgenstein umzugehen. Dies führt jedoch zu einer eigenen Diskussion, die hier nicht erörtert werden muss. Im Rahmen des siebten Kapitels wird diese Arbeit selbst wieder auf die Diskussion zurückkommen, jedoch nicht in der Ausführlichkeit, wie es andere Autoren tun. Als Beispiele für die Literatur zu diesem Problem seien genannt: Kripke 1987; McDowell 1981; Wright 1980.

74 Vgl. Wittgenstein PU, § 202.

75 Wittgenstein: PU, § 240f.

76 Vgl. Möllmann 1977, S. 168.

77 Wittgenstein spricht anstelle von Bedeutung auch bisweilen von „Zweck", so etwa in PU, § 345.

78 Wittgenstein: ÜG, §§ 61; 62.

Eng mit dem Begriff der Regel ist der der Grammatik verwandt. Die *Philosophischen Untersuchungen* geben einen gewissen Aufschluss über die Verwendungsweise dieses Terminus bei Wittgenstein:

> 496. Grammatik sagt nicht, wie die Sprache gebaut sein muss, um ihren Zweck zu erfüllen, um so und so auf Menschen zu wirken. Sie beschreibt nur, aber erklärt in keiner Weise, den Gebrauch der Zeichen.
>
> 497. Man kann die Regeln der Grammatik „willkürlich" nennen, wenn damit gesagt sein soll, der Zweck der Grammatik sei nur der der Sprache.[79]

Obgleich sich noch bedeutend mehr über den Begriff der Grammatik sagen ließe,[80] soll hier eher seine Differenz zum rhetorischen Anliegen betont werden. Wirkung und Zweck bestimmter Ausdrücke sind dezidiert nicht grammatikalische Aspekte, vielmehr unterstreicht Wittgenstein anhand der Grammatik eines Ausdrucks, dass Wirkungsevokation per se gerade nicht an die Grammatik des Gesprochenen gebunden ist. Gleichwohl limitiert die Grammatik die Möglichkeiten der Sinnhaftigkeit eines Ausdrucks in erheblichem Maße:

> 498. Wenn ich sage, der Befehl „Bring mir Zucker!" und „Bring mir Milch!" hat Sinn, aber nicht die Kombination „Milch mir Zucker", so heißt das nicht, dass das Aussprechen dieser Wortverbindung keine Wirkung hat. Und wenn sie nun die Wirkung hat, dass der Andre mich anstarrt und den Mund aufsperrt, so nenne ich sie deswegen nicht den Befehl, mich anzustarren etc., auch wenn ich gerade diese Wirkung hätte hervorbringen wollen.[81]

Zuletzt sollte noch der Begriff der Lebensform skizziert werden, der bereits in einigen Zitaten fiel. Laut Billing bleibt auch dieser Begriff bei Wittgenstein einmal mehr „sehr vage"[82], was Fay unter anderem darin begründet sieht, dass Wittgenstein neben expliziten Erläuterungen, die häufig bei ihm fehlen, eben auch auf eindeutige Beispiele verzichtet.[83] Und doch stellt ‚Lebensform' nach Venieri einen „fundamentalen Begriff" dar, „der auch für das Verständnis des Regelbegriffs eine wichtige Rolle spielt."[84] Mit dieser Mischung aus offensichtlicher Bedeutsamkeit bei gleichzeitiger Unzugänglichkeit geht zwangsläufig eine sehr

---

79 Wittgenstein: PU, §§ 496; 497.
80 Etwa über die Unterscheidung zwischen Oberflächengrammatik zu Tiefengrammatik, die Wittgenstein in PU, § 664 vornimmt. Vgl. Bartley 1983 [1973], S. 149f.
81 Wittgenstein: PU, § 498.
82 Billing 1980, S. 132.
83 Fay 1992, S. 20.
84 Venieri 1989, S. 119.

divergente Interpretationslage einher.[85] Sie hier aufzurollen, steht dem Interesse einer zielführenden Konzentration auf den Gegenstand dieser Arbeit entgegen, vielmehr ist die ‚Lebensform' für eine rhetoriktheoretische Interpretation des Sprachspiels relevant. Denn der Ausdruck unterstreicht den kontextualistischen Charakter und die spezifische Eingebundenheit des Sprachspiels in eine Lebenswelt: „Und eine Sprache vorstellen heißt, sich eine Lebensform vorstellen."[86] Dies korrespondiert mit dem bereits zitierten Paragraphen 241 aus den *Philosophischen Untersuchungen*, der in der Gemeinsamkeit der Sprache etwa unter Mathematikern eine Gemeinsamkeit der Lebensform sieht. Eine solche Lebensform muss als jedem Sprachspiel zugrunde liegend angenommen werden, „Das Wort ‚Sprachspiel' soll hier hervorheben, dass das Sprechen der Sprache ein Teil ist einer Tätigkeit, oder einer Lebensform."[87], wie Wittgenstein in der Erläuterung seines Sprachspielbegriffs schreibt. Was er mit dem Terminus ‚Lebensform' daher vor allem bezweckt, ist den sprachphilosophischen Betrachtungen einen lebensweltlichen Bezug und handlungspraktischen Unterbau zu geben. Es ist dabei nur konsequent von ihm, anzunehmen, dass Lebensform und Sprachspiel einander durchdringen und gegenseitig formen, vor allem einander eine *conditio sine qua non* sind. Damit rückt die ‚Lebensform' in eine gestalterische Nähe zu anderen Formulierungen, die den intersubjektiven Hintergrund und die soziale Dimension aller Sprachspiele und deren Funktionen widerspiegeln. Zu nennen wäre hier etwa das ‚Weltbild', welches Wittgenstein in *Über Gewissheit* an einigen Stellen anführt, die später noch ausführlicher betrachtet werden.[88]

4.2.3 Das Sprachspiel aus der Sicht der Rhetorik

Fasst man dies alles zusammen, ergeben sich mehrere ineinandergreifende und voneinander abhängige Aspekte des Sprachspiels, die eine erstaunliche Nähe zur rhetorischen Perspektive auf Sprache offenbaren.

(1) Der erste, offenkundig stark mit der Rhetorik verwandte Aspekt des Sprachspiels ist dessen Zielgerichtetheit. Die Ausrichtung der Rhetorik als teleologischer Praxis, deren theoretischer Überbau folgerichtig ebenfalls eine Zielausrichtung aller diskutierten Komponenten kennt, macht das Sprachspiel zu einem

85 Vgl. Fay 1992, S. 21ff.
86 Wittgenstein: PU, § 19.
87 Ebd., § 23.
88 Vgl. Wittgenstein: ÜG, §§ 93-95.

verwandten Gedanken. Wenn Rhetorik von Sprache spricht, so spricht sie ebenfalls von solchen Sprachspielen im Sinne der Anwendung sprachlichen Systemwissens in Texten.[89]

(2) Das Sprachspiel ist darüber hinaus lebendig, kein Artefakt, sondern im Vollzug und Gebrauch vorhanden und nur unter Rekurs auf diesen Gebrauch als solches zu erkennen. Dies schließt sowohl direkte performative Kriterien des Sprechens mit ein als auch die kontextualisierenden Handlungen der Kommunikations-Agenten. Dieser Zusammenhang von Sprachspiel und Lebensform macht den Begriff für die Rhetorik eigentlich erst interessant. Denn sich Rhetorik vorzustellen, heißt in Anlehnung an Wittgenstein, sich eine Lebensform vorzustellen. Rhetorik funktioniert nicht als bloße textimmanente Instanz, sie ist Welt- und Subjekt-gebunden. Ohne soziale Rollen und die Verkörperung bestimmter Modelle von Vorsprecher und Zuhörer bleibt der Begriff des Rhetorischen leer. Sich aber in einer konkreten Situation einen Orator vorstellen zu können heißt, überhaupt einen Begriff davon zu haben, was seine soziale Rolle definiert, und seinem Handeln einen Ort in einem Rollengefüge zuweisen zu können. Und dies kann nicht ohne eine Lebensform geschehen.

(3) Sprachspielen wohnt dadurch zugleich eine Relativität inne, die sich intersubjektiv äußert. Sie dürfen nach Fay „nicht als platonische Wesenheiten aufgefasst werden“[90], sondern verändern sich stets mit der Sprachpraxis der sie anwendenden Subjekte. Man könnte in diesem Zusammenhang sagen, die Sprachspielkonzeption Wittgensteins sei der Sprachauffassung der Sophisten nicht unähnlich.

(4) Sprachspiele zeichnen sich durch eine eigentümliche Regel-Ambivalenz aus. Auf der einen Seite konstituieren sie sich erst durch den Begriff der Regel, indem sie sprachliches Verhalten als Züge innerhalb und außerhalb ihres Bereiches kategorisieren. Auf der anderen Seite sind sie veränderbar, wandelbar und indefinit. Aus der Subjekt-Perspektive bedeutet dies, dass sie ebenso einen normierenden Druck auf ihre Anwender ausüben, wie der normierende Druck der Anwender auf sie wirkt. In *Über Gewissheit* § 65 heißt es: „Wenn sich die Sprachspiele ändern, ändern sich die Begriffe, und mit den Begriffen die Bedeutung der Wörter.“[91] Regel-Ambivalenz ist dabei ein urrhetorisches Phänomen. Es entsteht an jener Stelle, an der die soziale Freiheit des Orators, sich sprachmächtig einer Sache anzunehmen, auf ihre sozialen Schranken stößt, die das Wirken der Handlungen restringieren und in Form von Widerständen gefährden. Knape stellt eine

89 Vgl. Knape 2017 [im Druck].
90 Fay 1992, S. 19.
91 Wittgenstein: ÜG, § 65.

Taxonomie von fünf Widerständen vor, zu denen er erläutert: „Wie jeder Kommunikator bringt der Orator seine kognitiven Konstruktionen nach außen, indem er sie semiotisch kodiert und medialisiert, um sie im Bewusstsein seiner Kommunikationspartner zu verankern.“[92] Um die Dimension des Sprachspiels zu verdeutlichen, muss betont werden, dass alle diese Schritte, von der kognitiven Erfassung eines gedanklichen Konstruktes über die Semiotisierung bis hin zur Medialisierung, im Sprachspiel statthaben. Und aus rhetorischer Sicht gilt mit Knape: „Dieser Vorgang ist in allen seinen Phasen problematisch“[93], womit er bei den erwähnten fünf Widerständen angelangt ist. Sie ergeben sich „1. auf der kognitiven Ebene, womit das menschliche Denken und Fühlen insgesamt gemeint ist, 2. auf der Ebene der Sprache, 3. auf Textebene, 4. auf Medienebene und 5. auf situativer Ebene.“[94] Es ist hoch plausibel, alle diese Widerstände auch als Ausprägungen der Regel-Ambiguität des rhetorischen Falls zu verstehen. Um es nach Wittgensteins Terminologie auszudrücken, könnte man sagen, der rhetorische Fall habe seine eigene Grammatik und diese komme in dem Sprachspiel zum Ausdruck, nach welchem die jeweilige rhetorische Situation gespielt werde. Der Orator hat dabei (und dies ist nicht genuiner Bestandteil der Theorie Wittgensteins, sondern eine Annahme rhetorischer Prägung) die besondere Rolle des Subjektes inne, welches auf beiden Seiten der Regel-Ambiguität agiert: sowohl als derjenige, der den Restriktionen des regulierenden Sprachspiels ausgesetzt ist, als auch als derjenige, der sie selbst am stärksten – vor allem aber willentlich und strategisch – zu modifizieren in der Lage ist. Fragt man nach der eigentümlichen Stellung des Orators im Geflecht der rhetorischen Situation, lässt sich vor diesem Hintergrund auch antworten, der Orator sei jener Spieler des Sprachspiels, dessen kommunikatives Handeln das Spiel am stärksten zu beeinflussen vermag. Es steht dabei völlig außer Frage, dass das Sprachspiel als Konzept auf jeden Sprecher eine normierende Wirkung hat. Die Rhetorik insistiert dabei jedoch darauf, dem Orator in Bezug auf diese Widerständigkeit die Rolle des Überwinders zusprechen zu können – ob Wittgenstein dies billigen würde oder nicht.

Beerling geht in seiner Wittgenstein-Exegese so weit, zu sagen: „Das eigentliche Charakteristikum des Menschlichen ist der Konflikt zwischen Regel und Freiheit.“[95] Ungeachtet des Pathos dieser Aussage ist sie zumindest für das Sprachspiel maßgeblich richtig. Denn das Charakteristikum der rhetorischen Si-

92 Knape 2012a, S. 58.

93 Ebd.

94 Ebd.

95 Beerling 1980, S. 245.

tuation liegt in eben jenem Konflikt zwischen den Normen, deren Einhalten konstitutiv für das Gelingen der Interaktion ist und den freiheitlichen Verstößen dagegen, die überhaupt erst die Devianz zum vorher Bestehenden mit sich bringen. Das Bild des Sprachspiels ist in diesem Sinne für die Rhetorik deshalb eine passende Metapher, da Sprachspiele offenkundig weit genug gefasst sind, um auch komplexe Text- und Handlungsformen innerhalb des rhetorischen Falls zu erfassen, zugleich aber eng genug bleibt, um die rhetorische Interaktion in einem einheitlichen Regel-Rahmen abzubilden. Angesichts des wechselnden Gebrauchs dieses Begriffs bei Wittgenstein selbst, der einmal ganze Sprachen, einmal sehr viel kleinere Gebilde damit bezeichnet, spricht nichts dagegen, etwa einen rhetorischen Handlungskomplex aus Metabolie und Systase als rhetorisches Sprachspiel zu bezeichnen. Denn auch für die rhetorische Interaktion gilt, was Wittgenstein über die Regeln des Sprachspiels sagt: sie sind eng genug, um in vielfacher Weise beschreiben zu können, was dazu gehört und was das Spiel wechseln würde, jedoch weit genug, um keinen absolut geschlossenen Raum zu markieren, innerhalb dessen jede Form der Devianz zum Ausschluss aus dem Spiel führen müsste. Dies ist die notwendige Voraussetzung für den Orator, überhaupt persuasiv zu wirken. Möchte man nicht so weit gehen, wie in dem oben dargestellten Gedanken, der Orator habe die Mittel, das Sprachspiel zu seinen Gunsten zu verändern, könnte man auch eine weitere Deutung anschließen. Die spezifische Rolle des Orators kann auch einfach darin gesehen werden, durch sein kommunikatives Handeln den Wechsel von Sprachspiel zu Sprachspiel in einer Situation strategisch zu lenken. Als Kommunikator bewegt er sich in einem Spiel, dessen Regeln auf der einen Seite seinen kommunikativen Erfolg gewährleisten, ihn aber zugleich auch gefährden können. Die besondere Freiheit des rhetorisch handelnden Subjektes besteht nach Auffassung der Rhetorik jedoch darin, die Sprachspiele, in denen es steht, durch strategische Züge, das heißt sprachliche Interaktion, zu verlassen und in andere Spiele zu überführen, die seinen Erfolg durch die hierin geltenden Regeln aussichtsreicher erscheinen lassen. Als der Restriktion einer Lebensform, eines Weltbildes, eines Sprachspiels unterworfener Akteur muss er danach trachten, das Spiel zu seinen Gunsten zu wechseln. Wittgenstein spricht immer wieder davon, dass Spieler theoretisch darin frei seien, ihre Züge zu wählen, jedoch nicht darin frei, welches Spiel sie damit spielten. So kann ein Schachspieler etwa problemlos seine Figuren nicht mehr nach Art des Schachspiels gebrauchen, sondern beginnen, damit Dame oder ein anderes Brettspiel zu spielen. Aus der Sicht des analytischen Philosophen begeht er damit einen Bruch des Regelwerks ‚Schach', bleibt jedoch in der Familie der Spiele. Es ist nun nach Wittgenstein nicht mehr möglich zu sagen, er spiele Schach. In der Lebenspraxis heißt dies, dass ein Mitspieler ihn darauf hinweisen kann, die Einhaltung der Regeln nach dem Paradigma ‚Schach' fordern kann oder das Spiel seinerseits abbricht. In diesem Falle könnte nicht davon gesprochen werden, der Spieler, der die Regeln verletzte, habe etwa gewonnen. Jedoch kann man sich auch den Fall vorstellen, dass ein Spieler plötzlich beginnt, nach dem Paradigma ‚Dame' weiterzuspielen und ihm sein Mitspieler darin folgt. Angenommen, beide Spieler spielen nun die Partie als Dame-Partie zu Ende, stellt sich die Frage nach einem legitimen Sieger völlig neu. Voraussetzung ist hierfür die Übereinkunft beider Spieler, legitimerweise von Schach zu Dame gewechselt zu haben.

Was in Bezug auf die hier beispielhaft angeführten Spiele artifiziell erscheint, stellt sich in der sehr viel komplexeren und subtileren Praxis der Kommunikation weit weniger unrealistisch dar.[96] Der springende Punkt ist, dass Sprachspiele bestimmte Regeln und Begrenzungen für rhetorisches Handeln vorgeben, analog dem Schachspiel in Bezug auf dessen Spieler. Dabei sind die Regeln und Grenzen der Sprachspiele in der Regel weit differenzierter, vor allem aber auch weit unmerklicher als die des Schachs. Bei dieser Überlegung kann einem der Begriff der Argumentation zur Hilfe kommen. Argumente und ihre Wirksamkeit sind an Sprachspiele gebunden. Sie folgen, gerade was die faktisch diskursive Geltung, nicht die normative Logik anbelangt, den Grenzen des Spiels, in dem sie geäußert werden. Dabei werden die Regeln zur Geltung eines Argumentes in aller Regel implizit ausgehandelt, Meta-Diskurse entsprechen wohl kaum alltäglichen Diskurspraktiken. Für die Geltung eines Argumentes zu sorgen, hieße für den Orator nun, das Sprachspiel zu verändern, in dem das Argument steht. Was in dem einen Spiel als Verletzung der Regel angesehen werden mag, kann in dem anderen bereits volle Gültigkeit und damit auch Akzeptanz bedeuten. Sprachspiele sind dabei nicht als reine Verständnisrahmen für Äußerungen anzusehen, aber sie erfüllen gleichwohl diese Funktion.

Was hiermit geschieht, ist eine Verschiebung des Rahmens anstatt einer Verschiebung des Objekts. Der Orator, und darin ist seine spezifische kommunikative Freiheit zur Überwindung der Widerstände zu sehen, initiiert den Wechsel des Sprachspiels, also des Regel- und Akzeptanzparadigmas, in dem die Argumente stehen, die seiner Sache entsprechen. Anstelle des Begriffs Argument lässt sich konsequenterweise auch jede andere Form rhetorischer Überzeugungsinstrumente einsetzen. Mit jedem Wechsel des Spiels geht dabei natürlich immer

---

96 Ein Spieler könnte etwa von dem Spiel „Verhandlung" in das Spiel „Streit" oder aber auch „Flirt" wechseln wollen, wenn dies der Erreichung seiner Ziele (beispielsweise Verunsicherung) entgegenkommt. Die Frage ist hier lediglich, ob er es schafft, das neue Spiel als akzeptiertes Spiel zu etablieren, das heißt, ob sich sein Kommunikationspartner auf „Streit" oder „Flirt" einlässt.

auch ein Wechsel des restriktiven Rahmens einher. In jedem Spiel wirkt daher die Regel-Ambivalenz angewandter Rhetorik aufs Neue. Es bleibt dabei grundsätzlich bei der Auslegung des Orators als dem Subjekt, welches eigenmächtig in den Wechsel und damit in die Geltung der Sprachspiele eingreift, um im sozialen Kommunikationsspiel die Weichen auf Erfolg zu stellen.

4.3 Wittgensteins Auffassung von Zweifel und Gewissheit

Nachdem das Denken Wittgensteins nun etwas klarer vor Augen steht, offenbaren seine Sätze über Zweifel und Gewissheit einige rhetoriktheoretische Implikationen, die zu extrahieren sind. Begonnen wurde das Kapitel mit den Sätzen Moores und der Frage, wie Wittgenstein auf sie reagiert. Und zitiert wurde bereits Wittgensteins fundamentaler Einwand, dass es Moore, ihm, oder wem auch sonst so scheinen möge, als sei dort vor ihm eine Hand, heiße eben nicht, dass es sich tatsächlich so verhalte. Aber, und auch das wurde bereits zitiert: „Wohl aber lässt sich fragen, ob man dies sinnvoll bezweifeln kann." Was Wittgenstein damit im zweiten Paragraph seiner Untersuchung *Über Gewissheit* erfragt, ist das Sprachspiel, welches jedem Zweifel seinen Sinn gibt. Und in Paragraph vier sagt er: „Zum Zweifeln fehlen mir die Gründe!"[97]

Damit ist der entscheidende Punkt aus rhetorischer Sicht erreicht. Auf der Suche nach der Frage, wie Zweifelsevokation überhaupt möglich sein kann, gibt Wittgenstein die Antwort, dass zu jedem Zweifel Gründe gehören müssen, die den Zweifel plausibel machen. Es ist eben nicht möglich, einfach so an etwas zu zweifeln, im Gegenteil: der Zweifel muss sich stets erst gegen seine Negation rechtfertigen. Gründe für einen Zweifel anzugeben bedeutet, ein Sprachspiel zu spielen. Und innerhalb des Sprachspiels hat der Zweifel eine ganz bestimmte Funktion.

> 24. Die Frage des Idealisten wäre etwa so: „Mit welchem Recht zweifle ich nicht an der Existenz meiner Hände?" (Und darauf kann die Antwort nicht sein: „Ich weiß, dass sie existieren."). Wer aber so fragt, der übersieht, dass der Zweifel an einer Existenz nur in einem Sprachspiel wirkt. Dass man also erst fragen müsse: Wie sähe so ein Zweifel aus? und es nicht so ohne weiteres versteht.[98]

---

97 Wittgenstein: ÜG, § 4.
98 Ebd., § 24.

Wittgenstein vollzieht damit eine paradigmatische Wende in der gesamten philosophischen Tradition, die sich seit Descartes mit dem Skeptizismus auseinandergesetzt hatte. Diese Wende wurde oben bereits in der Auseinandersetzung mit Moore angesprochen, denn Wittgensteins Untersuchung fragt nun nicht mehr die Gewissheit, wie sie sich denn gegen den Zweifel zur Wehr setzen könne, sondern vielmehr den Zweifel selbst, wie seine Verteidigung gegen die Gewissheit aussehe. Fay schreibt daher über *Über Gewissheit*: „Dieses Büchlein leitet eine ‚kopernikanische Wende' ein, fordert es doch, der philosophische Zweifel müsse seine Berechtigung nachweisen – wie ehemals apodiktisch geltende Aussagen ihre Gewissheit."[99] Die Frage ist daher einmal mehr eine praktisch orientierte, die Wittgenstein stellt, er fragt nicht etwa nur, ob es denn prinzipiell möglich sei, sich einen Zweifel unter welchen Umständen auch immer vorzustellen, sondern er fordert den Zweifel auf, unter den Bedingungen sinnvoll vorstellbar zu sein, unter denen auch der Sinn seiner Negation beurteilt wird.[100] Wittgenstein bindet daher den Zweifel an ein Sprachspiel an und verlagert ihn in die konkrete Situation einer sprachlichen Praxis.

Über diese Überlegung stößt Wittgenstein auf eine fundamentale Einsicht über Gewissheit und Zweifel, die auch den Kern dessen ausmachen, worauf die hier vorliegende Wittgenstein-Exegese hinauswill. Die Begründungen für den Zweifel, alle Argumente, die explizit oder implizit zu seiner Geltung vorgebracht werden müssen, erfüllen ein bestimmtes Strukturmerkmal: sie sind alle in einer logisch konsistenten Form aufeinander bezogen, oder vorsichtiger gesagt, sie erfüllen alle eine Form, die der Überzeugungsträger eines Satzes als logisch konsistentes System akzeptiert. Damit ein Subjekt überhaupt Sätze als Gründe für die Plausibilität eines Zweifels oder einer Gewissheit gelten lassen kann, bedarf es eines Abgleiches dieser Sätze mit wieder anderen Sätzen, die er ebenfalls für plausibel hält und die für ihn nicht in Zweifel stehen. Wittgenstein beschreibt diese Sätze als sein Weltbild:

> 94. Aber mein Weltbild habe ich nicht, weil ich mich von seiner Richtigkeit überzeugt habe; auch nicht, weil ich von seiner Richtigkeit überzeugt bin. Sondern es ist der überkommene Hintergrund, auf welchem ich zwischen wahr und falsch unterscheide.

99 Fay 1992, S. 48.
100 Vgl. Wittgenstein: ÜG, § 32.

95. Die Sätze, die dies Weltbild beschreiben, könnten zu einer Art Mythologie gehören. Und ihre Rolle ist ähnlich der von Spielregeln, und das Spiel kann man auch rein praktisch, ohne ausgesprochene Regeln, lernen.[101]

Dieses Weltbild wird nach Kroß durch die Kraft des intersubjektiven Diskurses konstituiert, es ist „ein in der Praxis sich ausdifferenzierender Regelkanon gesellschaftlicher Handlungsmuster, der den ‚Hintergrund' oder Rahmen für die einzelnen Sprachspiele des Wissens und der Wahrheit des Gewussten abgibt."[102] Es fällt sofort auf, wie nahe dieses Weltbild als Begriff an den Begriffen des Sprachspiels und der Regel gebaut ist. Der Zweifel bedarf also der Rechtfertigung eines Systems an Aussagen und dieses muss sich in das Weltbild einfügen, welches den Hintergrund für das Verständnis des Zweifels bildet. Die Gründe für einen Zweifel sind nicht unter allen Umständen gleich, ein einzelner Grund ist nicht einmal stets ein guter oder überhaupt ein Grund für einen Zweifel. Vielmehr bestimmt das Sprachspiel, in dem die Gründe für den Zweifel stehen, ob der Zweifel in diesem Spiel überhaupt zur Anwendung kommen kann. Für Wittgenstein gilt: „Man zweifelt aus bestimmten Gründen. Es handelt sich darum: Wie wird der Zweifel ins Sprachspiel eingeführt?"[103] Aus dieser und einer Reihe anderer Formulierungen lässt sich ableiten, dass Wittgenstein Zweifel und Gewissheit selbst nicht als Sprachspiele auffasst, ihnen aber bestimmte Funktionen im Sprachspiel zuerkennt. Diese Deutung deckt sich auch mit Fays Interpretation etwa des Paragraphen 196 aus *Über Gewissheit*.[104] Der Zweifel ist fest an das jeweilige Sprachspiel gebunden, er kann nur entstehen, wenn ihm in der praktischen Anwendung des Sprachspiels der Raum gegeben wird, die Gründe eines Bezweifelns zu entfalten. Zweifel ohne Sprachspiel ist daher nach Wittgenstein nicht denkbar.[105] Und dies gilt rhetorisch gesehen damit nicht nur für den Orator, sondern auch für den Adressaten. Sowohl die kommunikative Vermittlung seitens des Senders als auch die vom Empfänger geleistete Dechiffrierung bedarf eines Sprachspiels und eines ganzen Systems an Sätzen, um dem Zweifel einen Ort und einen Sinn im Geflecht des Mentalen zu geben:

105. Alle Prüfung, alles Bekräften und Entkräften einer Annahme geschieht schon innerhalb eines Systems. Und zwar ist dies System nicht ein mehr oder weniger willkürlicher und

101 Ebd., §§ 94; 95.
102 Kroß 1993, S. 150.
103 Wittgenstein: ÜG, § 458.
104 Vgl. Fay 1992, S. 60.
105 Vgl. ebd.

zweifelhafter Anfangspunkt aller unserer Argumente, sondern es gehört zum Wesen dessen, was wir ein Argument nennen. Das System ist nicht so sehr der Ausgangspunkt, als das Lebenselement der Argumente.[106]

Diese Feststellung berührt einen essentiellen Kern des Rhetorischen. Denn die Frage, woher eine Begründungsleistung ihre grundsätzliche Potenz nimmt, ist eine urrhetorische Fragestellung. Es ist typisch für Wittgenstein, dem vorgestellten System an Überzeugungen nicht einen prozeduralen Charakter zuweisen zu wollen, der die Argumente in ihrer Wirkung letztlich wieder von ihm loslöst, sondern alles Argumentieren vielmehr in einen systemisch-holistischen Gesamtzusammenhang einzubetten. Auch Kroß verwendet in diesem Zusammenhang das Attribut holistisch, wobei er sich auf die namhafte Interpretation Hintikkas beruft.[107]

Gemäß dem System-Hintergrund, der die Ermöglichungsbedingungen des Zweifels liefert, können Gedanken, die einen Zweifel ausdrücken, anderen Gedanken, die Gewissheiten ausdrücken, nur nachgeordnet sein.[108] Dies gilt dabei in einer deutlich asymmetrischen Form: Wittgenstein geht es weniger darum, einzelne Gedanken in Betracht zu ziehen, die zuerst für gewiss gehalten wurden, bevor sie in Zweifel gezogen werden, sondern es geht um das Verhältnis einzelner Zweifel zu der überwältigenden Mehrheit an Gewissheiten, die ihnen immer gegenüberstehen. Diese Asymmetrie kommt dadurch zustande, dass jeder einzelne Zweifel eine undefinierbar große Menge an für wahr gehaltenen Gedanken als seine Grundlage braucht, ohne die er als Zweifel für das Subjekt gar nicht vorstellbar wäre. Was zunächst trivial klingt, ist doch zugleich Wittgensteins stärkster Einwand gegen den Skeptizismus: Wittgenstein hält es für nicht denkbar, dass sich ein Mensch zugleich in allem irren könnte und die Möglichkeit hätte, an allem, woran er glaubte, zu zweifeln. „Das Zweifeln hat ein Ende“[109], konstatiert Wittgenstein, denn jeder Zweifel steht auf einem Fundament von Gewissheiten, ohne die der Zweifel selbst keinen Sinn hätte. Dies führt zu der kontraintuitiven und doch zwingenden Schlussfolgerung:

156. Damit der Mensch sich irre, muss er schon mit der Menschheit konform urteilen.

---

106 Wittgenstein: ÜG, § 105.
107 Vgl. Kroß 1993, S. 150.
108 Vgl. Wittgenstein: ÜG, § 160.
109 Wittgenstein: PU II, S. 498.

157. Wie, wenn ein Mensch sich nicht erinnern könnte, ob er immer fünf Finger oder zwei Hände gehabt hat? Würden wir ihn verstehen? Könnten wir sicher sein, dass wie ihn verstehen?[110]

Offenbar lässt sich aus den letztgenannten Paragraphen auch ein soziales Korrektiv für die Möglichkeit und Vehemenz des Zweifels ableiten. Denn an diesem Punkt stellt sich die Frage, bis zu welchem Grad der sinnvolle, der verständliche Zweifel gehen kann. Woran kann ein Mensch zweifeln, so dass ihn andere noch als sinnvollen Zweifler verstehen und ab welchem Grad seiner geäußerten Zweifel droht sein Begründungssystem zu kippen? Die Antwort gibt Wittgenstein mit einem Verweis auf die Sprechergemeinschaft und führt als vages Kriterium die Verständlichkeit ein:

73. Was aber ist der Unterschied zwischen Irrtum und Geistesstörung? Oder wie unterscheidet es sich, wenn ich etwas als Irrtum und als Geistesstörung behandle?

80. Man prüft an der Wahrheit meiner Aussagen mein Verständnis dieser Aussagen.

81. D. h.: wenn ich gewisse falsche Aussagen mache, wird es dadurch unsicher, ob ich sie verstehe.[111]

Das Kriterium der Verständlichkeit wird rückgebunden an die Bedeutung der Worte, mit denen der Zweifel geäußert wird, und da die Bedeutung nach Wittgenstein im Gebrauch der Worte liegt, wird von der intersubjektiven Gemeinschaft die Verwendung der Worte, quasi als Zweifelsexpressiva, an ihrem Gebrauch gemessen. Und der Gebrauch der Worte, oder anders ausgedrückt, der Gebrauch des Sprechaktes, in dem der Zweifel steht, wird anhand eines lebensweltlichen Kontextes überprüft. Es gilt daher: kein Zweifel ohne Kontext. Zeugnis dieser Haltung sind zahlreiche Paragraphen in *Über Gewissheit*.[112]

Der sich daraus ergebende Kontextualismus ist eine wesentliche Konsequenz in der gesamten Epistemologie Wittgensteins. Begriffe wie Zweifel, Gewissheit, aber auch Wissen selbst sind ausschließlich kontextsensitiv zu verstehen. Der Kontext wird durch das jeweilige Sprachspiel gebildet, in dem die Ansprüche auf ein Wissen manifestiert oder in Zweifel gezogen werden. Damit werden Zweifel und Gewissheit zu relativen Kategorien, die nur in Bezug auf das jeweilige Sprachspiel Geltung erlangen können.[113] Kober bringt im Zusammenhang mit

110 Wittgenstein: ÜG, §§ 156; 157.
111 Ebd., §§ 73; 80; 81.
112 Vgl. ebd., §§ 393; 423; 441; 460; 461; 622.
113 Vgl. Kober 1993, S. 141.

dem bereits oben zitierten Paragraphen 105 aus *Über Gewissheit*, der sich mit dem Wesen eines Argumentes beschäftigt hatte, auch den Begriff ‚Diskurs' ins Spiel.[114] Die Kontextsensitivität ist insofern auch als sprachspielgebundene Diskurssensitivität zu begreifen. Was als Zweifel oder als Gewissheit gelten kann, wird nicht nur durch den rein äußerlichen Kontext einer kommunikativen Situation bestimmt, sondern folgt auch den normativen Regeln, also der Grammatik, des Sprachspiels. Insofern meint Kontext hier etwas anderes als räumliche, zeitliche oder textliche Nähe, sondern zielt vielmehr darauf ab, die diskursiven Bedingungen zu beschreiben, unter denen ein Wissensanspruch von einem Subjekt bewertet und akzeptiert oder nicht akzeptiert wird.

Zweifel und Gewissheit, das ist mittlerweile offenkundig, bedürfen nach Wittgenstein eines Systems, um überhaupt denkbar zu sein. „In jeder Situation, in der ein Wissensanspruch bestätigt, ein Zweifel beigelegt oder eine sprachliche Mitteilung [...] verstanden wird, steht ein Großteil von Sätzen bereits fest und wird als selbstverständlich vorausgesetzt."[115] Dies klärt jedoch noch keineswegs, wie diese Sätze feststehen und nach welcher Struktur sie organisiert sind. Zunächst legt der Systemgedanke nahe, für Zweifel und Gewissheit nicht einzelne Sätze, sondern ihr Zusammenspiel zu betrachten. In der Tat beschreibt Wittgenstein die aufkommende Gewissheit über einen Sachverhalt als Phänomen, welches sich auf eine zusammenhängende Menge an Sätzen bezieht:

> 140. Wir lernen die Praxis des empirischen Urteilens nicht, indem wir Regeln lernen; es werden uns Urteile beigebracht und ihr Zusammenhang mit anderen Urteilen. Ein Ganzes von Urteilen wird uns plausibel gemacht.
>
> 141. Wenn wir anfangen, etwas zu glauben, so nicht einen einzelnen Satz, sondern ein ganzes System von Sätzen. (Das Licht geht nach und nach über das Ganze auf.)
>
> 142. Nicht einzelne Axiome leuchten mir ein, sondern ein System, worin sich Folgen und Prämissen gegenseitig stützen.[116]

Damit ist auch die Unmöglichkeit angesprochen, einen definiten Anfang einer Begründungskette von aufeinander bezogenen Sätzen auszumachen. Womit jedoch nicht zugleich gesagt ist, dass es keinen solchen Anfang gäbe. Es gehört zu den größten Schwierigkeiten des epistemologischen Systems Wittgensteins, trotz des holistischen Charakters eine zumindest in der Praxis vorhandene Beschränkung des Systems zu erklären, die offenkundig besteht. Denn das Sprachspiel als

114 Vgl. ebd.
115 Wright 1986, S. 177.
116 Wittgenstein: ÜG, §§ 140-142.

Entfaltungsraum der Begründungsbeziehungen von Sätzen ist selbst durch Grenzen festgelegt. So schreibt Wittgenstein: „Ein *Grund* lässt sich nur *innerhalb* eines Spiels angeben. Die Kette der Gründe kommt zu einem Ende und zwar an der Grenze des Spiels."[117] Sätze sind daher nach Kober nur in Bezug auf ihre Funktion innerhalb eines Sprachspiels Gewissheiten oder Zweifel zu nennen. „Begründen", so schreibt er, „ist demnach eine Handlung in einem Sprachspiel, und was als Begründung gilt, richtet sich nach den Regeln [...] des jeweiligen Sprachspiels."[118]

Es liegt auf der Hand, dass sich damit die Frage nach der Grenze zwischen den Elementen des Sprachspiels auftut, die innerhalb des Spiels in ihrem epistemischen Status verhandelt werden, und den Elementen, deren epistemischer Status als gewiss im Rahmen des Sprachspiels vorausgesetzt wird. Dies berührt die grundsätzliche Konzeption dessen, was die analytische Philosophie als Kontextualismus der Rechtfertigung bezeichnet. Der Kontextualismus ist nach Grundmann ein sogenannter Fundamentalismus,[119] indem er zwischen zwei unterschiedlichen Typen von Überzeugungen unterscheidet und sie nach der Grundlage ihrer Rechtfertigung kategorisiert. Basale Überzeugungen werden ohne Rückgriff auf andere Überzeugungen erworben, nicht-basale entstehen durch Inferenz von Überzeugungsinhalten erster Ordnung (basal) auf die Inhalte zweiter Ordnung (nicht-basal). Der Kontextualismus der Rechtfertigung zieht den Kontext des jeweiligen Diskurses, in dem Überzeugungen stehen, als Kriterium für die Überzeugungstypisierung in basal oder nicht-basal heran.[120] Zur der basalen Überzeugungen ist die Gebundenheit an einen Diskurs entscheidend,[121] da je-

---

117 Wittgenstein: PG, § 55 [Herv. i. Orig.]; vgl. Wittgenstein: BPP, II § 689.

118 Kober 1993, S. 144.

119 Vgl. Grundmann 2008, S. 283.

120 Vgl. ebd., S. 283.

121 Wobei an dieser Stelle der Vollständigkeit halber darauf hinzuweisen ist, dass es einen Unterschied macht, ob man den Kontext des Subjektes für ausschlaggebend hält, welches einen Wissensanspruch erhebt, oder den Kontext des Subjektes, welches diesen Anspruch aus der Perspektive des Beobachters prüft. Der erste Fall wäre nach Grundmann ein Subjektkontextualismus, wohingegen der zweite als Zuschreibungskontextualismus bezeichnet wird (vgl. Grundmann 2008, S. 151 Anm. 149; DeRose 1999, S. 190f.). Aus Sicht der Rhetorik erscheint es in erster Linie sinnvoll, einen Kontextualismus anzunehmen, der sich auf das Erkenntnissubjekt selbst bezieht, da es der Rhetorik primär nicht um einen epistemisch gerechtfertigten Wissensbegriff an sich geht, sondern um die Frage, wie in einer Theorie das Verhalten und die mentalen Prozesse eines Orators und eines Adressaten, also zweier Erkenntnissubjekte, zu erklären sind. Dies ist der grundsätzlichen Sicht der Rhetorik geschuldet, die weniger eine Beobachtungs- denn mehr eine Handlungs- und Anleitungstheorie darstellt.

der Diskurs seine eigenen Axiome mit sich bringt, die als „methodologische Präsuppositionen“ aufgefasst werden können.[122] Diese sind qua Axiom-Status selbst nicht mehr begründungsbedürftig und damit basal. Wittgenstein versteht auch Wissen und so gerade die Rechtfertigungsqualität einer Überzeugung als kontextuell.

Jeder Diskurs schafft seine eigenen Gewissheiten, die anzuzweifeln zu einem Verlassen des Diskurses führen würde und daher innerhalb desselben nicht selbst noch einer Rechtfertigung bedürfen.[123] Sie sind damit basal und stellen eine Axiomatik aller anderen Überzeugungen dar. Wittgenstein weist den Leser seiner Texte immer wieder auch direkt auf diese paradox scheinende Lage hin, sich der eigentlichen Grundlagen seiner Urteile in den meisten Fällen gar nicht bewusst zu sein:

> Die für uns wichtigen Aspekte der Dinge [= basale Überzeugungen, *Anm. d. Verf.*] sind durch ihre Einfachheit und Alltäglichkeit verborgen. (Man kann es nicht bemerken, – weil man es immer vor Augen hat.) Die eigentlichen Grundlagen seiner Forschung fallen dem Menschen gar nicht auf. Es sei denn, dass ihm dies einmal aufgefallen ist. – Und das heißt; das, was, einmal gesehen, das Auffallendste und Stärkste ist, fällt uns nicht auf.[124]

Dabei bedarf es keiner äußeren Reglementierung, um über die Zusammensetzung der basalen Überzeugungen zu urteilen. Grundmann konstatiert, dass Wittgenstein von der Autonomie der Kontexte ausgeht, so dass auch jedes Sprachspiel selbst festlegt, welche Überzeugungen in ihm basal sind und welche nicht.[125] Insgesamt ist die Menge der basalen Sätze innerhalb eines Kontextes variabel und undefinierbar, insofern die methodologischen Präsuppositionen in vielerlei Hinsicht implizit bleiben.

> Die Sätze, die zum System unseres Vor-Wissens gehören, lassen sich nicht ein für allemal aufzählen und „festlegen“. Viele der dazugehörigen Elemente können – zeitweilig oder für immer – herausgenommen und als Sätze behandelt werden, die durch die Gesamtheit der übrigen Sätze bestätigt oder widerlegt werden.[126]

So charakterisiert von Wright das Wittgenstein'sche System. Für die Praxis des Zweifelns heißt dies, dass jeder Zweifel, der in einem Sprachspiel geäußert wird, implizit oder explizit von für-wahr-gehaltenen Sätzen ausgeht, die selbst nicht

---

122 Grundmann 2008, S. 283.
123 Vgl. Kober 1993, S. 136f.
124 Wittgenstein: PU, § 129.
125 Vgl. Grundmann 2008, S. 284.
126 Wright 1986, S. 179.

angezweifelt werden können, soll der Zweifel noch verständlich, ja überhaupt als Zweifel erkennbar sein. In den Worten Wittgensteins: „D.h. die Fragen, die wir stellen, und unsre Zweifel beruhen darauf, dass gewisse Sätze vom Zweifel ausgenommen sind, gleichsam die Angeln, in welchen jene sich bewegen."[127] Diese Angeln sind als das zu verstehen, was Williams in seiner Theorie des Kontextualismus „methodological necessities"[128] nennt. Diese methodisch notwendigen Propositionen erhalten das System, innerhalb dessen laut Williams überhaupt sinnvoll nach etwas gefragt werden kann. Bestimmte Fragen beziehungsweise Zweifel sind dabei durch die Grenzen des Systems ausgeschlossen, diese Begrenzungen bezeichnet er als „methodological constraints"[129]. Die Sprachspiele Wittgensteins werden von diesen Grenzen umgeben, was sie zu einem Bestandteil einer kontextualistischen Theorie werden lässt.

Diese ‚necessities' und ‚constraints' lassen sich zugleich gegen den Verdacht eines reinen Relativismus ins Feld führen. Zunächst liegt es tatsächlich nahe, aufgrund der postulierten Kontextsensitivität und der prinzipiellen Statusvariabilität von basalen und nicht-basalen propositionsbezogenen Einstellungen davon auszugehen, letztlich sei die Zusammensetzung eines basalen Überzeugungsschemas zur Konstitution eines Weltbildes beliebig. Insbesondere aus der Warte der Erkenntnistheorie erscheint diese Relativismus-These bedrohlich, wenn sie denn stimmt. Jedoch spricht sich Strawson dagegen aus, Wittgenstein einen solchen Relativismus zu unterstellen, indem er eine anthropologisch motivierte Argumentation für den erkenntnistheoretischen Fundamentalismus ins Feld führt:

> Natürlich ist das menschliche Weltbild Veränderungen unterworfen. Dennoch bleibt es ein menschliches Weltbild: Das Bild einer Welt von physischen Dingen (Körpern) in Raum und Zeit, darunter die menschlichen Betrachter, fähig zu Handlungen, zur Aufnahme und Weitergabe von Wissen (und Irrtümern) über sich, andere, und was sich da in der Natur sonst noch so alles findet.[130]

Was Strawson hier insbesondere in den Blick nimmt, sind die a priori-Gegebenheiten der Perzeption, womit er sich deutlich auf Wittgensteins Flussbett-Metapher bezieht, die mit einer Überlegung über die Erfahrungssätze beginnt:

---

127 Wittgenstein: ÜG, § 341.
128 Williams 2001, S. 160.
129 Ebd., S. 160.
130 Strawson 1987 [1985], S. 36.

96. Man könnte sich vorstellen, dass gewisse Sätze von der Form der Erfahrungssätze erstarrt wären und als Leitung für die nicht erstarrten, flüssigen Erfahrungssätze funktionierten; und dass sich dies Verhältnis mit der Zeit änderte, indem flüssige Sätze erstarrten und feste flüssig würden.

97. Die Mythologie kann wieder in Fluss geraten, das Flussbett der Gedanken sich verschieben. Aber ich unterscheide zwischen der Bewegung des Wassers im Flussbett und der Verschiebung dieses; obwohl es eine scharfe Trennung der beiden nicht gibt.[131]

Besonders der Sprung von § 96 zu § 97 in der Wortwahl ist interessant zu beobachten, da Wittgenstein zunächst von den ‚Erfahrungssätzen' und ihrer ‚Leitung' spricht und sich dann aber unmittelbar darauf auf den allgemeineren Ausdruck ‚Gedanken' bezieht. Ferner wird aus den ‚erstarrten Erfahrungssätzen' auf einmal eine ganze ‚Mythologie' – es vollzieht sich also offensichtlich eine starke Bewegung der Verallgemeinerung in dieser Passage. Bemerkenswert ist in diesem Zusammenhang auch, dass Wittgenstein unmittelbar vor der zitierten Stelle, in § 95 einen Konjunktiv verwendet, wenn er schreibt: „Die Sätze, die dies Weltbild beschreiben, könnten zu einer Art Mythologie gehören."[132] Wenige Zeilen später legt er sich dann aber in seiner Formulierung fest, das Weltbild als eine Mythologie zu kennzeichnen. Was mit dieser geradezu provokanten Formulierung aufgerufen wird, ist vor allem der Gegensatz zum Wesenskern des Vernünftigen, also zur Fähigkeit der Begründbarkeit und rationalen Ableitung. Als wissenschafts-historische Parenthese sei an dieser Stelle angemerkt, dass der Erkenntnistheorie in Wittgenstein daher einmal mehr die Dichotomie von *mythos* und *logos* begegnet, jener Gegensätzlichkeit, die bereits die Sophisten, wenn auch unter anderen Vorzeichen, als ihr Thema erkannten. Wittgenstein vollzieht die Wendung in das Mythologische jedoch nicht als grundsätzliche, paradigmatische Ausrichtung seiner Erkenntnistheorie. Vielmehr spielt er mit dem Begriff, um das Gegenteil des Begründbaren und damit bis in den Kern Nachvollziehbaren zu markieren. Dies ist die konsequente Anwendung seines Diktums auf sich selbst, dass jedes Begründen einmal ein Ende hat.

Charakteristisch für das metaphorische Flussbett bleibt jedoch, dass es selbst immer wieder gewissen Änderungen unterworfen ist, also nicht nur die Bewegung des Flusses lenkt, sondern selbst von der Bewegung gelenkt wird: „Ja, das Ufer jenes Flusses besteht zum Teil aus hartem Gestein, das keiner oder einer unmerkbaren Änderung unterliegt, und teils aus Sand, der bald hier bald dort weg-

131 Wittgenstein: ÜG, §§ 96, 97.
132 Ebd., § 95.

und angeschwemmt wird."[133] Strawson wiederum bezieht sich in seiner Zurückweisung des Relativismus-Vorwurfs gegen Wittgenstein genau auf diese Stelle. Ihm zufolge liegt in der Interpretationsbedürftigkeit der zitierten Paragraphen aus *Über Gewissheit* eine methodische Absicht Wittgensteins:

> Es ist typisch für den späten Wittgenstein, mit seiner extremen Abscheu vor systematischer Themenbehandlung, dass er niemals versuchte, genauer anzugeben, welche Weltanschauungen, welche Aspekte unseres Bezugssystems „keiner oder einer unmerkbaren Änderung" unterliegen, auf welche Anschauungen wir als Menschen oder von Natur aus so grundlegend festgelegt sind, dass sie feststehen und damit gerechnet werden kann, dass das durch alle wissenschaftlichen Umstürze und gesellschaftlichen Umbildungen hindurch so bleibt.[134]

4.4 Rhetorische Zweifelsevokation: Synopse der Analyse Wittgensteins

Wittgensteins ‚Weltbild' und sein ‚Sprachspiel' sind weder *per se* noch *in toto* Gegenstand rhetoriktheoretischer Untersuchung. Sie sind es nur unter den Vorzeichen der Persuasion, also nur insofern sie die Kennzeichen des bereits besprochenen ‚rhetorischen Falls' aufweisen beziehungsweise Teil seiner Konstruktion sind. Für Wittgensteins Weltbild heißt dies, dass es unter der Perspektive des Rhetorischen stets ein Weltbild unter Vorbehalt ist. Die gefestigte Form des Flussbettes und der gleichförmige Strom der Gedanken wären in der Metapher aus *Über Gewissheit* also nur als Ausgangspunkt Teil der rhetorischen Überlegung. Im Sinne des Metabolie-Prinzips steht als Ziel vielmehr deren Veränderung und Verschiebung im Vordergrund. Das transitorische Moment als Charakteristikum der Metabolie-Systase-Beziehung, in der alle rhetorischen Faktoren stehen, wohnt damit jedem Weltbild inne, welches in den Blickpunkt der Rhetorik rückt. In dieser Hinsicht muss formuliert werden, dass die Welt des Rhetorischen zumindest adressatenseitig eine Welt struktureller Um-Ordnung und Vagheit ist. Was als vorrhetorische Sicherheit gilt, ist nach Eintreten des Dubiums potentiell fragil.

Vor jeder Zusammenführung von rhetorischem Frageinteresse und Wittgenstein'scher Philosophie muss daher die Feststellung stehen, dass Wittgenstein selbstredend keine Rhetoriktheorie betreibt, sondern Sprachphilosophie. Eine oberflächliche Adaptation von Begriffen wie Sprachspiel oder Weltbild vereitelt

133 Ebd., § 99.

134 Strawson 1987 [1985], S. 36.

letztlich jegliche Bemühung, für das Feld der Rhetorik neue Erkenntnis zu gewinnen und leistet begrifflichen Verwirrungen um das Eigentliche der Rhetorik unnötig Vorschub. Als Beispiel für die Inkongruenz der Perspektive sei etwa die Unterscheidung von Verständigung versus Persuasion genannt. Was Wittgenstein primär interessiert, ist, wie ein Ausdruck ‚bedeuten' kann, ein Sprecher ‚meinen' kann, ein Interpret ‚verstehen' kann. Das ist zwar nahe dran an den kommunikationstheoretischen Fragen der Rhetorik, aber es sind nicht die gleichen. Die Rhetorik interessiert vielmehr, wie Bedeutung, Meinen und Verstehen zu spezifischen Funktionen innerhalb eines distinkten Bereichs der Kommunikation werden, nämlich dem der Persuasion. Und dennoch ist beiden Perspektiven, der Wittgenstein'schen und der rhetorischen, die Grundausrichtung einer teleologisch geprägten Handlungstheorie zu eigen. Zudem bleibt Wittgenstein nicht alleine auf der Ebene der Sprache stehen, sondern geht einen Schritt weiter in Richtung ihrer konkreten Realisation, des Textes. Dies wiederum eröffnet den Raum einer hilfreichen Integration bestimmter Konzepte Wittgensteins in die fachtheoretischen Überlegungen zu kernrhetorischen Fragen.

Die Darstellungen zu Zweifel und Gewissheit in Wittgensteins Spätphilosophie zeigen zwei wesentliche Punkte auf: Erstens steht Wittgensteins Epistemologie mit Nachdruck für die Argumentation, die bereits im vorangegangenen Kapitel geführt wurde. Sowohl die Bestimmung des Zertums als Meta-Überzeugung im Vergleich zu den sie umgebenden Objekt-Überzeugungen als auch die Annahme eines hierarchischen Strukturmomentes inmitten eines undefinierbaren, aber mannigfachen Netzes an Überzeugungen finden in der System- und Weltbild-Philosophie Wittgensteins eine starke Korrespondenz. Darüber hinaus kann sich die Idee eines holistischen Charakters dieses Überzeugungsgeflechts nicht nur auf Davidson berufen, sondern erfährt auch durch Wittgenstein selbst eine Plausibilisierung. Da Wittgenstein nach Grundmann inferentielle Rechtfertigungsbeziehungen zwischen den basalen und nicht-basalen Überzeugungen eines jeweiligen Kontextes annimmt,[135] vertritt er eine inferentialistische Position. Laut Brandom ist daher ein holistisches Konzept unausweichlich: „Gemäß der inferentialistischen Auffassung vom begrifflichen Gehalt ist es nicht möglich, überhaupt irgendwelche Begriffe zu haben, wenn man nicht viele hat. Denn der Gehalt eines jeden Begriffs wird durch seine Relationen zu anderen Begriffen gegliedert."[136] Diese Formulierung erinnert stark an die bereits in Kapitel 3.1.3 zitierte Passage Davidsons zum Gedanken des *Holismus des Mentalen*. Um dem Einwand vorzubeugen, Davidsons Holismus-Gedanke sei jedoch weitreichender

135 Vgl. Grundmann 2008, S. 283.

136 Brandom 2001 [2000], S. 28; vgl. auch S. 45.

konstruiert als es bei Wittgenstein der Fall sei, empfiehlt es sich, in Bezug auf letzteren von einem lokalen oder modularen Holismus zu sprechen, so wie es etwa Williams tut.[137] Als ein solcher modularer Holismus wird der Terminus bei Wittgenstein daher auch im Weiteren verstanden, um keine vermeintliche Deckungsgleichheit mit der Theorie Davidsons zu postulieren, wo sie zumindest zweifelhaft erscheinen mag. Die Übereinstimmung zwischen Davidson und Wittgenstein ist nichtsdestotrotz im Grundsatz vorhanden, was die Rolle basaler Überzeugungen in einem modular holistischen System anbelangt: „Nevertheless, Wittgenstein as well as Davidson are quite clearly in agreement on the existence of more and less fundamental beliefs or judgments, beliefs disagreement about which is more or less destructive for the possibility of communication."[138]

In erster Konsequenz bestätigt also die Auseinandersetzung mit Wittgenstein, was die Überlegungen zum Zertum im vorangegangenen Kapitel bereits gezeigt haben. Geht man tiefer in die Materie, so entdeckt man aber darüber hinaus auch Verfeinerungen und Differenzierungen dieser Argumentation. Bisher wurde das Zertum bestimmt als eine Meta-Überzeugung, welche die Funktion einer reflektierten Gewissheitssetzung im Rahmen eines komplexen Netzes aus Objekt-Überzeugungen hat. Nimmt man Wittgensteins Überlegungen ernst, kommt nun der Begriff der spezifischen, regelgebenden sprachlichen Form hinzu, also die Idee eines sprachlichen und regelgeleiteten intersubjektiv zugänglichen Rahmens, in welchem das Zertum steht. Dieser Rahmen, dieses Sprachspiel, ist der praktische Raum, der diskursive Ausschnitt der Wirklichkeit, dessen Existenz das Zertum überhaupt erst ermöglicht. So wie Zweifel und Gewissheit Funktionen innerhalb eines Sprachspiels sind, ist das Zertum eine Funktion innerhalb eines spezifisch rhetorischen Sprachspiels. Und gleiches gilt für das Dubium als Funktion der inversiven Persuasion. Zerta sind an bestimmte kommunikative Räume ihres Vorkommens gebunden und diese Räume wiederum wirken sich zugleich konstitutiv und restriktiv auf die Zerta aus. Gleich, ob ein Zertum situationsgebunden und in relativer Kürze entsteht, also eher spontan oder intuitiv von einem Orator gefasst wird, oder ob es sich um eine langzeitgefestigte Gewissheit handelt, für die Knape den Begriff Dogma ins Feld führt, in jedem Fall steht kein Zertum ohne ein festes Weltbild im Hintergrund da. Durch die Ausweitung des Zertum-Begriffs auf den Adressaten einer inversiven Persuasionshandlung rückt natürlich gerade ein situativ entstehendes, im Akt der direkten kommunikativen Konfrontation aufkommendes Zertum in den Blick. Denn wenn man von dem Gelingen inversiver Persuasion ausgeht, muss für die Destruktion eines vormaligen

137 Vgl. Williams 2001, S. 166.
138 Glüer 2001, S. 94.

Zertums$_1$ über die Addubitation und die Manifestation eines Zertums$_2$ davon ausgegangen werden, dass beide Zerta in deutlicher zeitlicher Nähe zueinander liegen. Und dennoch steht mit Wittgenstein fest, dass kein Zertum angenommen werden kann, ohne nicht eine Menge weiterer Überzeugungen zu präsupponieren, die in dessen Hintergrund überhaupt erst den Zustand der Gewissheit ermöglichen. Dieses Mitführen an Hintergrund-Überzeugungen, die quasi automatisch aufgerufen werden, sobald bestimmte Meta-Überzeugungen miteinander ringen, regelt das Wittgenstein'sche Sprachspiel. Sowohl Zertum als auch Dubium bilden als Funktionen rhetorischer Sprachspiele deren Horizont. Das persuasive Sprachspiel endet, wo die Grenzen eines Zertums liegen, und es beginnt das neue Spiel dort, wo dieses Zertum in Zweifel gezogen wird oder durch ein neues Zertum seine Ersetzung erfährt. Man muss dabei nicht am Begriff des Sprachspiels hängen bleiben, auch Begriffe wie Kontext, Diskurs oder Diskursausschnitt sowie Schema könnten adäquate Äquivalente sein. Bei allen diesen Bezeichnungen ist dabei jedoch stets der radikale Bezug zur Sprache und ihrer Regularität mitzudenken, der den Ausdruck Sprachspiel entscheidend prägt.

Als weiterer Analysegegenstand der Betrachtung Wittgensteins kann der Kontextualismus und seine starke Verbindung zum hier verhandelten Thema angeführt werden. Er bereichert die Überlegungen zur rhetorischen Zweifelsevokation, aber auch zur Gewissheitserzeugung entscheidend, indem er verdeutlicht, dass die Begriffe Dubium und Zertum nur kontextgebunden und kontextsensitiv zu verstehen sind. Der Kontextualismus bietet eine epistemisch anspruchsvolle, aber vielversprechende Hintergrundtheorie, um plausible Annahmen über den rhetorischen Persuasionsvorgang machen zu können.[139]

Aus der Synopse ergeben sich daher sechs Punkte, die als erste Ergebnisse zur rhetorischen Zweifelsevokation thesenhaft dargestellt werden können:

(1) Rhetorische Zweifelsevokation ist eine Frage der Rechtfertigung und der empfundenen logischen Konsistenz. In diesem Sinne ist Zweifel ein partiell rationales Phänomen. Dies bedeutet, dass rationale Strukturmechanismen, die logische Konsistenz gewährleisten sollen, Hand in Hand mit psychischen Merkmalen gehen.

(2) Ein Modell rhetorischer Zweifelsevokation muss ein hierarchisch-holistisches Modell sein. Wer Zweifelsevokation untersuchen will, kann dies nicht an einzelnen Sätzen tun. Gleiches gilt mithin für die Untersuchung der Gewissheitserzeugung im Rahmen eines Persuasionsvorgangs. Die Hierarchisierung von

---

139 Diese Spur wird im folgenden Kapitel nochmals aufgenommen und auch über die Philosophie Wittgensteins hinaus näher beleuchtet.

Meta-Überzeugungen über Objekt-Überzeugungen und die Annahme, dass es basale Diskursfundamente gibt, in deren Angeln sich nach Wittgenstein der Raum für mögliche Fragen und Antworten dreht, installiert die Vorstellung eines Fundamentalismus. Dieser Fundamentalismus mag erkenntnistheoretische Schwierigkeiten mit sich bringen, deren Charakter vor allem methodischer Art ist. Denn es stellt sich die Frage, wie die Fundamente in sich selbst gerechtfertigt sein können. Für die praxeologisch ausgerichtete Rhetorik ist dies jedoch keine Frage von primärem Interesse. Denn hier zählt für die tatsächliche Überzeugungskraft einer Argumentation eben nicht der methodisch korrekte und logisch abgesicherte Formalismus abstrakter Epistemologie, sondern die diskurspraktische Begrenzung einer jeden Rechtfertigungsleistung, die – abgesehen von allgemein geltenden Regulationen – durch die spezifischen Bedingungen der jeweiligen Kommunikationssituation eine notwendige Limitierung erfährt. Wittgenstein denkt daher geradezu genuin rhetorisch, wenn er postuliert, dass alles Fragen einmal ein Ende hat und jede Kette von Begründungen ihren natürlichen Abschluss findet – und zwar nicht in der formalen Logik, sondern in der gelebten Praxis. Dies spiegelt sich in seiner lapidar anmutenden, aber bewusst verfassten Bemerkung: „So handle ich eben."[140] Zugleich markiert das bei allem gemeinsamen Frageinteresse von Rhetorik und philosophischer Erkenntnistheorie einen gewichtigen Unterschied, denn für die Rhetorik bedeutet es seit Aristoteles keinen Verlust an methodischer Schärfe, Rechtfertigungen abzuschließen, ohne dabei über den Status des jeweils Glauben Erweckenden hinauszukommen. Sofern rhetorische Meinungsbildung also im Idealfall zum Handeln führt, mag dieses Handeln aus streng epistemischer Hinsicht ungerechtfertigt sein, für die Rhetorik hingegen ist eine derartige methodische Restriktion nicht mehr zielführend, will sie jenseits des Normativen auch die Regularitäten des Faktischen untersuchen. Für Kripke steht jedenfalls fest, Wittgenstein habe erkannt, „dass wir schließlich eine Ebene erreichen, auf der wir ohne einen Grund handeln, durch den wir unsere Handlungen rechtfertigen können."[141]

(3) Rhetorische Zweifelsevokation basiert, wie Gewissheitserzeugung auch, auf einer zumindest partiellen Gleichheit des Weltbildes von Orator und Adressat. Dies ergibt sich aus der Notwendigkeit eines projektiven Verhaltens, welches die strategische Leistung des Orators wesentlich beeinflusst. Um mit dem eigenen Zertum adaptionsfähig an das Weltbild des Gegenübers zu sein, ist eine Kalkulation des anzunehmenden Weltbildes des Adressaten zwingend notwendig. Die

140 Wittgenstein: PU, § 217.
141 Kripke 1987, S. 111.

Rhetorik kennt hierfür den Terminus des „projektiven Adressaten- und Instrumentariumskalküls."[142] Dies löst unweigerlich die Frage aus, inwiefern eine relative Gleichheit der Weltbilder oder Überzeugungsgefüge zwischen Orator und Adressat angenommen werden kann. Wo in gradueller Hinsicht Kongruenzen bestehen mögen, kann nicht pauschal beantwortet werden. Dies ist zum einen individuell verschieden und einzelfallabhängig, zum anderen eine Frage der wissenschaftlichen Perspektivierung. Denn ob eine Übereinstimmung in Überzeugungen bei zwei oder mehr unterschiedlichen Subjekten attestiert werden kann, hängt auch von der mental-philosophischen Frage ab, ob zwei Subjekte überhaupt über gleiche mentale Inhalte verfügen können und wenn ja, welche Arten an Inhalten davon betroffen sind. Diese Diskussion kann und muss hier nicht geführt werden. Jedoch kann man neben dieser graduellen Frage zumindest die kategoriale stellen: Ist grundsätzlich davon auszugehen, dass zwei Individuen Rückschlüsse auf die mentalen Inhalte des jeweils anderen ziehen können und auf dieser Grundlage gerechtfertigte Projektionen ihres Handlungskalküls entstehen? In aller Kürze können zur positiven Beantwortung dieser Frage drei Positionen vorgebracht werden.

Zur Verteidigung der rhetorischen Projektion spricht Knape „bei allen Akten der Kommunikation aufgrund des Komplementaritäts-Postulates" von der sinnvollen Annahme einer „relativ weitreichenden Parallelität der Einrichtung menschlichen Denkens sowie der Erfahrungen und Konstruktionsweisen aller Beteiligten."[143] Er beruft sich dabei auf Erkenntnisse der evolutionären Erkenntnistheorie und setzt folglich auch für seine Rhetoriktheorie voraus, dass von einer gewissen Gleichheit der kognitiven Infrastruktur und ihrer Verarbeitungsprozesse bei den kommunizierenden Individuen im rhetorischen Sinne ausgegangen werden kann. Abgesehen davon erscheint das Projekt einer Rhetorikauffassung auch wenig aussichtsreich, welches als Argument eine grundsätzliche Unvereinbarkeit derartiger Strukturen anführen würde. Denn damit wären in gewisser Hinsicht essentielle Ermöglichungsbedingungen des Rhetorischen per se negiert.

Zum gleichen Ergebnis kommt man, wenn man Wittgenstein als Gewährsmann für ein projektives Adressatenkalkül befragt. Gerade seine Ausführungen zur Unmöglichkeit einer Privatsprache, auf die bereits oben hingewiesen wurde, weisen eindeutig in Richtung projektiven Verhaltens. Denn konsequent weitergeführt bedeutet die unbedingte Intersubjektivität einer Sprache, dass der notwendige Austausch Sprechender nicht nur Sprache an sich ermöglicht, sondern

142 Knape 2012a, S. 55.
143 Ebd.

zugleich die Möglichkeit zur zielgerichteten, mithin persuasiven Sprachverwendung überhaupt erst schafft.

Zweifelsohne das weitreichendste Argument für die Plausibilität einer gelingenden Adressatenkalkulation mittels Projektion bietet jedoch die Philosophie Davidsons.

(4) Rhetorischer Zweifelsevokation geht eine Gewissheitsgrundlage voraus. Zweifel kann nicht entstehen, wo Orator und Adressat nicht über eine gleiche Basis als konstitutiver Voraussetzung des Zweifelns verfügen und mehr noch, sich dieser Grundlage als einer gemeinsamen bewusst sind. Insofern setzt auch Metabolie bereits etwas voraus, was Akzeptanz ermöglicht.

(5) Zweifelsevokation bedeutet, dass es einem Orator gelingt, in einem hierarchisch-holistisch verfassten System an Sätzen ein Set an Begriffen (oder auch nur einen Begriff) zu installieren, dessen Regeln sich mit einem Teil der geltenden Regeln innerhalb des Systems nicht vertragen. Der Horizont des Regelsystems entspricht dabei dem Sprachspiel, welches der Orator spielt, um den Zweifel zu evozieren. Damit dieses Sprachspiel auch vom Adressaten gespielt werden kann, ist eine weitgehende Akzeptanz beider Seiten über die Legitimität dieses Spiels notwendig. Die entscheidende erste Frage, die der Orator zur Zweifelsevokation beantworten muss, lautet daher: In welchem Kontext und unter der Annahme welchen Weltbildes wird es dem Adressaten möglich sein, die Legitimität des Zweifels zu akzeptieren? Diese Frage bestimmt sein weiteres Handlungs- und Strategiekalkül. Auf semantischer Ebene besteht die Leistung des Orators anschließend darin, durch die sprachliche Interaktion Konzepte aufzurufen, die das Sprachspiel konstituieren, innerhalb dessen der Zweifel als regulärer Zug akzeptiert wird. Die Konzeptevokation geht daher der Zweifelsevokation voraus, die Schemaakzeptanz muss sich einstellen, bevor das konkrete Phänomen des Zweifels ausgelöst wird.

(6) Wie bereits in Kapitel zwei ausgeführt wurde, geht Gabriel von Wissen erster Ordnung (Objekt-Wissen) und Wissen zweiter Ordnung (Meta-Wissen) aus, wobei er konstatiert, dass ein Wechsel von der Stufe erster Ordnung zur zweiten nicht von sich aus geschieht, sondern eines motivierenden Anstoßes bedarf. Nimmt man diesen Ansatz und verbindet ihn mit der These, dass der Zweifel eines Gewissheits-Hintergrunds bedarf, um seine Funktion überhaupt entfalten zu können, ergibt sich auf der Prozessebene eine interessante Beobachtung: Der erste Akt der rhetorischen Zweifelsevokation besteht demzufolge darin, den Adressaten von der Reflexionsebene seines tatsächlichen oder vermeintlichen Wissens erster Ordnung auf die Reflexionsebene des Wissens zweiter Ordnung zu bringen. Die rhetorische Operation hat in erster Linie zur Folge, dem Adressaten das Bewusstsein seines eigenen Wissens vor Augen zu führen. Denn solange er

nicht weiß, was er weiß beziehungsweise nicht weiß, was er meint zu wissen, solange wird er nicht in der Lage sein, auch daran zu zweifeln.[144] Die Rhetorik des Zweifels beginnt für den Adressaten daher mit der kommunikativen Entdeckung seines eigenen Wissensanspruchs. Es versteht sich von selbst, dass hier unterschiedliche Stufen der Subtilität oder Dissimulation zur Anwendung kommen können, nichtsdestotrotz liegt auch der vollständig gelingenden Strategie der *dissimulatio artis* im Falle der zweifelsevokativen Rhetorik zunächst die Operation zugrunde, dem Adressaten sein eigenes System des Überzeugt-Seins vor Augen zu führen. Es kann keinen Zweifel geben, ohne zu reflektieren, dass es vormals eine davon differente Gewissheit oder zumindest stillschweigende Akzeptanz gab. Im Akt der rhetorischen Zweifelsevokation wird daher der Objektdiskurs durchbrochen und auf Ebene eines Metadiskurses fortgeführt.

144 In diesem Fall ist es unproblematisch, mit Gabriel von Wissen zu sprechen, während zuvor nur von Gewissheiten die Rede war. Denn für den hier verhandelten Fall spielt es keine Rolle, ob es sich bei den Gewissheiten des Adressaten um gerechtfertigte handelt, die den Status des Wissens beanspruchen können, oder nicht. Man könnte anstatt ‚Wissen' daher auch von ‚Wissensanspruch' sprechen.

5 Rhetorik und Kontextualismus

Betrachtet man die Ergebnisse des vorangegangenen Kapitels, stellen sie eine Stärkung oder Vertiefung bestimmter Positionen zu Dubium und Zertum dar. So bestätigt Wittgensteins Weltbild-Theorem etwa die These, dass Zweifel und Gewissheit auf kognitiver Ebene in komplexe Überzeugungsschemata eingewoben sind, als deren funktionaler Oszillationspunkt sie operieren. Ein anderes Ergebnis wiederum eröffnet ein neues Feld in Bezug auf die Zweifelsevokation und die Gewissheitssetzung: die These, dass beide (Teil-)Prozesse nur in bestimmten Zusammenhängen überhaupt zur Entstehung kommen können. Ausgehend von Wittgenstein wurde die besondere Kontextsensitivität des Zweifels im Sprachspiel und vor dem Hintergrund eines je spezifischen Weltbildes deutlich. Damit ist zugleich das Stichwort für die weiteren Untersuchungen dieses Kapitels gegeben. Denn noch ist offen, in welcher Form eine Theorie (inversiver) Persuasion mit dem Gedanken eines Kontextualismus verbunden ist und welche Argumente und Schlussfolgerungen sich daraus für die Thematik der Zweifelsevokation und Gewissheitserzeugung ergeben. Die folgende Argumentation stellt den fundamentalen Zusammenhang einer kontextsensitiven Begründungsgeltung von Gewissheiten auf der einen Seite und der Möglichkeit zur Persuasion auf der anderen Seite dar. Inversive Persuasion, so die These, ist nur möglich, wenn es rhetorisch gelingen kann, eine strategische Kontextvarianz, das heißt eine vektorielle Kontextverschiebung zu erreichen, und zwar von einem Kontext_1, in dem auch das Zertum_1 steht, hin zu einem Kontext_2, in dem die Addubitation und anschließend das Zertum_2 statthaben.

5.1 Die Idee des epistemologischen Kontextualismus und ihre Verbindung zur Rhetorik

„The fundamental idea of contextualism is that standards for correctly attributing or claiming knowledge are not fixed but subject to circumstantial variation.“[1] Nach Williams ist dies der gemeinsame Nenner, den die unterschiedlichen kontextualistischen Strömungen aufweisen und der als Leitgedanke allen zu Grunde liegt. Ausgehend von diesem Minimalkonsens haben sich etliche Strömungen

1 Williams 2001, S. 159.

https://doi.org/10.1515/9783110653885-005

etabliert, etwa der semantische Kontextualismus oder der Rechtfertigungskontextualismus, die Gabriel beide als „engen Kontextualismus“[2] bezeichnet. Denn seiner Ansicht nach stellen beide Theorien keine Aussagen über die Beschaffenheit des Kontextes selbst bereit, sondern befassen sich lediglich mit der Frage nach gerechtfertigten Zuschreibungen von Wissen.[3] Der Rechtfertigungskontextualismus ist dabei bereits im Zuge der Auseinandersetzung mit Wittgenstein besprochen worden. Er besteht in der Annahme, dass es eine kontextsensitive Variabilität der Überzeugungen gibt, die jeweils in einem Begründungssystem als basal gelten. Zudem vertritt er einen Inferentialismus, der die Beziehung zwischen basalen und nicht-basalen Überzeugungen ausmacht. Eine Folge dieser Annahme ist, wie die Beschäftigung mit Wittgenstein gezeigt hat, dass die Kette an Gründen und Begründungsschritten innerhalb eines Kontextes endlich ist. Grundmann bezeichnet diese Form des Kontextualismus auch als „substanziell“[4], insofern es vom Kontext selbst abhängig ist, ob eine Aussage begründungsbedürftig ist oder nicht. Der semantische Kontextualismus hingegen ist stärker an der Verwendung des Ausdrucks ‚Wissen‘ selbst orientiert. Ihm zufolge hängt vom jeweiligen Kontext ab, ob eine Anwendung des Begriffs Wissen gerechtfertigt ist, oder nicht. Der Satz ‚S weiß, dass p.‘, drückt daher lediglich aus, ‚S weiß, dass p zum Zeitpunkt t und unter den zu t herrschenden Umständen.‘ Diesen Ansatz bezeichnet Grundmann im Gegensatz zum substanziellen Ansatz des Rechtfertigungskontextualismus als „deflationär“.[5]

Von diesen beiden Ansätzen wiederum sind Gabriel zufolge auch Formen eines „weiten Kontextualismus“[6] zu unterscheiden. Denn während die eng gefassten Theorien im Grunde ausschließlich synchrone epistemische Ansprüche miteinander vergleichen, bezieht der weite Kontextualismus die historische Dimension mit ein und stellt eine diachrone Betrachtung an. Damit öffnet er sich auch Diskursphänomenen, die zusätzlich nicht-epistemische Aspekte enthalten:

> Der enge Kontextualismus sucht immer noch nach einer letztgültigen Definition des Wissens, bezieht im Unterschied zum Projekt einer analytischen kriteriellen Definition allerdings variable Parameter mit ein. Der weite Kontextualismus hingegen nähert sich theoretisch dem Umstand, dass Wissen und Erkenntnis auf Grundlagen beruhen, die noch gar

---

2 Gabriel 2012, S. 99.

3 Vgl. ebd., S. 98.

4 Grundmann 2008, S. 326.

5 Ebd., S. 327.

6 Gabriel 2012, S. 99.

keine Gründe im epistemischen Sinne und dennoch hinreichend wissensaffin sind, um Wissen hervorzubringen.[7]

Über diese noch gut fassbaren Kategorisierungen hinaus, die in der Zusammenschau von Gabriels und Grundmanns Explikationen entstehen, gibt es noch weitere Differenzierungen, bei denen sich die Autoren jedoch auch widersprechen. So hält Grundmann beispielsweise eine Unterscheidung von Zuschreibungskontextualismus und Subjektkontextualismus für förderlich.[8] Diese beruht auf der Trennung des für die Zuschreibung eines Wissensanspruchs maßgeblichen Kontextes entweder in den des Beobachters, der die Wissenszuschreibung macht, oder in den des Subjektes, dessen Anspruch auf Wissen geprüft wird. Grundmann knüpft damit an DeRose an, seinerseits ein Vertreter des semantischen Kontextualismus. DeRose selbst spricht sich, aus Gründen, deren Erörterung hier zu weit führten, für die Perspektive des „attributor contextualism“[9] aus, also für die Zuschreibungsvariante. Gabriel wiederum wendet gegen diese Klassifizierung ein, dass aus erkenntnistheoretischer Sicht die Perspektive dessen, der die Zuschreibung macht, nicht entscheidend sei, womit sich die Distinktion der beiden Zuschreibungsrollen erübrige.[10]

Ebenfalls strittig ist die Frage, inwiefern eine Theorie des Kontextualismus zugleich eine Theorie der Struktur des Wissens selbst ist. Für DeRose spricht sich der Kontextualist nicht aus sich heraus für oder gegen eine bestimmte Strukturtheorie aus, so hält er etwa sowohl einen Fundamentalismus als auch einen Kohärentismus für kompatibel mit dem kontextualistischen Gedanken.[11] Dagegen kann jedoch geltend gemacht werden, dass etwa der Rechtfertigungskontextualismus Wittgenstein'scher Prägung durch seinen Rückgriff auf den Inferentialismus eindeutig Position für den Fundamentalismus bezieht und es zumindest fraglich ist, inwiefern sich eine solche Theorie mit einem kohärentistischen Verständnis der Wissensstruktur vereinen lassen könnte.

Allen kontextualistischen Ansätzen ist dabei gemein, dass sie der Situation, in der sich ein Erkenntnissubjekt befindet, ein wesentliches Gewicht beimessen. Sie entwerfen epistemische Modelle, die die Aspekte von Zuschreibung und Rechtfertigung eines Erkenntnisanspruchs situationsabhängig auffassen. Dabei geht es nicht nur um eine rein zeitliche Dimension, sondern um einen festen Punkt in einem räumlich-zeitlichen Koordinatensystem. Dieser Kontextpunkt,

---

7 Ebd.

8 Grundmann 2008, S. 152.

9 DeRose 2009, S. 22.

10 Vgl. Gabriel 2012, S. 97.

11 Vgl. DeRose 2009, S. 21f.

der für die Zuschreibungs- und Rechtfertigungsfrage herausgegriffen wird, steht der Auffassung des Kontextualismus zufolge in einer epistemischen Relation zu weiteren Kontextpunkten, also weiteren räumlich-zeitlichen Koordinaten des gleichen Systems. Die Differenzen, die sich im Vergleich der Zuschreibungs- und Rechtfertigungsergebnisse beider Kontextpunkte ergeben, führen jedoch nicht zu einem theoretischen Widerspruch, das heißt, sie münden nicht in ein methodisches Dilemma. Vielmehr lassen sich beide bzw. alle Kontextpunkte als gleichberechtigt nebeneinander stehend auffassen.

Der Gedanke des Kontextualismus impliziert dabei natürlicherweise, dass sich mit verschiedenen Kontexten eine Änderung epistemischer Parameter ergibt. Jedoch gehen die Ansichten darüber auseinander, welche Parameter genau einem solchen Wechsel unterworfen sind. Anders formuliert, ergibt sich aus der Debatte um kontextualistische Theorien die Frage, was für das Erkenntnissubjekt eigentlich den Unterschied zwischen verschiedenen Kontexten ausmacht. Diese Frage wird auch für eine Wendung ins Rhetorische später sehr interessant sein, wenn es in der weiteren Argumentation darum geht, strategische Kontextverschiebungen als rhetorische Grundhandlungen zu verstehen.

Schaffer stellt die drei gängigsten Auffassungen darüber zusammen, welche Parameter sich mit der Kontextvarianz tatsächlich verändern. Als diese möglichen Parameter identifiziert er entweder bestimmte Grenzbereiche der Rechtfertigung von Wissenszuschreibungen, oder epistemische Standards, die jeder Kontext neu mit sich bringt, oder als dritte Möglichkeit eine Menge an epistemischen Alternativen zu bestimmten in Frage stehenden Wissenszuschreibungen.[12] Für die erste Möglichkeit stellt er die Hypothese (T) auf: „What shifts is the threshold of justification sufficient for ‚justified‘."[13] Demnach besteht eine Spanne unterschiedlicher Grade der Rechtfertigung von Überzeugungen, wobei nicht alle Kontexte einen ausreichenden Rechtfertigungsgrad für eine Überzeugung ‚dass p‘ bereitstellen.[14] Dem steht die Hypothese (S) gegenüber: „What shifts is the metric of similarity, together with the standard of how far one must track for ‚knows‘."[15] Diese etwas kryptische Hypothese besagt, dass ein Subjekt in einem logischen Raum die Wahrheit oder Falschheit einer Überzeugung ‚dass p‘ nachvollziehen muss, die Reichweite dieser Nachvollziehbarkeit jedoch ebenso von Kontext zu Kontext variiert, wie die Metrik des Raumes. Dadurch ist nicht in jedem Kontext die Möglichkeit einer sicheren Nachvollziehbarkeit von Wahrheitsansprüchen

---

12 Vgl. Schaffer 2005, S. 115f.
13 Ebd., S. 118.
14 Vgl. ebd.
15 Ebd., S. 121.

gegeben.[16] Schaffer spricht sich gegen diese beiden Hypothesen aus, da sie eine Reihe skeptischer Probleme aufwerfen und das Erkenntnissubjekt vor allem vor die Schwierigkeit stellen, dass radikale skeptische Zweifel sowohl die möglichen Rechtfertigungsgrade in (T) als auch die Reichweite der Nachvollziehbarkeit einer Rechtfertigung in (S) radikal angreifen können.[17] Trotz Schaffers Bedenken erweist es sich jedoch im weiteren Verlauf der Arbeit als plausibel davon auszugehen, dass sich mit der Kontextvarianz auch eine Änderung der epistemischen Standards ergibt. Dieses Merkmal wird daher weiter unten nochmals aufgegriffen.

Daher spricht sich Schaffer für die dritte Hypothese (A) aus: „What shifts is the range of alternatives *s* must eliminate.“[18], wobei *s* für das Erkenntnissubjekt steht. Dazu sieht Schaffer *s* mit einer „eliminatory power“[19] (e) ausgestattet, die alternative Überzeugungen zu ‚dass p‘ solange aussortieren kann, bis nur noch ‚dass p‘ als Überzeugung bzw. Wissen stehen bleibt. Dabei bildet Q die Menge möglicher Alternativen zu ‚dass p‘. In Kontexten, in denen nun s durch e die gesamte Menge Q eliminieren kann, herrscht daher Wissen. Kann s dies nicht, bleibt die Geltung von ‚dass p‘ im betreffenden Kontext ungewiss.[20]

In dieser dritten Hypothese, die nach Schaffer auch sämtliche Anforderungen an eine konsistente Theorie des Kontextualismus besser erfüllt als die beiden Hypothesen davor,[21] ist ein Merkmal wiederzuerkennen, welches bereits oben unter rhetoriktheoretischen Gesichtspunkten angesprochen wurde. Es fällt sofort ins Auge, das es für das Erkenntnissubjekt um eine Form der Konsistenz- und Alternativenminimierung geht, die ein Dezisionsverhalten voraussetzt. Zertifikation wird gewonnen, indem mögliche Alternativüberzeugungen verworfen werden. Gleichzeitig entsteht Zweifel an der Gewissheit einer Überzeugung genau dann, wenn konkurrierende Überzeugungen als gleichberechtigt oder zumindest nicht minder berechtigt erscheinen. Daraus ergibt sich die Frage, wie eine solche Theorie für die Suche nach einer Erklärung rhetorischer Zweifelsevokation und anschließender Gewissheitserzeugung genutzt werden kann.

Es ist für den weiteren Verlauf der Arbeit nicht erforderlich, tiefer in die philosophische Theoriediskussion einzusteigen, zumal die Fokussierung auf die Rhetorik ohnehin eine modifizierende Adaption der hier angerissenen Konzepte

---

16 Vgl. ebd., S. 121f.
17 Vgl. ebd., S. 119-125.
18 Ebd., S. 125.
19 Ebd.
20 Vgl. ebd., S. 125f.
21 Vgl. ebd., S. 126ff.

erforderlich macht. Vor diesem Hintergrund scheint es müßig, erkenntnistheoretische Feinheiten zu diskutieren, um anschließend zu dem Ergebnis zu kommen, dass die rhetoriktheoretische Perspektive von der Akzentuierung her ohnehin anders verläuft. Wesentlich ist jedoch der Gedanke, dass sich die Annahme einer Kontextsensitivität von Zuschreibungs- und Behauptungsansprüchen von Wissen und Gewissheit nutzbringend auf die Rhetorik übertragen lässt.

Während der Begriff Kontextualismus in philosophischer Hinsicht zunächst eine epistemologische Theoriediskussion kennzeichnet, kann er im Zusammenhang mit der Rhetoriktheorie auch als grundsätzliche methodische Annahme verstanden werden, auf die sich die gesamte Persuasionstheorie bezieht. Bereits Aristoteles verteidigt die Rhetorik als Disziplin gegen den Vorwurf, sie sei neben der Dialektik unnütz und überflüssig, unter anderem mit dem Argument, dass die Fälle, die rhetorisch verhandelt werden, oft kein exaktes Wissen und allgemeine Lösungen zulassen.[22] Offensichtlich liegen im rhetorischen Fall zumeist kontextsensitive Faktoren vor, die eine Einzelfallprüfung und eine Abschätzung von Vagheiten notwendig machen. Rapp sieht in seiner Interpretation ebenfalls diesen Punkt bei Aristoteles: „Finally, most of the topics that are usually discussed in public speeches do not allow of exact knowledge, but leave room for doubt."[23] Diese Uneindeutigkeit der verhandelten Sache stellt den Redner daher vor die Herausforderung, auf die spezifischen Kontextumstände zu achten und aus ihnen heraus Plausibilitäten zu entwickeln. Wenn es nach Williams die fundamentale Idee des Kontextualismus ist, dass die Standards für die Zuschreibung und Behauptung von Wissen abhängig sind von den äußeren Faktoren, unter deren Eindruck diese Zuschreibungen und Behauptungen gemacht werden, so gilt dies in Anschluss an Aristoteles also auch für die Rhetorik. Die *differentia specifica* des rhetorischen Ansatzes im Vergleich zum epistemologischen besteht jedoch darin, dass die Rhetorik nicht von „correctly attributing or claiming"[24] spricht, sondern vielmehr vom Primat des Glaubhaften oder Wahrscheinlichen vor dem der Korrektheit ausgeht. Zudem steht der Rhetorik ein anderes epistemisches Ziel vor Augen, indem sie sich weniger dem Wissen denn mehr der Gewissheit verschrieben hat. Die grundsätzliche Komponente der Kontextsensitivität bleibt jedoch trotz dieser definitorischen Veränderung bestehen. Denn das Verhältnis von Zuschreibungs- und Behauptungsstandards für Gewissheiten und ihrer Gültigkeit im Sinne einer Akzeptabilität oder Plausibilität ist nach wie vor kontextsensitiv. Daher lautet die Abwandlung des Williams-Zitates für die

22 Vgl. Arist.: Rhet. I, 2 (12).
23 Rapp 2010, § 4.3.
24 Williams 2001, S. 159.

Rhetorik: The fundamental idea of rhetorical contextualism is that standards for convincingly attributing or claiming certainty are not fixed but subject to circumstantial variation.

Eine weitere Nähe, welche zwischen Rhetorik und Kontextualismus besteht, ergibt sich aus der Definition des Begriffs Kontext, die Gabriel gibt:

> Ein Kontext ist der Rahmen eines Diskurses, sein *Bezugssystem*. Ein *Diskurs* ist ein Aussagensystem, in dem jede Aussage eine Reihe von möglichen Nachfolgern und möglichen Vorgängern definiert. Die Menge der möglichen Nachfolger und Vorgänger einer jeden Aussage wird durch Regeln individuiert, die innerhalb des Diskurses implizit sind und welche die Teilnehmer des Diskurses, d.h. diejenigen, die Aussagen treffen, auf einen wie auch immer spezifizierten Unterschied von korrekt und inkorrekt (wahr und falsch; gut und böse; schön und hässlich usw.) verpflichteten. Eine Aussage oder ein Zug ist dabei alles, was korrekt oder inkorrekt (wahr/falsch; gut/böse; schön/hässlich usw.) sein kann.[25]

Die Terminologie Gabriels folgt offensichtlich Motiven, die bereits bei Wittgenstein besprochen wurden. Der Kontext ist das System, auf das Aussagesysteme (oder, mit Wittgenstein gesprochen, Sprachspiele) Bezug nehmen und innerhalb dessen die Frage nach der Gültigkeit oder Ungültigkeit eines (Spiel-)Zuges entschieden wird. Den Oppositionspaaren von wahr und falsch, gut und böse sowie schön und hässlich sind nun die rhetorischen Dichotomien von wahrscheinlich und unwahrscheinlich, akzeptabel und inakzeptabel, glaubenerweckend und unglaubwürdig hinzuzufügen. In bestimmten Kontexten gelten also Züge innerhalb von Begründungssystemen als der Plausibilität der Begründung förderlich, während andere dieser Plausibilität abträglich sind. Folgt man dem Gedanken des Kontextualismus, ist nicht das Begründungs- oder Aussagesystem selbst dafür verantwortlich, die Standards der Wahrscheinlichkeit und Akzeptabilität zu setzten. Vielmehr kann ein Begründungssystem gar nicht unabhängig von dem Kontext, in dem es zur Anwendung kommt, bestehen. Diese grundsätzliche Kontextabhängigkeit von Begründungssystemen ist in rudimentärer Form bereits in der aristotelischen Rhetorik angelegt, wie zwei Stellen verdeutlichen. Zum einen geht Aristoteles von einem intellektuell heterogen zusammengesetzten Publikum aus. Die Argumentationsform des Syllogismus, der in der Dialektik zum Tragen kommt, befindet Aristoteles daher als unpassend für die weniger auf wissenschaftliche Deduktion abzielende Rhetorik und empfiehlt das Enthymem als pragmatischere Schlussform.[26] Neben der rein praxisorientierten Erwägung von Erfolgsfaktoren wie Verständlichkeit und Angemessenheit an die Zielgruppe ist

25 Gabriel 2014, S. 234 [Herv. i. Orig.].
26 Vgl. Arist.: Rhet. I, 2 (13).

dies auch der Einsicht geschuldet, dass sich eine Begründungsleistung im rhetorischen Sinne nicht aus sich selbst heraus rechtfertigen lässt. Rhetorisch erzeugter Erkenntnisgewinn beim Adressaten basiert folglich nicht auf außer-subjektiven epistemischen Qualitäten, sondern auf persuasiver Funktionalität. Epistemische Ansprüche an die rhetorische Begründungsleistung unterliegen daher evaluativen Kriterien, die sich aus dem jeweiligen Handlungskontext ergeben. Derartige Kriterien werden bis zu einem gewissen Grad den Anforderungen an eine dialektische Argumentation gerecht werden, jedoch zwangsläufig irgendwann hinter ihnen zurückbleiben. Aus erkenntnistheoretischer Perspektive mag das Enthymem daher als defizitärer Syllogismus erscheinen. Jedoch könnte genauso aus rhetorischer Perspektive das Defizit persuasionspraktischer Dysfunktionalität auf Seiten des Syllogismus angekreidet werden.

Die zweite Stelle der aristotelischen Rhetorik, die eine kontextsensitive Ausrichtung erfordert, findet sich im dritten Buch, in Kapitel 17. Hier schreibt Aristoteles: „Wenn du Pathos heraufbeschwörst, verwende kein Enthymem! Entweder wird es jegliches Pathos ersticken oder du wirst es vergeblich vorbringen: Denn gleichzeitige Bewegungen hemmen einander und heben einander auf oder schwächen einander.“[27] Diese Aussage gehört zu den aus heutiger Sicht bemerkenswert psychologisch gedachten Passagen der *Rhetorik*, insofern Aristoteles sich offenbar dessen bewusst ist, dass sich kognitive Prozesse nicht isoliert von ihren emotiven mentalen Begleiterscheinungen durch Kommunikation stimulieren lassen. Eine solche Erkenntnis bleibt für den Anwendungsbezug praktischer Beredsamkeit, der schon durch die imperative Form der Aussage nahegelegt wird, jedoch ohne Wert, wenn nicht klar ist, wodurch die Interdependenz von kognitiven Inhalten und weitergefassten, psychomentalen Nebeneffekten bedingt wird. Hier ist neben grundlegenden Dispositionen oder vorgefassten Einstellungen beim Adressaten vor allem an die kontextuellen Umstände zu denken, die ein Heraufbeschwören von Affekten überhaupt erst möglich und strategisch sinnvoll machen. Offenbar denkt Aristoteles die Beweiskraft einer kommunikativen Interaktion also nicht rein von der Sache ausgehend, sondern sucht sie dem Kontext, in dem unterschiedliche Begründungs-Akzeptanz-Bedingungen vorliegen, anzupassen. Ein und derselbe Sachverhalt kann je nach Kontext unterschiedlichen epistemischen Paradigmen unterliegen, so dass sich die Akzeptanzkriterien für die Geltung einer Begründungsqualität ändern. Knape bewertet die zitierte Stelle aus der aristotelischen Rhetorik ebenfalls als Beispiel für die

27 Ebd., III, 17 (8).

Koexistenz unterschiedlicher Akzeptanzrahmen für persuasive Kraftentfaltung, die entweder stärker rational oder eben emotional funktionieren.[28]

Grundsätzlich ist der Begriff der ‚Sache' in der aristotelischen Rhetorik unter kontextsensitiven Gesichtspunkten zu hinterfragen. Die Definition der Rhetorik, die Aristoteles an prominenter Stelle im ersten Satz des ersten Buches, Kapitel zwei, gibt, lautet in der Übersetzung Krapingers: „Die Rhetorik sei also als Fähigkeit definiert, das Überzeugende, das jeder Sache innewohnt, zu erkennen."[29] In der Übersetzung von Rapp heißt der Satz: „Es sei also die Rhetorik eine Fähigkeit, bei jeder Sache das möglicherweise Überzeugende zu betrachten."[30] Und Sieveke wählt die Variante: „Die Rhetorik stelle also das Vermögen dar, bei jedem Gegenstand das möglicherweise Glaubenerweckende zu erkennen."[31] Möchte man die Rhetorik einer kontextualistischen Lesart unterziehen, stellt sich die Frage, was ‚Sache' beziehungsweise ‚Gegenstand' meint. Wie weit muss dieser Ausdruck hier gedacht werden? Bezieht er sich nur auf ein Ding im Sinne einer ‚res', oder kann er weiter ausgelegt werden, bis hin zu Situation oder Kontext? Aufschluss hierüber gibt das griechische *peri hekaston*[32], welches Aristoteles im Original verwendet. Offenkundig lässt sich dieser Ausdruck nur in einem sehr weiten Sinne verstehen, sowohl *peri* als auch *hekaston* verdeutlichen die bewusste Offenheit des Gegenstandsbereiches. Zeugnis dafür ist die im Vergleich zum Deutschen sehr eindeutige lateinische Fassung, die den Ausdruck mit „circa unumquodque"[33] übersetzt. ‚Sache' meint hier also keinesfalls ‚res' im Verständnis einer Dinglichkeit, sondern muss sich, wie im Griechischen und Lateinischen, auf umschreibend zu erfassende Gegenstandsbereiche bzw. konkret vorliegende Anwendungsfelder der Rhetorik beziehen. Zugleich ist Aristoteles jedoch bemüht, den Gegenstandsbereich der Rhetorik in seiner grundlegenden Schrift zumindest soweit distinkt zu halten, dass er ihr bestimmte grundsätzliche Anwendungssituationen zuerkennt, sie jedoch auch von Anwendungsgebieten etwa der Dialektik zu unterscheiden sucht.[34] Es erscheint daher wenig plausibel, in das *peri hekaston* einfach einen Ubiquitätsanspruch hineinzulesen und damit die Textstelle ausdeuten zu wollen. Im Kontext mit den Passagen, in denen Aristoteles recht feste Vorstellungen davon hat, worauf sich Rhetorik zu beziehen hat und worauf nicht, ist es daher konsistenter, das *peri hekaston* kontextsensitiv auszulegen:

---

28 Vgl. Knape 2014, S. 292.
29 Arist.: Rhet. I, 2 (1).
30 Arist.: Rhet., übers. Rapp Hbd. 1 2002, I, 2 (1).
31 Arist.: Rhet., übers. Sieveke 1989, I, 2 (1).
32 Arist.: Rhet., ed. Ross 1959, I, 2 (1).
33 Arist.: Rhet., ed. Schneider 1978, I, 2 (1).
34 Vgl. Arist.: Rhet. I, 2 (12).

Rhetorik bezieht sich nach Aristoteles dann nach wie vor auf Situationen, „in denen wir beraten, ohne bestimmte Lösungsansätze bereit zu haben, und für derartige Zuhörer, die weder längere Zeit hindurch sich konzentrieren noch von einem distanzierten Standpunkt aus Überlegungen anstellen können."[35] Aber innerhalb dieser Fälle muss Rhetorik die Fähigkeit sein, unter jeder erdenklichen Ereigniskonstellation das *pithanon*, das Beweismittel, zu erkennen (*theorein*). Das heißt, dass Rhetorik die epistemischen Voraussetzungen, die eine lebensweltliche Situation mit sich bringt, verstehen kann, um an ihnen gemessen das *pithanon* zu sehen. Zweifelsohne wird sich Aristoteles keine kontextualistischen Gedanken im modernen Sinne dieser philosophischen Strömung gemacht haben, aber dennoch zeigt die hier vorgestellte Interpretation, dass der Kontextualismus für die Grundgedanken der Rhetorik kein Fremdkörper ist.

Gegen eine einengende, Objekt-gebundene Interpretation der rhetorischen Angelegenheit und für eine erweiternde Interpretation im Sinne eines Ereignisses oder situativen Zusammenhangs spricht auch die nähere Exegese der Textstellen, in denen sich Aristoteles fragt, welche Kriterien thematischer Kohärenz und inhaltlicher Engführung für einen Redner gelten sollen. Besonders deutlich wird dies beim Verhältnis von Gesetzgebung und Richterspruch, den Aristoteles zunächst in *Rhet. I; 1 (5)* anspricht. Krapinger übersetzt hier, es gelte ein „Abschweifen vom Sachverhalt"[36] in der rhetorischen Situation zu verhindern, während Rapp die Formulierung wählt, es dürfe nicht dazu kommen, „außerhalb der Sache zu sprechen."[37] Im aristotelischen Original findet sich der Ausdruck *pragmatos*[38], und damit ein Hinweis nicht nur auf eine Sache als unbelebte Materie oder ein Ding, sondern auf das Feld der sachgerechten Argumentation. Corcilius bemerkt zur aristotelischen Verwendungsweise des Begriffs *pragma*, er bezeichne „meistens die gerade in Rede stehende Sache, und zwar unabhängig davon, um welche Art Sache" es ginge, so dass es sich hier auch um „Gegenstände der Rede überhaupt"[39] handeln könne.

‚Sache' scheint sich hier daher gemäß Krapinger auf einen gesamten Sachverhalt, ein Ereignis, zu beziehen. Rapp schreibt in seinem ausführlichen Kommentar zu dieser Stelle:

> ‚Außerhalb der Sache' wären nur unbeteiligte Personen oder etwa auch die Person der Richter; ‚außerhalb der Sache' können außerdem Bemerkungen zu einer beteiligten Person sein,

35 Ebd.

36 Ebd., I; 1 (5).

37 Arist.: Rhet., übers. Rapp Hbd. 1 2002, I, 1 (5).

38 Arist.: Rhet., ed. Ross 1959, I, 1 (5).

39 Corcilius 2005, S. 486.

> die auf weit zurückliegende Ereignisse referieren, Ereignisse berühren, die den vorliegenden Fall nicht erhellen, usw. Ob man also ‚außerhalb der Sache' spricht oder nicht, berührt nicht die Frage, ob man über Sachen im Unterschied zu Personen spricht; es berührt lediglich die Frage, ob man über *einschlägige* Personen und ob man *einschlägig* über Sachen und Personen spricht oder nicht; jede restriktivere Regelung wäre weder sinnvoll noch praktikabel.[40]

Diese offenere Lesart vermeidet einen Widerspruch in der aristotelischen Argumentation zu den drei entechnischen Wegen der Überzeugung, von denen sich nur der *logos* auf den reinen Sachverhalt im engeren Sinne bezieht, wohingegen in den Überzeugungsmitteln *ethos* und *pathos* notwendigerweise Personen und äußere Rahmenbedingungen inkludiert sind. Auch Sieveke wählt daher als Übersetzung der angegebenen Stelle die Formulierung des „zur Debatte stehenden Sachverhalts."[41] Ausgehend von diesen Überlegungen scheint es plausibel, die aristotelische Rhetorik-Definition ebenfalls in einem weiten Rahmen zu interpretieren, das heißt eine ‚Sache' zu einem lebensweltlich realen, kontextbezogenen rhetorischen Fall zu machen. Gerade die Feststellung, dass sowohl innerhalb als auch außerhalb der ‚Sache' gesprochen werden kann, ist ein eindeutiges Zeichen dafür, dass Aristoteles die rhetorische Darstellung des zu beredenden Sachverhaltes kontextsensitiv verstanden wissen will. Das *pithanon*, das Überzeugende einer Sache zu sehen, bedeutet daher auch das *pithanon* der jeweiligen Situation zu sehen. Diese Deutung fügt sich hervorragend zur rhetorischen Lehre des Kairos.

Die genannten Passagen aus der aristotelischen *Rhetorik* zeigen, dass bereits in der Grundlagentheorie der Rhetorik eine Reflexion über die Kontextsensitivität von Begründungsverfahren und einzelner Begründungsschritte angelegt ist. Es ist daher nur konsequent, eine Theorie, welche die grundsätzliche Kontextsensitivität ganzer Begründungssysteme postuliert, für die Rhetorik zu erschließen.

5.2 Grundzüge eines rhetorischen Kontextualismus

Kontextualismus als rhetoriktheoretischer Terminus verstanden, heißt also, dass die Standards für die überzeugende Zuschreibung und Behauptung von Gewissheiten an kontextuelle Variationen gebunden sind. Um dieser Idee Inhalt zu geben, ist es unerlässlich, sich Gedanken über die Beschaffenheit des Kontextes zu

---

40 Arist.: Rhet., übers. Rapp Hbd. 2 2002, S. 37f. [Herv. i. Orig.].

41 Arist.: Rhet., übers. Sieveke 1989, I, 1 (5).

machen, in dem rhetorische Interaktionen stattfinden, und die Aspekte dieser Beschaffenheit auf das Phänomen der Kontextsensitivität wieder zurückzubeziehen. Eine solche Perspektive, die den Kontext des Rhetorischen in erkenntnistheoretischer Weise erschließt, bietet Blumenberg. Seine Darstellung der Rhetorik arbeitet auf pointierte Weise heraus, welche Faktoren zur Entstehung des Rhetorischen führen, wobei sich in der Darstellung zeigen wird, dass diese Faktoren selbst in hohem Maße kontextsensitiv sind.

5.2.1 Die rhetorische Kontext-Beschaffenheit bei Blumenberg

Rhetorik findet als Teil dessen statt, was Blumenberg, dem phänomenologischen Erbe Husserls folgend, als ‚Lebenswelt' bezeichnet:

> Die ‚Lebenswelt' könnte man als Umbesetzung der Stelle jenes ersten Satzes in der „Metaphysik" des Aristoteles bestimmen, die Menschen strebten von Natur nach Erkenntnis. Denn nicht in einer Lebenswelt verweilen zu können und um Erkenntnis besorgt zu sein, das sind nur zwei verschiedene Aspekte ein und desselben Sachverhaltes: einer *Ungenauigkeit* der Einpassung in die Realität. [...] Dass die Menschen von Natur nach Erkenntnis streben, heißt also, dass sie sich von Natur nicht in der Lebenswelt halten und selbsterhalten können.[42]

Diesem Auszug aus Blumenbergs *Theorie der Lebenswelt* ist unschwer seine anthropologische Orientierung zu entnehmen, welche das Diktum Gehlens aufgreift, der Mensch sei als Mängelwesen zu verstehen.[43] Der gesamten Auseinandersetzung Blumenbergs mit der Rhetorik ist diese pessimistisch-anthropologische Ausgangslage zu eigen. In seiner zentralen Schrift zur Rhetorik lässt er bereits den Titel *Anthropologische Annäherung an die Aktualität der Rhetorik* auf diese Akzentuierung verweisen und greift die Gehlen'sche Terminologie nochmals in den ersten Sätzen auf.[44]

Erkenntnisstreben ist nach Blumenberg ein Konzept der Selbstbehauptung, ein anthropologischer Reflex, der der Absicherung dient und grundlegend defizitorientiert auszulegen ist. In dieser von Diffusion geprägten Lebenswelt findet sich der Mensch als ein Wesen wieder, welches in jedem Akt seines Tuns Strategien seiner Selbstbehauptung gegenüber der ihm feindlichen Welt anwendet.

---

42 Blumenberg: TdL, ed. Sommer, S. 52 [Herv. i. Orig.].
43 Vgl. Gehlen 1966, S. 33f.
44 Vgl. Blumenberg 1981a [1971], S. 104.

Jene Selbstbehauptung des Menschen ist das Prinzip der Rationalität schlechthin.[45] Rationalität und Denken dienen der Mängelkompensation, sind hochentwickelte Reaktionsmechanismen auf die Beeinträchtigungen des Daseins durch die Natürlichkeit der Welt:

> Denn, was auch immer man sagen mag, Denken ist Ausnahmezustand, reines Denken Ausnahme vom Ausnahmezustand. [...] Wir denken nicht, weil wir erstaunen, hoffen oder fürchten; wir denken, weil wir dabei gestört werden, nicht zu denken. [...] Nachdenklichkeit in der Lebenswelt ist vielleicht die erste Form, mit einer Verstimmung der Normalstimmigkeit fertig zu werden.[46]

Die Allusion an Aristoteles und sein *thaumazein*[47] (Staunen, Verwunderung) aus dem ersten Buch der *Metaphysik* springt sofort ins Auge, das Aufgreifen dieser Passage wird hier zu einer Unterstützung der Mängel-Anthropologie Blumenbergs. Das Denken entstammt nicht einem positiven Überschussmoment des Verhältnisses von Wahrnehmung und Verstehen, sondern resultiert aus der Konfrontation des Subjektes mit einem tendenziell ordnungsstörenden Phänomen, welches den Menschen zur Handlung drängt.[48]

Exakt in jene Grunddisposition des Lebens fällt nach Blumenberg nun die menschliche Fähigkeit zur Rhetorik. Denn sie ist eine der rationalen Strategien, das Mandat zur Handlung zurückzuerobern, nachdem es aufgrund des Status des Handelnden als Mängelwesen schon zu entgleiten schien. „Lebenswelt ist dann die Welt", schreibt Blumenberg, „in der wir immer schon nicht mehr sind, aber doch sein zu können oder sogar sein zu sollen glauben oder zum Gegenstand rhetorischer Forderungen machen."[49]

Die Konstitution der Lebenswelt baut nach Blumenberg letztlich auf dieser Alternative auf, wobei sie sich als Reaktiv auf die Mängelerscheinungen des Menschen liest. Sie nimmt für die Philosophie Blumenbergs eine zentrale Rolle ein, da sie als Verstehenshintergrund und damit als -voraussetzung der menschlichen Praktiken gelten darf.[50] Gleichwohl macht Blumenberg seine Schwierigkeiten, den Begriff im strengen Sinne einer Definition zu bestimmen, von Anfang an

45 Vgl. Blumenberg: TdL, ed. Sommer, S. 16.
46 Ebd., S. 61.
47 Arist.: Met., ed. Wellmann 2014, 982b12-17.
48 Höffe bemerkt dazu, Aristoteles meine mit dem Staunen des Menschen „nicht etwa eine Hochachtung vor der Harmonie im Universum, sondern ein Sich-Wundern über Disharmonien, ein skeptisches Staunen angesichts noch nicht erklärbarer Gegebenheiten." Höffe 1996, S. 46.
49 Ebd., S. 38.
50 Vgl. Blumenberg: TdL, ed. Sommer, S. 9f.

transparent. Die Gründe dafür entspringen der Unbestimmtheit des Begriffs ‚Leben', womit ein Terminus gefunden ist, welcher im Sinne des Autors seiner metaphorischen Gestalt wegen nicht klar gefasst werden kann.[51] Denn für Blumenberg liegt ein elementarer Bestandteil der Philosophie exakt darin, von dem zu handeln, wovon eigentlich nicht gesprochen werden kann, zumindest nicht jenseits einer allgegenwärtigen Metaphorik. Jene Metaphorik stellt für ihn keine *contradictio* des Philosophischen dar, hier erweist er sich als Widersacher der cartesianischen Forderung nach klaren und distinkten Begriffen. Vielmehr findet in seiner Metaphorologie eine Integration der Metapher in die Sprache der Philosophie statt, womit zugleich deren Anerkennung als unausweichlichem Element des Sprechens und Denkens von den Dingen geleistet wird.[52] Die Metapher dient der praktischen Erfüllung eines Sprachgebrauches, der sich ohne sie nicht konstituieren ließe, sie ist „nicht nur ein Surrogat des fehlenden, prinzipiell aber immer möglichen und deshalb einzufordernden Begriffs, sondern ein projektives Element, das sowohl erweitert als auch den leeren Raum besetzt"[53], wie Blumenberg schreibt. Die Metaphorologie hat dementsprechend methodische Motivation, sie „sucht an die Substruktur des Denkens heranzukommen"[54] und sie dem Denken selbst offenzulegen, um die Stellung und Funktion der Metapher im Prozess der Erkenntnisgewinnung zu ergründen. Im Zuge dieser Reflexion enthüllen sich unweigerlich die absoluten Metaphern, jene, die nicht mehr soweit aufgelöst werden können, dass sie sich in den Zusammenhang ihrer Verwendung zur vollen Verstehbarkeit einfügen würden. Interessanterweise verfolgt auch Davidson die Idee, bestimmte Begriffe als nicht weiter durch andere Begriffe definierbar anzunehmen.[55] Wenngleich es offensichtlich ist, dass Davidson jegliche Form der Mystifizierung solcher Grundbegriffe auch aus methodischen Gründen ablehnt und sie daher auch nicht als Metaphern bezeichnen würde,[56] ist seine Ansicht doch mit Blumenbergs These im Ansatz sehr verwandt. Ohne diese basalen Begriffe gäbe es beiden Autoren zufolge keine anderen Begriffe, weswegen letztlich nur der Weg bleibt, sie durch ihre mannigfachen Relationen zu anderen Ausdrücken zu beschreiben, anstatt sie distinkt definieren zu wollen. Ihnen eignet ein

---

51 Vgl. ebd., S. 10ff.

52 Vgl. Recki 1999, S. 143.

53 Blumenberg 1981a [1971], S. 132.

54 Blumenberg 2013 [1960], S. 16.

55 Vgl. Davidson 2005 [1996], S. 247ff.

56 Davidson erklärt sich am Beispiel des Begriffs ‚Wahrheit' etwa durchaus nicht dazu bereit, aus dessen Basalität eine Unbrauchbarkeit zu folgern: „Es ist auch keineswegs so, als impliziere die Undefinierbarkeit der Wahrheit, dass dieser Begriff mysteriös, mehrdeutig oder unzuverlässig wäre." Davidson 2005 [1996], S. 248.

irreduzibles Selbst, welches sie zwar unter anderen Begriffen sehr spezifisch macht, sich jedoch in einer ausgesprochenen Allgemeinheit des Verstehens zeigt. Sowohl Blumenberg als auch Davidson gehen davon aus, dass diese Begriffe (hier zu verstehen als Konzepte, seien sie nun metaphorisch oder nicht) die grundlegenden Einheiten der Sicht auf die Welt ausmachen. Und beide wenden sich gegen philosophische Versuche, die Endlichkeit des definitorischen Vermögens in Bezug auf diese Elemente der Sprache überwinden zu wollen. „Wir sollten uns damit abfinden, dass das, was diese Begriffe so wichtig macht, auch die Möglichkeit ausschließen muss, für sie ein Fundament ausfindig zu machen, dass noch tiefer in den Felsgrund hineinreicht."[57], wie Davidson formuliert.

Insgesamt stellt sich der vage Begriff der Lebenswelt als ein pars pro toto der gesamten Vagheit dieser Welt, so wie Blumenberg sie verstanden wissen will, dar. Die Konzeption dieser Idee ist stark beeinflusst von Cassirers Mythen-konstruktivem Ansatz, vor allem aber dessen Idee der Symbolizität der Welt.[58] Die Parallelen von Blumenbergs Metapher und Cassirers Symbol sind unverkennbar, nimmt man etwa die Aussage Cassirers: „Kennzeichnend für das menschliche Symbol ist nicht seine Einförmigkeit, sondern seine Vielseitigkeit und Wandelbarkeit."[59] In dieser Bestimmung ist die gleiche qualitative Leistungsfähigkeit eines sinnstiftenden Ausdruckssurrogates enthalten, wie schon im Metaphernbegriff Blumenbergs. Die Bezeichnung des Symbolischen als „Zauberwort"[60] des Menschen, um zu seiner eigenen Welt zu gelangen, passt daher auch auf die Metapher bei Blumenberg.

Der Rhetorik kommt damit eine gestaltende, generierende Funktion zu, sie ist Instrumentarium einer Selbstgestaltung menschlicher Wirklichkeit. Hier klingt das Motiv Nietzsches an, der Mensch bringe durch seinen Verstand und die Sprache die Form in seine Welt, um dem ewigen Chaos, aus dem alles im Grunde bestehen muss, eine oberflächliche Verlässlichkeit und trügerische Sicherheit entgegenzustellen. Was bei Nietzsche dann im Dualismus von Dionysischem und Apollinischem, also dem Rauschhaft-Chaotischen und der nüchternen Ordnung, ausgearbeitet ist,[61] klingt bei Blumenberg nur entfernt an. Gleichwohl bezieht er sich expressis verbis auf Nietzsche und dessen Verbindung von Form und Rhetorik.[62] Dieser schreibt in einem nachgelassenen Fragment: „Die Rhetorik ist eine

57 Ebd., S. 248.
58 Vgl. Recki 1999, S. 144ff.
59 Cassirer 2007 [1944], S. 65.
60 Ebd., S. 63.
61 Vgl. Nietzsche: GT, ed. Colli/Montinari 2012, S. 30ff.
62 Vgl. Blumenberg 1981a [1971], S. 106.

griechische Erfindung! der späteren Zeit. Sie [die Griechen, *Anm. d. Verf.*] haben die ‚Form an sich' erfunden (und auch den Philosophen dazu)."[63] Es ist davon auszugehen, dass Blumenberg die Abschätzigkeit des Kontextes, in dem diese Betrachtung bei Nietzsche steht,[64] nicht teilt, den Grundgedanken dahinter jedoch anerkennt. Rhetorik ist die Erzeugung von Form und (ephemerer) Ordnung inmitten eines unbestimmt wechselvollen, mithin chaotischen Weltgefüges.

Entscheidend für Blumenberg ist der Gedanke, dass Rhetorik durch ihre formende Kraft den Menschen instand setzt, die vorübergehende Restauration seiner Lebensordnung herzustellen. Das Mängelwesen Mensch steht unter permanentem Handlungsdruck, insofern es durch die Natur aus der Ordnung seines Daseins geworfen wird:

> Handeln ist die Kompensation der „Unbestimmtheit" des Wesens Mensch, und Rhetorik ist die angestrengte Herstellung derjenigen Übereinstimmungen, die anstelle des „substantiellen" Fundus an Regulationen treten müssen, damit Handeln möglich wird.[65]

Wie genau sich Blumenberg die Rhetorik als Gegenmodell zur Unbestimmtheit vorstellt, lässt sich nur erschließen, wenn man zwei weitere Begriffe seines Denkens heranzieht – die Begriffe von Evidenz und Institution. Seine Anthropologie, die er in der Rhetorik wissenschaftsgeschichtlich bereits angelegt sieht, ist eine „Theorie des Menschen außerhalb der Idealität, verlassen von der Evidenz"[66], das heißt verlassen von der Möglichkeit, letztgültiges Wissen zu erlangen. In der Rhetorik sieht er die Umkehrung des Kernanliegens der platonischen Philosophie, das Wissen zum nomothetischen Prinzip zu machen anstelle einer Institutionalität zu folgen.[67] Durch den rhetorischen Eingriff in die Welt kehrt sich dieses Prinzip wieder um, „Rhetorik schafft Institutionen, wo Evidenzen fehlen."[68] Diese Überlegung passt hervorragend mit Gabriels Charakterisierung des Kontextualismus zusammen, in der er schreibt:

63 Nietzsche: Fragm. 1875, ed. Colli/Montinari 2012, 6 [17].

64 Im hier betrachteten Fall wird der Terminus des Rhetors von Nietzsche negativ konnotiert. Durch die Verbindung zu Sokrates und den Hinweis auf die ‚spätere Zeit' rechnet ihn Nietzsche nicht mehr zur kraftvollen Ursprungszeit der griechischen Tragödie, sondern, seiner Interpretation nach, zu deren Untergang durch das Aufkommen der sokratischen Tragödie und deren Menschenbild. Zu Nietzsches Sokrates-Interpretation vgl. Nietzsche: GT, ed. Colli/Montinari 2012, S. 81ff.

65 Blumenberg 1981a [1971], S. 108.

66 Ebd., S. 107.

67 Ebd., S. 106.

68 Blumenberg 1981a [1971], S. 110.

> Der Kontextualismus bildet die direkte Negation des Platonismus im allgemeinen Sinne jeder Theorie, die auf der Überzeugung aufbaut, dass es ein ewig stabiles Reich der Bedeutungen (Freges „Gedanken", Platons „Ideen") gibt, zu dem wir einen kognitiven Zugang haben, sofern wir überhaupt irgendetwas Bestimmtes verstehen.[69]

Und weiter schreibt er: „Der Kontextualismus bestreitet den Gebrauchswert der metaphysischen Annahme von Propositionen und einer entsprechenden Totalität von Fakten (der Welt), indem er versucht, dafür zu argumentieren, dass weder Propositionen noch Fakten normative Kraft in dem Sinne haben, dass sie festlegen können, was als korrekter und was als inkorrekter Zug innerhalb eines Diskurses gelten *soll*."[70] Mit Blumenberg gesprochen müssen anstelle der evidenten Fakten also Institutionen als kommunikativ ausgehandelte Konsens-Momente die normative Kraft erzeugen, von der Gabriel spricht. Und die Aushandlung dieser Institutionen, ihr gesamtes Zustandekommen, ist gebunden an den Kontext, in dem der Mangel an Evidenz offenbar geworden ist. Jeder Kontext bringt damit seinen ihm eigenen Evidenzmangel mit und verlangt nach der ihm eigenen Institutionalisierung der normativen Regularität, die die Deutungshoheit inmitten des Erkenntnischaos wieder herstellt.

Der Kontext des Rhetorischen ist bei Blumenberg also das Ungewisse und Unbestimmte, welches durch die hier vorgenommene Interpretation mit dem Zweifelhaften in Verbindung gebracht werden kann. Vor allem aber wird dieses Unbestimmte gepaart mit kontextuellen Druckfaktoren, die nicht mehr zulassen als eine vorübergehende normierende Kraft, die über die Akzeptabilität von Gewissheitsansprüchen urteilt. Denn um den Menschen auch angesichts der defizitären Erkenntnislage in der rhetorischen Situation handlungsfähig zu halten, bedarf es einer provisorischen Rechtfertigungslegitimation: „Alles, was diesseits der Evidenz übrig bleibt, ist Rhetorik; sie ist das Organ der *morale par provision*. Diese Feststellung bedeutet vor allem, dass sie ein Inbegriff legitimer Mittel ist."[71] Blumenberg folgt also dem Ansatz einer kontextsensitiven Rechtfertigung, ohne diese in einen unlösbaren Widerspruch mit der Metaperspektive einer außersituativen Bewertungsinstanz münden zu lassen. Die Legitimität des Vorübergehenden, also des an eine spezifische Perspektive und deren Zeitlichkeit Gebundenen ist der Kerngedanke des Kontextualismus.

Nach Blumenberg ist angesichts der skizzierten Lebenswelt der unzureichende Grund „nicht zu verwechseln mit einem Postulat des Verzichtes auf

---

69 Gabriel 2014, S. 205.
70 Ebd.
71 Blumenberg 1981a [1971], S. 111 [Herv. i. Orig.].

Gründe“[72], im Gegenteil. Die Rhetorik bietet ihre Methode der Begründung von Schein-Evidenzen oder Nahezu-Evidenzen an, um eben doch den Zweifel überwinden und in handlungsauslösende Gewissheit überführen zu können.

Das Merkmal der Unmittelbarkeit sowie die Limitierung der Erkenntnissicherheit bilden die Grundkomponenten der Rhetorikdarstellung Blumenbergs: „Evidenzmangel und Handlungszwang sind die Voraussetzungen der rhetorischen Situation.“[73] Er weist damit auf die grundsätzliche Not des Erkenntnissubjektes hin, sich in einer Situation wiederzufinden, in der eine Entscheidungs- und Handlungskompetenz gefragt ist, welche sich kaum auf sichere Erkenntnis stützen kann. Damit geht Rhetorik für ihn von einer grundsätzlichen Kontextsensitivität aus, deren spezifische Beschaffenheit das Subjekt überhaupt erst motiviert, rhetorisch zu handeln. Offensichtlich ist Rhetorik nach dieser Anschauung an die konstitutiven Gegebenheiten kontextueller Umstände gebunden. Für Blumenberg gilt ferner, dass diese Umstände einen begrenzenden Einfluss auf die Erkenntnissicherheit des Subjektes haben: „Der Hauptsatz aller Rhetorik ist das Prinzip des unzureichenden Grundes (*principium rationes insufficientis*). Er ist das Korrelat der Anthropologie eines Wesens, dem Wesentliches mangelt.“[74] Damit ist eine Differenz thematisiert, die auch für den Gedanken des Kontextualismus wesentlich ist. Sie besteht zwischen der Perspektive des sich in der Situation befindlichen Subjektes und seines Wissensanspruchs auf der einen Seite und einer Außenposition auf der anderen, deren Wissenszuschreibung von der ersten Perspektive abweichen kann. Der entscheidende Punkt bei dieser Differenzannahme ist nun, dass nach der Idee des Kontextualismus beide Perspektiven in sich gerechtfertigt sein können, ohne dabei in einen meta-theoretischen Widerspruch zu geraten, da die Rechtfertigungskriterien beider Perspektiven eben kontextsensitiv sind. Der gleiche Gedanke findet sich offensichtlich auch bei Blumenberg.

Rhetorik schafft nach Blumenberg Institutionen, also im Nietzsche-Duktus die Form, inmitten des Chaos. Diese Form ist sowohl eine sprachliche als auch eine der Weltauffassung, sie gibt der Lebenswelt in restaurativem Sinne Gestalt, damit der Mensch den Evidenzmangel situativ kompensieren kann. Rhetorik setzt damit den Handlungsspielraum sowie den Raum, in dem Wissen möglich ist, ohne dass es eigentliche Evidenz als Selbst-Evidenz des Wirklichen geben kann. Dieser Raum ist der Kontext des Handelns, und mehr noch, der Kontext allen Aushandelns und Begründens. Er setzt die Grenzen von Gründen und deren

72 Ebd., S. 125.
73 Ebd., S. 117.
74 Ebd., S. 124 [Herv. i. Orig.].

Geltung. Institutionen zu schaffen heißt also, die Axiomatik zu installieren, die zum gegenwärtigen Zeitpunkt das Maß der Akzeptabilität von Gründen ist. Rhetorik setzt kontextuelle Geltungsräume, und das durch sprachliche Interaktion. Damit schafft sie die Form und Grenzen der jeweils im Kontext als wahr geltenden Lebenswelt. Oder, wie Wittgenstein es ausgedrückt hat: „*Die Grenzen meiner Sprache* bedeuten die Grenzen meiner Welt.“[75]

Blumenberg illustriert damit auf seine Weise die besondere Beziehung, die zwischen dem Rhetorischen und der Vorstellung kontextsensitiver Rechtfertigung besteht. Dieser Befund wird auch in keiner Weise durch die Feststellung geschmälert, dass Blumenbergs Rhetorikbegriff in Bezug auf das Phänomen von Kommunikation im Allgemeinen merkwürdig undifferenziert bleibt. Der Vollständigkeit halber sei daher eine kurze Einschätzung des Rhetorikverständnisses Blumenbergs gegeben.

5.2.2 Kritische Einordnung des Rhetorikverständnisses Blumenbergs

Drei wesentliche Punkte sind bei Blumenberg sehr auffällig, die einer Kommentierung bedürften. Erstens ist es das reaktive Rhetorikverständnis Blumenbergs, welches dem in dieser Arbeit favorisierten aktivischen, voluntaristischen entgegensteht. Zweitens ist seine Rhetorik keine spezifische Kommunikationstheorie, sondern nimmt eher den Rang einer sozial-anthropologischen Erkenntnismethode ein, deren Anwendung und Vorkommnis nicht distinkt genug abgesteckt ist, um von Begriffen wie Kommunikation im allgemeinen oder Diskurs noch trennscharf unterschieden werden zu können. Und drittens schreibt Blumenberg natürlich aus einer erkenntnistheoretischen (und anthropologischen) Perspektive, nicht aus einer genuin rhetorischen. Auch Kopperschmidt bemängelt dies, wenn er konzediert, Blumenbergs „Konzentration auf die *epistemischen* Voraussetzungen von Rhetorik lassen wenig Platz für eine theoretisch gehaltvolle Berücksichtigung ihrer *sozialen* Voraussetzungen, wie es etwa bei Aristoteles gelungen ist.“[76] Implizit erkennt er damit natürlich zugleich an, dass Blumenberg die erkenntnistheoretischen Grundlagen der Rhetorik als sozialem Phänomen ausführlich und treffend durchleuchtet hat. Etwas anders perspektiviert Robling seine Kritik, wobei auch er auf das Blumenberg'sche Zentralmotiv des Erkenntnismangels abhebt. Jedoch sieht Robling in der Verbindung von epistemischer Defizitbeschreibung und handlungstheoretischer Kompensationsanalyse eher

75 Wittgenstein: TLP, 5.6 [Herv. i. Orig.].
76 Kopperschmidt 2000, S. 20 [Herv. i. Orig.].

eine ethische als eine rhetorische Fragestellung: „Blumenberg hat mit seiner Auffassung von der Rhetorik als Kompensationsmittel bei Orientierungsdefiziten eigentlich die Ethik als Lehre vom richtigen Handeln im Blick.“[77] Es scheint daher so, als bringe der pointierte Ansatz Blumenbergs einigen Mehrwehrt auf dem epistemologischen Gebiet mit sich, handle sich jedoch zugleich Schwierigkeiten in der disziplinären Distinktion ein. Besonders problematisch ist dabei die mangelnde Abgrenzung zur allgemeinen Kommunikation. So bleibt äußerst fragwürdig, inwiefern nicht einfach Kommunikation an sich die Blumenberg'schen Institutionen schafft. Hier wäre etwa an den Ansatz Searles zu denken, der Sprechakten eine konstitutive Rolle bei der Etablierung bestimmter Wirklichkeitsinstanziierungen zuspricht, die er selbst als ‚institutionelle Tatsachen‘ auffasst.[78] ‚Rhetorik‘ als Begriff bei Blumenberg wirkt bisweilen eher wie ein Versuch, sprachlichen Handlungen per se eine epistemische und soziale Vektorialität zuschreiben zu wollen, die Ausdruck permanenter persuasiver Selbstbehauptung des Menschen ist.

Dabei läuft diese Kritik an Blumenbergs Rhetorikverständnis keineswegs darauf hinaus, die Worte ‚Rhetorik‘ im Originaltext einfach durch ‚Sprache‘ oder ‚Kommunikation‘ zu ersetzen und so auf allen Erkenntnisgewinn über die Sache der Rhetorik zu verzichten. Vielmehr handelt Blumenberg tatsächlich auch von Rhetorik selbst, lässt aber ihre Konturen bröckeln.

Trotz der Kritik an Blumenberg und seinem undifferenzierten Rhetorikbegriff sieht er bereits eine elementare Grundlage des Rhetorischen: Rhetorik ist an einen Kontext gebunden, der es dem Subjekt möglich macht, Maßstäbe begründeter Gewissheit auszuhandeln, ohne dabei auf Evidenz zurückgreifen zu müssen. Es gilt für die Rhetorik immer ihre Rückbindung an die Situationalität zu beachten, die die Notwendigkeit des Rhetorischen gerade erst hervorbringt. Selbst wenn man einwenden mag, dass es auch Aufgabe der Rhetorik sei, durch ihre Rede selbst Evidenz zu erzeugen, bleibt das Verhältnis von Evidenz zu Rhetorik doch ein vermitteltes und unwirkliches. Dies drückt Kemmann für die Rhetorik im allgemeinen treffend aus, wenn er schreibt: „Die Verfahren der rhetorischen E.[videnz, *Anm. d. Verf.*] können darum nur indirekt wirken, und die erzeugte E.[videnz, *Anm. d. Verf.*] ist überdies fiktiv: ein Augenschein, eine Augenscheinlichkeit wird fingiert, wo Augenschein real gerade fehlt. Was sich rhetorisch ‚Einsicht‘ nennt, hat also lediglich Als-Ob-Struktur.“[79] Und diese Als-Ob-Struktur ist

77 Robling 2004, S. 2f.
78 Vgl. Searle 2011 [1995], S. 43f.
79 Kemmann 1996, Sp. 39.

nicht nur vor dem grundsätzlichen Unterschied zwischen Sein und Schein zu verstehen, zwischen einem Faktischen und einem Fiktiven, sondern sie ist eine räumlich und zeitlich verfasste Struktur, eingebunden in ein Koordinatensystem an lebensweltlichen Relationen, die in komplexe handlungspraktische Zusammenhänge eingebunden sind. Die rhetoriktheoretische Frage nach einer möglichst wirkungsvollen Postulierung einer solchen Als-Ob-Struktur stellt sich nicht losgelöst von ihrer singulären Realisation im Gefüge von Ort und Zeitpunkt. Vielmehr bedeutet ein rhetorisches Als-Ob, die wahrscheinlichste Annahme unter den gegenwärtigen Bedingungen zu sein. Die Dichotomie von Wahrheit und Wahrscheinlichkeit als vermeintlicher Essenz der Divergenz von Philosophie und Rhetorik reicht nicht aus, um das Rhetorische an sich zu beschreiben. Denn sie übersieht das Moment des Umstandes, unter dem das rhetorische Urteilen zustande kommt. Was Wahrheit und Wahrscheinlichkeit voneinander trennt, ist mehr als die bloße Feststellung, dass das Wahrscheinliche sich auch als Falsches erweisen kann, oder die Einsicht, dass Wahrscheinlichem die letzte Sicherheit fehlt. Der Unterschied zwischen wahr und wahrscheinlich kann nur unter der Bezugnahme auf kontextuale Relationen begriffen werden. Denn Wahrscheinliches zeichnet sich dadurch aus, dass es angesichts des Kontextes, in dem es steht, wahr scheint, während Wahres wahr ist und bleibt, unabhängig davon, in welchem Kontext es steht. So betrachtet, ist das Wahrscheinliche der Rhetorik, das bereits Aristoteles in vielfacher Hinsicht als Ausgangspunkt seiner Theoriekonstruktion nahm, dasjenige, welches innerhalb eines bestimmten Kontextes als Wahres scheint, oder zu Wahr-Scheinendem gemacht werden kann.

Der epistemische Kontextualismus könnte auch als Versuch der Philosophen betrachtet werden, Blumenbergs ‚Diesseits der Evidenz' für sich zu retten und nicht zur Ausschussmasse der Erkenntnistheorie verkommen zu lassen. Und das wiederum ist letztlich ein genuin rhetorischer Gedanke. Rhetorik verteidigt die Idee einer gerechtfertigten subjektiven Urteilsbildung, gerade unter dem Einfluss eines objektiven Rechtfertigungsmangels.

Der Gewinn der Ausführungen Blumenbergs besteht daher darin, in pointierter Weise offenzulegen, was der Kern rhetorischer Gewissheitssetzung ist: die Akzeptabilität einer Behauptungs- und Begründungsrelation angesichts des jeweiligen Kontextes. Die gesamte anthropologische Annäherung an die Rhetorik, die Blumenberg vornimmt, geht immer von einer Kontextrelevanz, einem handlungspraktischen *hic et nunc* aus, und von einer bloß kontextuellen Gültigkeit ihrer Erträge. Blumenberg schreibt, „die Rhetorik gehört in ein Syndrom skeptischer Voraussetzungen“[80], und ihm ist zuzustimmen, wenn man unter diesen Voraussetzungen einen negativen Dogmatismus im Sinne Gabriels versteht.

Blumenbergs Darlegungen zur Rhetorik sind, ungeachtet ihrer anthropologischen oder kommunikationstheoretischen Präsuppositionen, vor allem ihrer Reflexion über die rhetorische Erkenntnislage wegen von großem Wert. Denn sie erschließen die Perspektive auf den rhetorischen Vorgang, dessen konstitutive Bedingungen aus einem lebensweltlichen Erkenntnisrahmen bestehen. Und lebensweltlich meint in diesem Zusammenhang notwendig lückenhaft und unscharf – oder, um es mit dem Impetus des Orators auszudrücken: Die Sache, um die es geht, bedarf einer Auslegung, die Meinung, die es zu vertreten gilt, bedarf einer Begründung.

5.2.3 Ein kontextsensitives Modell der Persuasion

Folgt man der Analyse Blumenbergs, was die rhetorische Situation anbelangt, ist der Kontextualismus ebenfalls geeignet, ein Modell für die Rhetorik abzugeben. Wie dargelegt wurde, ist die rhetorische Ausgangssituation eine des unzureichenden Grundes. Ebenso wie der erkenntnistheoretische Kontextualismus geht die Rhetorik davon aus, dass die Standards für eine korrekte Zuschreibung von Wissen und Rechtfertigung, wie es Williams ausdrückt, nicht invariant sind, sondern von den kontextuellen Gegebenheiten abhängen. Das jeweils Glaubenerweckende einer Sache kommt dieser Sache im rhetorischen Sinne nicht per se zu, sondern gemessen an den Umständen, unter denen die Sache zur Verhandlung steht. Rhetorik muss daher explizit davon ausgehen, dass die Erkenntnisansprüche des Orators nur vor dem Hintergrund des Kontextes gerechtfertigt sein müssen. Der rhetorische Kontext jedoch kennt eine Besonderheit, die der epistemische nicht kennt. Während der epistemische Kontext sich auf je ein Subjekt bezieht, an das bestimmte Maßstäbe angelegt werden, ist der rhetorische Kontext stets auf mindestens zwei Subjekte bezogen. Der Kontext des Orators als Erkenntnissubjekt ist wesentlich durch das Erkenntnissubjekt ‚Adressat‘ konstituiert und vice versa. Denn dessen Akzeptabilitätskriterien für eine Überzeugung entscheiden darüber, welcher Persuasionsversuch des Orators Bestand haben kann und welcher nicht. Die Idee des Rhetorischen folgt dabei dem Gedanken des Rechtfertigungskontextualismus, im Rahmen dessen sich zwei Subjekte in einer Situation begegnen und über die Frage in eine Interaktion geraten, welche nicht-basalen

80 Blumenberg 1981a [1971], S. 111.

Überzeugungen sich aus den gemeinsam anerkannten basalen Überzeugungen heraus begründen lassen. Der rhetorische Kontext ist in der Terminologie Grundmanns substanziell, da der Kontext der beiden Subjekte ‚Orator' und ‚Adressat' darüber entscheidet, welche Aussagen begründungsbedürftig sind und welche nicht. Die klassische Theorieannahme der Rhetorik, der Orator gehe von *endoxa*, also allgemein anerkannten Meinungssätzen aus, unterstützt diese Darstellung, denn der Kontext des Rhetorischen ist entscheidend dafür, welche Sätze gelten können und welche nicht. Nach Blumenberg gilt, dass auch der Kontext selbst erst entscheidet, ob eine Situation zum Schauplatz des Rhetorischen werden kann oder nicht. In rhetorischer Hinsicht ist ein Kontext daher immer als substanziell anzusehen.

Bisher wurden Argumente dafür ins Feld geführt, weswegen die rhetorische Situation ein Fall kontextsensitiver Betrachtung ist. Sie ist es zum einen, weil sie konstitutiv an das situative und kontextuelle Erkenntnisdefizit angebunden ist, welches ihre Entstehung überhaupt erst möglich macht. Dabei spielt es für eine Theorie der Rhetorik keine Rolle, ob die Erkenntnissituation tatsächlich nach dem Maßstab einer epistemischen Theorie defizitär ist, oder ob sie die beteiligten und in der Situation handelnden Subjekte lediglich als mangelhaft einschätzen. Rhetorik ist mit den Worten Blumenbergs reines Ornament,[81] wo keine tatsächliche Entscheidungsfindung ansteht oder kein wirkliches Mandat zur Handlung erworben werden muss. Sobald jedoch der Erkenntnisdruck des Persuasiven ins Spiel kommt, stellt sie das Instrument sozialer Erkenntnisgenerierung dar, entweder indem sie bestehende Zweifel zumindest kurzfristig ausräumt, oder indem sie Zweifel an Bisherigem erst selbst schürt, um sie anschließend durch Gewissheitssetzung wieder zu tilgen. Rhetorik ist zum anderen aber auch deshalb ein Fall kontextueller Betrachtung, weil ihre Grundannahme, Wahrscheinliches zur Geltung bringen zu können, darauf basiert, diese Wahrscheinlichkeit kontextsensitiv zu betrachten. Der Raum des Rhetorischen, seine Entstehensbedingung, ist daher kontextualistisch zu verstehen.

Nicht jedoch beleuchtet wurde bislang der persuasive Prozess als solcher. Es zeigt sich, dass auch dieser kontextsensitiv ist, und zwar in einer spezifischen Weise. Der rhetorische Kontextualismus, wie er hier skizziert wird, weicht nämlich in einer fundamentalen Annahme von seinem erkenntnistheoretischen Stichwortgeber ab. Epistemologisch gesehen bedeutet Kontextsensitivität von Wissen und Rechtfertigung zunächst lediglich, dass der Kontext, in den das Subjekt gleichsam geworfen ist, maßgebliche Kriterien zur Bewertung des Anspruchs auf Wissen und Rechtfertigung bereithält. In dieser hier vertretenen Position wird

81 Vgl. Blumenberg 1981a [1971], S. 105.

Schaffers oben angesprochene Skepsis gegenüber der Kontextsensitivität der epistemischen Standards zurückgewiesen. Der Kontextualismus macht diese Kriterien sogar zwingend am Kontext fest und erklärt damit ihre Invarianz für nichtig. Dabei geht er typischerweise von einem Datum aus, welches unverrückbar die alternierenden Zuschreibungsansprüche gegenüberstellt. Es ist sogar ein charakteristisches Merkmal etwa des semantischen Kontextualismus, für einen Wissensanspruch einen festen Zeitpunkt t zu markieren, der den Kontext dieses Anspruches maßgeblich mitbeschreibt.[82]

Der rhetorische Kontextualismus geht jedoch in der zeitlichen Struktur über diese Formen des Kontextualismus hinaus. Denn er bezieht die Idee des sich verändernden Kontextes mit ein, indem er eines der beteiligten Subjekte, nämlich den Orator selbst, den Kontext variieren lässt. Entscheidender Gedanke dabei ist, dass nicht zwei oder mehr Subjekte innerhalb eines Kontextes zu differierenden Wissensansprüchen kommen, die epistemologisch von außen analysiert werden, sondern dass es in der rhetorischen Situation der Orator als Erkenntnissubjekt selbst ist, der den Kontext analysiert und anschließend strategisch prägt. Damit wird auch der Orator selbst zum Beinflussungsfaktor der epistemischen Standards. Einmal mehr geht es der Erkenntnistheorie um die Frage nach der Rechtfertigung einer Überzeugung, während es der Rhetorik um die Darstellung der Bedingungen geht, unter denen Orator und Adressat ihre Überzeugungen für gerechtfertigt halten und einander darstellen. In der epistemologischen Situation gibt es in dem Sinne kein Agens, das auf den Kontext selbst Einfluss nimmt, sondern nur zwei Erkenntnissubjekte, welche aufeinander und auf sich selbst Bezug nehmen.[83] Der rhetorische Ansatz jedoch lautet epistemologisch gesehen, dass schon durch die Bezugnahme auf den anderen der Kontext verschoben wird und Kontextsensitivität daher prozedural-dynamisch aufgefasst werden muss. Mit anderen Worten: die Kontextvarianz ist weniger der Hintergrund, vor dem die divergenten Wissensansprüche geprüft werden müssen, als vielmehr das Resultat, das im Falle rhetorischen Erfolges zu gleichen Überzeugungen führen kann.

Erneut wird also die evaluative Ebene des Rechtfertigungsbegriffs zum Differenzkriterium von Rhetorik und Erkenntnistheorie. Denn Rechtfertigung bedeutet nach epistemischen Maßstäben, dass eine Überzeugung in bestimmter Weise beschaffen sein sollte, um objektiv als wahr zu gelten,[84] während nach rhetorischen Maßstäben eine Überzeugung in bestimmter Form vorliegen muss, um im

---

82 Vgl. Gabriel 2012, S. 98.

83 Diese Feststellung betrifft nicht die denkbare Manipulation *äußerer* Kontextbedingungen im intriganten Kommunikationsfall, vgl. Knape 2015a, S. 176f.

84 Vgl. Grundmann 2008, S. 226.

Prozess der Persuasion funktional zu sein. Beide evaluativen Anforderungen bringen ein normatives Moment ins Spiel, jedoch ist es im Falle der Erkenntnistheorie das des Objektiven, im Falle der Rhetorik das des Funktionalen.

Was Blumenberg kaum explizit anspricht, jedoch implizit in den bisher zitierten Passagen stets mitdenkt, ist ein wesentliches Prinzip des Rhetorischen: das Prinzip der Selektion.[85] Eine Meinung zu fassen und zu vertreten bedeutet zwangsläufig, sich gegen eine oder mehrere divergierende Meinungen zu entscheiden. Zudem muss unter den Gründen selegiert werden, die für die verschiedenen Meinungen sprechen. Was sich als Grund gegen die eigene Meinung erweist, unterliegt dem Selektionsmechanismus einer Unterscheidung in ‚gerechtfertigt' und ‚nicht gerechtfertigt' und wird entsprechend zu den nicht gerechtfertigten Gründen aussortiert. Dieser Aspekt des Kontextualismus wurde im Sinne einer eleminierenden Kraft von Schaffer bereits oben als wesentliches Merkmal herausgearbeitet. Noch vor dieser Stufe der Selektion steht jedoch, folgt man Wittgenstein, eine weitere. Auf ihr wird nicht nach dem Paradigma einer logischen oder pseudo-logischen Axiomatik reflektiert selegiert, sondern in den grundsätzlichen Kategorien von Denkbarkeit und Verstehbarkeit gearbeitet. Das Wittgenstein'sche Weltbild ist ein Selektionsmechanismus insofern, als dass es Nicht-Denkbares ausschließt und die Grenzen dessen bestimmt, was als Zweifel und Gewissheit (und im rhetorischen Sinne als Dubium und Zertum) verstehbar sein kann. Aus der Sicht der Rhetorik ist diese Selektion eine begriffliche. Der Orator selegiert durch seine sprachliche Handlung die Menge möglicher Begründungsrelationen und konstituiert dadurch einen kommunikativen Raum, innerhalb dessen bestimmte Gewissheiten oder Zweifelsfälle erst möglich werden. Für die Philosophie beschreibt Gabriel diesen Vorgang wie folgt:

> Denn begriffliche Entscheidungen legen unmittelbar eine Art und Weise (unter möglichen anderen) fest, wie wir uns auf einen logischen Raum beziehen, und eröffnen damit alternative begriffliche Entscheidungen. Alle begrifflichen Entscheidungen (d.h. die Wahl eines begrifflichen Bezugssystems) sind *kontingent* (was nicht bedeutet, dass sie willkürlich sind). Damit wir überhaupt irgendetwas als ein Einzelding bestimmen können, müssen wir begriffliche Entscheidungen getroffen haben, die die Verpflichtung auf einen bestimmten begrifflichen Bezugsrahmen einschließen, der festlegt, was wir überhaupt registrieren können.[86]

---

85 Der Begriff des Selektiven fällt bei Blumenberg tatsächlich, jedoch im Zuge seiner anthropologischen Überlegungen zum Wirklichkeitsbezug des Menschen und dessen grundlegender Metaphorizität. Vgl. Blumenberg 1981a [1971], S. 115.
86 Gabriel 2014, S. 76 [Herv. i. Orig.].

Dabei gilt: „Der logische Raum (alles, was möglich ist) ist größer als die Welt (alles, was wirklich ist)."[87] Was Gabriel für die Begriffs-Philosophie allgemein beschreibt, gilt auch im Speziellen für die Rhetorik. Nicht nur ist jede rhetorische Situation in einen Kontext eingebunden (was eine an sich triviale Feststellung wäre), sondern wesentlich wird dieser Kontext durch die begriffliche Entscheidung des Orators beeinflusst. Auf rhetorischer Handlungsebene werden diese begrifflichen, also konzeptuellen Entscheidungen dann zu strategisch-instrumentellen textlichen Entscheidungen. Die eliminierende Kraft, von der Schaffer spricht, wird vom Orator also als strategisches Instrument eingesetzt, um durch Kontextvarianz für eine Exklusion alternierender Wirklichkeitskonzeptionen und Wissensansprüche zu sorgen. Dadurch rücken im Fall des rhetorischen Gelingens die vom Orator selbst vertretenen Rechtfertigungsansprüche in den Vordergrund.

Insofern beschreibt eine philosophische Theorie des Begrifflichen die mentale, prä-textuelle Vorstufe der rhetoriktheoretisch besonders fokussierten Textebene. An das, was Gabriel hier als Leistung des Begrifflichen ausführt, schließt die moderne Rhetoriktheorie durch den Terminus der „Textleistung"[88] an. Die Leistungskategorie legt Knape in rhetorischer Hinsicht an Texte mit den Worten an: „Als seine [des Textes, *Anm. d. Verf.*] Leistung ist das dabei ermittelbare, auf Effekte irgendwelcher Art gerichtete Kommunikationspotenzial unter den gegebenen Funktionalbedingungen anzusehen, das sich bei der Produktion durch bewusste Akte der Konstruktion textuell erzeugen und rezeptiv durch methodische Analysen ermitteln lässt (unabhängig von der Frage, ob das Kommunikationspotenzial in einzelnen Akten der Kommunikation auch tatsächlich ausgeschöpft wird)."[89] In epistemischer Hinsicht muss die Leistung des Orators also darin bestehen, erkenntnistheoretische Effekte durch textliches Handeln von der mentalen Tiefenebene an die handlungspraktische, kommunikative Oberfläche zu holen. Unter der fundamentalrhetorischen Perspektivierung epistemischer Zustände, wie Zweifel und Gewissheit, wird Rhetorik daher auch zur Fähigkeit des Erkenntnissubjektes, seine eigene selektionsgebende Erkenntnisform kommunikativ auf die Erkenntnisleistung alternierender Subjekte zu übertragen und so deren Sicht des logischen Raumes möglicher Meinungen in seinem Sinne zu beeinflussen. Der Orator wird zum sozial-kommunikativen Vorsprecher, indem seine Darstellung der ihn umgebenden Wirklichkeit im Falle gelingender Persu-

---

87 Ebd., S. 201.
88 Knape 2013c, S. 142.
89 Ebd., S. 141.

asion nur eine Meinung als Konsequenz dieser Darstellung zulässt. Die Relationen der Begründungszusammenhänge, in denen seine Aussagen stehen, beziehen sich dabei positiv-vektoriell auf den Rahmen, den er durch seine begriffliche Setzung für den Adressaten erschließt. Die rhetorische Leistung ist selbst eine Kontextualisierung, sie stellt die verhandelte Sache in einen Kontext, dessen innere Rechtfertigungs-Axiomatik bestimmte Schlüsse zulässt und andere ausschließt. Diese Darstellung stützt sich unter anderem auf die oben angeführten Überlegungen Schaffers, dass die Kontextverschiebung die eliminierende Kraft des Erkenntnissubjektes verändert. Mit dem Kontext, den der Orator verschiebt, verändert sich auch die Menge möglicher Alternativen zur dargestellten Meinung. Wird der Kontextualismus mit der bereits angeführten Theorie zur kognitiven Dissonanz kombiniert, ergibt sich für die Rhetorik ein konsistentes Bild:

Der Orator O vertritt eine Überzeugung ‚dass p' in Kontext K_2, wobei der Adressat A zu Beginn der rhetorischen Interaktion noch in Kontext K_1 geneigt sein mag, ‚dass p' abzulehnen. A bieten sich in K_1 noch zu viele plausible Alternativen, so dass eine Zertifikation zu Gunsten ‚dass p' nicht möglich oder zumindest nicht zwingend erscheint. Durch die Kontextverschiebung von O wird für A nun K_2 zum paradigmengebenden System, in dem andere basale Überzeugungen gelten. Mit dem Kontextwechsel wechselt auch die von Schaffer als eliminierende Kraft bezeichnete Selektionslogik, nach der A plausible von weniger plausiblen Überzeugungen trennt. Kontext K_2 lässt daher durch seine Axiomatik basaler Überzeugungen keine Überzeugung mehr plausibler oder adäquater erscheinen als die von O vertretene Überzeugung ‚dass p'. Die eliminierende Kraft von A schließt also alle anderen Konkurrenzüberzeugungen aus. Der Drang nach Zertifikation und innerer Überzeugtheit, den die Dissonanztheorie A attestiert, trägt dazu bei, dass die Überzeugung, die aufgrund des geänderten Kontextes am adäquatesten erscheint, sich zugleich als Zertum etabliert. Die Kontexte K_1 und K_2 können dabei unterschiedlich große Schnittmengen an basalen Überzeugungen aufweisen. Die Menge der miteinander übereinstimmenden Überzeugungen ist dabei ein Parameter, der über benötigte Dauer, notwendige Intensität und möglichen Erfolg der rhetorischen Interaktionsbeziehung zwischen A und O entscheidet.

Es muss dabei nochmals betont werden, dass es hier bewusst um eine Frage der Kongruenz oder Inkongruenz von Kontexten, nicht von mentalen Systemen an sich geht. Denn der Kontext bietet den Raum für bestimmte Elemente eines mentalen Systems, sich zu einem Zeitpunkt t auf einen Ausschnitt der Wirklichkeit zu beziehen. In der Theorie der Kontextverschiebung geht es daher nicht darum, mentale Systeme an sich zu verschieben, sondern nur die Auswahl der Überzeugungen dieser Systeme, die sich auf die Wirklichkeit beziehen. Wird modellhaft dem Orator O $System_1$ zugeschrieben und dem Adressaten A $System_2$, trifft die Rhetorik nun keine Aussage darüber, wie groß oder klein die grundsätzliche Kompatibilität beider Überzeugungssysteme ist. Was die Rhetorik einzig interessiert, ist die Frage, wie beide Systeme zu einer annähernd gleichen Anschauung über bestimmte in Frage stehende Überzeugungen kommen können und das auch nur unter den Vorzeichen einer persuasiv-kommunikativen Situation. Rhetorisches Handeln ist Kontextsetzung. Die rhetorische Theorie geht davon aus, dass es dem Orator gelingen kann, einen Kontext, in dem er sich mit dem Adressaten seiner Handlung befindet, so zu verändern, dass beide in ihrem jeweiligen System zu gleichen oder zumindest in der Folge gleichbedeutenden Einschätzungen kommen. Damit bezieht sich die Theorie also zunächst auf die kommunikative Gestaltung der Kontextsetzung, weniger auf Aussagen über die mentalen Systeme der beteiligten Subjekte. Dass die Rhetorik nicht umhin kann, auch bestimmte Theorieannahmen über die mentalen Systeme selbst zu machen, haben die vorherigen Kapitel gezeigt. Aber sie sind eben doch nur die metapragmatischen Präsuppositionen einer eigentlich auf kommunikative Handlungen bezogenen Theorie.

Da weder die jeweils systemabhängige Rechtfertigungsaxiomatik noch die Kontextsetzung selbst einem primitiven Reiz-Reaktions-Schema folgen und verschiedenen, vom Orator nicht zu beeinflussenden Variablen unterliegen, ist der persuasive Vorgang natürlich immer noch fragil. Aber er reduziert durch die begriffliche Selektion zumindest die Kontingenzen soweit möglich. Durch seine sprachliche Interaktion schafft der Orator ein Bezugssystem, innerhalb dessen der Adressat seine Akzeptabilitätskriterien für die Rechtfertigung einer Meinung zur Anwendung bringen kann. Erneut auf der Ebene allgemeiner epistemischer Betrachtung schreibt Gabriel:

> Das Bezugssystem reduziert Komplexität, in dem es Unterscheidungen etabliert, die die Welt in dasjenige einteilen, was in einem Kontext verfügbar ist und was nicht. Das Bezugssystem diktiert auf diese Weise die Auswahl der Elemente, aus denen es sich zusammensetzt, sowie deren Rekombinierbarkeit. Die Elemente gehen dem Bezugssystem nicht vorher, so dass es sich aus ihnen zusammensetzen ließe, sondern sind nur als bestimmte Elemente Elemente des Bezugssystems. Was überhaupt als Element zu gelten hat, wird nur durch das Bezugssystem festgelegt. Um die Elemente zu verstehen, bedarf es folglich einer Kenntnis des Bezugssystems, ebenso wie es einer Kenntnis der Elemente bedarf, um das Bezugssystem anzuwenden.[90]

Diese Aussage korrespondiert völlig mit Wittgensteins Analyse möglicher Züge innerhalb eines Sprachspiels und des reziproken Verhältnisses zwischen dem

90 Gabriel 2014, S. 201.

Verständnis der Züge und dem Verständnis des Spiels selbst. Und sie ist sehr nahe an den Überlegungen Blumenbergs zur Rhetorik, denn auch Blumenberg sieht eine erkenntnisstiftende Kraft, die Komplexität reduziert, um feste Maßstäbe dessen zu setzen, was in der Situation verfügbar ist und was nicht. Gabriel begreift diese Kraft als Grundmuster menschlicher Erkenntnis und Blumenberg gibt ihr als *dynamis* einen konkreten Namen, indem er sie als Rhetorik bezeichnet. Es ist oben bereits erläutert worden, worin das Problem einer allzu umstandslosen Verallgemeinerung des Rhetorik-Begriffs besteht. Dennoch bleibt dieser Zug Blumenbergs mit Gewinn bestehen, auch wenn man das Proprium der Rhetorik auf die spezifisch persuasiv agierende Kommunikation beschränkt. Denn für sie gilt in ganz besonderem Maße, dass sie Komplexität reduzieren muss, um zu einem Ergebnis zu gelangen. Diese Reduktion ist jedoch eine funktional-teleologische und vor allem ist sie intentional gesteuert. Dies ist der wesentliche Zusatz, den man sich vor Augen halten muss, wenn man Gabriels Aussagen zur Erkenntnistheorie auf die Rhetorik übertragen will. Denn der Orator hat mit dem Zertum eine feste Vorstellung eines Überzeugungskomplexes vor sich, welcher zweierlei liefert: die operationale, handlungsleitende Gewissheit sowie ihren Bauplan, die Axiomatik, die Auskunft über die relationale Beschaffenheit des Überzeugungskomplexes gibt. Beide Aspekte bilden den Fluchtpunkt, auf den alle rhetorische Selektionsarbeit zulaufen muss.

Aus philosophischer Sicht hat man es bei dieser Theorie mit einem sprachlich verfassten Kontextualismus zu tun: „Sprachlich regulierte Kontexte markieren Grenzen zwischen der Welt und möglichen Aussagen über die Welt bzw. möglichen Handlungen in der Welt.“[91] Damit verweist Gabriel auch auf Luhmann, der Selektion ebenfalls als Notwendigkeit der menschlichen Erkenntnisarbeit charakterisiert. In seinen Worten ist sie „das Wegarbeiten von Beliebigkeiten, die Verringerung von Informationslasten und das Einschränken von Anschlussmöglichkeiten – und alles das vor dem Hintergrund des Zugeständnisses von Selbstreferenz, also in dem Wissen, dass alles auch anders möglich wäre.“[92]

Die Ähnlichkeit zu Blumenbergs Aussagen zur Rhetorik ist unübersehbar. Der pragmatische Blick auf die soziale Welt gibt dem epistemologisch als Mängelwesen agierenden Menschen vor, Entscheidungen vor dem Hintergrund prinzipieller Unentscheidbarkeit zu treffen. Der Kontextualismus ist zugleich ein grundsätzliches Alternativkonzept zur Suche nach Erkenntnis und deren Rechtfertigung, die auf einen absoluten Anspruch aus ist. Blumenberg hebt den Dis-

91 Ebd., S. 202.
92 Luhmann 1990, S. 25.

sens hervor, der zwischen der Sichtweise Platons und einer rhetorischen Anschauung bestehe, dass Wahrheitserkenntnis prinzipiell unmöglich sei.[93] Für Blumenberg besteht der wesentliche Unterschied zwischen Philosophie und Rhetorik in dieser Dichotomie, der Kluft zwischen dem Anspruch einer Ideenschau und der Notwendigkeit einer *morale par provision*. Daher ist die „Antithese von Wahrheit und Wirkung [...] oberflächlich", wie Blumenberg schreibt, „denn die rhetorische Wirkung ist nicht die wählbare Alternative zu einer Einsicht, die man auch haben könnte, sondern zu der Evidenz, die man nicht oder noch nicht, jedenfalls hier und jetzt nicht, haben kann."[94]

Der Schlüsselgedanke der hier angestellten Überlegungen zum rhetorischen Kontextualismus ist, dass jeder Kontext seine eigene Axiomatik zur Akzeptanz von Begründungsbeziehungen mitbringt und der Orator wiederum in der Lage ist, den Kontext, in dem von ihm gemachte Begründungen stehen, strategisch so zu beeinflussen, dass seine Begründungen als im Kontext akzeptabel erscheinen. Jeder Kontext birgt in sich überhaupt erst die Möglichkeit von Zweifel und Gewissheit. An den Grenzen des Kontextes, den Wittgenstein'schen Angeln der Überzeugung, bemisst sich, woran zu zweifeln möglich ist und woran nicht. Dies ist für die Zweifelsevokation von fundamentaler Bedeutung. Die Kontexte sind dabei sprachlich verfasst und zumindest teilweise Produkte begrifflicher Entscheidungen. Der Orator ist nun jener Akteur des kommunikativen Spiels, der die Kontextsetzung aktiv sprachlich zu beeinflussen vermag. Durch textliche Entscheidungen und eigene Performanz (auch non-verbaler Art) verändert er den Bezugsrahmen, in dem Begründungen und deren Geltungsvoraussetzungen stehen. Ziel der rhetorischen Interaktion als Vorgang der Persuasion oder der inversiven Persuasion ist es, den Kontext, in dem ein Phänomen bewertet wird, so zu verändern, dass es nach der kontextsensitiven Axiomatik als gewiss oder eben als zweifelhaft erscheint. So gelingt die Entwicklung von $Zertum_1$ zu $Zertum_2$, indem der jeweilige ‚Lebensraum' der Zerta destruiert beziehungsweise aufgebaut wird.

93 Vgl. Blumenberg 1981a [1971], S. 104f.
94 Ebd., S. 111f.

6 Rhetorisch-strategische Kontextverschiebung

Um Zweifel bei einem Adressaten zu evozieren, erzeugt der Orator einen Kontext, dessen spezifische Akzeptanz-Axiomatik bestimmt, welche Überzeugungen als gewiss gelten können und welche in Zweifel gezogen werden müssen. Der Kontext erfüllt gewissermaßen eine Gate-Keeper-Funktion, indem er in dem eigenen konsistenten Gefüge an Überzeugungen nur diejenigen weiteren Überzeugungen zulässt, die sich in das Konsistenzmuster aller basalen, also kontextkonstituierenden Überzeugungen einfügen lassen. Innerhalb dieses Kontextes, so flüchtig er auch sein mag, begegnen sich Orator und Adressat und kommen im Fall gelungener Persuasion oder auch schon im Fall einer gelungenen Zweifelsevokation zu einer Angleichung bestimmter Ansichten über die Welt. Sobald diese Angleichung unter den Handlungsprämissen der Rhetorik steht, muss es für sie eine Erklärung geben, die in der gemeinsamen kommunikativen Interaktion eine Begründung dieser persuasiv-mentalen Veränderungen sieht. Eine Persuasionstheorie muss daher in der Lage sein, zu erklären, wie es einem Orator gelingen kann, den Kontext für den Adressaten so zu verändern, dass eine fragliche propositionsbezogene Einstellung ‚dass p' vom Adressaten als akzeptabel eingestuft und damit als Fall sozialer Wirklichkeit angenommen wird.

Man könnte annehmen, das Prinzip dahinter sei lediglich die Handlung einer expliziten Erklärung. Der Orator erkläre dem Adressaten seine Sicht der Dinge, er erkläre, was er unter ‚dass p' versteht, was seiner Ansicht nach dafür spricht, dass ‚dass p' tatsächlich richtig ist usw. Dieser Erklärungsansatz ist jedoch ebenso trivial wie nichtssagend, denn er erklärt seinerseits nicht, wie sich die mentalen Systeme von Orator und Adressat aufeinander beziehen können. Erklärungen der gerade skizzierten Art müssen genauso wie nicht-erklärende sprachliche Handlungen für den Adressaten verstehbar sein, das heißt, sie müssen sich für ihn auf sein eigenes kognitives System sinnvoll beziehen lassen, um überhaupt als Erklärungen etc. aufgefasst werden zu können.[1] Das reine Prinzip der Darstellung

1 Einen ähnlichen Gedanken verfolgt Davidson in seiner Abhandlung *On the very Idea of a Conceptual Scheme*, in der er Kuhns These der möglichen Inkommensurabilität von Begriffsschemata widerspricht, indem er sie für nicht erklärbar oder begreifbar hält. Sobald sich zwei Kommunikatoren als solche aufeinander beziehen, müssen sie zumindest potentiell über die Möglichkeit verfügen, einander interpretieren und verstehen zu können. Andernfalls wäre es nicht einmal gerechtfertigt, überhaupt von Kommunikation zu sprechen. Allein die Tatsache, dass beide Subjekte ihr Handeln gegenseitig als kommunikativ einstufen, zeigt an, dass sie sich in einem gemeinsamen Terrain bewegen müssen, in dem zumindest prinzipiell auch gegenseitiges Verstehen möglich ist. Vgl. Davidson 1990c [1974], besonders S. 261–264 sowie S. 270–272.

https://doi.org/10.1515/9783110653885-006

einer eigenen Weltsicht reicht also nicht aus, um damit zeigen zu können, wie ein Orator eine Kontextverschiebung vornehmen kann. Die Kontextverschiebung als solche resultiert offensichtlich nicht ursächlich aus einer Erklärungshandlung des Orators, da das Aufzeigen der eigenen Paradigmatik von Akzeptanzkriterien für propositionsbezogene Einstellungen eher einer Folge der Kontextverschiebung gleichkommt. Denn noch bevor es dazu kommen kann, sich über Akzeptanzkriterien zu verständigen oder diese zum Zweck der Persuasion installieren zu wollen, muss bereits ein Kontext bestehen, auf den sich die besagten Kriterien beziehen können. Das heißt, dass ein Orator seinen Adressaten nicht davon überzeugen kann, ‚dass p' sei in Zweifel zu ziehen, solange es keinen Kontext gibt, in dem Adressat, Orator und p miteinander verbunden sind. Erst wenn dieser erste Kontext gegeben ist, in welchem sich alle drei Instanzen, die fragliche Sache p, der Orator O und der Adressat A wiederfinden, und sich dessen bewusst sind, dass sie einander in diesem Kontext begegnen, kann die Operation der Kontextvarianz durch den Orator beginnen.[2] Dabei ist es unerheblich, ob der Adressat den Orator als einen solchen Systemakteur wahrnimmt, der beeinflussungsmächtig eingestellt ist, und ob er sich selbst als Adressaten einer persuasiv auf ihn gerichteten Handlung identifiziert. Der Terminus ‚Adressat' macht (etwa im Unterschied zu ‚Empfänger') bereits darauf aufmerksam, dass es für die grundsätzliche Annahme der Rhetorik zunächst irrelevant ist, ob mit offenen oder verdeckten sozialkommunikativen Rollen gespielt wird.

Persuasiv-strategische Kontextverschiebung setzt also eine Theorie rhetorischer Intersubjektivität voraus, welche Orator, Adressat und verhandelte Sache miteinander in Verbindung bringt und kommunikative Prinzipien benennt, nach denen es dem Orator als der lenkenden Instanz in dieser Dreierkonstellation gelingt, die Beschaffenheit der Konstellation in Bezug auf Geltungs- und Begründungsparadigmen zu beeinflussen.

Aufgrund seines weitreichenden und bemerkenswert strukturierten Theoriegebäudes bietet Davidson erneut einige Hilfestellung an, um das Prinzip der Kontextverschiebung mit einer Modellvorstellung zu versehen und anschaulich zu machen. Dabei geht es in den weiteren Abschnitten nicht um eine uneingeschränkte Adaption seiner Überlegungen, vielmehr sollen diese als Vorbild für eine persuasive Theoriebildung dienen. Es werden daher diejenigen Eckpunkte

2 Das Bewusstsein davon, dass sich alle drei Instanzen in diesem Kontext begegnen, muss bei Orator und Adressat zwingend vorhanden sein. Denn es sind viele Kontexte vorstellbar, in denen von außen betrachtet Orator und Adressat sowie p miteinander agieren, aber es kann nur einen jeweiligen Kontext geben, in dem durch deren bewusstes Zusammenspiel eine Aussage über p gemacht wird, die die Form ‚dass p' annimmt.

der Philosophie Davidsons vorgestellt, die von Intersubjektivität und Verstehen handeln, um nach ihren Motiven ein Grundgerüst rhetorischer Intersubjektivität zu skizzieren.

6.1 Davidsons Triangulation und der Raum des Intersubjektiven

6.1.1 Intersubjektivität im rhetorischen Fall

In seinem späten Aufsatz *Drei Spielarten des Wissens* geht Davidson auf zwei unmittelbare Arten des Wissens und eine vermittelte ein – als unmittelbar kennzeichnet er erstens das Wissen über Qualia sowie eigene Wünsche und Absichten und zweitens das Wissen eines Subjektes über die es umgebende Welt. Davon unterschieden ist in irgendeiner Form das Wissen über die mentalen Inhalte anderer Subjekte, insofern es nur über die Beobachtung des Verhaltens dieser Subjekte erschließbar ist.[3] Ausgehend von dieser Untergliederung entwickelt Davidson eine Reihe erkenntnistheoretischer (Teil-)Fragen, welche im gegenwärtigen Zusammenhang nicht ausführlich wiedergegeben werden müssen. Sie lassen sich für die vorliegende Darstellung in zwei Fragen zusammenfassen: Ist es möglich, dass ein Subjekt ohne eine oder zwei der genannten drei Formen des Wissens auskommen kann? Und welcher Art ist die Beziehung dieser drei Formen des Wissens zueinander? Aus diesen Fragen heraus entwickelt Davidson anschließend ein Konzept, welches den Begriffen der Intersubjektivität und der Kommunikation einen besonderen Stellenwert zuschreibt und sie aufeinander rekurrieren lässt. Lindroth geht sogar so weit zu sagen, dass Kommunikation das Paradigma der Spätphilosophie Davidsons sei.[4] Im Zuge dieser Überlegungen kommt Davidson dabei zu einer Argumentation, die für die Rhetorik fundamentale Kategorien mit einbezieht und sie entscheidend erhellt. Auf seiner Suche nach einer Antwort für die problematische Frage nach den Wissensarten bezieht sich Davidson auf eine Bedingung des Wissens, nämlich das Glauben. Bereits aus der Standardanalyse des Wissens ging hervor, dass Glauben einen notwendigen, wenngleich auch keinesfalls hinreichenden Faktor von Wissen darstellt. Dies wird auch durch die bereits in dieser Arbeit angesprochenen Einwände gegen die Standardanalyse des Wissens nicht bezweifelt. Nach Davidson ist das Konzept

3 Vgl. Davidson 2013e [1991], S. 339.
4 Vgl. Lindroth 2000, S. 195.

‚Überzeugung'/‚Glauben' (*belief*) jedoch konstitutiv daran gebunden, eine Vorstellung von Objektivität und Wahrheit zu haben:

> Aber um etwas zu glauben, d.h. um von etwas überzeugt zu sein (*to have a belief*), reicht es nicht, verschiedene Aspekte der Welt auseinanderzuhalten und sich in verschiedenen Situationen verschieden zu verhalten. Dergleichen tun auch die Schnecke oder das Immergrün. Um etwas zu glauben, ist außerdem erforderlich, dass man den Gegensatz zwischen wahrer und falscher Überzeugung (*belief*), zwischen Erscheinung und Wirklichkeit, zwischen bloßem Schein und Sein zu beurteilen vermag.[5]

Damit wiederholt er einen für seine Philosophie der Intersubjektivität wesentlichen Gedanken, den er bereits im Aufsatz *Vernünftige Tiere* darstellt.[6] Mit der objektiven Wahrheit, die unabhängig von der eigenen Person existiert, muss demzufolge zugleich das Konzept einer Realität verbunden sein, an der außer der eigenen Person noch weitere Personen teilnehmen. In *Die zweite Person* kommt Davidson zu dem Schluss:

> Glauben, Beabsichtigen und die übrigen propositionalen Einstellungen sind allesamt etwas Soziales, denn sie sind Zustände, in denen sich ein Lebewesen nicht befinden kann, ohne über den Begriff der objektiven Wahrheit zu verfügen; und dies ist ein Begriff, den man nicht haben kann, ohne dass man an derselben Welt und an derselben Denkweise über die Welt teilhat wie jemand anders und überdies weiß, dass man daran teilhat.[7]

Hier ist auf erkenntnistheoretischem Wege die grundsätzliche Möglichkeit des Austausches und der gegenseitigen Beeinflussbarkeit mentaler Inhalte gegeben, die in Form eines Externalismus auch für die Rhetorik gilt. Selbst wenn die Rhetorik in ihrer Ausrichtung als spezifische Kommunikationstheorie kein eigenständiges Forschungsinteresse daran hat, die Frage nach der grundsätzlichen Sozialität von propositionalen Einstellungen zu klären, ergibt sich aus dem philosophischen Resultat Davidsons doch eine Interpretationsmöglichkeit für sie. Denn was in der allgemeinen Erkenntnissituation gilt, lässt sich insbesondere auf die besondere Situation des rhetorischen Falls übertragen: In ihn sind definitiv mehrere Subjekte involviert, deren Wissen voneinander einen gemeinsamen Raum der Intersubjektivität konstituiert und die gegenseitig dafür verantwortlich sind, wie jeder Interaktionspartner sein Wirklichkeitskonzept auf gemeinsame Fragen zur Anwendung bringt. Wenn man generell nicht über den Begriff der objektiven Wirklichkeit verfügen kann, ohne eine Teilnahme anderer

5 Davidson 2013e [1991], S. 345.
6 Vgl. Davidson 2013a [1982], S. 182f.
7 Davidson 2013f [1992], S. 210.

Subjekte an der Wirklichkeit als konstitutiv für diese anzuerkennen, dann kann sich diese Makro-Betrachtung auf die Mikro-Perspektive der Rhetorik in gleicher Weise beziehen. Weder Adressat noch Orator können im Akt der Zweifelsevokation über propositionale Einstellungen verhandeln, ohne sich selbst und den jeweils anderen dabei als Bestandteil der Wirklichkeit der rhetorischen Situation anzuerkennen, in der sie stehen. Da sich die verhandelten Einstellungen gemäß dem *Holismus des Mentalen* in Beziehungen zu anderen Gedanken befinden, die ebenfalls unter dem Eindruck der von Orator und Adressat gemeinsam konstituierten Wirklichkeit stehen, werden im rhetorischen Fall ausschließlich propositionale Einstellungen auf Geltung und Akzeptanz überprüft, die nicht die gleiche Rolle im System aller Gedanken spielen würden, wäre diese Situation kein rhetorischer Fall. Das bedeutet, dass bereits das Aufeinandertreffen von Orator und Adressat einen Kontext erzeugt, in dem jedes mentale System eine eigens für diese Situation entstehende Ordnung entwirft, in dem sich basale und nicht-basale Überzeugungen in besonderer Form aufeinander beziehen und jedem Gedanken ein fester Punkt in dem sich so bildenden Koordinatensystem zugewiesen wird. Dabei ist für das mentale System des Adressaten alleine die Tatsache, dass es einen Orator gibt und dieser sich auf ein Element der Wirklichkeit bezieht, welches der Adressat auch als Element seiner Wirklichkeit identifiziert, bereits ausreichend, um das System kontextsensitiv in bestimmter Weise zu ordnen. Für diese fallspezifische Ordnung kennt die Rhetorik klassische Einflussfaktoren, die sich im Grunde aus jedem Überzeugungsmittel von *logos*, *ethos* und *pathos* gewinnen lassen. Als Beispiel kann hier das Rednerimage genannt werden, welches die Relation, die zwischen Orator und Adressat sowie zwischen Orator und verhandelter Sache besteht, maßgeblich prägt. Für die Rhetorik ist völlig klar, dass unterschiedliche *ethos*-Inszenierungen auch verschiedenartige persuasive Wirkungsgrade erzeugen können. Für die Paradigmatik kontextsensitiver Akzeptabilitäts- und Geltungsbedingungen von Überzeugungen ist daher das Eintreten des Orators in die rhetorische Dreiecksbeziehung zu Adressat und Sache bereits ausschlaggebend. Das Weltbild des Adressaten, innerhalb dessen der Raum des Zweifels logisch möglich werden muss, wird durch alle drei klassischen aristotelischen Wege der Überzeugung beeinflusst. Rhetorik geht daher einen Schritt weiter als die grundlegende Erkenntnistheorie, da sie nicht dabei stehen bleibt zu fragen, welche Instanzen einen Raum kommunikativer Intersubjektivität begründen und welche grundsätzlichen Wissensbestände diese damit evozieren, sondern dezidiert wissen will, wie die Subjekte diesen Raum strategisch prägen. Die aristotelische *ethos*-Kategorie etwa, die sich aus *phronesis* (Klugheit), *arete* (Integrität) und *eunoia* (Wohlwollen) zusammensetzt, greift diese Frage auf und gibt erste Antworten darauf, wie der Orator auf den Adressaten wirkt – jedoch nur unter der Prämisse, dass der Adressat in der Lage ist, den Orator bereits als kommunikatives Subjekt zu identifizieren, wie Davidson sagen würde. Sachverstand, charakterliche Integrität und wohlwollendes Verhalten gegenüber dem Publikum sind dem Orator nicht per se zu eigen, vielmehr müssen sich diese *ethos*-Komponenten erst im Vollzug der jeweiligen Situation zeigen.

Kehrt man zurück zu Davidson, vollzieht er nun den nächsten für die Rhetorik relevanten Schritt. Denn seiner Ansicht nach bietet alleine Kommunikation die Quelle des Begriffs der objektiven Wahrheit.[8] Dies führt ihn zu dem Satz: „Denken ist abhängig von Kommunikation."[9] Die Folgerungen, die Davidson daraus ableitet, können erneut für die Rhetorik verwertet werden. „Wir haben keinen Grund, einem Lebewesen die Unterscheidung zwischen dem, wovon man glaubt, dass es der Fall sei, und dem, was wirklich der Fall ist, zuzuschreiben, es sei denn, dieses Lebewesen verfügt über den durch eine gemeinsame Sprache bereitgestellten Maßstab."[10] Was hier auf die gemeinsame Sprache im Allgemeinen bezogen ist, gilt auf der Mikroebene auch für die Rhetorik: Die rhetorische Interaktion stellt durch die gemeinsame zielgerichtete Kommunikation von Orator und Adressat den Maßstab des Unterschieds von Sein und Schein, also Wirklichem und Möglichem her. Nur dieser Maßstab erlaubt es den Interaktanden, den Raum des Möglichen zu bemessen und ihn sicher in den Wittgenstein'schen Angeln der Wirklichkeit des Weltbildes aufzuhängen. Ob Zweifel möglich ist oder nicht, entscheiden weder die Wirklichkeit an sich noch der Adressat für sich alleine – vielmehr kann der Zweifel in der rhetorischen Situation nur auf der Grundlage des Raums des Tatsächlichen, der in der Kommunikation mit dem Orator entsteht, möglich werden. Der Orator ist dabei selbst Teil dieses Raumes des Möglichen und seine Haltung zu der fraglichen Sache, sein Verhalten im Beziehungsgeflecht von Sache, Adressat und ihm selbst wird zum Bestandteil der Bewertungsgrundlage, auf die der Adressat seine Einschätzung der Wirklichkeit fußen lässt. Voraussetzung dafür ist die Ansicht Davidsons, dass Überzeugungen etwas grundsätzlich Öffentliches sind.[11]

Selbst wenn der im Adressaten entstehende Zweifel oder auch die durch Persuasion entstehende Gewissheit als eine subjektive, und zwar rein subjektive mentale Einstellung betrachtet wird, sind die rhetorisch entstehenden Zustände von Dubium und Zertum dennoch gebunden an den sozialen, externalisierten

---

8 Vgl. Davidson 2013e [1991], S. 346.
9 Ebd.
10 Ebd. S. 347.
11 Vgl. Davidson 2013d [1991], S. 336–338; Davidson 2013f [1992], S. 205–210.

und intersubjektiven Akt der rhetorischen Kommunikation. Dies ist eine spezifische Folge des allgemeinen Prinzips, welches Davidson für Erkenntnis und Kommunikation postuliert: „Das Objektive und das Intersubjektive sind demnach wesentlich für alles, was wir Subjektivität nennen können, und es ist konstitutiv für den Kontext, in dem die Subjektivität Gestalt annimmt."[12] Für die Rhetorik heißt das, dass die Subjektivität, also das Wissen um die eigenen propositionalen Einstellungen, im Kontext der Intersubjektivität des rhetorischen Falls Gestalt annimmt und nur durch sie zu erklären ist. Und wenn Davidson Recht hat, „liegt die Basis unseres propositionalen Wissens nicht im Unpersönlichen, sondern im Interpersonellen."[13] Das ist der Kern der Aussage, Rhetorik sei die Fähigkeit eines Subjektes, die Einstellung zur Richtigkeit seines eigenen Erkenntnisinhaltes auf das Richtigkeitsempfinden anderer Subjekte zu übertragen. Alle drei Formen des Wissens, die Eingangs von Davidson identifiziert wurden, bilden nach ihm eine gegenseitige Abhängigkeitskonstellation, in der keine Form der anderen vorausgeht oder ohne die anderen möglich wäre. Lindroth nimmt in seiner Davidson-Rezeption dabei eine etwas verwirrende Taxonomie der verschiedenen Wissenszustände vor, wenn er von lediglich zwei „am Kommunikationsakt beteiligten Wissensarten"[14] spricht und sich dabei auf ein missverständliches Davidson-Zitat bezieht: „First, we find out what is in somebody else's mind, and by then we have got all the rest."[15] Tatsächlich meint Davidson damit nicht, es gebe nur ein Wissen von Fremdpsychischem und ein Wissen von allen anderen Inhalten einer Situation, vielmehr versucht er an dieser Stelle nochmals dezidiert, die Bedeutung des Fremdpsychischen als mittelbarer Wissensform für die Kenntnis der beiden unmittelbaren Formen hervorzuheben. An der Dreiteilung der Spielarten des Wissens kann sich jedoch schon deshalb nichts ändern, weil Davidson von der Dreiecksbeziehung von Subjekt, Alter-Subjekt und gemeinsamer Außenwelt ausgeht, in der alle drei Komponenten für ein Wissen gleich welcher Art konstitutiv sind.

Die Verbindung dieser drei Arten des Wissens geschieht durch kommunikative Intersubjektivität, die gewissermaßen die Infrastruktur dafür bietet, dass überhaupt Wissen zustande kommt. Daraus leitet die Rhetorik für sich nun folgende Wissens-Spezifik ab: Alle drei Spielarten des Wissens, das Wissen über die eigenen Gedanken, das Wissen über die Welt, die einen umgibt, und das Wissen über das Bewusstsein anderer Personen, die diese Welt mit einem teilen, konstituieren gemeinsam die bewussten mentalen Grundlagen des rhetorischen Falls.

12 Davidson 2013e [1991], S. 362.
13 Ebd., S. 363.
14 Lindroth 2000, S. 213.
15 Borradori/Davidson 1991, S. 50.

Das Zertum und, wenn der Zweifels-Fall eintritt, das Dubium, gehören zur ersten Form des Wissens. Sie müssen sich notwendig auf die zweite Form des Wissens beziehen, denn ob ein Orator von einer rhetorisch handlungsrelevanten Gewissheit überzeugt ist oder ein Adressat eine vormalige Gewissheit in Zweifel zieht, kann nicht ohne Ansehung der Wirklichkeit geschehen, in der sich Orator und Adressat ihrer Ansicht nach befinden. Das Postulat der wirklichkeitsbezogenen und realweltlich situierten Rhetorik, welche zudem auf eine gewisse Aktualitäts- und Relevanzcharakteristik der von ihr behandelten Fälle eingeht, verlangt sogar, dass ein Bewusstsein der Subjekt-umgebenden Welt vorhanden sein muss, um überhaupt den rhetorischen Fall ausrufen zu können. Also ist auch die zweite Spielart des Wissens elementarer Bestandteil der rhetorischen Situation. Der Punkt in Davidsons Argumentation ist nun, dass diese Formen des Wissens nicht existieren können, ohne die dritte Form ebenfalls zeitgleich und in ihrem logischen Status gleichberechtigt anzunehmen. Alles, was als im rhetorischen Sinne relevantes Wissen von Orator und Adressat angenommen werden kann, um die Zustände von Zweifel und Gewissheit zu erzeugen, bedarf ebenfalls des Wissens über Fremdpsychisches, also der dritten Spielart des Wissens. Davidson schreibt dazu: „Die Erkenntnis der eigenen Psyche ist an die jeweilige Person gebunden. Doch was den betreffenden Zustand individuiert, macht ihn zugleich den anderen zugänglich, denn individuiert wird dieser Zustand durch das kausale Wechselspiel zwischen drei Elementen: dem denkenden Subjekt, den anderen, mit denen es kommuniziert, und einer objektiven Welt, von der sie wissen, dass sie ihnen gemeinsam ist.“[16] Der springende Punkt für die Rhetorik ist nun, dass im rhetorischen Fall die objektive Welt in besonderer Weise beschaffen ist – sie ist nicht einfach nur ein Raum der Intersubjektivität an sich, sondern eine hochgradig tendenziöse Welt, wobei tendenziös nicht im pejorativen Sinne zu verstehen ist. Der Orator wird zum Orator, indem er nicht nur einfach als kommunizierendes Subjekt die Welt für den Adressaten prägt, sondern als strategisch kommunizierendes Orator-Subjekt diese Welt für den Adressaten persuasiv überformt. Der Unterschied zwischen Kommunikation an sich und Rhetorik besteht zugleich im Unterschied von allgemeiner Intersubjektivität zu strategischer Intersubjektivität. Ein Zweifelszustand im Adressaten kann demzufolge nur entstehen aufgrund der Relation dieses Zustandes zu Außenwelt und Fremdpsyche des Orators. Dieser Externalismus beschneidet in gewisser Weise die Deutungshoheit des Subjektes über das, was kontextsensitiv als Rechtfertigungsgrund einer Überzeugung gilt. Stekeler-Weithofer fasst Davidsons Relativierung der Subjektautonomie mit

16 Davidson 2013d [1991], S. 338.

den Worten zusammen: „Das Haben von Gründen für eine Handlungsentscheidung [...] und auch die Anerkennung von Selbst- und Fremddeutungen stehen nur scheinbar *allein* in der Macht des urteilenden Subjekts. Schon die Bestimmung dessen, *was* dabei als Grund oder Interpretation anerkannt wird, liegt partiell außerhalb dieser Macht.“[17] Wenn Rhetorik planbares persuasives Handeln überhaupt von sich behaupten will, muss sie bei dieser These des Externalismus ansetzen, so wie Davidson ihn vertritt. Erst durch die Abhängigkeit des Erste-Person-Wissens von den anderen dargestellten Formen des Wissens ist persuasives Handeln sinnvoll erklärbar. Diese These negiert nicht den Gedanken einer Blackbox des Adressaten, aber sie macht erklärbar, wie der Orator als funktionale Steuerungsgröße kommunikativer Intersubjektivität den logischen (und para-logischen) Raum der Gründe mitbestimmt, innerhalb dessen der Adressat letztlich seine Neigung zu Zweifel oder Gewissheit ausprägt.

6.1.2 Die trianguläre Beziehung von Orator und Adressat

Die bereits dargestellte Dreiecksbeziehung von Orator, Adressat und einem Objekt der gemeinsamen Außenwelt entspricht der Dreiecksbeziehung zweier oder mehrerer Subjekte und eines Objektes in der Welt miteinander, die Davidson als triangulär bezeichnet. Die Analogie der Triangulation verwendet er erstmals 1982 in seinem Aufsatz *Vernünftige Tiere*, der von jener grundlegenden Intersubjektivität handelt, die bereits oben besprochen wurde. Davidsons Ziel ist es, zu zeigen, dass Vernunft ein soziales Merkmal ist, welches auf Kommunikation basiert.[18] Unter dem „Verfahren der Triangulation“[19] versteht er in einem primären Sinn eine Art der Beweglichkeit des Subjektes, mindestens zwei Perspektiven zu einem Objekt einnehmen zu können, um aus der Relation dieser Perspektiven zueinander das Verhältnis von sich zu besagtem Objekt in Raum und Zeit abbilden zu können.[20] In dieser Verwendung der Analogie steht sie für die allgemeine Fähigkeit des Menschen, nicht nur mit Objekten der ihn umgebenden Welt zu interagieren, sondern auch ihre Stellung in Raum und Zeit in ein festes Koordinatensystem eintragen zu können, um die Distanzen zu ihnen zu bewerten. Von dieser eher mechanischen Bedeutung, welche erkennbar an den navigatorisch-geometrischen Ursprung des Begriffs der Triangulation angelehnt ist, abstrahiert er in

17 Stekeler-Weithofer 1997, S. 197 [Herv. i. Orig.].
18 Vgl. Davidson 2013a [1982], S. 185.
19 Ebd., S. 184.
20 Vgl. ebd.

der Folge einen sekundären Sinn,[21] der ihm als Grundmodell des Intersubjektiven dient:

> Unser Gefühl für Objektivität ist die Folge einer anderen Art von Triangulation, zu der zwei Lebewesen nötig sind. Jedes der beiden Wesen interagiert mit einem Gegenstand, doch was jedem von ihnen den Begriff (*concept*) von einem objektiven Sosein der Dinge vermittelt, ist die durch Sprache geformte Grundlinie zwischen diesen Wesen. Einzig dass ihnen ein Wahrheitsbegriff gemeinsam ist, macht die Behauptung verständlich, dass sie Überzeugungen (*beliefs*) haben und Gegenständen einen Ort in der öffentlichen Welt zuordnen können.[22]

Triangulation ist also die Beziehung zweier Subjekte[23] zueinander und zu einem Objekt, die derart beschaffen ist, dass beide Subjekte die Interaktion des je anderen Subjektes mit dem Objekt als solche erkennen können und zudem für beide erkennbar aufeinander reagieren, so dass jedes Subjekt sein eigenes Verhalten mit dem des andern in Bezug auf alle triangulären Dreieckspunkte korrelieren kann.[24] Damit legt Davidson eine Konstruktion kommunikativer Intersubjektivität vor, die für fast alle elementaren Gedanken seiner Philosophie zumindest in den späten Jahren seines Denkens ein immer wiederkehrendes Fundament bildet. Insofern ist es verwunderlich, wenn Lindroth in Bezug auf die Triangulation von „nachgerade verschwindender Bedeutung"[25] für wesentliche Arbeitsfelder Davidsons spricht. Vielmehr ist Glüer als vielbeachteter Kennerin Davidsons zuzustimmen, wenn sie konstatiert: „The triangulation analogy has come to play a more and more central role in Davidson's latest work. The idea has undergone considerable development in the process and proven very powerful and prolific."[26] Die Vorstellung der Triangulation „is the key element in what could be characterized as Davidson's ‚*solitary content argument*'", wie sie schreibt. Dieses

21 Einen Überblick über die grundsätzliche Verwendung und Verbreitung des Terminus ‚Triangulation' geben Amoretti/Preyer, vgl. Amoretti/Preyer 2011, S. 9–28.

22 Davidson 2013a [1982], S. 184.

23 Davidson spricht nicht selbst von Subjekten, sondern von „agents", die deutsche Übersetzung von Schulte gibt dies als „Lebewesen" wieder. Ungeachtet der Frage, ob Lebewesen eine adäquate Übersetzung für das an dieser Stelle bewusst handlungstheoretische und eher technische Vokabular Davidsons ist, bezieht sich die hier vorliegende Adaption der Triangularitäts-These ausschließlich auf rhetorische, also subjektgeführte Kommunikation. Inwiefern Triangulation als Grundsituation des Kommunikativen auch in der Tierwelt verankert ist, spielt daher keine Rolle. Dies rechtfertigt auch den für die Rhetorik zielführenden Begriff des Subjektes zu verwenden, statt von Lebewesen zu sprechen.

24 Vgl. Davidson 2013h [1997], S. 220.

25 Lindroth 2000, S. 215.

26 Glüer 2008, S. 1007.

Argument besteht in der Fortsetzung des Privatsprachen-Arguments Wittgensteins und besagt, dass keine gedanklichen oder sprachlichen Inhalte ohne deren Ursprung in der Sozialität, also Intersubjektivität erklärbar sind. Im strikten Sinne private Gedanken, die sich nicht aus irgendeiner Form des Sozialen heraus speisen, kann es daher nach Davidson nicht geben.[27]

Diese Konstellation bietet eine hervorragende Ausgangslage zur weiteren Analyse des rhetorischen Falls unter den Bedingungen der Kontextsensitivität. An die Aufarbeitung der wesentlichen Argumente, die Davidson für seine Triangulations-These ins Feld führt, lassen sich grundlegende Überlegungen zur Zweifelsevokation anschließen.

Davidson sieht in der Triangulation die Möglichkeit einer Objektivitäts-Konstruktion, die für ein Konzept von Überzeugt-Sein notwendig ist. Dass der Begriff der Überzeugung nach Davidson den Begriff der Wahrheit voraussetzt und dieser wieder eine Vorstellung von objektiver Realität impliziert, wurde bereits erläutert. Diese objektive Realität wiederum kann sich für das Subjekt nach Davidson nur so darstellen, dass es noch weitere Subjekte gibt, die sich auf gemeinsame Objekte und aufeinander beziehen. Vertieft wird diese Überlegung durch die Annahme, dass Gedanken, wie etwa Überzeugungen, Wahrheitsbedingungen haben, unter denen sie wahr oder falsch sind. Auf alle diese Überzeugungen müssen daher Konzepte von Wahrheit oder Falschheit anwendbar sein, unabhängig davon, ob diese Konzepte selbst metaphysisch gesehen wahr oder falsch sind. Das Verfügen über solche Konzepte ist notwendig, um überhaupt von etwas überzeugt sein zu können. Damit Überzeugungen gefasst oder verworfen werden, müssen sie bestimmten Adäquatheitsbedingungen der Wahrheitskonzepte genügen, jedes Konzept bringt also seine eigenen Erfüllungsbedingungen mit sich. Die Anwendung der Wahrheitskonzepte auf Überzeugungen kann, so Davidson, jedoch nicht ohne einen triangulären Austausch mit anderen Subjekten stattfinden. Dabei geht es ihm nicht etwa darum zu zeigen, dass die trianguläre Interaktion das Wahrheitskonzept selbst definiere, sondern vielmehr, dass nur in dieser Interaktion Wahrheitskonzepte überhaupt zur Anwendung kommen können: „The point isn't that consensus defines the concept of truth but that it creates the space for its application. If this is right, then thought as well as language is necessarily social."[28] Erstaunlicherweise führt Davidson in diesem Zitat einen Begriff in die Überlegungen zur Triangulation ein, der den Rhetoriktheoretiker hellhörig werden lässt. Denn als sozial-kommunikatives Moment, welches den Raum für die Anwendung von Wahrheitskonzepten schafft, nennt er hier den Konsens.

---

27 Vgl. ebd.
28 Davidson 2001a [1997], S. 129.

Diese Aussage kann leicht missverstanden werden, begreift man unter Konsens eine Übereinstimmung in der Sache, anstelle einer Übereinstimmung über die Sache. Was die Triangularität schafft, ist zunächst lediglich die Gewissheit, dass sich beide Subjekte auf das gleiche Objekt beziehen – Triangulation setzt den propositionalen Gehalt der Überzeugungen überhaupt erst fest. Dieses Argument bezeichnet Glüer als „the argument from content determination“[29], also die Argumentation Davidsons, erst Intersubjektivität schaffe typische Verhaltensmuster, damit auch die tatsächlichen Gründe für ein Verhalten für andere Subjekte nachvollziehbar würden. Glüer resümiert diese Position mit den Worten: „Causes determine content only in social settings, as common causes.“[30] Diese allgemein anerkannten Gründe für Reaktionen und Verhalten von Subjekten in einer gemeinsamen sozialen Welt sind notwendige Maßstäbe, die es Interpreten von Verhaltensweisen erlauben, anhand des Verhaltens eines Subjektes zu erkennen, auf welches Objekt genau sich das beobachtete Verhalten bezieht.[31] Davidson verfolgt hier den gleichen Gedanken wie Gadamer, der sagt, dass „Verstehen Einverständnis impliziert“[32], wobei er sich bei Einverständnis darauf bezieht, „in sachlichem Einverständnis mit dem anderen“[33] zu sein.[34] Es geht also um die Fokussierung des gleichen Objektes unter dem Eindruck einer gegenwärtigen Situation. „Without such common focuses, no determination of content.“[35], wie Stjernberg schreibt. Zugleich bedeutet dies natürlich noch keinen Konsens im Sinne einer Meinungsgleichheit, was die Bewertung der gemeinsam fokussierten

29 Glüer 2008, S. 1008.

30 Ebd.

31 Davidson stellt diesen Vorgang anhand einer naiven Lernsituation dar, in der ein Kind die Anwendung und damit die Bedeutung des Begriffs ‚Tisch‘ erlernt. Notwendig ist ihm zufolge dafür die Triangulation zwischen Kind, Sprachbeherrscher (Erwachsenem) und Tisch, in der der Tisch immer wieder von Kind und Sprachbeherrscher übereinstimmend als Ursache für die Lautäußerung „Tisch“ angesehen wird. Vgl. Davidson 2013f [1992], S. 205f.

32 Gadamer 2010 [1960], S. 300, Anmerkung 224.

33 Ebd.

34 Es existiert zweifellos eine große Nähe zwischen Gadamer und Davidson, was die Rolle der Kommunikation und des Dialoges für den Begriff der Objektivität in der Philosophie beider Denker ausmacht. Gleichwohl ist Davidsons Vorstellung von dialogischer Triangulation keineswegs die Gleiche wie die hermeneutische Methode Gadamers als eines Dialoges mit dem Text. Dass sich Davidson selbst in vielen Bereichen mit Gadamer in Einklang wähnte, ist aufgrund offenkundiger Parallelen in beider Gedanken nicht verwunderlich, sollte aber auch nicht überbewertet werden. Ausführlich nehmen dazu etwa Braver und Dostal Stellung. Vgl. Braver 2011; Dostal 2011.

35 Stjernberg 2011, S. 111.

Sache anbelangt. Triangulation schafft also *prima facie* Gewissheit über eine gemeinsame Realität, nicht jedoch deren normativer Bewertung.

Wird dieser gemeinsame Bezugspunkt der Triangulation identifiziert, ist es für alle an der Triangulation teilnehmenden Subjekte möglich, Verhaltensweisen in regeltypische und regelatypische zu unterscheiden. Nur vor diesem Hintergrund kann deviantes Verhalten als solches wahrgenommen und interpretiert werden.[36] Davidson fasst das in die Formulierung: „The point is not to identify the norm, but to make sense of there being a norm."[37] Dieses Argument identifiziert Glüer als Teil der Argumentation „from objectivity"[38], da Davidson hier mit der objektivitätsstiftenden Kraft der Triangulation argumentiert. Unverkennbar ergibt sich an diesem Punkt eine Parallele zwischen Wittgenstein und Davidson, auf die auch Davidson selbst hinweist. Bereits in Kapitel 4 wurde herausgearbeitet, für wie bedeutend Wittgenstein die Anwesenheit einer Sprechergemeinschaft hält, um den Begriffen der Regel und des Normativen einen Sinn zu verleihen. Zugleich ist unverkennbar, wie die Gedanken Davidsons immer wiederkehrend um das Moment des Intersubjektiven kreisen, aus dem sich alle zentralen Bestandteile von Bedeutung und Verstehen, Kommunikation und Interpretation ergeben.

Es können also zwei wesentliche Aspekte aus der Argumentation Davidsons für weitere Überlegungen zur Zweifelsevokation übernommen werden: Zum einen schafft die Triangulation von Orator und Adressat eine Festlegung propositionaler Inhalte und gibt den gedanklichen wie sprachlichen Operationen des Orators (und natürlich auch des Adressaten) einen festen Punkt in einem beiden Subjekten gemeinsam zugänglichen Bezugssystem. Zum anderen sorgt die objektivitätsstiftende Kraft der Triangulation dafür, dass die verhandelte Sache, welche als gemeinsame identifiziert wurde, in den Raum des Normativen rückt – und damit zum Gegenstand rhetorischer Aushandlung wird. Was Davidson durch die Triangulation erklären will, ist der Umstand, dass durch sie der Charakter des Normativen erst ersichtlich und verständlich wird. Inversive Persuasion bedient sich des gleichen funktionellen Mechanismus. Denn die Addubitation des Adressaten-Zertums holt dieses Zertum aus dem Zustand der sicheren Akzeptanz heraus und gibt es erneut zur Überprüfung frei. Durch die Kontextverschiebung des Orators schafft dieser einen Raum neuer Normativität, das heißt, dass seine Darstellung der Wirklichkeit andere normative Kriterien der Akzeptabilität von Über-

36 Vgl. Glüer 2008, S. 1016.

37 Davidson 2001b, S. 7.

38 Glüer 2008, S. 1015.

zeugungen indiziert als es zuvor der Fall war. Zerta, also situative, rhetorisch relevante Gewissheiten, zeichnen sich wesentlich dadurch aus, dass sie der Akzeptabilitätsnorm ihres jeweiligen Kontextes entsprechen. Umgekehrt ist jede Form der Normativität an die Spezifik ihrer jeweiligen Situation gebunden. „Für eine Praxis kann eine Norm nur insoweit von Bedeutung sein, als ein Ort und eine Zeit für ihre Artikulation zur Verfügung steht.“[39], wie Möllers klarstellt. Verändert sich nun dieser Kontext, verändert sich auch die Akzeptabilitätsnorm, die über den Status der psycho-mentalen Verankerung von propositionsbezogenen Einstellungen, also Überzeugungen, entscheidet. Der Kontextwechsel bedingt einen Wechsel des normativen Rahmens, dem Überzeugungen entsprechen müssen, um überhaupt Überzeugungen zu sein.

Interessant ist dabei vor allem, dass Davidson stark auf die Dialektik von Norm und Abweichung abhebt, um vor diesem Hintergrund die Notwendigkeit der sozialen Sprechergemeinschaft für die Identifikation eines gemeinsamen Gedankens zu verdeutlichen.[40] Vor eben diesem Hintergrund muss auch die Idee der Infestation bzw. des addubitativen Verhaltens des Orators gesehen werden. Orator und Adressat befinden sich im permanenten Spannungsverhältnis von Norm und Abweichung, wobei die Besonderheit des rhetorischen Aktes darin besteht, deren Dialektik in sich erst hervorzubringen.

Der Eintritt des Orators in die soziale Wirklichkeit des Adressaten verändert diese Wirklichkeit bereits durch die Präsenz des Orators selbst. Diese Feststellung ist nicht unmittelbar räumlich oder physisch zu verstehen, wobei dies unter Berücksichtigung proxemischer Konzepte in der rhetorischen Situativik sicherlich ebenso aufgefasst werden kann. Worum es aber zunächst geht, ist die Veränderung der Wirklichkeit, wie sie Davidson vorschwebt, wenn er von Triangulation spricht. Orator und Adressat nehmen gemeinsam Bezug auf ein Objekt und diese gemeinsame Bezugnahme konstituiert bereits die begrifflichen Geltungsbedingungen sprachlichen Handelns. Denn alleine die Tatsache, dass sich das Orator-Subjekt offenkundig auf ein gleiches Objekt bezieht wie der Adressat, bedeutet letzterem, dass das Objekt in einem normativen Kontext steht, den nicht er alleine zu verantworten hat. Daran ist auch die Erkenntnis gekoppelt, dass die Akzeptabilitätskriterien für gerechtfertigte Überzeugungen nicht mehr alleine im Ermessen des Adressaten liegen. Fragen, Probleme oder Sachverhalte des öffentlichen Lebens sind nicht per se Gegenstände rhetorischen Handelns und werden

39 Möllers 2015, S. 127.

40 Dieser Aspekt der gegenseitigen Abhängigkeit von Normativem und Status der Überzeugung wird in Kapitel 7 unter Rekurs auf Brandom nochmals dezidiert aufgegriffen.

akut, sobald sich ein Orator auf sie bezieht. Sie sind nicht als Fragen oder Probleme schon da und müssen etwa nur von einem Orator entdeckt werden, der dann wiederum seine Adressaten darauf stößt. Dergleichen würde implizieren, dass die Welt voller rhetorischer Gegenstände sei, die man nur auffinden müsse, um anschließend in einer Art hermeneutischem Verfahren herausarbeiten zu können, was an ihnen aushandlungswürdig sei. Diese Auffassung des Rhetorischen gehört zu der gleichen Art Vorstellung, die auch in der Sache selbst bereits die Gewissheit als Zertum liegen sieht, das der Orator (dann zum bloßen Medium degradiert) für seine Adressaten herausarbeiten müsse. Sie führen unweigerlich wieder zu der Annahme zurück, der Orator könne das Zertum in der Sache entdecken und attestieren den Zerta eine Form der Subjekt-unabhängigen Gegenständlichkeit.[41] Gleiches müsste demnach auch für den Zweifel, zumal in seiner rhetorischen Form gelten, so dass der Orator zu einem Dubiums-Detektiv wird, der den Sachverhalt solange untersucht, bis er den Zweifel gefunden hat, auf den er die Aufmerksamkeit des Adressaten lenken kann. Dagegen ist jedoch mit Davidson einzuwenden, dass Zweifel, Gewissheit und alle Überzeugungen einzig darauf angewiesen sind, als Eigenschaften einer Person vorzuliegen:

> Der einzige Gegenstand, der für die Existenz einer Überzeugung erforderlich ist, ist jemand, der etwas glaubt. Eine Überzeugung haben ist etwas anderes als eine Katze haben – es heißt, dass man sich in einem Zustand befindet. Und damit man sich in einem Zustand befindet, ist es nicht nötig, dass es eine Entität gibt, die als Zustand, in dem man sich befindet, bezeichnet wird. Für die Wahrheit einer Einstellungszuschreibung ist nichts weiter nötig, als dass das angewandte Prädikat auf die Person mit der betreffenden Einstellung zutrifft.[42]

Dasselbe gilt auch für den Zweifel, zumal für den rhetorischen. Er wird nicht evoziert, indem eine Materialität oder Entität an einen Adressaten übergeben wird. Der Orator muss nicht einen Zweifel injizieren wie eine Substanz, die verabreicht wird. Das Dubium besteht genauso wie das Zertum in der strukturellen Beziehung von Überzeugungen und Meta-Überzeugungen, die eine Einstellung im Zweifelsträger bewirken. Die Einstellung der Gewissheit ändert sich beim Adressaten dann, wenn die Strukturbeziehung von basalen und nicht-basalen Überzeugungen gestört und anschließend neu angeordnet wird.[43] Das Zertum als Gravitationszentrum eines bestimmten Überzeugungsschemas, welches in einem

41 Gegen eine solche Lesart des Zertums wurde in dieser Arbeit bereits in Kapitel 3.1 argumentiert.

42 Davidson 2013g [1997], S. 136.

43 Damit wird eine Strukturdiskussion der Zustände von Zweifel und Gewissheit angeregt, die in Kapitel 7 ausführlich und unter Rückgriff auf die noch einzuführenden Begriffe von Eindeutigkeit und Undeutigkeit geführt werden wird.

spezifischen Kontext Geltung erhält, ist durch die Kontextverschiebung des Orators nicht mehr anwendbar und verliert seine Geltung. Der Kontextwandel führt beim Adressaten zu einer akuten Neuordnung der basalen und nicht-basalen Überzeugungen, die den neuen Kontext bilden, so dass vormalige Gewissheit nun dem Zweifel weicht.

Der rhetorische Akt stellt dem Adressaten vor Augen, dass die Entscheidung zu Handlungen normativen Kriterien unterliegen, diese Normativität sich jedoch nur vor dem Hintergrund der Wirklichkeitsdarstellung des Orators ergibt. Ein Orator versetzt nicht in Kontexte, er bildet sie mit, er verweist nicht auf normative Rahmen, er schafft sie durch sein Handeln, er präsentiert nicht den fertigen Zweifel, sondern konstituiert die Gewissheiten, vor deren Hintergrund der Zweifel überhaupt erst möglich wird.

Möchte man sich mehr Klarheit über das Spezifikum rhetorischer Zweifelsevokation verschaffen, kann man sich die Frage stellen, worin der Unterschied liegt zwischen einem Zweifel, der auf rhetorischem Wege strategisch evoziert wird, und einem Zweifel, der aus welchen anderen Gründen auch immer zustande kommt. Die Schwierigkeit, diese Frage zu beantworten, besteht darin, dass eine reine Untersuchung der psychomentalen Vorgänge des Adressaten sie nicht endgültig zu klären vermag. Solange nur die Ebene des isolierten Mentalen betrachtet wird, ergeben sich Zustandsbeschreibungen und Thesen ihrer Evokation, die ebenso von einem Orator wie von Subjekten ohne rhetorische Handlungsintention, Selbstaffektationen oder Zufällen verursacht werden können. Auch eine erweiterte Betrachtung der Lebenswelt des zweifelnden Subjektes kann die Quellen der Verursachungen versuchen ausfindig zu machen, mehr jedoch nicht. Erst die Schablone der sozial-kommunikativen Rollenzuteilungen in Orator und Adressat macht aus der diffusen sozialen Situation eine rhetorische, in der die *differentia specifica* des rhetorisch evozierten Zweifels zum Ausdruck kommt. Denn rhetorisch evozierter Zweifel muss an die zentrale Schaltstelle des rhetorischen Modells gebunden sein, also an den von Knape beschriebenen archimedischen Punkt der Rhetoriktheorie, den Orator. Der rhetorisch evozierte Zweifel existiert nur und ausschließlich in der Interaktion zwischen Adressat und Orator, er kommt mit dem Orator in die Lebenswelt des Adressaten und verlässt diese im Falle fehlgeschlagener Infestation auch wieder mit ihm. Dieser Zweifel kann nicht außerhalb des begrifflichen Systems stattfinden, welches Orator und Adressat in einem spezifischen Kontext in Bezug auf ein ihnen beiden gemeinsames Objekt bilden, und dieses System wiederum ist ausschließlich eine Folge der Kommunikation der beiden genannten Akteure. Dieser Vorstellung wird durch die Triangulation Davidsons ihr Sinn verliehen und kann als rhetorische Triangulation gelten. Es ist nicht ganz durchsichtig, ob Davidson seine Triangulationssituation als Modell einer sich jedes Mal ereignenden Interaktion versteht, so dass nach ihm jeder Gedanke in seiner individuellen Entstehung auf Triangulation angewiesen ist, oder ob er darin eher eine Grundsituation der generellen Fähigkeit zur Ergreifung und Entwicklung von Gedanken sieht, die sich im Akt des Denkens jedoch nicht permanent vollziehen muss. Auch Glüer zufolge kann die Aussage Davidsons, Triangulation schaffe den Raum zur Anwendung eines Wahrheitskonzeptes, auf zwei Weisen verstanden werden: „It can mean, either, that these concepts can be (truly) *applied* (to myself or others) only in triangular situations, or it can mean that they can be *acquired* only in triangular situations."[44] Glüer selbst führt an, es gäbe etliche Passagen, welche die zweite Lesart nahe legten und Triangulation eher als grundsätzliche Lern- und Entwicklungssituation charakterisierten.[45] Triangulation wäre demnach vor allem ein Erklärungsmodell der Aneignung von Wahrheitskonzepten, weniger eins der sich je und je realisierenden Anwendung. Für welche dieser Lesarten Davidson letztlich wirklich steht, ist hier nicht zu entscheiden. Für die rhetorische Triangulation gilt jedoch, dass sie kein bloßes kommunikatives Sozialisierungsmodell ist, sondern tatsächlich von ihrer konkreten Realisierung lebt. Denn erstens ist sie, wie mehrfach betont wurde, an die Multiperspektivität von Orator und Adressat gebunden und zweitens folgt sie implizit dem Gedanken des Kontextualismus. Die von Davidson abgeleitete These einer rhetorischen Triangulation und die im vorherigen Kapitel dargestellte These eines rhetorischen Kontextualismus greifen an diesem Punkt der Überlegungen ineinander. Was Davidson als Wahrheitskonzept bezeichnet, entspricht dem paradigmengebenden System, als welches der jeweils von Adressat und Orator vertretene Kontext oben angesehen wurde. Dieses System (das ‚Weltbild' Wittgensteins) setzt seinen eigenen Normenrahmen für Akzeptabilitätskriterien von Überzeugungen, bringt also seine eigene Rechtfertigungsaxiomatik ins Spiel. Was als Gewissheit in einem solchen Kontext gelten will, muss normenkonform mit seinem jeweiligen Akzeptanzrahmen sein. Der rhetorische Kontextualismus besagt, dass der Orator als der Akteur gelten kann, der die Kontextsetzung, also das normative System der Rechtfertigungsaxiomatik von Überzeugungen in einer bestimmten Situation, aktiv zu beeinflussen vermag. In den Überlegungen Davidsons ist das nichts anderes als das Aushandeln der Geltung von Wahrheitskonzepten unter ebenfalls kontextsensitiven Bedingungen. Die hier behauptete Kontextsensitivität steckt insbesondere in dem Argument der ‚content-determination', also der intersubjektiven Inhaltsfestlegung

44 Glüer 2008, S. 1017.
45 Vgl. ebd.

von Gedanken. Diese Festlegung ist bei Davidson maßgeblich an eine soziale Momentaufnahme gebunden, die nicht überkontextuell funktionieren kann. Erst und ausschließlich in der Intersubjektivität wird die gemeinsame Referenz des Verhaltens festgelegt, ein Gedanke, der nur Sinn macht, wenn man von einer Kontextgebundenheit dieser Festlegung ausgeht. Denn die sich verändernde Art des jeweiligen Verhaltens aller Triangulationspartner konstituiert den gemeinsamen Bezugspunkt der Wirklichkeit, und diese muss daher notwendigerweise ebenso eine sich verändernde sein. Konsens als Raum zur Anwendung von Wahrheitskonzepten bedeutet daher nichts anderes als gemeinsame Kontextsetzung zur Anwendung von Akzeptanznormen für Überzeugungen. Was bei Davidson noch allgemeinkommunikativ, quasi ohne dominierende strategische Intentionalität als Grundbedingung des Verstehens dargestellt wird, adaptiert nun die Rhetorik für ihre spezial-kommunikative, von strategischer Intentionalität ausgehende Theorie.

Der Gedanke der Triangulation schließt dabei nicht nur an die These des rhetorischen Kontextualismus an, sondern korrespondiert auch mit Blumenberg, für den Wirklichkeit, ebenso wie für Davidson, immer nur eine kommunikativ vermittelte Wirklichkeit ist. Die rhetorische Prägung der Wirklichkeit ist bei Blumenberg eine Art anthropologische Grundkonstante, wobei in dieser Arbeit bereits kritisiert wurde, dass diese Verallgemeinerung die Grenze zwischen Rhetorik und Kommunikation bis zur Unkenntlichkeit verwischt. Interessanterweise folgt Davidson dem gleichen Gedanken, nur, dass er anstatt des Begriffs der Rhetorik richtigerweise den der Kommunikation als Grundmodus der wirklichkeitsstiftenden Intersubjektivität verwendet. In dieser Hinsicht stehen sich die Überlegungen Blumenbergs und Davidsons sehr nahe, sobald man die Oberflächenschicht des diffusen Rhetorikverständnisses Blumenbergs beiseite geräumt hat.

Rhetorische Zweifelsevokation resultiert aus der Anwendung zweier konkurrierender Wahrheitskonzepte innerhalb eines gemeinsamen Bezugsrahmens von Adressat und Orator. Das Devianzverhalten des Orators weist den Adressaten auf sein abweichendes Wahrheitskonzept hin, dies kann jedoch nur vor dem Hintergrund einer gemeinsamen Bezugnahme in einer gemeinsamen Wirklichkeit geschehen. Denn sonst ist weder die Devianz als solche erkennbar, noch kann der Adressat feststellen, dass es einen gemeinsamen Raum der Bezugnahme gibt. Alle weiteren Gedanken folgen den gleichen Motiven, die schon bei Wittgenstein herausgearbeitet wurden: Es muss ein gemeinsames Weltbild geben, um überhaupt den anderen verstehen und interpretieren zu können, ihm zuzugestehen, dass er sich sinnvoll auf eine gemeinsame Welt bezieht. Dieses gleiche System ist der Konsens, von dem Davidson spricht, und er entsteht nur in der Triangulation. In diesen Konsens bringt der Orator sein Wahrheitskonzept ein, das Konzept, welches den logischen und begrifflichen Raum für den Zweifel eröffnet. Er tut dies, indem er das beiden gemeinsame Objekt in spezifischer Weise kontextualisiert, also den begrifflichen Bezugsrahmen verändert, in dem es steht. Der Zweifel wird vom Orator evoziert, indem dieser mittels eigener Kontextualisierung den Normenrahmen zur Akzeptanz von Zweifel und Gewissheit setzt und damit im Sinne Blumenbergs eigene Akzeptanznormen für Überzeugungen institutionalisiert. Das gesamte Modell der Triangulation ist damit ein Modell der Kontextualisierung. Zugleich verdeutlicht dies, dass das Wahrheitskonzept nicht unabhängig von der Figur des Orators sein kann. Rhetorische Zweifelsevokation zeichnet sich dadurch aus, dass eine Kontextverschiebung stattfindet, die ohne die Instanz des Orators nicht existent sein könnte. Die einfachste und womöglich ursprünglichste Form dieser Kontextualisierung besteht dabei in der zu beobachtenden Devianz selbst. Die Tatsache, dass der Adressat am Orator deviantes Verhalten wahrnimmt (wie differenziert dieses auch immer geäußert sein mag), reicht bereits aus, um die Möglichkeit des Zweifels zu eröffnen. Denn es ist nicht notwendig, das Wahrheitskonzept des anderen zu verstehen, um an seinem eigenen zu zweifeln. Alles, was dafür vonnöten ist, ist die Zuschreibung von Rationalität und die Auffassung, dass man sich auf das gleiche Objekt der Wirklichkeit bezieht. Einen Orator als rational handelndes Wesen aufzufassen, heißt, ihm Gründe für sein Handeln zu unterstellen. Die Kenntnis dieser Gründe muss dabei nicht vorausgesetzt werden, um an den eigenen Gründen für eine vermeintliche Gewissheit bereits zu zweifeln. Denn um Devianz feststellen zu können, muss der Adressat bereits zweierlei für sich selbst voraussetzen: erstens gibt es ein weiteres Subjekt, welches im gleichen rationalen Raum agiert, und zweitens lässt dieser Raum mehr als nur die eigene Akzeptanzaxiomatik zu. Wie anfällig ein Adressat de facto für Zweifelsevokationen sein mag, hängt von individuellen psychischen und sozialen Faktoren ab, deren Taxonomie hier nicht thematisiert werden kann. Grundvoraussetzung dafür ist jedoch immer, der anderen Person eine begründete Bezugnahme auf ein gleiches Objekt der gemeinsamen Wirklichkeit zuzusprechen. Und dafür liefert Davidson mit seiner Triangulation das entsprechende Modell.

Eine Prozessbeschreibung der rhetorischen Triangulation nimmt daher folgende Form an: Zunächst befindet sich der Adressat in einem Kontext K_1, innerhalb dessen er bestimmte Überzeugungsschemata in Bezug auf Objekte und Ereignisse hat, die er für sich als Zustand der Gewissheit bewertet. Diese Bewertung basiert auf einer Normenkonformität, nämlich der Entsprechung der Überzeugungsschemata mit bestimmten Akzeptabilitätskriterien, die der Kontext K_1 vorgibt und die seiner spezifischen Rechtfertigungsaxiomatik folgen.

In einem ersten Schritt tritt nun der Orator als handlungsmächtig eingestellter Kommunikator in die Szene ein und verändert durch sein kommunikatives Handeln den Kontext K_1 in strategischer Weise. Diese Veränderung umfasst mehrere Ebenen, die mit Hilfe Davidsons aufgeschlüsselt werden können. Zum einen bezieht sich der Orator durch Verhaltensweisen auf das gleiche Objekt oder Ereignis, auf das sich auch eines der oben skizzierten Überzeugungsschemata des Adressaten bezieht, zum anderen interagiert er mit dem Adressaten selbst, womit die Grundformation der Triangulation hergestellt ist. Via Inhaltsdetermination und Objektivitätskonstitution, also den beiden wesentlichen Argumenten Davidsons, rückt das Objekt oder Ereignis für den Adressaten damit in einen Kontext K_2, der ursächlich mit dem Orator verwoben ist. Dieser neue Kontext bringt nun seinerseits eine neue Rechtfertigungsaxiomatik und damit auch neue Akzeptabilitätskriterien mit sich, die wiederum einen neuen normativen Rahmen für Zweifel und Gewissheit schaffen. Was nach K_1 und dessen normativem Rahmen N_1 noch als gewiss galt, ist nun in K_2 und folglich N_2 der Möglichkeit des Zweifels ausgesetzt. Denn die veränderte Norm greift die Unmöglichkeit des Zweifels an. „Entscheidend ist aber, dass die Norm eine *Möglichkeitsunterstellung* transportiert. Die Norm ignoriert Möglichkeiten nicht, sondern stipuliert sie.“[46] Der veränderte Normenrahmen, der sich durch den Kontext K_2 ergibt, stipuliert also die Möglichkeit des Zweifels.

6.2 Exkurs: Platons *Menon* als Schauplatz triangulärer Zweifelsevokation

Davidsons Triangulations-Modell soll im Rahmen dieser Arbeit nicht nur als abstraktes erkenntnistheoretisches Konstrukt erfasst werden, sondern auch der Untersuchung konkreter, durch strategische Sprechhandlungen realisierter Situationen dienen, in denen rhetorische Zweifelsevokation stattfindet. Bevor die Arbeit daher mit der systematisch-theoretischen Untersuchung fortfährt, sei an dieser Stelle ein Exkurs eingeschoben, der ein solches, rhetorisch signifikantes Beispiel strategischer Zweifelsevokation veranschaulicht.

Eine wahre Fundgrube derartiger Kommunikationssituationen, in denen immer wieder Zweifelsevokation stattfindet, bieten die Dialoge Platons. Besonders seine frühen Dialoge sind gekennzeichnet von der Methode der literarischen Figur Sokrates, den jeweiligen Gesprächspartner durch Fragen zu verwirren und schließlich absichtlich in Zweifel zu stürzen.

46 Möllers 2015, S. 145 [Herv. i. Orig.].

Kernbestand der sokratischen Methode ist der *elenchos*, der Akt der kritischen Prüfung von Rechtfertigungen, um Begründetes von Unbegründetem zu scheiden. Dem *elenchos* sind drei Bedeutungsmerkmale zu eigen: zum ersten versteht Platon darunter das prüfende Ausfragen des vermeintlich Wissenden, zum zweiten einen Versuch des Beweisens von etwas und schließlich auch das Moment des Beschämenden, welches mit der Einsicht des offenkundigen Irrens einhergeht.[47] Wesentlich für das Begriffsverständnis ist hier, dass es sich nicht um bloße eristische Fertigkeit handelt, sondern um „Befreiung vom Scheinwissen, [...] Erfragen und Prüfen von Meinungen, Aufdecken von Widersprüchen."[48] Widersprüchliches kann diskursiv jedoch nur aufgedeckt werden, indem die Normen logischer Konsistenz thematisiert werden. Sie müssen in der sprachlichen Handlung offenbar werden, um die Stimmigkeit aller Begriffe untereinander zu prüfen. Waldenfels schreibt daher auch über den *elenchos*, er „bringt keinen neuen Wissensgehalt bei, vielmehr sondiert er das vorhandene Wissen, wie es der platonischen Dialektik in ihrer kritischen Funktion zukommt."[49] Es handelt sich also um ein methodisches Meta-Verfahren, diskursive Geltungsansprüche zu prüfen und gegebenenfalls zu revidieren. Dieses kritische Verfahren des Hinterfragens führt den Befragten schließlich an eine Art erkenntnistheoretischen Nullpunkt, an dem sich das Subjekt keiner Erkenntnis mehr gewiss sein kann und von nun an beginnt, seiner ungerechtfertigten Meinung zu entsagen und nach Wissen zu suchen. Für diesen Nullpunkt, die Zweifelslage, aus der scheinbar kein Weg mehr herausführt, steht der Ausdruck der Aporie.

Dem Begriff der Aporie eignet ein sowohl qualitatives wie auch quantitatives Merkmal, welches sich im Spannungsverhältnis von *poros* (Weg, Fülle) und *aporia* (Ausweglosigkeit, Mangel) ausdrückt.[50] In der ursprünglichen Bedeutung ist der *poros* der Weg, unter Hinzunahme des Alpha privativums wird er versperrt, es kommt zur Weglosigkeit oder Ausweglosigkeit.[51] Über die Referenz auf den realen, materialen Weg hinaus wird *poros* in die Mythologie transzendiert, er ist hier die Personifikation des Auswegs, in dieser Hinsicht auch des Reichtums.[52] Er verkörpert die Fähigkeit, in jeder Situation einen gangbaren Weg zu finden. In

47 Vgl. Waldenfels 1961, S. 52ff.
48 Waldenfels 1972, Sp. 442.
49 Waldenfels 1961, S. 56.
50 Vgl. Waldenfels 1971, Sp. 447.
51 Vgl. Waldenfels 1961, S. 13.
52 Vgl. Lohmann 2001, Sp. 172.

Platons *Symposion* schleicht sich Penia, die Personifikation der Armut, nach einem Geburtstagsmahl der Aphrodite zu Poros und zeugt Eros mit ihm.[53] Der Weggedanke auf der einen und materiales wie mentales Vermögen auf der anderen Seite stehen damit von Beginn an in Verbindung. Im Gegenzug kann die übertragene Bedeutung der Ausweglosigkeit auch bezeichnend sein für eine „bestimmte [...] Lebenslage: Not, Mangel, Bedürftigkeit“[54], trägt also ebenfalls quantitativen, im Grunde sogar sozio-ökonomischen Charakter. Im Rahmen des dialektischen Verfahrens bei Platon ist sie auch Ausweglosigkeit des Denkens, also Verlegenheit und Verwirrung sowie Sprachlosigkeit, womit sich die Begriffsbedeutung nun wieder in den mentalen und logisch-rationalen Kontext hineinbewegt.[55] Interessant daran ist, dass dem Wort sehr pragmatische Ausrichtungen zu eigen sind, welche sich an konkreten Situationen und Befindlichkeiten orientieren und zugleich auf die abstrakte Ebene der Erkenntnisfähigkeit des Menschen abzielen können. Bei Platon ist die Aporie mit einem sich als reaktiv auf die bewusstgewordene Ausweglosigkeit manifestierenden Erkenntnisstreben verbunden. So wie Penia „ihrer Dürftigkeit wegen“[56] nach einem Anteil an Poros verlangt, ist auch dem menschlichen Subjekt daran gelegen, sich aus der Abwesenheit geistiger wie materialer Fülle zu befreien. Entgegen der später bei Aristoteles vorherrschenden Bedeutung der Aporie als eines argumentativ-wissenschaftlichen Sachproblems,[57] ist bei Platon noch eine geradezu existentielle Verbindung zum Menschen gegeben.

Alle hier angeführten Merkmale der Aporie kennzeichnen diese als die ultimative Form des Zweifels. Rhetorische Zweifelsevokation mündet in ihrer fundamentalsten Form in die existenzielle Erfahrung des Aporetischen, geprägt durch kommunikative Handlungsohnmacht bis hin zum epistemisch motivierten und gesprächsstrategisch manifesten Abbruch der Situation, wie dies etwa Platons *Hippias minor* verdeutlicht.[58] *Elenchos* und Aporie gehen in der sokratischen Methode insofern Hand in Hand, als das elenktische Verfahren das unwissende Subjekt letztlich in die diskursive, aporetische Ausweglosigkeit führt, um von dort aus, bei Platon in Gestalt der *anamnesis*, wieder zu positiver Erkenntnisleistung zu gelangen. Es offenbart sich in diesem Dreischritt aus Wissensdestruktion, Aporie und Wissenskonstruktion dasselbe Wechselspiel zwischen destruktiven

53 Vgl. Plat.: Symp. übers. Schleiermacher 2011, 203b.
54 Waldenfels 1961, S. 13.
55 Ebd., S. 14.
56 Plat.: Symp. übers. Schleiermacher 2011, 203b.
57 Vgl. Höffe 1996, S. 96–98; Geiger 2005, S. 66f.
58 Aus rhetorischer Perspektive beleuchtet Knape diese Gesprächsentwicklung ausführlich in seiner rhetoriktheoretischen Werkanalyse des *Hippias minor*. Vgl. Knape 2015c, S. 133–141.

und konstruktiven Handlungsmustern, wie es auch im rhetorischen Akt in der Dialektik von $Zertum_1$, Dubium und $Zertum_2$ zu finden ist.[59]

Das rhetorische Moment sozial-kommunikativer Erkenntnisleistung besteht darin, Geltungsansprüche von Erkenntnisinhalten sozial wirksam zu machen, indem ihre Oppositionen negiert werden. Selbstverständlich wird der Dreischritt Platons stets überlagert von der omnipräsenten Differenzierung zwischen Meinung im Sinne wahrer oder falscher *doxa* und Wissen als *episteme*, deren Wahrheit sich aus der dialektischen Begründbarkeit heraus für das Erkenntnissubjekt fassen lässt und damit selbst der wahren Meinung epistemisch überlegen ist. Die Rhetorik will und muss diesbezüglich vorsichtiger sein, zumal eine der wesentlichsten Errungenschaften der aristotelischen *Rhetorik* gerade darin gesehen werden darf, der strikten Ablehnung sozial vertretbarer Meinungsrede Platons die Notwendigkeit dieser Rede in erkenntnistheoretisch defizitär gelagerten Situationen entgegenzuhalten. Der Einsicht des Aristoteles, dass der rhetorische Umgang mit der *doxa* gerade deshalb gerechtfertigt ist, weil eben keine *episteme* unter den Flüchtigkeitsbedingungen des rhetorischen Falls verfügbar scheint, ist dessen Elaboration der *techne rhetorike* überhaupt erst zu verdanken.

Ungeachtet der erkenntnistheoretischen Grundeinstellung, welche Platons Dialoge von der hier vertretenen neo-aristotelischen Rhetorikperspektive trennt, bleibt also festzuhalten, dass das Moment der Gewissheitsdestruktion, das zum methodisch gewollten Zweifel führt, sowohl im Fall des *elenchos* als auch in Gestalt der Infestation große Ähnlichkeiten aufweist. Vor allem muss man sich stets klar vor Augen halten, dass trotz der bisweilen in beißender Polemik vorgetragenen Rhetorikkritik Platons seine Dialoge selbst in hohem Maße rhetorisch durchdachte Lehrstücke strategischer Beredsamkeit darstellen. Insofern lassen sich an ihnen auch Beobachtungen über Zweifelsevokation machen, die nicht nur für Fälle philosophischer Unterredungen gelten, sondern auch grundsätzliche rhetorische Handlungs- und Wirkungsmechanismen illustrieren. Daher kann einer der Dialoge beispielhaft auf jene Theorieangebote hin beleuchtet werden, die Wittgenstein und insbesondere Davidson machen, um rhetorische Zweifelsevokation an einem konkreten Fall nachvollziehen zu können. Zu diesem Zweck soll im Folgenden Platons *Menon* auf die Momente der Triangulation und der strategisch-kommunikativen Kontextverschiebung hin untersucht werden.

59 Vgl. Knape 2015a, S. 169.

6.2.1 Zweifel im *Menon*: Die Ausgangslage

Ausführliche Interpretationen des *Menon* liegen bereits vor.[60] Für eine Gesamtbetrachtung des Werkes sei daher auf diese verwiesen, denn in Anbetracht des hier bestehenden Untersuchungsinteresses kann es hier nicht darum gehen, nochmals den Dialog in seiner Gänze aufzurollen. Für diese Arbeit wird weder das Ziel einer generellen Interpretation des Werkes noch einer dezidiert philologischen Aufarbeitung verfolgt. Vielmehr gilt es, den *Menon* in bewusster Engführung zu betrachten, indem das Moment der strategischen Zweifelsevokation unter den bis hierher erarbeiteten Konzepten dieser Arbeit beleuchtet wird.

Der Dialog selbst behandelt gleich zwei Fragen in je unterschiedlicher Intensität: Das übergeordnete Gesprächsthema besteht in der Erörterung des Tugendbegriffs. Damit lässt er sich in eine Reihe weiterer Dialoge Platons einordnen, in denen Definitionsversuche von einzelnen Tugenden oder der Tugend als solcher gegeben werden. Insbesondere kann der *Menon* auch als logische Fortsetzung des *Protagoras* gelesen werden.[61] Während diese Diskussion den größten Raum des Gesprächs für sich einnimmt, entspinnt sich dazwischen kurz eine eigenständige Themenbehandlung, welche nach der Möglichkeit von Erkenntnis fragt. Trotz der vergleichsweisen Knappheit dieser Sequenz ist der Menon für die weitere Rezeption (insbesondere in der Erkenntnistheorie) wohl vor allem ihretwegen zu einem Standardtext geworden. Denn sie führt programmatisch den Hypothesen-Diskurs im Schlussteil des Dialoges ein, in dem Platon seine berühmte und wirkmächtige Definition des Wissens unterbreitet,[62] die in abstrahierter Form als wahre und gerechtfertigte Überzeugung in die Erkenntnistheorie bis in die Gegenwart tradiert wurde.[63]

Unterredungspartner sind Sokrates und der Sophist Menon, ein Thessalier und Schüler des Gorgias, sowie Nebenprotagonisten, welche passagenweise in das Frage- und Antwortspiel involviert werden, etwa um an ihnen *elenchos*, Aporie und *anamnesis* zu demonstrieren.[64] Es ist nicht erforderlich, den gesamten

---

60 Zu nennen sind hier etwa die Werkinterpretationen von Hallich oder Merkelbach, vgl. Hallich 2013; Plat.: Men., ed. Merkelbach 1988.

61 Vgl. Kahn 1996, S. 149.

62 Vgl. Plat.: Men. 98a.

63 Vgl. Grundmann 2008, S. 4.

64 Ein ebenfalls berühmtes Beispiel für diese von Platon immer wieder gewählten, vermeintlichen Abschweifungen ist die ‚Geometriestunde' im Menon, wo Sokrates einen Sklaven durch sein Fragen dazu bringt, die Regel hinter der Flächenverdopplung eines Quadrates zu erkennen. Vgl. Plat.: Men. 82b-85b.

Verlauf des Dialoges in allen Wendungen und argumentativen Wechseln an dieser Stelle wiederzugeben, zumal im vorliegenden Fall nur die Sequenzen von Interesse sind, die den Weg in die Aporie darstellen.

Der Dialog steigt sehr unvermittelt ein mit der Frage des Menon:

> MENON: Kannst du mir wohl sagen, Sokrates, ob die Tugend gelehrt werden kann? Oder ob nicht gelehrt, sondern geübt? Oder ob sie weder angeübt noch angelernt werden kann, sondern von Natur den Menschen einwohnt oder auf irgendeine andere Art?[65]

Die Erwiderung des Sokrates fällt in der für die platonischen Dialoge typischen diskurseröffnenden Weise aus, gibt er Menon gegenüber doch an, nicht nur nicht zu wissen, ob Tugend lehrbar sei, sondern sogar im Unklaren darüber zu sein, was Tugend überhaupt sei.[66] Damit ist bereits nach dem ersten Sprecherwechsel, gesprächsanalytisch gesprochen nach dem ersten Turn taking,[67] auf der Metaebene für den Leser ein programmatischer Unterschied eröffnet, welcher im Laufe des Dialoges immer stärker herausgearbeitet wird: Menon ist Sophist, hat bei Gorgias die sophistische Weisheit gelernt und lehrt sie nun selbst. Dazu gehört auch der Unterricht in den Tugenden, seine Frage an Sokrates ist daher sicherlich von didaktischem Interesse oder zumindest stark an der pragmatischen Unterrichtssituation orientiert. Der platonische Sokrates hingegen folgt dem Prinzip, dass Platon auch in den Dialogen *Laches*, *Charmides* und *Euthyphron* vorführt: die Initialfrage, welche das Gespräch um den jeweiligen Gegenstand eröffnet, wird nicht einfach als solche hingenommen, sondern zunächst selbst solange modifiziert, bis sie auf eine klare Definition des Untersuchungsgegenstandes hinausläuft. Unabhängig davon, ob die sich anschließenden Definitionsversuche gelingen oder scheitern, das Prinzip dahinter ist stets dasselbe. Erst zwingt Sokrates seine Unterredungspartner, anhand einer klaren Definition ihr Verständnis des Thematisierten zu überprüfen. Dies führt Kahn auch dazu, für diese Dialoge von der „priority of definition“[68] zu sprechen.

Sokrates weicht zunächst also der Frage Menons aus und lenkt damit geschickt das Frageinteresse um. In einer Insinuatio, deren Spott Menon nicht heraushört, bezieht er sich auf Gorgias, der früher selbst in Athen gewesen sei und die Menschen daran gewöhnt habe, auf jede aufkommende Frage stets Antwort geben zu können. Nun, da er jedoch nach Thessalien gezogen sei, sei geradezu

---

65 Plat.: Men. 70a.

66 Ebd., 71a.

67 Vgl. Knape 2009, S. 17.

68 Vgl. Kahn 1996, S. 148.

eine Dürre an Weisheit eingetreten.[69] Das Lob auf Menon und seinen Lehrmeister erfüllt dabei nur in der intrinsischen Perspektive des Dialogs selbst die Form der Insinuatio an Menon, für den Leser ist unverkennbar, welche Kritik an den Sophisten darin enthalten ist. Erler interpretiert diese Stelle als Abwertung der Weisheitslehre der Sophisten im Sinne einer Scheinkunst: „Wirkliches Wissen kommt und geht nach Platons Auffassung eben nicht, wie es will. Es ist nicht unstet, sondern festgebunden, unwiderleglich und bleibt am Ort."[70] Damit ist bereits früh im Dialog angeklungen, worum es in der Unterscheidung von unsteter Meinung und bleibender Erkenntnis am Ende des Dialoges gehen wird. Die Kluft zwischen dem Scheinwissen der Sophisten und der ehrlichen Antwort des Philosophen ist unmittelbar nach dem Eintritt in das Gespräch markiert, ferner kommt das jeweilige Programm der Untersuchung der Tugendfrage zur Geltung. Menon fragt nach der Lehrbarkeit der Tugend, also einer praktischen Anwendung eines bereits Gefundenen, wohingegen Sokrates einen Schritt zurückgeht und nach dem Wesen der Tugend selbst fragt. Sein ontologischer Ansatz ist damit fundamentaler und wird sich im weiteren Verlauf des Dialoges als überlegen erweisen, während Menon gleich in seiner ersten Äußerung den Sinn und Wert dieser Dimension der Problemerfassung missachtet. Zudem zeugen bereits die ersten Worte beider Unterredner von einem grundsätzlich divergierenden Tugendverständnis, welches letztlich dazu führt, dass Menon von Sokrates in die reinigende Aporie geführt werden kann und muss. Wie später noch deutlich werden wird, ist das Tugendkonzept, welches Menon vor Augen hat, in ein völlig anderes mentales Überzeugungsschema eingebunden als es bei Sokrates der Fall ist. In den Worten Wittgensteins offenbart sich also in der ersten Sequenz des Dialoges die jeweilige Grenze des Weltbildes, das Sokrates und Menon dem Sprachspiel ‚Tugend' zugrunde legen.

Aufgrund dieser defizitären Ausgangslage muss Sokrates seinen Mitunterredner vor jeder weiteren Erörterung zu der Einsicht führen, dass Menons bisheriges Wissen von Tugend inadäquat ist, um dessen Frage, geschweige denn seine eigene ontologische, zu beantworten. An dieser Stelle beginnt das typische Spiel des sokratischen Fragens, indem Sokrates seinen Mitunterredner Mal für Mal durch Fragen zur Präzisierung seiner Aussagen zwingt, um ihm endlich ihre Widersprüchlichkeit und damit Unwahrheit zu entlocken.

69 Vgl. Plat.: Men. 70c.
70 Erler 1987, S. 86f.

6.2.2 Zweifel im *Menon*: Die Triangulation

Es liegt auf der Hand, im Eintritt der beiden Gesprächspartner Menon und Sokrates eine direkte Form der Triangulation zu sehen, die nicht nur auf der Ebene des generellen Sprach- und Erkenntniserwerbs steht, sondern in diesem spezifischen Fall als unmittelbare Situativ-Triangulation bezeichnet werden kann. Sokrates und der Sophist Menon stehen sich zwar als fiktive Personae innerhalb des Dialoges gegenüber, doch verkörpern sie zugleich jene subjektspezifisch divergierenden Horizonte, die Platon in virtuoser Kompositionalität für den Betrachter bewusst einfangen wollte. Obgleich nicht von einem authentischen Dokument empirisch verbriefter Handlung gesprochen werden kann, erfüllen beide Figuren damit die Funktionen des Subjektes und des Alter-Subjektes, welche einander in einer erkenntnistheoretisch-triangulären Situation in Bezug auf eine beiden gemeinsame Außenwelt begegnen.

Der Beginn des Dialoges gibt zugleich das Entstehen der Situativ-Triangulation wieder: Menon geht auf Sokrates zu und stellt die Triangulation zwischen dem abstrakten Gegenstand ‚Tugend', Sokrates und sich selbst her. Indem Sokrates die Frage aufnimmt und seinerseits über die Tugend spricht, stellt er gesprächsanalytisch gesehen einen Respons auf thematischer Ebene mit klaren Kohärenzmerkmalen her. Seine Antwort ist zwar für Menon offensichtlich überraschend („Aber weißt du in der Tat nicht einmal, was die Tugend ist, Sokrates?"[71]), jedoch resultiert diese Überraschung gerade aus der Annahme, beide unterhielten sich über das Gleiche. Der weitere Verlauf folgt dem triangulären Wechselspiel von Beobachtung des Verhaltens des anderen in Bezug auf das eigene Verhalten und die gemeinsame Außenwelt und der Korrelation dieser Beobachtungen mit den eigenen Einstellungen und Verhaltensweisen. Insbesondere Sokrates nutzt das, was Davidson als „Identifizierung des Denkens [...] auf einer sozialen Grundlage"[72] nennt, strategisch, um Menon in die Aporie zu führen. Anhand des Gesprächsverhaltens Menons erkennt er, dass dieser zu wissen meint, was Tugend sei und lässt ihn daraufhin den Begriff an sich definieren.[73] In

---

71 Plat.: Men. 71c.

72 Davidson 2013d [1991], S. 336.

73 Hallich widmet sich in seiner Interpretation dieser Passage auch der Frage, inwiefern in den Dialogen Platons bereits von der Unterscheidung in ontologische und semantische Begriffsbestimmungen gesprochen werden kann. Er hält dies zwar für nicht festlegbar, legt das Anliegen des Sokrates jedoch dezidiert als analytisches, nicht als deskriptives aus. Platon will damit in seinem Dialog keine Untersuchung des Sprachgebrauchs bieten, sondern eine Begriffsdiskussion zur Verständnisklärung des damit Bezeichneten anstreben. Vgl. Hallich 2013, S. 35.

einem ersten Definitionsversuch scheitert Menon jedoch, da er lediglich verschiedene Tugenden aufzählt, und nicht das Wesen der Tugend selbst berührt.[74] Auch zwei weitere Definitionsversuche, in denen Menon Tugend einmal als Vermögen über Menschen zu herrschen[75] und einmal als das Streben nach dem Guten[76] zu bestimmen sucht, werden von Sokrates zurückgewiesen. Diese Zurückweisungen sind im Rahmen der Triangulation entscheidende Momente, da sie einen Teil dessen ausmachen, was Menon in die Aporie bringt. Der andere, nicht minder entscheidende Teil besteht darin, dass Sokrates die Triangulation zu keinem Zeitpunkt abreißen lässt: Seine Gesprächslenkung kann nur funktionieren, solange Menon und er sich auf das gleiche Phänomen der Außenwelt beziehen und Konsens darüber herrscht, wonach gesucht werden muss.[77] Dass Menon dieses Suchen seinerseits äußerst defizitär gestaltet, ändert nichts daran, dass beide einen gemeinsamen Referenzpunkt in der Wirklichkeit fokussieren, durch den Intersubjektivität in Form der Triangulation überhaupt erst zustande kommen kann. Auf der Ebene des Formulierungsmanagements verwendet Sokrates hier seine typischen, nach Zustimmung fragenden Formulierungen:

> SOKRATES: Sagtest du nicht eben, die Tugend wäre: das Gute wollen und es vermögen?
> MENON: Das sagte ich.
> SOKRATES: Ist nun dieses gesagt: so kommt das Wollen allen zu; und insofern ist keiner besser als der andere.
> MENON: So scheint es.
> SOKRATES: Sondern offenbar, wenn einer besser ist als der andere, so wäre er in Bezug auf das Können vorzüglicher.
> MENON: Allerdings.[78]

74 Vgl. Plat.: Men. 71e-73c.

75 Vgl. ebd., 73d-74a.

76 Vgl. ebd., 77a-78e.

77 An einer Stelle des Dialoges droht das Gefühl eines gemeinsamen Fokus zu kippen, als Menon fragt, wie Sokrates denn das Wesen der Tugend suchen wolle, wenn er selbst nicht wisse, was es sei (vgl. Plat.: Men. 80d.). Sokrates erkennt hier die kritische Situation und die mangelnde Motivation Menons, überhaupt noch weiter zu diskutieren, und begegnet ihr durch die Erläuterung der *anamnesis*-Lehre. Interessanterweise führt er die Demonstration dieser Lehre an einem Sklaven in Form einer geometrischen Unterweisung durch. Damit gibt er Menon zum einen die Möglichkeit, von außen zu beobachten und zu lernen, was auch explizit thematisiert wird (vgl. Plat.: Men. 83a; 84a; 85c.). Zum anderen lässt er ihm aber auch eine taktische Pause, damit sich dieser dem dauernden Fragen entziehen und gewissermaßen von der ersten Starre der Aporie befreien kann. Im Anschluss daran zeigt sich Menon dann auch wieder aufgeschlossen und ruhiger gegenüber Sokrates (vgl. Plat.: Men. 86c-d.).

78 Plat.: Men. 78b.

In diesem Stil ziehen sich weite Passagen des Gespräches, die die textuelle Basis der sokratischen Mäeutik bilden. Sie dienen jedoch nicht nur methodisch einem klärenden Erkenntnisgewinn innerhalb des Diskurses, sondern erhalten auf der strategisch-kommunikativen Ebene den gemeinsamen Referenzpunkt, der beide Subjekte in der Triangulation zusammenführt. Durch das permanente Fragen des Sokrates entsteht in seiner ursprünglichsten Form jenes Element, welches bereits Wittgenstein als Grundlage der Möglichkeit des Zweifels überhaupt ausgewiesen hat – Konsens. Solange Menon nicht in der Lage ist, zu sehen, welche basalen Grundannahmen er mit Sokrates teilt, kann er den inferentiellen Sprung auf die Ebene des Zweifels nicht schaffen. In Anlehnung an Davidson kann man formulieren, dass Sokrates zwar weit vor Menon die Inkonsistenzen in dessen modularholistischen Überzeugungsschemata sieht, jedoch keinen kommunikativen, zweifelsevokativen Zugriff darauf hat, ehe beide nicht eine gewisse Menge an gleichen Überzeugungen teilen, auf deren Grundlage die Inkonsistenzen für Menon sichtbar sind.

Wie der weitere Verlauf des sechsten Kapitels unter Punkt 6.2 noch zeigen wird, wird im Dialog zwischen Menon und Sokrates zum Teil explizit textuell ausagiert, was Davidson in seiner Theorie auch als stillschweigende Rationalitätspräsupposition denkt: Um einander verstehen zu können, das heißt also, auch den Zweifel des anderen verstehen zu können, müssen die Kommunikationspartner bestimmte rationale Grundlagen miteinander teilen. Diese Form der Darstellung mag im Dialog aus rein dramaturgischer Sicht bisweilen langatmig und stark repetitiv wirken, ist jedoch dem didaktischen Interesse Platons geschuldet. Da es ihm gerade nicht um ein authentisches Narrativ mündlicher Kommunikation geht, sondern er in dialogischer Form den Erkenntnisfortschritt eines im Scheinwissen gefangenen Subjektes zu zeigen beabsichtigt, müssen auch die Präsuppositionsanteile der kognitiven Entwicklung Menons zumindest in Ansätzen ausgeführt werden. Dies rechtfertigt auf der anderen Seite wiederum, den *Menon* als erkenntnis- und rhetoriktheoretisches Lehrstück zu lesen und nicht als rein fiktionale Textgattung in ästhetischem Sonderstatus abzutun.

Es sind also zwei Komponenten, die dem Zweifelsevokationskalkül des Sokrates entspringen: zum einen die fortwährende Destruktion des Zertums von Menon, er wisse, was Tugend sei. Zum anderen die Aufrechterhaltung des triangulären Momentes, um den Zertifikationsabbau im Gespräch überhaupt weiter vorantreiben zu können.

Da Menon mit der Überzeugung des sicheren Wissens in die Unterredung gegangen ist und nun in verschiedenen argumentativen Schritten erfahren muss, dass sein Wissen immer weiter in Gefahr gerät, verunsichert ihn der Gesprächsverlauf stets aufs Neue. Für den Betrachter von außen wird dies insbesondere in der Aporie-Szene deutlich, in der Menon angesichts seiner Resignation auf die erneute Aufforderung des Sokrates, nun nochmals Tugend zu definieren, polemisch reagiert:

> MENON: O Sokrates, ich habe schon gehört, ehe ich noch mit dir zusammengekommen bin, dass du allemal nichts als selbst in Verwirrung bist [autos te aporeis] und auch andere in Verwirrung bringst. Auch jetzt kommt mir vor, dass du mich bezauberst und mir etwas antust und mich offenbar besprichst, dass ich voll Verwirrung geworden bin, und du dünkst mich vollkommen, wenn ich auch etwas scherzen darf, in der Gestalt und auch sonst, jenem breiten Seefisch dem Zitterrochen, zu gleichen. Denn auch dieser macht jeden, der ihm nahekommt und ihn berührt, erstarren. Und so, dünkt mich, hast auch du mir jetzt etwas Ähnliches angetan, dass ich erstarre. Denn in der Tat, an Seele und Leib bin ich erstarrt und weiß dir nichts zu antworten; wiewohl ich schon tausendmal über die Tugend gar vielerlei Reden gehalten habe vor vielen, und sehr gut, wie mich dünkt.[79]

Zunächst fällt die auch im Zitat nochmals hervorgehobene Betonung des Begriffs Aporie auf. Was in der Übersetzung Schleiermachers hier jeweils mit Verwirrung wiedergegeben wird, könnte auch im Sinne einer Betonung des prozeduralen Charakters etwas freier als Ausweglosigkeit übersetzt werden, um den Gedanken des Gesprächsfortschrittes und des empfundenen, jähen Endes dieses Weges zu fokussieren. Merkelbach entscheidet sich in seiner Übersetzung daher auch für eine engere Auslegung, indem er schreibt: „und die anderen dazu bringst, dass sie in Verlegenheit und Aporie sind."[80] Damit bleibt er funktional noch näher am Ausgangsgedanken Platons.

Aus dieser Aussage gehen alle drei ‚Spielarten' des Wissens hervor, die Davidson voneinander unterscheidet: Das Wissen eines Subjektes über eigene kognitive und mentale Zustände, sein Wissen über die es umgebende Welt sowie sein Wissen über die kognitiven und mentalen Zustände anderer Subjekte. Menon konnte nach eigener Aussage schon viele Male in triangulären Kontexten die Erfahrung machen, seine Überzeugungen über Tugend in diskursiven Verfahren als Wissen bestätigen zu lassen.[81] Umso unerwarteter für ihn ist daher das Verhalten des Sokrates ihm gegenüber. Vor allem aber ist Zweifel an seinem eigenen

---

79 Plat.: Men. 79e-80a.

80 Plat.: Men., ed. Merkelbach 1988, 79e-80a.

81 Natürlich steckt auch in dem kurzen Satz Menons, er habe vormals schon oft über die Tugend gesprochen und dies auch sehr gut, wie er denkt, eine Spitze Platons gegen die Sophisten. Denn es ist zu vermuten, dass sich Menon auf monologe Redesituationen bezieht, denen exakt jenes Moment des permanenten Korrektivs abgeht, wie es in der dialogen und damit auch dialektischen Situation vorherrscht. Dass Menon also unbeirrt glauben kann, er habe bislang stets das Richtige über die Tugend gesagt, liegt auch daran, dass er bislang auf die falsche Diskursmethode vertraut hat und sich der sophistischen Lehrweise der Makrologe bedient hat, anstatt seine

Wissen für Menon nur möglich, weil er sein Verhalten (das permanente Bemühen um Klärung) mit dem Verhalten des Sokrates (das permanente Hervorbringen von Verwirrung) in Bezug auf einen offensichtlich beiden gemeinsamen Gegenstand vergleichend bewerten kann. Die sokratischen Fragekaskaden, die Menon ein ums andere Mal aufgrund der Anerkennung gleicher Rationalitätsstandards zur Zustimmung zwingen, machen es ihm nicht möglich, die zwingend erscheinenden Destruktionsversuche gegen seine Überzeugung abzuwehren. Positiv gewendet lässt sich sagen, dass Menon zum ersten Mal in diesem Gespräch an den Punkt gelangt, an dem er berechtigte Gründe sieht, an seinem eigenen Wissen zu zweifeln. Dies ist jedoch nur möglich, da er anerkennen kann, dass Sokrates und er, mit Wittgenstein gesprochen, das gleiche Sprachspiel spielen, sich also unter Bezugnahme auf gleiches Verständnis basaler Begriffe nicht auf einen davon abgeleiteten Begriff (den der Tugend) einigen können. Es zeigt sich: Zweifel ist nur aufgrund gleicher Konsistenz- und Rationalitätsunterstellungen möglich.[82] Dass Menon überhaupt in die Lage versetzt wird, zu zweifeln, liegt daran, dass er mit Sokrates gemeinsam Stück für Stück Überzeugungen ausbildet, die er als konsistent und rational anerkennen muss, die allerdings mit seinen ursprünglich in das Gespräch eingebrachten Überzeugungen in ein Verhältnis der Inkonsistenz geraten. Der entscheidende Punkt dieser Betrachtung liegt jedoch darin, dass die Maßstäbe von Konsistenz und Inkonsistenz, an denen sich der Zweifel festmacht, nur durch die Triangulation mit Sokrates vorhanden sind. Sokrates erfüllt für Platon in diesem Dialog daher die Funktion des Rationalitätsmaßstabes, an dessen kritischen Fragen sich alle vermeintlichen Gewissheiten Menons messen lassen müssen.

Da Sokrates diese Form des Maßstabes darstellt, vermag er im triangulären Modell auch Menons Sicherheit entscheidend zu beeinflussen. Denn wie Menon selbst entrüstet sagt, befindet sich Sokrates ebenfalls in Verwirrung.[83] Dadurch entsteht eine, auch psychologisch, vertrackte Situation für Menon: auf der einen Seite muss er anerkennen, dass er sich von Sokrates durch das Gespräch führen lässt, auf der anderen Seite ist ihm bewusst, dass dieser selbst noch nicht zur

Worte im Sinne Platons' Erkenntnismethode kritisch in der Unterredung prüfen zu lassen. Die Methoden- und Diskurskritik ist Teil der permanenten Ablehnungsrhetorik Platons gegen die Sophisten.

82 Diese Feststellung verweist bereits auf das nachfolgende Teilkapitel 6.3 zu Davidsons *Principle of Charity*.

83 Diese Seite des fragenden Sokrates ist keineswegs alleine ein Spezifikum des *Menon*. Merkelbach schreibt dazu: „Fast alle frühen Dialoge Platons enden ohne Ergebnis, ja in scheinbar völliger Verwirrung der Teilnehmer, auch des Gesprächsführers Sokrates selbst." Plat.: Men., ed. Merkelbach 1988, Vorw. S. 5.

Klarheit über den beredeten Sachverhalt gekommen ist. Der immer weiter fortschreitenden Zweifelsevokation steht also kein aktives Gegenmoment der Gewissheitsevokation gegenüber – eine Dynamik, die nicht nur zum Zweifel, sondern zur Ausweglosigkeit für Menon führt, also in die Aporie.

6.2.3 Zweifel im *Menon*: Die Kontextverschiebung

Der Dialog *Menon* kann also als Beispiel situativer Triangulation gelesen werden, die das kommunikative Zusammenspiel zweier Erkenntnissubjekte aufschlüsselt, um verstehen zu können, welche strategische Interaktion des einen Subjektes (in diesem Fall Sokrates) zu welchen Auswirkungen in Bezug auf das andere Subjekt (Menon) führt. Der Dialog selbst illustriert daher nicht einfach nur die sprachliche Handlungsebene beider Akteure, wie eine oberflächliche Betrachtung Glauben machen könnte, sondern erweist sich vielmehr als mental-philosophisch gedachtes Schaustück, an dem auch introspektive Wechselwirkungen nachvollzogen werden können. Da Platon auf einen Autorenkommentar verzichtet und keine Erklärungen subjektinterner, mentaler Vorgänge aus einer auktorialen Perspektive einfließen lässt, gestaltet er den Wortwechsel der beiden Protagonisten entsprechend reich an Interpretationsangeboten, um dem Rezipienten auf diesem Weg einen Zugang zur intrapersonellen Ebene zu gewähren. Ausdruck dessen sind vor allem auch die typischen selbstreflexiven Äußerungen des Menon, die immer wieder erkennen lassen, in welchem Zustand mentaler Klarheit oder Verwirrung er sich nun befindet.

Mit der hier vorgeschlagenen Interpretationsidee einer Situativ-Triangulation geht eine weitere Beobachtung einher, deren theoretisches Fundament in den vorangegangenen Kapiteln erarbeitet wurde. Die im Menon vorgestellte Zweifelsevokation des strategischen Kommunikators ‚Sokrates' lässt sich nicht nur durch die Triangulations-Konzeption Davidsons beschreiben, sondern zugleich im Sinne einer kontextverschiebenden Begriffsarbeit verstehen.

Als besonders aufschlussreich erweist sich hierfür eine Passage des Dialoges, die nach der bereits erwähnten Geometriestunde wieder zur Grundfrage der Lehrbarkeit der Tugend zurückführt. Sokrates verwirrt erneut Menon, indem er ihm zwei scheinbar widersprüchliche Aussagen des Dichters Theognis vorstellt:

> SOKRATES: Und du weißt doch, dass nicht nur dir und anderen Staatsmännern so bisweilen scheint, dies [die Tugend, *Anm. d. Verf.*] sei lehrbar, bisweilen auch wieder nicht; sondern auch der Dichter Theognis, weißt du doch, sagt dasselbe.
> MENON: In was für Versen?

> SOKRATES: In den Elegien, wo er sagt: Also zu denen beim Trunk und beim Mahle gesell dich, denen suche gefällig zu sein, welche die Trefflichsten sind. Denn von den Guten ist Gutes zu lernen, doch in der Gesellschaft Schlechter verlierest du leicht auch den Verstand, den du hast. Merkst du wohl, dass er hier von der Tugend spricht, als wäre sie lehrbar?[84]

Die letzte Frage des Sokrates ist eindeutig gesprächsstrategisch motiviert, um Menon zur Bestätigung zu zwingen, die ihm dieser auch sofort gibt.[85] Direkt danach fährt Sokrates jedoch fort:

> SOKRATES: Anderwärts aber weicht er davon ab und sagt: „Ließ der Verstand sich machen und fest einpflanzen den Menschen, großen und herrlichen Lohn trügen dann jene davon", die dies verstünden; und „Nimmer aus gutem Geblüt würde dann einer verrucht, in heilbringender Zucht aufwachsend! Allein durch Belehrung schaffst du den schlechten Mann nimmer zum guten dir um." Siehst du, wie er hier über dieselbe Sache wiederum das Gegenteil sagt?[86]

Der nach wie vor verwirrte Menon antwortet wiederum zustimmend und offenbart damit sein mangelndes Verständnis der gesamten Sachlage, über die er mit Sokrates spricht.[87] Denn in den beiden Zitaten des Dichters werden dem Rezipienten des Dialoges zwei grundverschiedene Begriffskonzeptionen von ‚Tugend' vorgestellt, die einander zwar auf den ersten Blick konträr gegenüber stehen, sich de facto jedoch auf gänzlich verschiedene Auffassungen der Tugend beziehen und damit nicht in die Widersprüchlichkeit zueinander geraten, die der verwirrte Menon in ihnen sieht. Sowohl für die Erschließung des Unterschiedes zwischen beiden Tugend-Verständnissen, die in den Zitaten zum Ausdruck kommen, als auch für die Analyse der daraus resultierenden Rolle im Prozess der Zweifelsevokation, muss man sich das gesamte konzeptuelle Begriffsschema der Tugend-Begriffe vor Augen halten.

Das erste Zitat wird von Sokrates eingeleitet mit der Attribuierung des Menon als einem der ‚Staatsmänner', die sich Gedanken um die Lehrbarkeit der Tugend machten. Tugend wird also direkt in den Kontext politischer Tüchtigkeit gestellt, was das nachfolgende Zitat des Theognis auch bestätigt. In der oben zitierten Schleiermacher-Übersetzung heißt es, man solle sich zu denen gesellen, „welche die trefflichsten sind". Merkelbach entscheidet sich in seiner Übersetzung für

84 Plat.: Men. 95d.
85 Vgl. Plat.: Men. 95e.
86 Plat.: Men. 95e-96a.
87 Vgl. Plat.: Men. 96a.

eine deutlicher interpretierende Variante, indem er übersetzt „welche die politische Macht haben."[88] Damit wird der Aspekt der Befähigung im Sinne sozialer Macht und auch technischer Fertigkeit sowie praktischer Kompetenz in den Vordergrund gerückt. Das hier unterbreitete Tugendkonzept basiert also wesentlich auf der Vorstellung der Tugend als einer Tüchtigkeit. Das griechische *arete* birgt trotz der im Deutschen gebräuchlichen Übersetzung ‚Tugend' auch im ursprünglichen Sinne exakt jene Bedeutung in sich. Auch Werkzeuge etwa können diesbezüglich gemäß ihrer *arete* beschaffen sein, wenn sie zu dem Zweck, zu dem sie gemacht wurden, besonders dienlich sind. Die Tauglichkeit beziehungsweise Tüchtigkeit eines Gegenstandes ist daher auch übertragbar auf die Fähigkeiten eines Menschen, zu besonderen Zwecken tauglich zu sein – eben eine spezifische *arete* zu besitzen.[89] Es erweist sich daher als wenig verwunderlich, dass das Zitat von einer Lehrbarkeit dieser Tugend ausgeht, da es die Möglichkeiten eines spezifischen Kompetenzerwerbs reflektiert, die im Falle politischer Machtausübung durch Eliten-Sozialisation und Habitualisierungsvorgänge des sozialen Lernens entstehen. Interessant ist in diesem Zusammenhang auch die Schwierigkeit der Deutung und damit auch Übersetzung des Satzes ‚Von den Guten ist Gutes zu lernen'. Wie Hallich besonders betont, wird „die zu lernende Tugend [...] durch den Ausdruck *esthlos* bezeichnet, der das Wertgeschätztwerden durch andere akzentuiert."[90] Ohne explizit darauf hinzuweisen, passt Hallich daher seine Übersetzung entsprechend an, indem er mit den Worten übersetzt: „Von den Edlen nämlich wirst du Edles lernen"[91], womit er eindeutig versucht, die moralische Konnotation des Deutschen ‚gut' aus der Schleiermacher-Übersetzung zu vermeiden und durch den eher mit Sozialprestige besetzten Begriff ‚edel' zu ersetzen. Zum weiteren Vergleich sei auch hier nochmals Merkelbachs weniger stilistisch als mehr technisch-interpretativ motivierte Übersetzung danebengehalten: „denn von tüchtigen Leuten wirst du Tüchtiges lernen [...]."[92] In der Flüchtigkeit des Handlungsvollzugs, ausgelöst durch die Situativik und dem für das rhetorische Gesprächsgeschehen typischen permanenten Interaktionsdruck,[93] stehen

---

88 Plat.: Men., ed. Merkelbach 1988, 95e.

89 Diese aus heutiger Sicht sehr weite Begriffsbedeutung ist keineswegs Platon-spezifisch, sondern beispielsweise auch ein klassisches Motiv in der Tugend- und Tüchtigkeitsdiskussion der aristotelischen Ethik. Besonders aufschlussreich ist hier etwa das sechste Kapitel im ersten Buch der Nikomachischen Ethik. Vgl. Arist.: EN, übers. Rolfes 1985, 1098a8-12.

90 Hallich 2013, S. 168.

91 Ebd., S. 167.

92 Plat.: Men., ed. Merkelbach 1988, 95d.

93 Vgl. Knape 2009, S. 26.

Menon fraglos keine derartigen Ressourcen zur Abwägung der spezifischen Konnotationen des Tugendkonzeptes zur Verfügung. Durch Sokrates geschickt geleitet und an dieser Stelle des Dialoges nunmehr eher sanft übergangen, folgt er der konzeptuellen Falle, die dieser ihm stellt. Diese besteht darin, dass das erste Zitat Menon durch dessen Zustimmung dazu zwingen wird, später einen Widerspruch in seiner eigenen Haltung zugeben zu müssen. Um dies zu erreichen, konfrontiert Sokrates Menon direkt darauf mit dem zweiten Zitat des Theognis.

Dieses spiegelt jedoch eine gänzlich andere Tugendkonzeption wieder. Es beginnt, wie bereits oben zitiert, mit dem Satz: ‚Ließ der Verstand sich machen und fest einpflanzen' – als Vertreter für das Konzept der Tugend wird hier nun also der Verstand, griechisch *noema*, angeführt. Bezeichnend ist, dass sich in der Übersetzung mit ‚Verstand' diesmal Schleiermacher und Merkelbach einig sind,[94] einzig Hallich möchte *noema* mit „kluges Denken"[95] wiedergeben. Sokrates führt damit also ein gänzlich anderes Tugendverständnis an, welches die Fähigkeit zur verstandesmäßigen Durchdringung eines Sachverhaltes pointiert und gerade nicht ein soziales Rollenkonzept innerhalb eines intersubjektiven Machtgefüges aufgreift. Vernunftgemäßes Denken ist ein subjektimmanentes Vermögen des Verstandes, nicht ein subjektexternes Verdienst, welches zu- und aberkannt werden kann – zumindest nicht im Sinne Platons.

Die konzeptuelle Unterscheidung, die in beiden Theognis-Zitaten verkörpert ist, ist als Grundkontrast den gesamten Dialog hindurch präsent. Bereits zu Beginn des Gesprächs ahnt Sokrates, dass Menon nach der Tugend im Sinne eines sozialen Kompetenzerwerbs zur Ausübung (politischer) Macht fragt. Zeichen dieses bei ihm vorherrschenden Begriffshorizontes ist auch sein bereits oben angeführter Definitionsversuch der Tugend als Vermögen, „über den Menschen zu herrschen [...]."[96]

Hallich folgert aus dieser Szenerie den Lerneffekt, den auch Platon durch die beiden Protagonisten des Dialogs erzielen möchte:

> Was aus den beiden Zitaten [des Theognis, *Anm. d. Verf.*] allenfalls hervorgeht, ist nicht, dass die Tugend als sowohl lehrbar als auch nicht lehrbar dargestellt wird, sondern, dass der Begriff der *arete* äquivok ist. In einem Sinn von „Tugend" – nämlich dem erstgenannten, in dem der Erwerb der Tugend eine Sache der *technē* ist – ist sie lehrbar, in einem anderen nicht.[97]

94 Vgl. Plat.: Men., ed. Merkelbach 1988, 95e.
95 Hallich 2013, S. 168.
96 Plat.: Men. 73c.
97 Hallich 2013, S. 168.

Da Menon jedoch auch dem zweiten Zitat zustimmt und dabei nicht erkennt, dass es sich um verschiedene begriffliche Tugendverständnisse handelt, meint er erneut, in sich Widersprüchlichem zustimmen zu müssen. So gerät er von Neuem in Verwirrung darüber, wie denn Tugend nun zu definieren sei und offenbart seine mangelnde Reflexionskraft. Nachdem für Menon also selbst offenkundig wird, wie unbedarft er sich bislang dem Konzept Tugend genähert hat, kann Sokrates ihm einerseits sein mangelndes Wissen vor Augen führen und ihn andererseits für seine eigene Lehrmeinung interessieren.[98]

Beide Tugendkonzepte können, wie oben bereits erwähnt wurde, letztlich als zwei voneinander divergierende Sprachspiele innerhalb zweier unterschiedlicher Weltbilder gelesen werden. Das Tugendverständnis Menons basiert auf dem – von Platon natürlich pejorativ dargestellten – sophistischen Weltbild, innerhalb dessen Menons defizitäre Auffassung des Tugendbegriffes gerechtfertigt erscheinen mag. In den Worten des Kontextualismus ist Menon also als Sophist von seinem subjektiven Standpunkt aus tatsächlich gerechtfertigt anzunehmen, er wisse genau zu sagen, was Tugend sei, und habe auch wirklich bereits viele Male erfolgreich über Fragen der Tugend Auskunft gegeben. Aus der Perspektive des Sokrates heraus ist jedoch der Kontext einer ontologisch und ethisch orientierten Auslegung des Tugendbegriffs maßgeblich für die Frage nach der Lehrbarkeit. Innerhalb dieses Kontextes, also innerhalb des sokratischen Weltbildes, müssen sich erhebliche Zweifel an der Auffassung Menons einstellen. Um diese Zweifel jedoch überhaupt übernehmen zu können, das heißt, um die Inkonsistenzen der eigenen Auffassung mit den metapragmatischen Präsuppositionen und den basalen Überzeugungen des sokratischen Überzeugungsschemas erkennen zu können, muss Menon von Sokrates erst aus dem sophistischen Kontext heraus und in den philosophischen Kontext hineingeführt werden. Aus dieser Perspektive betrachtet, ist das gesamte Frage-Antwort-Spiel des Sokrates als eine strategische Kontextverschiebung zu betrachten. Sie zielt von Anfang an darauf, durch Kontextvarianz die Aussagen des Menon über die Tugend als mangelhaft und inkonsistent zu überführen, da sie mit den basalen Überzeugungen des philosophischen, sokratischen Weltbildes in Konflikt geraten. Das Führen in die Aporie, also die rhetorische Zweifelsevokation, basiert mit anderen Worten darauf, dass Sokrates die Ausgangsfrage Menons aus einem politisch-didaktischen, technisch

98 Insofern erfüllen sein elenktisches Fragen und der Schritt in die Aporie nicht nur erkenntnistheoretisch die Funktion, das Erkenntnissubjekt zu eigenem, gewissenhaften Forschen zu bewegen, sondern rhetoriktheoretisch auch die Aufgabe des *docilem parare*, im Sinne einer Vorbereitung auf eine oratorseitige Wissensvermittlung.

motivierten Begriffskontext in einen ontologisch und ethisch motivierten überführt. Was sich für Menon innerhalb seines sophistischen Weltbildes daher noch als konsistent erwiesen hat, wird nun innerhalb des sokratischen Weltbildes inkonsistent – sein Überzeugungsschema beginnt zu wanken.

In jeder Äußerung Menons, die noch seinem sophistischen Weltbild geschuldet ist, entdeckt Sokrates deren Inkompatibilität mit dem von ihm triangulär in den Dialog eingeführten ontologisch-ethischen Kontext. Durch Nachfragen und dadurch, dass er Menon zwingt, eigene Inkonsistenzen zu erkennen, die dieser selbst durch seine Aussagen erzeugt, führt er ihn in explizite Widersprüche, solange bis die Verwirrung aufgrund der Destruktion des Zertums im Überzeugungsschema vollkommen ist.[99] Dies ist der Augenblick der Aporie, herbeigeführt durch den triangulär verursachten Kontextwechsel des Sokrates.

Verbindet man nun Platons Dialog mit den bisher in dieser Arbeit entfalteten Gedanken zu Wittgenstein und Davidson, so liest sich der *Menon* als Beispiel rhetorischer Zweifelsevokation durch eine trianguläre, strategische Kontextverschiebung durch einen Orator. Das Werk spiegelt ein Aufeinandertreffen zweier Wittgenstein'scher Weltbilder wider, das des Sophisten und das des Philosophen. Es führt den Grundgedanken der Triangulation konsequent in die Situativik des rhetorischen Agons und illustriert auf diese Weise die strategische Fähigkeit eines Orators, kontextvariant zu handeln, also eine Kontextverschiebung vorzunehmen.

6.3 Das *Principle of Charity* und seine Implikationen für die Rhetorik

Es wurde gerade die Behauptung aufgestellt, es könne unter Umständen bereits genügen, einem Gegenüber eine divergierende Meinung und Rationalität zu unterstellen, um an der eigenen Meinung zu zweifeln. Dies ist fraglos eine sehr niederschwellig operierende Strategie, die wohl nur in seltenen Fällen ausreichen mag, etwa, wenn der Adressat sich ohnehin in einem wenig stabilen Zustand der Gewissheit befindet oder aus anderen Gründen für Zweifelserregung hoch anfällig ist.

---

99 In Kapitel 7.3 wird dieser Gedanke des Expliziten durch Brandom eine theoretische Grundlage erfahren. Dann wird sich herausstellen, dass bestimmte Sprechhandlungen eines Orators die Funktion erfüllen, verborgene Diskursannahmen und Verpflichtungen zur Zustimmung oder Ablehnung einer Schlussfolgerung an die Oberfläche zu holen, um etwa Widersprüche für Diskursteilnehmer explizit zu machen.

Nichtsdestotrotz ist damit ein Grundprinzip der Zweifelsevokation angesprochen, welches eng mit der Triangulation verbunden ist. Zur Rationalitätszuschreibung bei Meinungen schreibt Habermas: „Um eine Meinung als rational zu qualifizieren, genügt es, dass sie im gegebenen Rechtfertigungskontext aus guten Gründen für wahr gehalten, d. h. rational akzeptiert werden kann.“[100] Und weiter führt er aus, die Rationalität eines Urteils impliziere gerade nicht dessen Wahrheit, „sondern nur seine begründete Akzeptabilität in einem gegebenen Kontext.“[101] Es wurde bereits erläutert, dass im Prozess der Triangulation der Orator selbst für die Setzung des Kontextes Sorge trägt, der die Akzeptabilitätskriterien mit sich bringt. Wird einem Orator seitens des Adressaten daher eine bestimmte Form der Rationalität unterstellt, wird dessen Meinung auch als potentiell akzeptabel im gemeinsamen Kontext gewertet. Daraus ergibt sich für die Rhetorik die Frage, welche Form der Rationalitätsunterstellung notwendig ist, um die Äußerungen eines Orators für grundsätzlich akzeptabel zu halten.

Davidson befasst sich ebenfalls mit der Frage nach Rationalitätsunterstellungen zwischen Sprechern und Interpreten, wenn auch auf der grundlegenden Ebene des Sprachverstehens und der Bedeutungsgenese, die für die Rhetorik nicht unmittelbar relevant ist. Jedoch lässt sich auch hier wieder von den Überlegungen Davidsons abstrahieren, um rhetoriktheoretisch perspektivierte Erkenntnis zu gewinnen.

6.3.1 Sprachverstehen und *radikale Interpretation* bei Davidson

Die These, dass die Quelle propositionaler Inhalte und des Begriffs des Objektiven in der Intersubjektivität liegt, wird nicht erst in dem späten Aufsatz *Drei Spielarten des Wissens* von Davidson entwickelt, sondern fasst bereits 1975 in *Denken und Reden* Fuß. In diesem Artikel schreibt Davidson: „Die Hauptthese meiner Abhandlung ist, dass ein Wesen nur dann Gedanken haben kann, wenn es ein Interpret der Sprache eines anderen ist.“[102] Hier legt Davidson zwar noch nicht das starke Gewicht auf die Termini ‚objektiv‘ und ‚intersubjektiv‘, wie dies charakteristisch für seine späten Aufsätze ist, jedoch führt er einen anderen, nicht minder zentralen Aspekt ein, der bereits in dieser Periode seiner Arbeit die Sprach- und

100 Habermas 2004a [1999], S. 107.
101 Ebd., S. 107f.
102 Davidson 1990e [1975], S. 227.

Handlungstheorie bestimmt: die Figur des Interpreten. Glüer geht soweit, den Interpreten als „die Hauptfigur“[103] der Philosophie Davidson zu bezeichnen, und schreibt weiter: „Nach seiner Hauptfigur benennt Davidson auch die Theorie, die er sucht: eine theoretische Beschreibung der Kompetenz eines Interpreten, im wahrsten Sinne des Wortes ‚Sinn zu machen‘ aus den Äußerungen anderer.“[104] Der Interpret ist dabei nicht zuletzt deshalb die zentrale Instanz dieser Philosophie, da sich bei ihm alle Stränge der Bedeutungs-, Wahrheits-, Handlungs- und Kommunikationstheorie Davidsons zusammenführen lassen und brennpunktartig verdichten. Denn bei dem Versuch, Verstehen als Leistung und Prozess zu charakterisieren, gerät Davidson zunächst in einen Zirkel: die Äußerungen eines Sprechers zu verstehen, ist nur möglich, wenn man weiß, auf welche Objekte der Wirklichkeit sich der Sprecher mit diesen Äußerungen bezieht und wie er zu diesen steht, also welcher Überzeugungen er in Bezug auf diese Objekte ist. Zugleich ist jedoch ohne eine Interpretation der Äußerungen selbst kein Rückschluss auf die Wahrheitsannahmen und Überzeugungen des Sprechers sowie dessen Referenz auf die Wirklichkeit möglich. Damit gerät der Versuch der Interpretation in einen Regress. Malpas schreibt dazu: „As Davidson presents it, the problem is that in order to interpret utterances we need to have some knowledge of beliefs, but in order to identify beliefs we must have some idea of how to interpret utterances.“[105] Die gegenseitige Verschränkung dieser beiden Elemente – der Überzeugungsebene und der (sprachlichen) Handlungsebene – ist dabei fundamental und kann nicht einfach an irgendeinem Startpunkt durchbrochen werden. „Der Grund dafür ist, dass eine Bedeutungstheorie für die Sprache einer Person nur gemeinsam mit einer umfassenderen psychologischen Theorie erstellt werden kann, die ihr gesamtes intentionales Verhalten, sei es sprachlich oder nichtsprachlich, verständlich macht.“[106], wie Rovane schreibt. „Jemanden zu interpretieren, erfordert daher nichts weniger als eine einheitliche Bedeutungs-, Überzeugungs- und Handlungstheorie für diesen Akteur, eine Theorie, die ihm motivationale wie kognitive Zustände und Bedeutungsintentionen zuschreibt.“[107] Daher bedient sich Davidson eines Verfahrens, welches er als *radikale Interpretation* bezeichnet:

---

103 Glüer 1993, S. 14.

104 Ebd.

105 Malpas 1992, S. 146.

106 Rovane 1997, S. 67f.

107 Ebd., S. 68.

> Da keine Aussicht besteht, die sprachliche Tätigkeit zu interpretieren, ohne zu wissen, was der Sprecher glaubt, und da wir nicht imstande sind, eine Bedeutungstheorie auf eine vorgängige Entdeckung seiner Überzeugungen und Intentionen zu gründen, komme ich zu dem Schluss, dass es uns irgendwie gelingen muss, mit einer völlig neu ansetzenden Interpretation der Äußerungen – mit der *radikalen* Interpretation – gleichzeitig eine Theorie des Glaubens und eine Bedeutungstheorie zu liefern.[108]

Die Idee des radikalen Interpreten entwickelt Davidson ausgehend von Quine, der sich die Frage stellt, wie es möglich sein kann, eine fremde Sprache in die eigene zu übersetzen, ohne dabei irgendwelche gleichfalls sprachlichen Metadaten zur Verfügung zu haben.[109] Im Unterschied zu Quine geht es Davidson jedoch nicht darum, dem Begriff der Übersetzung auf die Spur zu kommen, sondern dem der Interpretation. Denn Sätze aufgrund eines wie auch immer gearteten Mechanismus ineinander übersetzen zu können, bedeutet noch nicht, diese auch angemessen interpretieren zu können.[110] Davidson schwebt daher eher eine Theorie vor, jedem Satz in einer Objektsprache seine Bedingungen, unter denen er wahr oder falsch ist, in einer Metasprache zuordnen zu können.[111] Dabei orientiert er sich an der Wahrheitsdefinition Tarskis und seiner berühmten Konvention (W), die jedem Satz einer Objektsprache einen wahren Satz einer Metasprache zuzuordnen im Stande sein soll.[112] Davidson will also eine Beziehung zwischen den zunächst unverstandenen Sätzen eines Sprechers auf der einen Seite und den Ansichten über die Welt des Interpreten auf der anderen Seite beschreiben, aufgrund derer es dem Interpreten zumindest potentiell möglich ist, unter den eigenen Sätzen, die er für wahr hält, diejenigen zu identifizieren, die auch der Sprecher im Augenblick seines Sprechens für wahr hält. Der Einstieg in den oben bereits skizzierten Zirkel der Interdependenz von Überzeugung und Bedeutung gelingt Davidson durch das Unterstellen einer methodischen Präsupposition, die jeder Interpret machen muss:

> Ein geeigneter Ausgangspunkt ist die Einstellung des Einen-Satz-für-wahr-Haltens, des ihn Als-wahr-Akzeptierens. [...] Es ist eine Einstellung, von der man plausiblerweise annehmen kann, dass der Interpret imstande ist, sie als solche zu erkennen, ehe er zu interpretieren vermag, denn er kann wissen, dass jemand durch die Äußerung eines Satzes eine Wahrheit

108 Davidson 1990d [1974], S. 208 [Herv. i. Orig.].

109 Vgl. Quine 1960, S. 26–79.

110 Vgl. Davidson 1990b [1973], S. 188f.

111 Vgl. Glüer 1993, S. 40.

112 Vgl. Ernst 2007, S. 51f. Dieser Ansatz Tarskis zur Bestimmung des Begriffs „Wahrheit“ ist einer der weitreichendsten der modernen Philosophie – gleichwohl spielt er für die Behandlung der gegenwärtigen, rhetoriktheoretischen Fragestellung keine Rolle und wird daher hier nicht eigens referiert.

> zum Ausdruck zu bringen beabsichtigt, ohne dass der Interpret eine Ahnung hat, *welche* Wahrheit das ist.[113]

Diese Erläuterungen wären missverstanden, bezöge man sie ausschließlich auf Äußerungen, denen man unterstellt, der Sprecher wolle mit ihnen explizit und erkennbar eine eigene Überzeugung kundtun. Vielmehr sieht Davidson auch andere sprachliche Handlungen für dieses Verfahren zugänglich: „Auch Lügen, Befehle, Märchen und ironische Äußerungen können, wenn sie als Einstellungen ausfindig gemacht sind, Aufschluss darüber geben, ob der Sprecher seine Sätze für wahr hält."[114] Der Interpret präsupponiert also, dass der Sprecher bestimmte Sätze zu einer bestimmten Zeit unter bestimmten Umständen für wahr hält.[115] Als Evidenz hierfür beobachtet er das Verhalten des Sprechers im jeweiligen Kontext des Sprechens.[116] Daraus kann er ableiten, welche der Äußerungen sich wohl auf welche spezifischen Umstände beziehen, und von einer derart angestellten Sammlung wiederum Normen abstrahieren, welche die Sätze auch auf vergleichbare Umstände zu anderen Zeitpunkten anwendbar machen. Entscheidend ist dabei der Gedanke, dass Überzeugungen gerade durch das Sprachverhalten in gleicher Form wie auch sprachliche Bedeutungen durch einen Interpreten dieses Verhaltens erschlossen werden können.[117] Denn das Verhalten bezieht sich größtenteils auf Ereignisse der gemeinsamen Wirklichkeit von Sprecher und Interpret. Weil die meisten Überzeugungen ihre Auslöser und Begründungen in der von beiden gleichermaßen beobachtbaren Wirklichkeit haben müssen, gibt das beobachtbare Verhalten eines Sprechers Aufschluss über die Konnektivität von Ereignissen und möglichen mentalen Inhalten, wie etwa Überzeugungen.[118] Da die

---

113 Davidson 1990b [1973], S. 196 [Herv. i. Orig.].
114 Ebd.
115 Vgl. ebd., S. 197.
116 Vgl. Stüber 1993, S. 144.
117 Dieser besondere Charakter der öffentlichen Zugänglichkeit von Überzeugungen offenbart wiederum den Aspekt der Rationalisierung von Handlungen, der bereits beschrieben wurde. Eine ihrer essentiellen Komponenten ist, dass Überzeugungen notwendige Konstruktionen sind, um menschliches Verhalten und Handlungen aus einer Beobachterperspektive beschreib- und erklärbar zu machen. Ellis schreibt dazu: „According to Davidson, then, beliefs are primarily to be construed as elements or ‚constructs' of a third-person explanation of behavior. That is not to say that we do not really have beliefs; we do. Having been built in the context of interpretation, the created predicates, Davidson believes, are then objectively true or false of us. What have been constructed are predicates that capture aspects of the complicated structure of one's behavior and dispositions to behavior." Ellis 2011, S. 193.
118 Vgl. Davidson 2013c [1990], S. 252f.

kausale Genese von Gedanken einen wesentlichen Anteil an deren Bestimmbarkeit durch einen Interpreten hat,[119] ist dieser gerechtfertigt, Interpretationshypothesen aufgrund des Verhaltens eines Sprechers aufzustellen, die sich auf die Bedeutungsebene und die mentale Ebene gleichermaßen beziehen. Dass Sprechen und Interpretieren ausschließlich kommunikative Vorgänge sind, erhärtet die These Davidsons, das Verfügen über Überzeugungen könne seine Wiege nur in der Intersubjektivität haben.

Es ist offensichtlich, dass dieses Verfahren nicht ernsthaft aufgrund nur einer empirischen Beobachtung zum Erfolg führen kann. Das Belegmaterial, welches der Interpret sammeln und heranziehen muss, ist dafür zu unspezifisch. Davidson nimmt daher auch die Verbindung verschiedener Beobachtungen, vor allem aber die Relationen unterschiedlicher Sätze zueinander zu seiner Theorie hinzu.[120] Damit fügt sich auch die *radikale Interpretation* in das Holismus-Konzept Davidsons ein: „Was dieses Vorgehen rechtfertigt, ist die Tatsache, dass Meinungsverschiedenheit ebenso wie Meinungsgleichheit nur vor einem Hintergrund massiver Übereinstimmung verständlich sind."[121] Wie unschwer zu erkennen, schimmert Wittgensteins Idee sich anpassender Weltbilder als Basis von Zweifel und Gewissheit durch diese Überlegungen Davidsons. Der Zugewinn der hier referierten Theorie besteht nun darin, einen Zugang zu den mentalen Inhalten hinter den geäußerten Sätzen eines Sprechers zu erhalten. Davidson fährt fort:

> Der methodologische Ratschlag, in einer Weise zu interpretieren, in der die Einigkeit optimiert wird, sollte nicht so aufgefasst werden, als beruhe er auf einer nachsichtigen Voraussetzung mit Bezug auf die menschliche Intelligenz, die sich auch als falsch herausstellen könnte. Wenn wir keine Möglichkeit finden, die Äußerungen und das sonstige Verhalten eines Geschöpfs so zu interpretieren, dass dabei eine Menge von Überzeugungen zum Vorschein kommt, die größtenteils widerspruchsfrei und nach unseren Maßstäben wahr ist, haben wir keinen Grund, dieses Geschöpf für ein Wesen zu erachten, das rational ist, Überzeugungen vertritt oder überhaupt etwas sagt.[122]

Aus diesen Gründen muss sich Davidson auch konsequenterweise gegen Inkommensurabilitätsthesen unterschiedlicher konzeptueller Schemata aussprechen, wie er es in seiner wenig später erschienen Abhandlung *Was ist eigentlich ein Begriffsschema?* tut. Vollständige Unübersetzbarkeit sprachlicher und damit auch gedanklicher Systeme ineinander hält er hier für ausgeschlossen, da sie im Falle

119 Vgl. Davidson 2013b [1988], S. 94.
120 Vgl. Stüber 1993, S. 146.
121 Davidson 1990b [1973], S. 199.
122 Ebd.

ihrer tatsächlichen Unübersetzbarkeit nicht einmal in ein gemeinsames Vergleichssystem einzugliedern seien, welches einen Maßstab für ihre Unübersetzbarkeit bereithielte.[123] Demzufolge hält Davidson die These der vollständigen Inkommensurabilität nicht einmal für verständlich.[124] Erneut macht er sich für den Grundgedanken eines gemeinsamen, von beiden divergierenden Standpunkten aus als konsistent und begründet angesehenen Überzeugungsnetzes zur Verständigung stark: „Da Kenntnis der Überzeugungen erst mit der Fähigkeit zur Interpretation der Wörter kommt, besteht anfangs die einzige Möglichkeit darin, hinsichtlich der Überzeugungen allgemeine Einigkeit vorauszusetzen."[125] Diese Voraussetzung ist eine notwendige Operation, ein Grundprinzip der Verständigung, welches nicht umgangen werden kann. Sie erfüllt die Funktion, „Einstellungen des Sprechers und des Interpreten in einen Rahmen gemeinsamer Übereinstimmung"[126] einzubetten, wie Lindroth festhält.

6.3.2 Die Maxime einer adressatenseitigen Wahrheits- und Konsistenzunterstellung und das Prinzip der Adäquatheit

Radikale Interpretation bedeutet bis zu diesem Punkt, das Verhalten eines Sprechers zu beobachten und dann mit der methodischen Grundannahme zu beginnen, der Sprecher sei von bestimmten Wahrheiten überzeugt und seine Worte bezögen sich darauf. Davidson erweitert diese Vorstellung nun um ein weiteres Prinzip, welches den Einstieg in den Zirkel von Bedeutungs- und Meinungsanalyse gewährleisten soll, indem er den Interpreten annehmen lässt, der Sprecher befinde sich zum größten Teil mit seinen Wahrheitsüberzeugungen in Einklang mit den eigenen Wahrheitsüberzeugungen. Terminologisch fasst er diese Annahme unter den Begriff des „Principle of Charity"[127], was im Deutschen mit ‚Prinzip der Nachsichtigkeit' wiedergegeben wird.[128] Diese Terminologie ist die etwas irreführende Übersetzung eines nicht minder irritierenden Ausdrucks von Davidson selbst und bedarf der Erläuterung.

Der Davidson'sche Interpret setzt methodisch bei seiner Interpretation die Wahrheitsstandards, die er selbst für unabdingbar hält, in einer Weise voraus,

123 Vgl. Davidson 1990c [1974], S. 262.

124 Dabei bezieht er sich expressis verbis auf Kuhn und Feyerabend und greift in der Folge den Dualismus einer Form-Inhalts-Beziehung von Gedanken an. Vgl. ebd., S. 269ff.

125 Ebd., S. 279.

126 Lindroth 2000, S. 157.

127 Davidson 2001c [1983], S. 148.

128 Vgl. Davidson 2013c [1990], S. 253; Davidson 2013e [1991], S. 349.

als könne er sich sicher sein, dass sie auch für den Sprecher gelten. „In dieser Anwendung rät es [das Prinzip der Nachsichtigkeit, *Anm. d. Verf.*] uns ganz allgemein, Theorien der Interpretation zu bevorzugen, die Nichtübereinstimmung minimieren."[129] Der Interpret versucht sich damit an einer Form der Konsistenzmaximierung aller eigenen und mutmaßlich interpretierten Überzeugungen, um eine gemeinsame Grundlage für das Verstehen des Sprechers zu schaffen. Dabei sind die Überzeugungen des Sprechers nach wie vor an die möglichen Bedeutungen der beobachteten Äußerungen gebunden, so dass Davidson schreibt: „Nach meinem Vorschlag fassen wir das Faktum, dass die Sprecher einer Sprache einen Satz (unter beobachteten Umständen) für wahr halten, als prima-facie-Beleg dafür auf, dass der Satz unter diesen Umständen wahr ist."[130]

Das *Principle of Charity* ist also gerade nicht als eine beliebig wählbare Prämisse eines Interpretationsvorgangs zu verstehen, die ein mögliches Entgegenkommen seitens des Interpreten ausdrückt. Vielmehr ist es als „methodologisches Prinzip der notwendigen Wahrheits- und Konsistenzunterstellung"[131] unabdingbar, um Verstehen überhaupt begreifbar zu machen. Daher formuliert auch Stüber: „Das Prinzip der Nachsicht, so wie Davidson es versteht, ist vielmehr das transzendentale Prinzip jeder Interpretation. Es ist die methodisch unhintergehbare Voraussetzung jedes Interpretationsversuches, da nur unter Voraussetzung dieses Prinzips das Verhalten eines Sprechers in einer bestimmten Situation für den Interpreten als Evidenz für seine Interpretation gelten kann."[132] Würde dieses Prinzip nicht gelten, wäre wiederum privatsprachliches Verhalten möglich, das heißt, es könnte eine Privatsprache geben, deren Bedeutungskonstitution nicht öffentlich erkennbar ist. Damit wären Äußerungen dieser Art jedoch kein interpretierbares sprachliches Verhalten mehr – wodurch die Bezeichnung dieses Verhaltens als Sprache ad absurdum geführt würde. Wie Malpas betont, sorgt das Prinzip der Nachsichtigkeit jedoch nicht nur dafür, innerhalb einer spezifischen Situation Äußerungen zu interpretieren, sondern es verschafft auch umgekehrt diesen Äußerungen ihren interpretationsfähigen Rahmen. Denn durch seine inhärente Rationalitätspräsupposition legt es auch fest, auf welche wahrheitsfähigen Vorgänge der Wirklichkeit sich eine Äußerung aus Sicht des Interpreten überhaupt sinnvoll beziehen kann und auf welche nicht. Der Satz ‚Es regnet.', beispielsweise wird sich unter beobachtbaren Umständen des Regens

129 Davidson 1990f [1984], S. 14.

130 Davidson 1990d [1974], S. 220.

131 Glüer 1993, S. 43.

132 Stüber 1993, S. 147.

mit entsprechendem Verhalten des Sprechers sinnvollerweise eher auf Regentropfen beziehen als auf Schneeflocken etc. Malpas spricht hier von einem „framework“[133] zur Interpretation. Verhalten und textliche Entscheidungen, die wiederum in der Rückübersetzung des Adressaten zu begrifflichen Entscheidungen des Sprechers werden, geben also in der Perspektive des Interpreten die Leitlinien ab, aus denen der Interpret den sinnvollen Äußerungskontext für sich erschließt. Damit stellt das Prinzip der Nachsichtigkeit auch eine normative Komponente für die Interpretation bereit, die zur Einhaltung des Interpretationskontextes stets eine Einhaltung bestimmter Konsistenzgrade aller Überzeugungen fordert, die diesen Kontext bilden.[134] Neben dem Aspekt der Ermöglichung von Interpretationsleistungen an sich gewinnt das Prinzip der Nachsichtigkeit mit dieser Feststellung auch eine stabilisierende Funktion. Dass es dabei dezidiert als kontextsensitiv funktionierendes und je neu zu adaptierendes Prinzip verstanden werden muss, unterstreicht Malpas ausdrücklich.[135]

An dieser Stelle soll wieder die Rhetorik in die Überlegungen mit einbezogen werden. Auf die zentrale Frage, wie Zweifelsevokation möglich sein kann, gibt das Prinzip der Nachsichtigkeit eine bedeutende Antwort. Bei der Interpretation des persuasiven Verhaltens des Orators durch den Adressaten, ist der Adressat – will er den Orator überhaupt verstehen – zu zwei wesentlichen Grundannahmen gezwungen, die für Persuasion essenziell sind. Zum einen muss er dem Orator ein Mindestmaß an Rationalität und Wahrheitsbezug unterstellen und zum anderen dessen mutmaßliche Überzeugungen soweit in Einklang mit den eigenen Überzeugungen bringen, dass sie verstehbar werden. Damit ist grundsätzlich das gemeinsame Weltbild gegeben, vor dem nach Wittgenstein und Davidson ein möglicher Zweifel überhaupt als solcher für den Adressaten erkennbar wird. Natürlich kann das Prinzip der Nachsichtigkeit auch bedeuten, dass der Adressat den Orator versteht, seine Überzeugungen und sein sprachliches Handeln jedoch für unsinnig hält. In erster Instanz klärt dieses Prinzip also nur das Verstehen an sich, was zwar als notwendige, nicht jedoch als hinreichende Prämisse der Persuasion gelten kann.

Daher ist es für die Frage nach der Zweifelsevokation hilfreich, ein für die Rhetorik eigenes Nachsichtigkeitsprinzip zu formulieren, welches dem Vorbild Davidsons folgt, dabei aber fokussierter auf die Frage der Persuasion gerichtet

---

133 Malpas 1992, S. 147.

134 Vgl. ebd. Malpas spricht in diesem Zusammenhang lediglich von Kohärenz, im Zuge der von ihm selbst festgestellten Rationalisierungs-Leistung des *Principle of Charity* kann jedoch problemlos auch von Konsistenz gesprochen werden.

135 Vgl. Malpas 1992, 147f.

ist. Es soll hier versuchsweise als ‚Prinzip der Adäquatheit' bezeichnet werden und setzt dort an, wo Davidsons Prinzip der Nachsichtigkeit für die Rhetorik endet. Dieses rhetorische Prinzip drückt vereinfacht gesagt die Einstellung des Adressaten aus, die Beobachtung, der Orator halte eine Überzeugung unter gegebenen, kontextuellen Umständen für gerechtfertigt, sei ein prima-facie-Beleg dafür, dass diese Überzeugung unter diesen kontextuellen Umständen tatsächlich gerechtfertigt ist. Analog zu Davidsons Überlegungen zur Möglichkeit von Verständigung und Interpretation ist auch hier das Prinzip der Adäquatheit notwendig dafür, überhaupt eine Angleichung der Überzeugungen von Orator und Adressat verständlich zu machen. Das Prinzip der Adäquatheit beschreibt damit die grundlegende Voraussetzung für eine Akzeptanz und Übernahme vormalig fremder Überzeugungen in das eigene mentale System.

Ging es Davidson noch darum, zu entschlüsseln, wie Verstehen als Grundlage der Kommunikation überhaupt möglich ist, ist das Prinzip der Adäquatheit nun dem rhetorischen Interesse geschuldet, sich über die Angleichung von Überzeugungen klar zu werden. Das Prinzip der Adäquatheit sagt daher auch nichts über sprachliche Bedeutung aus, sondern fokussiert vielmehr die Zustände von Zweifel und Gewissheit.

In Kapitel fünf wurde dargelegt, dass es der Orator ist, der durch begriffliche Entscheidungen (wie mit Gabriel formuliert wurde) und textliche Handlungen (im Anschluss an Knapes Terminus der Textleistung) für den Adressaten einen Kontext K_2 setzt, das heißt, bestimmte Sachverhalte der gemeinsamen Wirklichkeit neu kontextualisiert, obwohl diese Sachverhalte zuvor für den Adressaten noch in einem Kontext K_1 gegenteiliger Überzeugungen standen. Dabei bringt jeder Kontext seine eigene Rechtfertigungsaxiomatik mit sich, wie die Überlegungen zum rhetorischen Kontextualismus gezeigt haben. Die Idee des Prinzips der Nachsichtigkeit sorgt nun dafür, dass verständlich wird, wie der Orator seinen eigenen, neuen Kontext K_2 konstituieren kann, der auch für den Adressaten ausschlaggebend wird. Denn was Gabriel als ‚begriffliche Entscheidungen' gekennzeichnet hat, folgt Davidsons Prinzip der Nachsichtigkeit. Durch das Verhalten des Orators und seine Äußerungen verleiht er den Äußerungen die Bedeutung, die sie in der Interpretation des Adressaten haben und dies nur aufgrund der mutmaßlichen Überzeugungen über die Beschaffenheit des Kontextes, auf den sich die Äußerungen beziehen. Die eben beschriebene stabilisierende Funktion des Prinzips der Nachsichtigkeit sorgt dabei dafür, dass sich der neue Kontext für den Adressaten überhaupt erst als konsistenter Kontext etablieren kann. Das Prinzip der Adäquatheit besagt darauf aufbauend für die Rhetorik, dass durch das Verhalten des Orators ein Überzeugungsschema für den Adressaten ersichtlich wird, welches grundsätzlich als der Wirklichkeit so angemessen eingestuft wird, um es verstehen zu können. Der Adressat kann durch das Prinzip der Adäquatheit für das Verhalten des Orators basale Überzeugungen präsupponieren, die er im gegebenen Kontext für adäquat, also gerechtfertigt hält. Indem er diese basalen Überzeugungen als gerechtfertigt akzeptiert, übernimmt er zugleich die Rechtfertigungsaxiomatik des modular-holistischen Überzeugungsgeflechts. Hier findet durch die Kontextverschiebung also auch eine Veränderung der epistemischen Standards statt. Die oben beschriebene eliminierende Kraft dieser Rechtfertigungsaxiomatik schließt die konkurrierenden Überzeugungen, die nicht im Sinne des Orators sind, aus und führt so zu einer Zertifikation der Inhalte, die zum neuen Zertum werden.

Dies bedeutet natürlich nicht, eine Persuasions-Mechanik in Gang zu setzen, die zwangsläufig zum oratorischen Erfolg führt. Ebenso, wie trotz des Prinzips der Nachsichtigkeit Missverständnisse möglich sind, sind trotz des Prinzips der Adäquatheit Misserfolge der Persuasion möglich. Aber genauso, wie Missverständnisse nur aufgrund eines grundsätzlichen, zumindest potentiellen gemeinsamen Verständnisses von etwas, als solche erkennbar sind, sind auch persuasive Misserfolge nur begreifbar vor dem Hintergrund einer gemeinsamen Basis an Überzeugungen, auf der dann Erfolg oder Misserfolg des Orators aufbauen. Für die Frage der Zweifelsevokation ist das Prinzip der Adäquatheit die einzige Möglichkeit, zu einer gemeinsamen Überzeugungsgrundlage zu kommen, aufgrund derer der Adressat den Zweifel überhaupt als solchen erkennen kann.

Die Theoriestationen von Wittgenstein, kontextualistischen Ansätzen und Davidson bauen nun folgerichtig aufeinander auf. In einem ersten Schritt konnte mit Wittgenstein gezeigt werden, dass der Zweifel ein Fundament an Gewissheiten braucht, das beiden, dem, der zweifeln soll, und dem, der den Zweifel evoziert, gemein ist. Der zweite Schritt bestand darin, den Zweifel und sein jeweiliges Fundament in die Theorie des Kontextualismus einzubetten, um verständlich zu machen, wieso jeder rhetorisch evozierte Zweifel ebenso wie jede rhetorisch evozierte Gewissheit nur kontextsensitiv verstanden werden kann. Der dritte, nun vollzogene Schritt klärt, wie die gemeinsame Überzeugungsbasis als Fundament für den Zweifel zustande kommen kann. Sie ist das Resultat des Prinzips der Adäquatheit, welches für die Rhetorik beschreibt, dass der Adressat die interpretierten Überzeugungen des Orators in Bezug auf den von ihm gesetzten Kontext in sein Weltbild soweit integriert, dass eine gemeinsame Stelle in der Wirklichkeit gefunden werden kann, auf die sich beide mit ihren Meinungen sinnvoll beziehen.

So zwingend das Prinzip der Nachsichtigkeit für den Davidson'schen Interpreten auch ist, bleibt dennoch eine Komponente der aktiven Entscheidung, die nicht einem methodischen Zwang gleicht: Der Interpret hat seinerseits die Möglichkeit, vorab für sich zu entscheiden, ob er dem Verhalten seines Gegenübers überhaupt unterstellen mag, bedeutungsvolles Sprechen zu ein. Der Sprecher muss also, um verstanden zu werden, selbst dafür sorgen, dass sein Verhalten als Sprechen erkennbar ist, das heißt, dass er sich in einer expressiven Weise auf Ereignisse der Welt bezieht, die als für andere bedeutungsvoll verstanden werden. Es muss also eine erkennbare Intention der Mitteilung oder des Ausdrückens-von-Etwas vorliegen. Gleiches gilt mutatis mutandis für das rhetorische Prinzip der Adäquatheit. Zunächst muss es einem Orator gelingen, überhaupt Handlungen zu vollziehen, aufgrund derer der Adressat versucht sein kann, das Prinzip der Adäquatheit zur Anwendung zu bringen. Der Orator ist daher darauf angewiesen, sich so zu verhalten, als habe er in Bezug auf bestimmte Aspekte der Wirklichkeit überhaupt relevante Überzeugungen. Der Grad des sozial-konformen Verhaltens muss hierbei deutlich größer sein als bei der Frage, ob ein Sprecher bloße sprachliche Mitteilungen machen will. Für die Anwendung des Prinzips der Adäquatheit muss der Interpret, das heißt der rhetorische Adressat, bereits die rudimentären Stufen des Verständigungsprozesses durchlaufen haben. Solange ein Akteur nicht als Sprecher qualifiziert wurde und ihm Bedeutungsintentionen und Wirklichkeitsbezüge unterstellt werden konnten, wird er die soziale Rolle des Orators nicht einnehmen können.

6.4 Persuasives Handeln unter Rekurs auf Davidson

Durch die gesamte Darstellung der Philosophie Davidsons zieht sich das Diktum der Öffentlichkeit von Überzeugungen. Sie sind in einen intersubjektiven Raum eingebettet, kommen triangulär zustande und gehen Hand in Hand mit kommunikativen Prozessen. Da die Fähigkeit zur Überzeugungsbildung überhaupt erst kommunikativ entsteht, bietet der Prozess der Kommunikation nach Davidson zugleich die Möglichkeit, Überzeugungen von anderen Subjekten zu erschließen.

Hält man sich dies vor Augen, offenbart Davidson eine erstaunliche Nähe zu genuin persuasionstheoretischen Fragestellungen, von denen die Rhetorik handelt. Ganz wesentlich ist für die Rhetorik das Problem, wie es von der Ebene der Ereignisse in einer gemeinsamen Welt von Orator und Adressat zu einer Ebene gemeinsamer gedanklicher Inhalte kommen kann, auf der beide eine Überzeugungsgleichheit herstellen können.

Was Davidson grundsätzlich von der Rhetorik trennt, ist sein Frageinteresse: er bezieht sich auf Bedeutung und Interpretation, also auf das Grundgerüst sprachlichen Verhaltens, und die Klärung der Bausteine, aus denen sich Kommunikationstheorien zusammensetzen können. Seine Akteure sind die Grundtypen des Sprechers und des Interpreten, deren wesentliches Ziel Verständigung ist. Damit trägt er, wie auch bereits Wittgenstein, zur Klärung der basalen Einheiten jeder weiterführenden Theorie bei, die mit diesen Grundtypen weiterverfahren will. Rhetorik muss als eine solche weiterführende Disziplin betrachtet werden, insofern sie die Basistypen Davidsons mit spezifischen Intentionen versieht und in komplexe, soziale Situationen einbettet. Aus dem Sprecher wird so der Orator, dessen Ziel es nicht mehr nur ist, verstanden zu werden, sondern überzeugend zu sein. Ihm gegenüber steht der Adressat, der zwar nach wie vor Interpret ist, aber darüber hinaus von der Rhetorik besonders perspektiviert wird. Während der Interpret der Hauptprotagonist bei Davidson ist, wird er für die Rhetorik zwar zum maßgeblichen Orientierungsfaktor des Strategiekalküls, nicht jedoch zu dessen Anwender. Diese Rolle obliegt alleine dem Orator. Der disziplinäre Fokus muss sich für die Rhetorik im klassischen Sender-Empfänger-Modell also wieder linksseitig zum rhetorischen Sender als dem Orator orientierten. Was den wesentlichsten Unterschied markiert, ist die Handlungsmacht, die die jeweilige Theorie ihren Akteuren zugesteht. Während der Sprecher für die Bedeutungstheorie Davidsons lediglich Quelle sprachlichen und nicht-sprachlichen Datenmaterials ist und der Adressat den Äußerungen dann Sinn verleiht, sieht die Rhetorik ihren Orator als potent genug an, das Datenmaterial strategisch so zu generieren, dass der Adressat es in bestimmter Weise auslegen muss. Wie bereits in Kapitel zwei besprochen wurde, kennt die moderne Rhetoriktheorie hierfür den Begriff der Adpragmatisierung. Alles, was der Orator tut, tut er des Adressaten wegen, und die zentrale Erfolgskategorie ist nicht mehr Verständnis, sondern Persuasion.

Darüber hinaus stehen die Protagonisten der Rhetorik in sozialen Rollenverhältnissen, die von Agonalität und Widerständigkeit geprägt sind. Und dennoch arbeitet sie notwendigerweise mit den gleichen Bausteinen, die Davidson versucht zu konzeptualisieren. Aus diesen Konzeptualisierungen haben sich Erkenntnisse ergeben, die hier nochmals im Überblick dargestellt werden sollen.

Davidson leistet, ohne es zu intendieren, ein theoretisches Fundament zur Erklärung rhetorisch-strategischer Kontextverschiebung im Anschluss an den oben skizzierten rhetorischen Kontextualismus. Der Orator tritt in die Triangulation als Grundsituation der kommunikativen Intersubjektivität ein und bezieht sich in seinem Verhalten auf Ereignisse der ihm und dem Adressaten gemeinsamen Wirklichkeit. Da er sein Verhalten strategisch operationalisiert, gibt er zwangsläufig eigene mentale Einstellungen in Bezug auf bestimmte Ereignisse preis. Als Orator steuert er diese Kundgabe durch sein strategisches Handlungskalkül jedoch maßgeblich. Er ist nicht einfach nur zur Verständigung bereit, sondern intendiert vielmehr die Beobachtung seines Handelns durch den Adressaten. Seine begrifflichen Entscheidungen und sein soziales Verhalten sind darauf ausgerichtet, bestimmte Überzeugungen über die Welt kundzutun, diese interpretabel zu halten und aus ihnen ein analysierbares Überzeugungsgeflecht zu machen, welches einer bestimmten Rechtfertigungsaxiomatik folgt. Er kann die Kontextverschiebung initiieren, indem er selbst Teil des Kontextes wird und damit versucht, die Deutungshoheit über die Rechtfertigungsaxiomatik des Kontextes zu erlangen. Dem Prinzip der Nachsichtigkeit zufolge findet durch die Wahrheits- und Konsistenzunterstellung des Adressaten eine zumindest partielle Angleichung der Weltbilder beider Akteure statt, natürlich nur in Bezug auf den jeweiligen rhetorischen Kontext. Damit werden die möglichen Bewegungen persuasiven Verhaltens, Zweifelsevokation oder Gewissheitserzeugung, zumindest grundsätzlich verstehbar. Sich in die rhetorische Interaktion zu begeben, bedeutet im ersten Schritt für den Orator, sein mentales System öffentlich zur Verfügung zu stellen, um einen Referenzpunkt zur Bewertung der Wirklichkeit zu ermöglichen. Dabei steuert er durch die Art seiner Handlungen, welche Teile seines Systems er zur Verfügung stellt, d. h., welche seiner Überzeugungen er offenbart oder zu offenbaren scheint. Durch seine Referenz auf Ereignisse, die auch der Adressat als Ereignisse seiner Wirklichkeit wahrnimmt, konstituiert er zugleich die Ereignis-ontologische Genese seiner Überzeugungen.

Anhand des Modells der Triangulation und des von Davidson inspirierten Prinzips der Adäquatheit wird deutlich, wie die Kontextverschiebung vonstattengeht: Hat der Adressat bestimmte Ereignisse der Wirklichkeit zunächst mit Überzeugungen seinerseits belegt und so in seinen mentalen Raum der Begründungszusammenhänge eingeordnet, ist er durch die innere Rechtfertigungsaxiomatik dieser Zusammenhänge zu einer Meta-Überzeugung, also einer Gewissheit gekommen, die inferentiell auf verschiedenen Objekt-Überzeugungen basiert. Die für einen hier ansetzenden, möglichen Persuasionsprozess funktionalen Objekt-Überzeugungen und die Meta-Überzeugung, die im Fall des Rhetorischen den Status eines Zertums einnimmt, bilden das modular-holistisch verfasste Überzeugungsschema, welches in Kapitel drei bereits entwickelt wurde. Innerhalb des Kontextes (K_1) besitzen alle Überzeugungen dieses Schemas in ihrer Beziehung zur Meta-Überzeugung ‚Gewissheit' ihre Gültigkeit, da sie durch die kontextimmanente Rechtfertigungsaxiomatik gerechtfertigt sind.

Dem Gedanken der Triangulation folgend, tritt nun der Orator in den Kontext ein und stellt durch sein erkennbares sozial-kommunikatives Handeln die trianguläre Beziehung zwischen Ereignis, Adressat und sich selbst her. Als Folge dieses Eintretens ordnet der Adressat das Ereignis der Wirklichkeit jetzt in Bezug auf den Orator ein, das heißt, der Kontext, in dem das Ereignis steht, verschiebt sich. Durch sein sprachliches (und auch nicht-sprachliches), auf Persuasion zielendes Handeln konstituiert der Orator den verschobenen Kontext in seinem Sinne neu, indem er eigene Objekt-Überzeugungen ins Spiel bringt. Dass dies strategisch möglich ist, klärt Davidsons Prinzip der Nachsichtigkeit. Wenn über Verhalten und begriffliche Entscheidungen eines Sprechers dessen Überzeugungen erschlossen werden können, kann ein Orator über bewusst gesteuertes Verhalten und strategische textliche Entscheidungen auch lenken, welche (vermeintlichen) Überzeugungen ihm unterstellt werden können. Über das Prinzip der Adäquatheit als methodischer Persuasions-Präsupposition erschließt sich der Adressat die strategisch gestreuten Objekt-Überzeugungen als ein Überzeugungsschema, welches für ihn den neuen Kontext stabilisiert, in dem das Ereignis nun steht. Die stabilisierende Funktion der Wahrheits- und Konsistenzunterstellung greift auch hier wieder, indem sie das Fundament an Objekt-Überzeugungen gießt, aus denen sich neue Gewissheiten als Meta-Überzeugungen gewinnen lassen. Der veränderte Kontext (K_2) bringt seinerseits seine neue Rechtfertigungsaxiomatik mit sich, nach welcher die ursprüngliche Gewissheit des Adressaten obsolet wird. Was ehemals vor-rhetorische Gewissheit war, wird nun, bedingt durch die Kontextverschiebung und die Neuausrichtung der Rechtfertigungsnormen durch den Orator, zum rhetorischen Dubium. Der Zweifel wird also evoziert, indem eine Überzeugungsgrundlage durch den Orator geschaffen wird, die den Zweifel erst begründbar macht. Damit sind sowohl die erkenntnistheoretischen Forderungen Wittgensteins als auch Davidsons erfüllt, um den Gedanken der Zweifelsevokation überhaupt verstehen zu können.

Im Modell der Triangulation beginnt nun der Prozess der systatischen Zertifikation, also der sozialen Bindung an neue Gewissheitsinhalte. Der Orator schafft weitere kommunikative Räume, die sich sowohl konstitutiv (durch Kontextsetzung) als auch restriktiv (durch das Prinzip der Selektion, beziehungsweise durch die eliminierende Kraft des Erkenntnissubjektes) auf mögliche Zerta auswirken. Am Ende des gelungenen Persuasionsprozesses steht eine rhetorisch hervorgerufene Gewissheit als Zertum, welches sich als Meta-Überzeugung durch die kontextsensitive Rechtfertigungsaxiomatik aus dem neuen Überzeugungsschema ergibt.

Die Mehrstufigkeit dieses Modells zeugt von der Komplexität und damit verbundenen Erfolgsunsicherheit aller persuasiver Prozesse. Da es primär auf den Zusammenhang von begrifflichen Handlungen und propositionalen Einstellungen des Überzeugt-Seins gerichtet ist, müsste es fraglos um linguistische Ebenen auf der einen Seite und psycho-soziale Ebenen auf der anderen ergänzt werden, um den Persuasionsprozess in totum abzubilden. Anschlussüberlegungen können sich hier aus den bereits mehrfach erwähnten Anlaufstellen psychologischer Persuasionsforschung ergeben. In diesem Zusammenhang wären auch Autoren wie Lakoff und Johnson zu nennen, deren Theorie der konzeptuellen Metaphern Anknüpfungspunkte für die Frage bilden, wie etwa Akzeptabilitätsstandards durch begriffliche Entscheidungen evoziert werden können.[136] Dies wäre jedoch nicht mehr Aufgabe des hier beschriebenen Projektes.

---

136 Vgl. Lakoff/Johnson 2018, Kap. 15.

7 Eindeutigkeit und Undeutigkeit als persuasive Strukturmuster

Mit Hilfe Wittgensteins, der Idee des Kontextualismus und schließlich Davidson sind nun viele Merkmale des rhetorischen Zweifelprozesses an ihren Platz gerückt worden, so dass sich ein klares Bild der Zweifelsevokation abzeichnet. Grundlegend dafür sind drei Einsichten:

Erstens, dass es dem Orator qua Verhalten und begrifflicher Entscheidungen möglich ist, strategisch in den erkenntnistheoretischen Kontext einer rhetorischen Situation einzugreifen und diesen für andere Erkenntnissubjekte, welche die Rhetorik als Adressaten kennt, zu verändern.

Zweitens, dass jedem rhetorisch-epistemischen Kontext eine eigene Rechtfertigungsaxiomatik inhärent ist, die einen ebenso konstitutiven wie selektiven Druck auf die Möglichkeiten und Verstehbarkeiten von Gewissheit und Zweifel ausübt.

Drittens, dass sich diese Möglichkeiten nur aus einer Vielzahl an Objekt-Überzeugungen ergeben können, die zusammen in ein modular-holistisches Netz mit anderen evaluativen Einstellungen eingewoben sind und deren oszillierender, funktionaler Kern aus Sicht der Rhetorik eine Meta-Gewissheit ist, welche sie Zertum nennt.

Damit sind viele Annahmen auf funktionaler Ebene gemacht und bestätigt worden, die Zweifelsevokation auch als prozedurales Geschehen verdeutlichen können. Aus ihnen ergibt sich ebenso die Rolle der einzelnen Objekt-Überzeugungen wie auch die Funktion der Meta-Überzeugungen in Form des Zertums oder Dubiums sowie des sie umgebenden Kontextes, in dem sich diese propositionsbezogenen Einstellungen befinden.

Die Funktion der Elemente eines Modells wird, zumindest in vielen Fällen, jedoch erst wirklich klar, wenn das Modell zusätzlich auch eine Beschreibung der strukturellen Ebene bereithält. Funktion und Struktur sind insofern aneinandergekoppelt, als erst die strukturbezogene Betrachtung Aufschluss darüber geben kann, durch welches syntagmatische Zusammenspiel die einzelnen Funktionsträger über ihre Funktionalität verfügen. Daher ist es die Aufgabe dieses Kapitels, die Strukturmuster von Zweifel und Gewissheit aus rhetorischer Sicht, das heißt von Dubium und Zertum, zu untersuchen. Der leitende Gedanke besteht dabei darin, das Moment des Wechselspiels von Zertum zu Dubium und erneutem Zertum in eine strukturelle Bipolarität einzuordnen.

https://doi.org/10.1515/9783110653885-007

In einem ersten Schritt wird diese Bipolarität durch ihre Funktion bestimmt, die in der Ermöglichung des Urteilens besteht. Zu urteilen bedeutet, in einer bestimmten Form zu verstehen, wobei nicht das Paradigma von richtig oder falsch grundlegend für die Möglichkeit des Urteilens ist, sondern vielmehr die Fähigkeit der Deutung. Jedes Urteil besteht primär in einer Deutung des zu Beurteilenden, und wo keine Deutung möglich ist, kann kein Urteil gefällt werden. Es wird herausgearbeitet werden, dass das Besondere des rhetorischen Urteils in seinem festlegenden Charakter als einer Entscheidung für die Signifikanz des Eindeutigen vor dem Mehrdeutigen, beziehungsweise Un-deutigen liegt. Die Spanne der Möglichkeiten zwischen Urteil und Nicht-Urteil wird auf der strukturellen Ebene wiedergegeben durch die Polarität von Deutbarem und Nicht-Deutbarem. Sofern der Orator eine Gewissheitsbildung durch ein Erkenntnisurteil der Adressaten anstrebt, muss sich im Falle des Zertums daher die Struktur der Eindeutigkeit zwischen den Objekt-Überzeugungen einstellen, sofern der Orator Zweifel durch die Unmöglichkeit des Urteils evozieren will, steht auf der anderen Seite das Strukturmerkmal der Undeutigkeit. Eindeutigkeit und Undeutigkeit werden damit als strukturale Grundverhältnisse der Dichotomie von Zertum und Dubium ins Spiel gebracht.

In einem zweiten Schritt wird diese Bipolarität von Eindeutigkeit und Undeutigkeit für die Idee der rhetorischen Zweifelsevokation zur Anwendung gebracht, indem nach einer Möglichkeit gesucht wird, wie das Verhalten des Orators, seine Kontextverschiebung und seine begrifflichen Entscheidungen die jeweiligen Strukturmerkmale beeinflussen können, um sie zu Wirkungsfaktoren rhetorischer Strategiekompetenz zu machen. Im Zuge dessen wird der Rhetorik die Fähigkeit des Explizierens zugeordnet, die als sprachliche Manifestation mentaler Eindeutigkeitsoperationen aufgefasst wird.

Insbesondere die Idee des Explizit-Machens, aber auch manche Ausführungen zum Urteilen sind stark von der neueren und neuesten Philosophie Robert Brandoms inspiriert. Wie zuvor bei Wittgenstein und Davidson kann es erneut jedoch nicht darum gehen, Fragen der genuin philosophischen Erkenntnis- oder Handlungstheorie ausführlich zu erörtern oder Lösungsansätze für sie zu bieten. Vielmehr besteht das Interesse an Brandom darin, in ihm einen aktuellen und philosophisch scharfsinnigen Stichwortgeber für begriffliche Operationen zu sehen, die für die Rhetoriktheorie adaptiert werden können. Wenn Brandom für sein eigenes Denken formuliert, „Die Eigenschaft von *Überzeugungen* (*beliefs*) wie auch von *Behauptungen* (*claims*), über einen propositionalen Gehalt zu verfügen, soll mit Blick auf die Rolle, die sie in vielfältigen Begründungszusammenhängen spielen, geklärt werden“[1], dann steht er damit der Rhetorik näher, als er es selbst wohl vermuten mag. Das Resultat solcher Adaption seiner Gedanken für rhetorische Theoriebildung ist daher auch hier wieder weniger philosophisch, denn mehr rhetoriktheoretisch zu bewerten.

7.1 Das Primat des Urteils in der Rhetorik

Allen von Aristoteles charakterisierten, möglichen Adressaten einer Rede ist eines gemein: sie urteilen. „Wer über Künftiges urteilt, ist z. B. ein Mitglied der Volksversammlung, wer über Vergangenes, z. B. Richter [wer nur das rednerische Vermögen beurteilt, ein bloßer Betrachter]“[2], gibt Aristoteles seine Beobachtungen der zeitgenössischen Redesituationen wieder. Die daraus resultierenden klassischen Funktionalgattungen der antiken Rhetorik, die Beratungs-, Gerichts- und Festrede, zielen damit alle auf eine je spezifische Urteilsfindungskompetenz der Zuhörer ab, je nachdem, worüber im Einzelnen beraten wird.[3] Dieser Findungskompetenz korrespondiert auf Seiten des Orators eine spezifische Urteilsevokationskompetenz. Das Grundmuster des Urteilens zieht sich durch die gesamte Architektur der Rhetorik hindurch, sowohl was das angestrebte Resultat der rhetorischen Intervention anbelangt als auch das Vorgehen des Orators während der Intervention. Rhetorisches Handeln ist urteilendes Handeln. Die pragmatische Ausrichtung der Rhetorik auf das Überzeugungserweckende bringt es mit sich, alle Bestandteile der textuellen wie prä-textuellen, mentalen Operationen des rhetorischen Vorgangs vom Urteil her zu denken. Das Urteil ist quasi der Nukleus der Systemkomponenten, aus denen sich der rhetorische Handlungsprozess zusammensetzt. Dies bringt auch die Zentralstellung der argumentativen Beweisführung mit sich, die in der *logos*-zentrierten Rhetorikkonzeption des Aristoteles begründet ist. Sämtliche enthymematischen Handlungen bilden einen Urteilsprozess ab, der eigenes Urteilen des Orators expressiv darstellt und zur Vorlage des Urteilens des Adressaten macht. Dabei treffen sich im Enthymem sowohl

1 Brandom 2000 [1994], S. 17 [Herv. i. Orig.].
2 Arist.: Rhet. I, 3 (2).
3 Zur Fokussierung auf den Prozess der Urteilsbildung im Konzept der öffentlichen Rede bei Aristoteles siehe auch Rese 2003, S. 280–314, insbes. S. 304.

die Beschreibung des Orators der ihn umgebenden Wirklichkeit als auch die inferentiellen Folgen, die sich aus dieser Beschreibung ergeben.[4] Die eigentümliche Kraft des Enthymems besteht darin, deskriptives Material, also Aussagen über die gemeinsame Lebenswelt von Orator und dessen Adressat, in eine inferentielle Ordnung zu bringen, die aus einer Abfolge von Wirklichkeitsbeschreibungen eine Verbindung von Behauptungen und Begründungen macht. Zu urteilen bedeutet, über den deskriptiven Status einer Aussage hinauszugehen und ihr einen doxastischen zu verleihen.

Um die Reichweite dieser Behauptung zu verdeutlichen, ist es sehr illustrativ, sich kurz Brandoms Verständnis des Urteilens anzuschauen, das wesentlich auf dessen Kant-Interpretation fußt. Ihm zufolge lässt sich die Tradition der Urteils-Auffassung in zwei Denklinien einteilen, eine vor-kantische und ein kantische. In der Tradition vor Kant heißt urteilen, „einen Begriff von einem anderen zu *prädizieren*“[5], was bedeutet, „dass ein besonderer Begriff unter einen allgemeinen gebracht bzw. ein Begriff von geringerer Allgemeinheit einem Begriff von höherer Allgemeinheit untergeordnet wird.“[6] In seiner umfassenden Untersuchung *Expressive Vernunft*, die sich mit dem Wesen des rationalen Handelns befasst, stellt Brandom die dadurch entstehende Reihenfolge der erkenntnistheoretischen Untersuchungsbereiche vor Kant dar:

> Für die vorkantische Tradition war ausgemacht, dass die semantische Erklärung mit einer Lehre von den *Begriffen* oder *Termini* (eingeteilt in singuläre und generelle) anzufangen hat, deren Sinn unabhängig von dem der Urteile erfassbar sei. Auf dieser Grundlage erklärte dann eine Lehre von den *Urteilen* die Kombination von Begriffen zu Urteilen und wie die Richtigkeit der so entstandenen Urteile davon abhängt, was wie kombiniert wurde. Schließlich erklärte eine Lehre von den *Konsequenzen* die Kombination von Urteilen zu Folgerungen und wie die Richtigkeit der Inferenzen davon abhängt, was wie kombiniert wurde.[7]

In seiner weniger historisch, denn eher analytisch ausgerichteten Nachfolgeschrift *Begründen und Begreifen* bezeichnet er diese Ordnung auch als „bottom-up“[8]-Reihenfolge, bei der zuerst die Begriffe, dann die sich daraus ergebenden

---

4 Gleiches gilt mutatis mutandis nicht nur für das Enthymem, sondern auch für alle anderen Formen der argumentativen Beweisführung, seien diese nun deduktiv, induktiv oder abduktiv. Die Rede von enthymematischen Handlungen ist hier quasi als pars pro toto für die Ganzheit argumentativer Handlungen eines Orators zu lesen.

5 Brandom 2015, S. 20 [Herv. i. Orig.].

6 Ebd.

7 Brandom 2000 [1994], S. 139 [Herv. i. Orig.]; vgl. auch Brandom 2001 [2000], S. 105ff.

8 Brandom 2001 [2000], S. 24.

Urteile und schließlich die Inferenzen geprüft werden, die sich aus den Urteilen ergeben.[9]

Mit Kant beginnt laut Brandom nun eine Wende, die sich später auch etwa bei Frege und Wittgenstein nachvollziehen lässt. In seiner *Kritik der reinen Vernunft* wendet sich Kant gegen die gerade skizzierte Prädikations-Lehre.[10] „Wir können aber alle Handlungen des Verstandes auf Urteile zurückführen, so dass der Verstand überhaupt als ein Vermögen zu urteilen vorgestellt werden kann. Denn er ist nach dem obigen ein Vermögen zu denken. Denken ist das Erkenntnis durch Begriffe. Begriffe aber beziehen sich, als Prädikate möglicher Urteile, auf irgend eine Vorstellung von einem noch unbestimmten Gegenstande."[11] Begriffe sind lediglich die Prädikate möglicher Urteile, gedacht wird jedoch in Urteilen selbst. Brandom folgt dieser kantischen Darstellung und entdeckt darin für seine eigene Philosophie die grundlegende Bedeutung des Propositionalen. „Unsere gesamte kognitive Tätigkeit besteht also im Urteilen und dessen Aspekten. Jeder Gehalt, der in irgendeiner Kategorie entdeckt wird, leitet sich aus dem Gehalt möglicher Urteile ab, also aus einem propositionalen Gehalt."[12] In *Begründen und Begreifen* beschreibt Brandom diese Sichtweise als „Top-down-Zugang"[13]: „Und was tut man mit Begriffen? Man verwendet sie beim Urteilen und Handeln."[14] Und weiter schreibt er: „Frege beginnt mit beurteilbaren begrifflichen Gehalten, denn nur diesen kann pragmatische *Kraft* zukommen. Und Wittgenstein sah sich durch seine Fokussierung auf den Gebrauch dazu veranlasst, Sätze als die Teile der Sprache zu privilegieren, mit deren Äußerung man einen Zug in einem Sprachspiel machen kann."[15] Die Rede von der ‚pragmatischen Kraft' steht der Rhetorik grundsätzlich sehr nahe und der Verweis auf Wittgensteins Sprachspiel verdeutlicht nochmals den gemeinsamen Anknüpfungspunkt. Urteil und Handlung sind die erkenntnis- und handlungstheoretischen Basiseinheiten, von denen die Rhetoriktheorie in ihrem Theoriedesign ausgehen muss. Insofern bedeutet der Brandom'sche Versuch, Propositionalität und Urteilen als Ausgangspunkte seiner Philosophie zu verwenden, eine gewisse Verwandtschaft mit der Rhetorik.

Der Vollständigkeit halber muss darauf hingewiesen werden, dass Brandoms Kant-Interpretation in der Forschung auch kritische Stimmen ausgelöst hat, die

9 Brandom 2001 [2000], S. 24f.
10 Vgl. Kant: KrV, ed. Timmermann 1998, B 140ff.
11 Ebd., A 69/B 94.
12 Brandom 2000 [1994], S. 140.
13 Brandom 2001 [2000], S. 25.
14 Ebd.
15 Ebd. [Herv. i. Orig.].

eine bisweilen stark vereinfachende Vereinnahmung Kants für die Thesen Brandoms monieren. So ist in der Tat fraglich, ob die von Brandom postulierte semantische Wende durch Kant, „indem er [Kant, *Anm. d. Verf.*] das Zentrum der Aufmerksamkeit von Wahrheit und Rechtfertigung auf die Natur der Repräsentation selbst verschiebt“[16], im Gegensatz zur Philosophie Descartes' tatsächlich so einheitlich für das Werk Kants gelten kann.[17] Und auch die radikale Propositionen-zentrierte Ausrichtung, die Brandom als Etikett der kantischen Philosophie ausmachen will, kann in Zweifel gezogen werden. Hierbei verweist Grüne etwa auf den Begriff der Anschauung bei Kant, der keinen begrifflichen Gehalt aufweist und daher mit der These einer durchgängigen Propositions-Bezogenheit aller repräsentierenden mentalen Zustände unvereinbar ist.[18]

7.1.1 Die normative Dimension des Urteilens

Ungeachtet dieser Kritikpunkte an der historischen Fundierung der Thesen Brandoms bleiben sie in systematischer Hinsicht für die Rhetorik jedoch beachtenswert. Denn der Begriff des Urteils ist in seinen Implikationen noch nicht ausgeschöpft, wenn man weiter der – in diesem Punkt unstrittigen – Lesart Brandoms folgt: „Kants tiefste und originellste Idee“[19], wie Brandom schreibt, ist dessen Verbindung des Urteilens mit dem Status des Normativen. „Kants wegweisende Idee besteht darin, dass es weder an ihren Beziehungen zu irgendeinem besonderen Stoff noch an ihrer besonderen Transparenz liegt, dass sich Urteile (*judgments*) und Handlungen (*actions*) von den Reaktionen bloß natürlicher Wesen unterscheiden, sondern vielmehr daran, dass wir in einer besonderen Weise für sie *verantwortlich* (*responsible*) sind.“[20] Damit werden Urteile und auch Handlungen zu deontischen Statusträgern. Über eine Sache zu urteilen heißt also, sich selbst auf bestimmte Folgerungen festzulegen oder, in einem noch stärkeren Sinne ausgedrückt, sich selbst auf bestimmte Folgerungen zu verpflichten, die sich aus dem Urteil ergeben. „Sich in einem intentionalen Zustand zu befinden oder eine absichtsvolle Handlung zu vollziehen ist demnach normativ signifikant. Es gilt als das Eingehen (das Erlangen) einer Verpflichtung oder Festlegung; der Inhalt der Festlegung wird durch die Regeln bestimmt, die die Begriffe

16 Brandom 2011 [2006], S. 29.
17 Vgl. Dohrn 2011, S. 63ff.
18 Vgl. Grüne 2011, S. 107ff.
19 Brandom 2015, S. 23.
20 Brandom 2001 [2000], S. 106 [Herv. i. Orig.].

(*concepts*) sind, vermittels deren der Akt oder der Zustand gegliedert wird."[21] Begriffe sind nach Brandom also spezifische Formen von Regeln, und zwar Regeln über ihren eigenen korrekten Gebrauch. Begriffliche Gehalte bestehen in inferentiell strukturierten Gehalten, deren Träger deontische Status sind.[22] Diese These lehnt er nicht nur an Kant, sondern auch an Wittgenstein an.[23] Bezogen auf sprachliche Bedeutung lautet Brandoms Erläuterung: „Um ihrer Rolle gerecht zu werden, muss die Bedeutung eines sprachlichen Ausdrucks festlegen, was sein *richtiger* Gebrauch in verschiedenen Kontexten ist. Eine solche Bedeutung zu verstehen oder zu erfassen heißt, richtigen von falschem Gebrauch unterscheiden zu können."[24] Alles Begriffliche trägt also die normative Anleitung zu seiner korrekten Anwendung in bestimmten Kontexten in sich. Die Verwendung eines Begriffs legt den Verwender nach Brandom normativ auf bestimmte Folgen der Verwendung fest. Diese Folgen sind die Inferenzen, die sich aus der Anwendung eines Begriffs ergeben. Man kann die Brandom'sche Theorie leichter zusammenfassen, wenn man sich klarmacht, dass begriffliche Verwendungen das Umfeld ihrer Anwendung konzeptualisieren. Die Verwendung des Begriffs ‚rot' etwa schließt zugleich aus, dass es sich um ein Ding handelt, auf das der Begriff ‚grün' zutrifft, folgt aber beispielsweise notwendig aus der begrifflichen Verwendung von ‚das ist scharlachrot'.[25] Begriffe sind damit funktionale Regelträger in inferentiellen Zusammenhängen, die wiederum einen normativen Status annehmen. Brandom erläutert dies anhand des Unterschiedes zwischen einer Apparatur oder einem Papagei, die mechanisch oder konditioniert Ausdrücke auf bestimmte Reize äußern, auf der einen Seite und begriffsverwendenden Subjekten, die den Ausdrücken zugleich eine Bedeutung beimessen können, auf der anderen Seite. Die gemachte Unterscheidung beschreibt er als eine „zwischen bloß responsiver Klassifikation (*responsive classification*) und spezifisch *begrifflicher* Klassifikation (*conceptual classification*)"[26], wobei letztere ein Urteilen darstellt. Zu urteilen bedeutet, sich auf bestimmte Folgerungsbeziehungen festzulegen, die sich aus dem Urteil ergeben müssen:

> Um einen begrifflichen Gehalt zu besitzen, muss eine Reaktion schlicht eine Rolle in dem inferentiellen Spiel des Aufstellens von Behauptungen, des Gebens und Verlangens von

21 Brandom 2000 [1994], S. 43.
22 Vgl. Barth 2011, S. 179f.
23 Vgl. Brandom 2000 [1994], S. 49 sowie Habermas 2004b [1999], S. 140.
24 Brandom 2000 [1994], S. 49.
25 Vgl. Brandom 2001 [2000], S. 71.
26 Ebd. [Herv. i. Orig.].

> Gründen spielen. Einen solchen Begriff zu begreifen oder zu verstehen heißt, die Inferenzen, in die er verwickelt ist, praktisch zu beherrschen – zu wissen, d. h. praktisch unterscheiden zu können [...] was aus der Anwendbarkeit eines Begriffs folgt und woraus diese Anwendbarkeit ihrerseits folgt.[27]

Das ‚Spiel des Gebens und Verlangens von Gründen' ist eine für Brandom typische Wendung, mit der er die diskursive Praxis beschreibt, innerhalb derer Aussagen zu Behauptungs- oder Begründungskomponenten werden.

Der für die Rhetorik wesentliche Gehalt dieser Theorie besteht darin, zu erkennen, dass sprachliche Handlungen im Kontext normativer Diskurspraktik gesehen werden müssen. Kehrt man zu den Sprachhandlungen zurück, die oben als enthymematische Handlungen charakterisiert wurden und denen bereits ein Wechsel vom deskriptiven zum doxastischen Status attestiert wurde, muss diese Wechselfolge der Status nun noch erweitert werden. Aussagen, die doxastischen Status haben, bleiben unter der Prämisse rhetorischer Handlungskompetenz nicht alleine bei diesem Status stehen. Vielmehr kommt ihnen noch ein weiterer Statuswechsel zu, der sie in einen neuen, für den Orator strategisch zu nutzenden Zusammenhang zu weiteren Aussagen stellt. Mit der Verwendung doxastischer Zuweisungen zu einzelnen Aussagen tritt der Orator als sozialer Vorsprecher in einen spezifisch normativen Diskurs ein, in welchem seine Urteile über die Welt normative Signifikanzen aufweisen. Mit seinen sprachlichen Handlungen geht er Verpflichtungen über bestimmte inferentielle Züge ein, die aus seinen Handlungen folgen und auf die ihn seine Behauptungen festlegen. Sich in einer rhetorischen Situation zu befinden, heißt, sich in einem Netzwerk aus Regeln zu befinden, die sich aus den begrifflichen Entscheidungen der Kommunikanten der Situation ergeben und die bestimmte Inferenzen als gültig oder ungültig, angemessen oder unangemessen, wahrscheinlich oder unwahrscheinlich einstufen.

Rhetorik muss Sprache unter den Vorzeichen dieser diskursiven Feststellung betrachten, will sie in sprachlichen Handlungen ein Organon zur Persuasion sehen. Diese Sichtweise übernimmt laut Habermas auch Brandom. In seinen Bemerkungen zur Sprachpragmatik Brandoms referiert Habermas:

> Sprache analysiert Brandom also anhand einer Diskurspraxis, und diese Praxis begreift er als einen Austausch von Kommunikationsakten, der durch gegenseitiges „scorekeeping" reguliert wird. Jeder Teilnehmer bewertet die Geltungsansprüche der anderen im Vergleich mit den eigenen und führt darüber Buch, wer wieviele Punkte macht.[28]

27 Ebd.

28 Habermas 2004b [1999], S. 140.

Die Idee eines Punktekontos, welches jeder Diskursteilnehmer über sich selbst und die anderen Teilnehmer des Diskurses führt, entwickelt Brandom in *Expressive Vernunft*. An einem begrifflichen, rationalen Diskurs teilzunehmen, bedeutet automatisch, die Festlegungen und Verpflichtungen im Auge zu haben, die die einzelnen Sprecher eingehen und aufgrund derer ihre Sprechakte Bedeutung erlangen. Wenn Bedeutungen dadurch zustande kommen, dass Aussagen in ein Geflecht normativer Relationen eingespeist werden, in welchem sie durch ihre Verortung in diesem Geflecht die je spezifische Bedeutung erhalten, die sich aus den Knotenpunkten der Inferenzen ergeben, dann kann diese Bedeutung nur aufgespürt werden, wenn jeder Diskursteilnehmer darüber Buch führt, welcher Sprecher mit welcher Aussage Behauptungen aufstellt oder Gründe liefert. Dies stellt eine spezifische Diskurspraxis dar, in der alle Kommunikationsakte deontisch bewertet werden.[29] Die deontischen Status müssen also erfasst und summiert werden, um Bedeutungen zu ermitteln und sich der daraus resultierenden Festlegungen bewusst zu sein. Das heißt nach Brandom „in der Lage zu sein, eine Art deontisches *Punktekonto* (*deontic score*) zu führen, indem man den eigenen Festlegungen und den damit verbundenen Berechtigungen genauso auf den Fersen bleibt, wie denen der anderen und dieses Punktekonto systematisch anpasst, je nachdem welche Akte jeder an der Praxis Beteiligte gerade hervorbringt."[30] Anhand einer Gesprächssituation erläutert Brandom, wie sich das Kontoführen im Detail verhält. Die Punktestände der Konten entsprechen den deontischen Status der Aussagen, die in dem Gespräch gemacht werden. Der jeweilige Punktestand eines Kontos ist dabei entscheidend für die Frage, „welche Akte angebracht sind und was die Folgen verschiedener Akte sind – wie sie also den Punktestand verändern."[31] Es ist dabei unausweichlich, dass die Gesprächsteilnehmer unterschiedliche Konten über sich und die je anderen führen, da nicht für alle Kontoführer die gleichen Berechtigungen zur Punktezuschreibung gelten können. Dies bedingt die Perspektivität der Kontoführung. „Es kann große Überlappungen geben, denn fast jedermann ist festgelegt auf und berechtigt zu Behauptungen wie der, dass 2 + 2 = 4 ist, dass Rot eine Farbe ist und dass es schon schwarze Hunde gegeben hat. Doch es wird auch große Unterschiede geben, schon deshalb, weil jeder über in unterschiedlichen Beobachtungssituationen nicht-inferentiell erworbene Festlegungen und Berechtigungen verfügt."[32] Entscheidend bei diesem

29 Vgl. ebd.
30 Brandom 2000 [1994], S. 16.
31 Ebd., S. 274.
32 Ebd., S. 277.

Gedanken ist, dass sich mit der Festlegung eines Sprechers durch einen Sprechakt auf ein bestimmtes Urteil auch eine undefinierbare Menge anderer Urteile in Bewegung setzt, auf die sich der Sprecher festlegt, bzw. zu denen er von anderen Sprechern berechtigt oder unberechtigt gesehen wird.[33] Denn durch die inferentiellen Vernetzungen der einzelnen Sprechakte ändert sich der Kontostand nicht in linearer oder zweidimensionaler Weise, sondern unterliegt steten, dynamisch-exponentiellen Statusänderungen der deontischen Festlegungen und Berechtigungen. Es ist völlig klar, dass Brandom hiermit ein holistisches Modell entwirft, welches stark den holistischen oder modular-holistischen Konzeptionen Wittgensteins und Davidsons ähnelt. Brandom schreibt dazu: „Gemäß der inferentialistischen Auffassung vom begrifflichen Gehalt ist es nicht möglich, überhaupt *irgendwelche* Begriffe zu haben, wenn man nicht *viele* hat. Denn der Gehalt eines jeden Begriffs wird durch seine Relationen zu *anderen* Begriffen gegliedert.“[34]

7.1.2 Dubium und Zertum als normative Status

Aus dem bisher Gesagten folgt ein Gedanke, der sich hervorragend mit der rhetorischen Grundannahme verträgt, der Orator müsse durch sprachliches Handeln irgendwie in der Lage sein, Zweifels- oder Gewissheitszustände herbeizuführen. Der wesentliche Gewinn durch Brandom besteht darin, den Begriff des Urteils über die inferentielle Propositionalität mit normativen Status in Verbindung zu bringen. Rhetorisches Handeln eines Orators lässt sich damit als inferenz-evokatives Handeln charakterisieren, wobei die möglichen Inferenzen, zu denen der Adressat durch den Orator veranlasst wird, in ein normatives System eingebettet sind. Dieses System bildet zugleich die Infrastruktur des Handelns und der strategischen Projektion, die der Orator vornehmen muss, um gemäß dem antizipatorischen Adressatenkalkül vorzugehen.

Vor diesem Hintergrund sind Dubium und Zertum nicht mehr nur als Meta-Überzeugungen zu verstehen, sondern zugleich als normative Status. Ein Adressat, der eine hinreichende, nicht abzählbare Menge an Objekt-Überzeugungen zu einem bestimmten Sachverhalt hat, ist durch die Regularität der propositionalen Form, die all diesen intentionalen Zuständen zukommt, auf bestimmte Inferenzen festgelegt, die ihn auf eine Meta-Überzeugung verpflichten. Wenn A der Überzeugung ist, dass er eine Katze hat, ferner, dass diese Katze schwarz ist, dass

33 Vgl. ebd., S. 278f.
34 Brandom 2001 [2000], S. 28 [Herv. i. Orig.].

sie sich zurzeit in seiner Wohnung aufhält etc., ist er zugleich durch den normativen Status dieser Objekt-Überzeugungen gerechtfertigt anzunehmen, dass es sich um seine Katze handelt, die gerade als schwarze Katze vor seinen Augen durch sein Zimmer läuft. Die Liste der Objekt-Überzeugungen, die A zu dieser Annahme, es sei seine Katze, die gerade durch sein Zimmer läuft, berechtigen, ist dabei indefinit in dem Sinne, dass noch jede Menge weiterer Überzeugungen notwendig sind, auf deren Inferenzen A zurückgreift, wenn er tatsächlich glaubt, diese Katze sei die seine. So ist es in einem ontologischen Sinne noch notwendig, zu glauben, dass es überhaupt schwarze Katzen gibt, in einem epistemischen Sinne notwendig, zu glauben, dass die Katze da ist, wenn man sie sieht, in einem ethischen Sinne notwendig, zu glauben, dass man eine Katze in einem bestimmten Wortsinn ‚besitzen' kann etc.

Diese Aufstellung der Objekt-Überzeugungen bedeutet dreierlei Einsichten für die Rhetorik:

(i) Erstens bilden alle Objekt-Überzeugungen in ihrer Summe die normative Rechtfertigung für A, einer bestimmten Meta-Überzeugung zu sein, also in diesem Falle eine Gewissheit bezüglich seiner Katze zu haben. Alle Inferenzen zwischen den Urteilen sind motiviert durch die normativen Status, welche die Urteile mit sich bringen, indem sie nach Brandom Züge innerhalb des Spiels des Gebens und Verlangens von Gründen sind.

(ii) Zweitens bilden alle Objekt-Überzeugungen in ihrer Summe auch die normative Verpflichtung für A, einer bestimmten Meta-Überzeugung zu sein. Diese Verpflichtung resultiert aus der Anwendung des logischen Schemas, nach welchem A seine Objekt-Gewissheiten inferentiell geordnet, das heißt, zueinander in Beziehung gesetzt hat. Das übergeordnete System an Regeln (also die Rechtfertigungsaxiomatik des Kontextes) normiert die Verfahrensweise in der Inferenzbeziehung zwischen den einzelnen Objekt-Überzeugungen, die als Objekt-Urteile ihre normativen Status aufeinander beziehen. Diese Beziehung kann wie das Regelsystem eines Fußballspiels vorgestellt werden, in der alle Regeln zwischen Feldspielern, Torhütern und Schiedsrichtern das System formieren, innerhalb dessen gültige Spielzüge nach den Normen dieses Systems stattfinden können. In einem signifikanten Punkt unterscheidet sich das normative System der Überzeugungs-Inferenzen jedoch von dem System der Fußball-Analogie. Denn das inferentielle Verhältnis zwischen den Objekt- und den Meta-Überzeugungen muss grundlegend anders verstanden werden. In dieser Hinsicht Verpflichtungen einzugehen, bedeutet etwas anderes als etwa die Verpflichtung des Torhüters beim Fußball, außerhalb des 16-Meterraumes den Ball nicht mit der Hand zu spielen. Beiden Fällen ist zwar gemein, dass ein Verstoß gegen die Verpflichtung ein Verstoß gegen das übergeordnete Regelsystem ist, so dass eine Normabweichung vorliegt. Der Unterschied besteht jedoch darin, dass die Verpflichtung von A, aus seinen Objekt-Überzeugungen nach dem gleichen System der logischen Inferenzen eine Meta-Überzeugung zu bilden, bedeutungsgebend für die Meta-Überzeugung selbst ist und sich damit reziprok auf die Beziehungen der Objekt-Überzeugungen untereinander und das gesamte Überzeugungsschema auswirkt. Wenn A annimmt, dass er eine Katze hat, sich seine Katze gerade in seiner Wohnung befindet, diese Katze schwarz ist etc. und dann eine schwarze Katze durch sein Zimmer laufen sieht und sagt: ‚Das ist nicht meine Katze!', stellt diese Aussage die Aussagekraft, das heißt das logische Vermögen, des gesamten inferentiellen Systems in Frage, in welches alle Objekt-Überzeugungen eingebunden sind. Wenn hingegen der Torhüter in einem Spielzug den Ball außerhalb des Strafraums mit der Hand spielt, ist dies zwar ein Regelverstoß, stellt jedoch nicht alle anderen inferentiellen Beziehungen in Frage, die das System aller Spielregeln im Fußball ausmachen (etwa, dass Feldspieler mit jedem anderen Körperteil, nur eben nicht mit der Hand den Ball spielen dürfen usw.).

Diese Diskrepanz liegt an der systemimmanenten, das heißt in diesem Falle der systemfunktionalen Stellung, die die beiden Regelverstöße in je ihrem Regelsystem einnehmen. Die Regel, dass der Torhüter den Ball außerhalb des Strafraums nicht mit der Hand spielen darf, rangiert systemlogisch gesehen auf gleicher Ebene wie die anderen Regeln, die seine Spielzüge legitimieren oder sanktionieren oder die möglichen, erlaubten Spielzüge aller anderen Spieler festlegen. Im Vergleich dazu ist das Schema der inferentiellen Beziehungen zwischen Objekt-Überzeugungen und Meta-Überzeugungen hierarchisch geordnet, und zwar in dem Sinne, in dem sich die Meta-Überzeugung in einem anderen funktionalen Rollenstatus befindet als es bei den Objekt-Überzeugungen der Fall ist. Was das Beispiel verdeutlicht, ist, dass mit der funktionalen Systemstelle auch die strukturelle Systemstelle variiert und mit der strukturellen Varianz zugleich eine Varianz der normativen Signifikanz einhergeht.

Aus diesen Ausführungen folgt jedoch noch ein zweiter Punkt, der im vorliegenden Fall von Relevanz ist: Die Feststellung über die unterschiedliche normative Signifikanz von Objekt- zu Meta-Überzeugung impliziert zugleich eine Aussage über die Stabilität des logischen Schemas, in dem sich die Überzeugungen befinden. Solange der Übergang von Objekt-Überzeugungen zu Meta-Überzeugung inferentiell regelkonform, das heißt logisch konsistent abläuft, sind kleinere Fehler im Schema, bedingt durch Normabweichungen in inferentiellen Beziehungen zwischen Objekt-Überzeugungen, nicht relevant für die Gesamtstabilität des Schemas. Erst in dem Augenblick, in dem sich die Normabweichung auf die inferentielle Beziehung zur Meta-Überzeugung überträgt, liegt eine offenkundige Schemainkonsistenz selbst vor. In diesem Falle kippt das Schema und ist nicht mehr in der Lage, zu inferentiell konsistenten Meta-Überzeugungen zu führen. Die Folge ist die Unmöglichkeit zur Gewissheit aufgrund der vorliegenden Objekt-Überzeugungen – also der Fall des Zweifels.

(iii) Drittens machen das Beispiel ebenso wie die Erläuterungen (i) und (ii) nochmals deutlich, weswegen die rhetorische Wirksituation kontextualistisch aufgefasst werden muss. Zwischen den begrifflichen Gehalten aller Objekt-Überzeugungen herrschen undefinierbar viele potentielle Inferenzbeziehungen, die in einschließender oder ausschließender Funktion zu einander stehen. Es lassen sich vereinfacht gesagt aus gleichen begrifflichen Gehalten die unterschiedlichsten Inferenzen konstruieren, die ebenso auch zu unterschiedlichen Ergebnissen in der Gesamtbewertung der Konsistenz des Schemas führen können. Sowohl Brandom als auch Davidson sprechen sich zwar für einen umfassenden Holismus der Propositionen bzw. der Überzeugungen aus, jedoch muss die Rhetorik mit der Sprachpragmatik Wittgensteins gehen und den Holismus modular verstehen. Das heißt, wie in Kapitel vier bereits beschrieben wurde, dass die allseitige Vernetzung aller Systemkomponenten eines Gewissheits- oder Zweifelsschemas eine pragmatische Einschränkung erfährt, die endliche Folgerungsketten strukturell möglich macht. Für die Rhetorik ist dies mit der Theorieannahme der Vektorialität verbunden, wie sie bereits in Kapitel drei besprochen wurde. Die vektorielle Gerichtetheit, das heißt die Tatsache, dass das Überzeugungsschema im rhetorischen Sinne auf einen Fluchtpunkt zuläuft, ist abhängig vom Kontext, der die normativen Leitplanken der Vektorialität bildet. Die Inferenzen eines modularholistisch verfassten Schemas an Objekt-Überzeugungen in einem bestimmten Erkenntnis-Kontext an einem Fluchtpunkt auszurichten, der außerhalb dieses Kontextes liegt, enthebt das Schema schlicht der Fähigkeit, signifikante Urteile über die Situation zu fällen. Sich also im Kontext der Erörterung einer realen Begebenheit an einem Fluchtpunkt eines Science-Fiction-Kontextes zu orientieren, kann zwar zu logisch korrekten Inferenzen zwischen begrifflichen Gehalten führen. Das solcherart entstehende Urteil wird jedoch aller Wahrscheinlichkeit nach nicht das von der Rhetorik eingeforderte, pragmatische Relevanzpostulat erfüllen. Sobald in das Schema von Objekt-Überzeugungen dann weitere Überzeugungen aufgenommen werden, deren Inferenz-Regularität einem anderen Fluchtpunkt folgt, wird die entstehende Inkonsistenz, ist sie erst stark genug, die Meta-Überzeugung der Gewissheit ins Wanken bringen.

Dass sowohl das Zertum als auch das Dubium als normative Status verstanden werden, liegt an ihrer beiderseitigen Begründungsbedürftigkeit. Eine Gewissheit für sich in Anspruch zu nehmen, bedeutet zugleich, sich auf das Liefern bestimmter Gründe zu verpflichten, das heißt eine deontische Festlegung einzugehen. Wie bereits mit Wittgenstein gezeigt wurde, gilt gleiches jedoch auch für den Zweifel. Ein Zweifel – wenn es einer ist – ohne Gründe ist in der Ausdrucksweise Wittgensteins nicht zu ‚verstehen'. Man könnte nach Brandom auch formulieren, einem Zweifel ohne normativem Status fehle die diskursive Signifikanz. Für die Rhetorik bestätigt sich dadurch die Annahme, die in Kapitel vier getätigt wurde, dass das Dubium als funktionaler Zweifel nur seine Rolle im inversiven persuasiven Prozess erfüllen kann, wenn es Teil einer ihn umgebenden propositionalen Begründungsstruktur ist. Zweifel, zumal rhetorischer Zweifel, bleibt damit wesentlich ein logisches, wenn auch nicht ausschließlich logisches Phänomen.

7.2 Die Strukturmerkmale des inferentiellen Systems: Eindeutigkeit oder Undeutigkeit

Die implizite Annahme der vorangegangenen Abschnitte bestand darin, eine Struktur zwischen den einzelnen Objekt-Überzeugungen untereinander sowie den Objekt-Überzeugungen und der Meta-Überzeugung anzunehmen, die im Falle der Gewissheit andere Merkmale aufweist als im Falle des Zweifels. Wie dargestellt wurde, bedeutet Gewissheit, dass alle Objekt-Überzeugungen in ihrem modular-holistischen Schema so aufeinander bezogen sind, dass die Inferenzen in einem permanenten Verhältnis logischer Konsistenz zu einander stehen. Die einzelnen Elemente des so entstehenden modular-holistischen Netzwerkes sind also in einer Weise miteinander verbunden, dass sich aus ihnen eine eindeutige logische Folgerung ergibt. Mit der logischen Eindeutigkeit geht die strukturelle Eindeutigkeit einher: eindeutig geordnete, inferentielle Beziehungen stellen regelkonforme Verbindungen aller Einzelkomponenten des Systems dar. Gewissheit wird hier daher als Fall struktureller Eindeutigkeit aller inferentiellen Beziehungen derjenigen Überzeugungen verstanden, die die Gewissheit eines Erkenntnissubjektes ergeben. Gewissheit rhetorisch zu evozieren bedeutet, die eindeutige Struktur von Inferenzen zu installieren, aus der notwendig die Meta-Überzeugung folgt, welche der Orator als Zertum bei seinem Adressaten bewirken will.

Für den Fall des Zweifels gilt gleiches unter inversen Vorzeichen. Zweifelsevokation ist die strukturelle Operation der Unordnung, die in die Inferenzen gebracht wird, so dass diese nicht mehr eindeutig aufeinander zu verweisen im Stande sind. Wenn Knape, wie in Kapitel drei angeführt, von Verwirrung als typischem Phänomen des Zweifels spricht, ist dies eine gute Illustration für die undeutige Struktur des Zweifels. Zweifel ist in diesem Sinne mehr als Mehrdeutigkeit. Beziehungen zwischen einzelnen Elementen eines Systems können mehrdeutig sein, ohne dabei zur Verwirrung der Vektorialität des Systems, also zum

Systemabsturz zu führen. Undeutigkeit hingegen markiert als neu zu bestimmender Terminus die Kontradiktion der Eindeutigkeit. Ein- und Mehr-Deutigkeit unterscheiden sich darin, wie viele mögliche Deutungen sie zulassen, nicht jedoch in der grundsätzlichen Möglichkeit des Deutens. Auch Mehrdeutiges ist deutbar, das heißt nach Regeln zu erfassen. Im Falle der Un-Deutigkeit soll ausgedrückt werden, dass die Regel des deutenden Erfassens nicht mehr durchführbar ist, und zwar in keiner Weise. Was undeutig ist, entzieht sich dem Vollzug der Regelanwendung und wird dadurch in seinem normativen Status in Frage gestellt. Diese Deutigkeitsformen werden im Folgenden näher erläutert und durch Wittgenstein theoretisch fundiert, so dass sie für die Rhetorik zu validen Begrifflichkeiten werden können.

7.2.1 Eindeutigkeit, Undeutigkeit und Ambiguität

Eindeutigkeit ist kein Terminus der Rhetorik, weder als Terminus technicus noch als weiter gefasster Begriff, der Phänomene des Rhetorischen typischerweise zu beschreiben vermag. Im Gegenteil muss sogar dem Konzept der Mehrdeutigkeit oder Vagheit der Vorzug gegeben werden, wenn es um die Kennzeichnung der rhetorischen Situation an sich geht. Was eindeutig ist, bedarf nicht der auslegenden und um Entscheidung ringenden Handlung des Orators, wie schon die aristotelische Rhetoriktheorie festlegt.[35] Erst die Vagheit oder Mehrdeutigkeit einer Situation schafft die Möglichkeit der auf Persuasion ausgerichteten Rede und erzeugt den notwendigen Freiraum dafür. Dass sich der Orator überhaupt Gedanken über die Zweifelsevokation machen muss, zeigt bereits, dass unzweifelhaft Eindeutiges nicht zum Gegenstand der rhetorischen Intervention werden kann, es sei denn, es würde in seiner Eindeutigkeit zuvor destruiert. Bauer et al. stellen dies mit den Worten dar: „Rhetorischer kommunikativer Aufwand muss nur betrieben werden, wenn die Ausgangslage unklar, unsicher, mehrdeutig und strittig ist und der Orator mit seinem Redetext das Bewusstsein der Hörer in eine klare Richtung zu führen hat.“[36] Verknüpft wird diese Ausgangslage mit dem Ausdruck ‚Ambiguität‘. Im Zuge dieser Auseinandersetzung mit dem Begriff wird das „Ambiguitätsdreieck der Rhetorik“[37] erstellt, welches die Eckpunkte (a) ‚Sachverhalt‘,

35 Vgl. Arist.: Rhet. I, 2 (12).
36 Bauer et al. 2010, S. 8.
37 Ebd., S. 8; S. 11f.

(b) ‚Referenztext' und (c) ‚Rede' miteinander triangulieren lässt.[38] Die Erläuterungen zu diesem Dreieck sind höchst aufschlussreich, will man sich die genaue Konnotation des Wortes Ambiguität aus rhetorischer Sicht vor Augen führen. Der Sachverhalt wird expliziert als „ein unklarer, strittiger Sachverhalt, der in darstellenden Texten wie Protokoll, Aussage, Erzählung usw. manifest wird."[39] Interessant ist diese Spezifizierung deshalb, weil sie expressis verbis Textualität ins Spiel bringt. ‚Sachverhalt' meint hier also nicht einfach nur ein Ereignis im intersubjektiven Raum, sondern die Manifestation dessen in textueller Form, also in medialer, semiotischer Form, der eine kommunikative Absicht unterlegt ist.[40] Unter dem zweiten Eckpunkt, dem Referenztext, hat man sich nach Bauer et al. „normative oder auslegende Referenztexte, die unklar oder in gewissen Punkten strittig sind"[41] vorzustellen. Und schließlich steht zu diesen beiden Texten die Rede als dritter Eckpunkt in Beziehung, „die eine Klärung herbeiführen will und eine Entscheidung über das Unklare oder Strittige bei (a) oder (b) [...] ermöglichen soll."[42] Ambiguität wird hier also wesentlich als Text-bezogener Terminus verstanden. Damit inkludiert er zwar den Bereich des Propositionalen, übersteigt ihn jedoch auch, insofern die Ebene der Externalisierung mitgedacht wird. Zu beachten ist, dass nicht die Texte per se ambig sind, sondern der Rezeptionsvorgang wesentlicher Bestandteil der Ambiguitäts-Konstitution ist. „Ambiguität liegt in der Struktur, aber sie wird erst durch den Beobachter zur Komponente von weiterreichenden Handlungszusammenhängen, die ihrerseits in der menschlichen Kultur verankert sind. Der Beobachter wird insofern zum Bestandteil einer komplexen experimentalen Anordnung, als sein von methodischer Erkenntnisleistung bestimmtes Urteil entscheidet, wo Ambiguität vorliegt."[43] Derartige Methoden der Erkenntnisleistung, von denen hier die Rede ist, können beispielsweise in logischen Annahmen gesehen werden, die durch Ambiguität verletzt werden, so dass es zum Erleben von Widersprüchlichkeit kommt.[44] In der Dimensionierung können diese Erlebnisse des Ambigen sowohl auf Ebene der Einzelzeichen als auch der Textebene oder der intertextuellen wie paratextuellen Ebene stattfinden.[45] Auf der makroskopischen Ebene spielt sich auch das Phänomen szenischer Ambiguität ab, welches Knape und Kuhs anhand der Flüchtigkeit

38 Vgl. ebd.
39 Ebd.
40 Vgl. Knape 2005, S. 19; Knape 2008, S. 896.
41 Bauer et al. 2010, S. 11.
42 Ebd.
43 Ebd., S. 13.
44 Vgl. ebd., S. 12.
45 Vgl. ebd., S. 15.

der Situation und der Doppel- oder Mehrdeutigkeit von Texten in dieser ephemeren Situation erläutern.[46] Um das Feld der Mehrdeutigkeit auch über die Textdimension hinaus abzustecken, greifen Bauer et al. noch den Begriff der Ambivalenz auf: „Damit steht ein Terminus technicus zur Verfügung, mit dem man die aus ambigen Kommunikationserlebnissen hervorgehenden komplexen psychischen Resultate bezeichnen kann."[47]

Aus den hier referierten Bestimmungen zum Begriff der Ambiguität in der Rhetorik wird deutlich, dass für das Projekt einer Beschreibung logisch inkonsistenter Strukturen auf propositionaler, intentionaler, nicht-textueller Ebene ein anderer Ausdruck als der der Ambiguität gewählt werden muss. Ambiguitätserscheinungen sind Erscheinungen anhand von Texten, die exkorporiert und medialisiert sozusagen in einem anderen Aggregatzustand vorliegen, als dies bei propositionsbezogenen Einstellungen wie Überzeugungen der Fall ist. Daher wurde hier die Dichotomie von Eindeutigkeit und Undeutigkeit gewählt und nicht etwa das Strukturmerkmal des Zweifels auf mentaler Ebene mit Ambiguität wiedergegeben. Ambiguität ist zunächst ein hermeneutisches Problem, welches in zweiter Instanz von einem Orator als textuelles Strategieinstrument der Addubitation verwendet werden kann.[48] Aber es gilt grundsätzlich: „Ambiguität braucht Kotext, sei es im Satz oder im Text, bzw. braucht Kontext im symbolischen Interaktionszusammenhang (sprich: in der Kommunikation), um wahrgenommen, erkannt und mental verarbeitet werden zu können."[49] Diese methodischen Voraussetzungen liegen in dem hier zu verhandelnden Fall der Undeutigkeit nicht in gleicher Form vor. Um daher die Begrifflichkeiten der rhetorischen Theorie distinkt zu halten, wird Undeutigkeit als Bezeichnung des Strukturmerkmals des Zweifels auf Ebene der propositionsbezogenen Einstellungen verwendet, nicht jedoch Ambiguität. Insofern wäre der Dualismus von Ambiguität und Ambivalenz noch um den Begriff der Undeutigkeit zu einer Trias zu erweitern.

Zugleich bleibt festzuhalten, dass gerade Ambiguität als Textphänomen hervorragend geeignet ist, durch einen Orator begriffliche Gehalte in den diskursiven Zusammenhang einzuspeisen, die auf mentaler Ebene wiederum zu struktureller Undeutigkeit führen können. Insofern eignet Ambiguität und Undeutigkeit eine starke Verwandtschaft, die insbesondere aus der Einsicht der Rhetorik herrührt, dass es eine Verbindung von instrumenteller Texthandlung und mentaler

46 Vgl. Knape/Kuhs 2015, S. 193.

47 Bauer et al. 2010, S. 16.

48 Ebd., S. 24f.

49 Ebd., S. 21.

Zustandsveränderung geben muss. Welche Formen der textlichen Ambiguierung zu welchen möglichen Resultaten tatsächlichen Zweifels führen können, ist jedoch eine Frage, die systematisch aufzuarbeiten anderen Arbeiten vorbehalten bleiben wird.

Eindeutigkeit hingegen kann als rhetoriktheoretischer Terminus nur ex negativo aus den Überlegungen zur Undeutigkeit erschlossen werden. Die Suche nach Eindeutigkeit ist im Grunde ein Rhetorik-repugnantes Bestreben, da sie bewusst den Raum der interpretativen Persuasion negiert, um Zweifelsfreiheit zu postulieren. Als mögliche Interpretamente kommen in erkenntnistheoretischer Sicht etwa Evidenz oder auch Wahrheit in Betracht, um das Ergebnis eindeutiger Strukturen zu benennen. Führt man sich dies vor Augen, muss die rhetorische Suche nach Eindeutigkeit eine andere Form meinen als die mathematische oder logische Funktion der Eindeutigkeit oder gar der Eineindeutigkeit, die mengentheoretisch jedem Element einer Menge A exakt ein Element der Menge B zuordnet und umgekehrt, so dass ein Kongruenzverhältnis der Mengen und eine bikonditionale Beziehung der eineindeutig aufeinander bezogenen Elemente herrscht. Die Rhetorik versteht Eindeutigkeit wie sie auch ihr Zertum versteht – als zeitlich durchaus instabilen, aber doch kurzfristig zu erreichenden Zustand gelungener Persuasion. Was den Begriff der Eindeutigkeit für die Rhetorik darüber hinaus sehr attraktiv macht, ist die Konnotation, die im Wortsinn mitschwingt: Das Moment des Deutens in der Ein-Deutigkeit hat einen starken Verweis- oder Zeigecharakter. Ein-Deutigkeit wohnt ein deiktisches Prinzip inne, welches im weitesten Sinne als ‚Richtungs-weisend' verstanden werden kann. Im Präfix Ein- ist dabei schon ausgedrückt, dass die Eindeutigkeit lediglich in eine Richtung verweist (analog dazu verweist die Ein-ein-deutigkeit in der mathematischen Mengentheorie auf eine Richtung und wieder zurück, wodurch ihr bijektives Moment zustande kommt). Damit korrespondiert der Begriff hervorragend mit der Vektorialität der Persuasion. Für eine vektorielle Handlungsstrategie ist daher eine vektorielle gedankliche Strategie notwendig. Ihr liegt im Falle der Eindeutigkeit der Relationen aller gedanklichen Elemente zueinander ein derartiges Pendant zugrunde.

Darüber hinaus trägt der Ausdruck der Eindeutigkeit bereits einen Bezug zum Regelfolgen in sich, der für die Interpretation von Dubium und Zertum als normativem Status von großer Bedeutung ist. Dieser Bezug wird im Folgenden unter Rekurs auf Wittgenstein näher herausgestellt.

7.2.2 Was heißt ‚deuten'?

Der bisherige Stand der Überlegungen zur modular-holistischen Verfassung der Objekt-Überzeugungen, die zu einer Gewissheit oder einem Zweifel führen, wurde durch um die Komponente der Normativität erweitert. Alle Objekt-Überzeugungen spielen aufgrund ihrer propositionalen Verfassung eine Rolle im Spiel der Begründungsleistungen, zum Teil in expliziter, zum Teil in impliziter Weise. In jedem Fall ergeben sich aus den Konstellationen der Überzeugungen und deren inferentiellen Beziehungen zueinander bestimmte weitere Überzeugungen, die zu Gewissheit oder Zweifel führen. Im Falle des Zertums muss dabei die Regelhaftigkeit der Objekt-Überzeugungen innerhalb des jeweiligen Überzeugungsschemas gewährleistet sein, sie braucht einen Rahmen, der die einzelnen, möglichen Regel-Beziehungen zwischen den propositionalen Einheiten selegiert und damit eindeutige Relationen schafft, um das Strukturmuster der Gewissheit zu erstellen. Ein Vorschlag, wie eine solche Regelhaftigkeit in die normativen Beziehungen der einzelnen Objekt-Überzeugungen gebracht werden kann, ergibt sich aus den Gedanken Wittgensteins. Ausgangspunkt dieses Vorschlages ist § 201 der *Philosophischen Untersuchungen*, der hier trotz seiner Länge und der kurzen Kommentierung in Kapitel 4.2.2 in dieser Arbeit, im Ganzen zitiert sei:

> 201. Unser Paradox war dies: eine Regel könnte keine Handlungsweise bestimmen, da jede Handlungsweise mit der Regel in Übereinstimmung zu bringen sei. Die Antwort war: Ist jede mit der Regel in Übereinstimmung zu bringen, dann auch zum Widerspruch. Daher gäbe es hier weder Übereinstimmung noch Widerspruch.
> Dass da ein Missverständnis ist, zeigt sich schon darin, dass wir in diesem Gedankengang Deutung hinter Deutung setzen; als beruhige uns eine jede wenigstens für einen Augenblick, bis wir an eine Deutung denken, die wieder hinter dieser liegt. Dadurch zeigen wir nämlich, dass es eine Auffassung einer Regel gibt, die nicht eine Deutung ist; sondern sich, von Fall zu Fall der Anwendung, in dem äußert, was wir „der Regel folgen", und was wir „ihr entgegenhandeln" nennen.
> Darum besteht eine Neigung, zu sagen: jedes Handeln nach der Regel sei ein Deuten. „Deuten" aber sollte man nur nennen: einen Ausdruck der Regel durch einen anderen ersetzen.[50]

Das vollständige Zitat zeigt besonders die Genese des Gedankens Wittgensteins, der am Ende eine Definition des ‚Deutens' gibt. Zunächst stellt Wittgenstein das Problem fest, dass eine endliche Regel für unendlich viele Fälle Auskunft über das richtige Handeln in diesen Fällen geben soll, was offenkundig im ersten Abschnitt des Paragraphen zu einem verwirrenden Widerspruch führt. Einer der be-

50 Wittgenstein: PU, § 201.

kanntesten und sicherlich einflussreichsten Exegeten der *Philosophischen Untersuchungen*, Saul Kripke, sieht in diesen ersten Sätzen des § 201 „vielleicht das Hauptproblem“[51] der gesamten Schrift. Er expliziert in der Art Wittgensteins das genannte Paradox zunächst auf mathematischem Wege, indem er erläutert, dass es irgendeine Möglichkeit geben muss, der Regel der Addition zu folgen, obwohl man stets auf neue Aufgaben stoßen wird, deren Ergebnisse man nie zuvor errechnet hat.[52] Nach der Explikation des Paradox geht Wittgenstein auf den Begriff der Deutung ein und macht begreiflich, dass das Deuten einer Regel nicht jedes handelnde Befolgen einer Regel ist. Der Regel zu folgen, heißt nicht, sie auch zu deuten. Unterstützend kann dazu § 218 gelesen werden, in welchem Wittgenstein seinen bekannten Vergleich zwischen Regeln und Gleisen zieht: einer unbegrenzten Anwendung der Regel zu folgen, heißt, Gleisen zu folgen, die einen automatisch in eine bestimmte Richtung lenken.[53] Den Kerngedanken dieses Bildes drückt er am Ende des § 219 aus: „Wenn ich der Regel folge, wähle ich nicht. Ich folge der Regel *blind*.“[54] Da nicht jedes Anwenden der Regel ein Deuten beinhaltet, muss sich das Deuten einer Regel also auf einen höherrangigen Prozess beziehen, bei welchem seinerseits eine Regelanwendung für eine niederrangige Regel gefunden wird. Wittgenstein ist der Ansicht, alleine eine generelle Aussage über eine Regel und wie diese zu befolgen sei, sei auch ein Deuten. In den Worten Brandoms heißt dies, „eine Regel für die Anwendung einer Regel“[55] zu geben.

Dieser Punkt ist für die vorliegende Thematik von großer Bedeutung, erschließt er doch die Möglichkeit, alle zur Verfügung stehenden Regelanwendungen, die aus den Objekt-Überzeugungen eines modular-holistischen Überzeugungsschemas folgen, nach einer einheitlichen Norm auszurichten. Brandom schreibt dazu: „Wenn die regulistische Auffassung aller Normen als Regeln richtig ist, dann sind Regelanwendungen insofern als richtig zu verstehen, als sie einer weiteren Regel entsprechen.“[56] Diese weitere Regel, verstanden als Meta-Regel, die die Anwendung aller normativen Status der einzelnen begrifflichen Komponenten reguliert, besteht also in einer Deutung. Im Folgenden soll von dieser Art der höherrangigen Regel daher auch als einer Meta-Regel oder Deute-Regel die Rede sein.

---

51 Kripke 1987, S. 17.
52 Vgl. ebd., S. 17ff.
53 Vgl. Wittgenstein: PU, § 218.
54 Ebd., § 219 [Herv. i. Orig.].
55 Brandom 2000 [1994], S. 59.
56 Ebd.

Nun ist es möglich, die von Wittgenstein vorgeschlagene und von Brandom bereits adaptierte Bezeichnung der Anwendung einer Meta-Regel auf das Modell der modular-holistischen Objekt-Überzeugungen zu übertragen. Alle Überzeugungen dieses Modells tragen eine normative Signifikanz dergestalt in sich, dass sie die Potenz zu einer mannigfachen inferentiellen Beziehungsbildung zu anderen Überzeugungen darstellen. Um nun Gewissheit zu erzeugen, müssen, wie bereits oben festgestellt wurde, alle Objekt-Überzeugungen innerhalb des Schemas eindeutig ausgerichtet werden, so dass die Inferenzen eine einheitliche Meta-Überzeugung generieren können, die das rhetorische Zertum darstellt. Für die eindeutige Ausrichtung bedarf es einer Regel, die diese Ausrichtung normiert, sie eindeutig macht. Diese Regel festzusetzen, ist ein Deuten, sie so festzusetzen, dass sich die notwendige Struktur für Gewissheit ergibt, ist ein Deuten in eine vektorielle Richtung, also ein Ein-Deuten. Eindeutigkeit ist hier wieder im Wortsinn zu verstehen: es wird eine Richtung in der Auslegung aller möglichen inferentiellen Beziehungen der Überzeugungen vorgegeben, nach der sich diese ausrichten. Die Überzeugungen bilden dadurch ein ein-deutiges System, welches als Gravitationszentrum und Fluchtpunkt zugleich die Meta-Überzeugung als rhetorisches Zertum ausbildet. Die Meta-Regel, die als Normierungsinstrument für die Ausrichtung der normativen Status der Objekt-Überzeugungen gilt, wird hier als Deute-Regel bezeichnet.

Die Idee der Deute-Regel ist im bisherigen Argumentationsgang zur Zweifelsevokation, der in dieser Arbeit präsentiert wurde, zwar erstmals durch Brandom richtig klar geworden, jedoch keineswegs grundlegend neu. Denn bereits in den Kapiteln zuvor wurde indirekt von dieser Regel gesprochen – im Zuge der Rechtfertigungsaxiomatik, die jedem Kontext inhärent ist. Dass jeder Kontext seine spezifische Rechtfertigungsaxiomatik mitbringt und sich an dieser Axiomatik die Verstehbarkeit von Zweifel und Gewissheit ausbildet, heißt in der normativ-pragmatischen Lesart dieses Kapitels, dass jeder Kontext eine Deute-Regel mitbringt, nach der sich die normativen Status der Objekt-Überzeugungen richten müssen. Der Begriff der Rechtfertigungsaxiomatik wird dadurch jedoch nicht methodisch obsolet, er erfährt in der strukturellen Modellausprägung der Zweifelsevokation lediglich eine theoretische Stütze.

Dem Begriff der Deutung kommt damit zentrale Relevanz zu, da er die Frage klärt, wie aus der Vielzahl normativer Möglichkeiten eine eindeutige Ausrichtung des jeweiligen modular-holistischen Systems entstehen kann. Undeutigkeit ist in diesem Fall automatisch das Fehlschlagen einer solchen Deute-Regel, die Abwesenheit des ausrichtenden Faktors der normativen Potenz aller Objekt-Überzeugungen. Was als mentales System undeutig ist, folgt keiner logischen Konsistenzmaxime mehr und kann dadurch keine Gewissheit ausbilden. Die entscheidende

Frage des Orators muss daher an dieser Stelle lauten, wie er die Eindeutigkeit oder Undeutigkeit mittels der Deute-Regel strategisch so beeinflussen kann, dass die Ausrichtung oder Verwirrung der normativen Potentiale aller Objekt-Überzeugungen seinen Vorstellungen folgt.

7.3 Rhetorik als persuasives Explizieren von Eindeutigkeit oder Undeutigkeit

Die Titelgebung seines Hauptwerks *Expressive Vernunft*, die im englischen Original *Making it Explicit* lautet, weist auf eine fundamentale Theoriekomponente in Brandoms Philosophie hin, die bislang noch nicht ausgeführt wurde. Sie wird nun in Kürze dargestellt, um aus ihr eine Idee für die Rhetorik zu gewinnen, wie der Orator die Struktur der gewissheitsgebenden Eindeutigkeit destruieren kann, um zur Struktur der zweifelsevokativen Undeutigkeit zu gelangen.

7.3.1 Brandoms Idee des Explizit-Machens

Aus der bisherigen Darstellung wurde deutlich, dass Brandom in allen propositionalen Gehalten Normen-Verhältnisse angelegt sieht, die Auskunft darüber geben können, wie Ausdrücke der Sprache in bestimmten Kontexten je korrekt gebraucht werden können und was aus ihrem Gebrauch folgt. Diese Normen sind freilich nicht in dem Maße offenliegend, wie es die sprachlichen Ausdrücke der propositionalen Gehalte selbst sind. „Die Praktiken, die propositionalen oder andere Arten von Gehalt vermitteln, beinhalten implizit Normen, die darauf verweisen, wie Ausdrücke *richtig* (*correct*) verwendet werden, unter welchen Umständen es *angemessen* (*appropriate*) ist, unterschiedliche Sprechakte auszuführen, und was die *angemessenen* Folgen solcher Akte sind.“[57] Das Implizite dieser Normen würde nun einen praktischen Diskurs über Fragen der Angemessenheit und Korrektheit der Inferenzen, die sich aus den verwendeten Begriffen ergeben, verhindern, wären sie nicht in irgendeiner Form explizit zu machen. Brandom berührt damit einen genuin rhetorischen Gedanken: Die impliziten Annahmen, die hinter möglichen Relationen von Behauptungen und Begründungen stehen, müssen zumindest soweit expliziert werden können, dass sie im Zuge der öffentlichen Rede beziehungsweise des öffentlichen Diskurses aushandelbar sind. Rhe-

57 Brandom 2000 [1994], S. 15 [Herv. i. Orig.].

torik lebt in ihrer persuasiven Wirkungsmacht, zumindest was den Hauptteil ihrer Arbeit ausmacht, von der Fähigkeit, begründendes Denken soweit explizit zu machen, dass es von den Adressaten angenommen und sich zu eigen gemacht werden kann. Mit etwas Mut zur Zuspitzung kann man zum Beispiel formulieren, dass die gesamte Enthymem-Diskussion, die die Rhetorikgeschichte durchzieht und immer wieder die Frage stellt, worin genau das Wesen des Enthymems im Unterschied zum Syllogismus liege, eine Frage des Explizierungsgrades ist. Wie weit muss der Redner dabei die inferentiellen Normen, die sich aus den verwendeten Einheiten der deduktiven Behauptungs- und Begründungsfolge ergeben, explizit machen, um eine möglichst große Chance auf funktionale Übertragung seines schlussfolgernden Denkens auf das Denken der Adressaten zu erhalten? Vor dieser Frage steht jeder Orator, der sich Gedanken um seine Textstrategie macht, wenn es an die Aufgabe des praktischen Begründens geht. Die Expressivität des Urteilens spielt damit für die rhetorische Theoriediskussion eine fundamentale Rolle. Brandom selbst legt ein enormes Gewicht auf die Operation der kommunikativen Expressivität:

> Etwas auszudrücken heißt, es *explizit* zu machen (*to make it explicit*). Was im grundlegenden Sinn explizit ist, hat einen propositionalen Gehalt – den Gehalt einer Behauptung, eines Urteils oder einer Überzeugung (Gehalte, die behauptet, beurteilt oder geglaubt werden). Oder anders ausgedrückt, etwas wird explizit gemacht, indem man es *sagt*: es in eine Form bringt, die es erlaubt, es als Grund zu verwenden beziehungsweise Gründe dafür zu verlangen. Etwas in der expliziten Form einer Behauptung vorzubringen, ist der basale Zug innerhalb des Spiels, Gründe zu geben und zu verlangen (*game of giving and asking for reasons*).[58]

Die Frage ist nun also, wie es gelingen kann, die impliziten Normen der Inferenzen explizit zu machen, um sie rhetorisch zu nutzen. Habermas fasst dies so zusammen, dass das logische Vokabular bei Brandom den Zweck des Explizit-Machens erfüllt. „Mit Hilfe logischer Ausdrücke machen wir das intuitive Wissen, wie das semantische Vokabular *regelrecht* zu gebrauchen ist, explizit."[59] Der entscheidende Punkt bei Brandom ist, dass auch die impliziten, nicht begrifflichen Gehalte in relationalen Strukturen bestehen.[60] „Im Falle der impliziten Gehalte bestehen diese Strukturen in Relationen des Ein- und Ausschließens, die zwi-

58 Brandom 2000 [1994], S. 22 [Herv. i. Orig.].
59 Habermas 2004b [1999], S. 140f. [Herv. i. Orig.].
60 Vgl. Barth 2011, S. 192.

schen Reaktionstypen vorliegen. Im Falle begrifflicher Gehalte beinhalten sie zusätzlich konsequentielle Relationen zwischen Reaktionstypen."[61] Der wesentliche Unterschied besteht nun darin, dass die konsequentiellen Relationen eine Vernetzung der Reaktionstypen mit sich bringen. Die impliziten Gehalte bestehen einfach darin, auf Reize zu reagieren, indem sie schlichte, eindimensionale Reaktionen hervorrufen, also beispielsweise etwas als rot zu erkennen oder als schwer etc.[62] Auf der Ebene der begrifflichen Gehalte hingegen verbinden sich die Reaktionen konsequentiell miteinander, so dass Konzepte entstehen, die mehrdimensionale Verknüpfungen erzeugen.[63] Die Elemente der impliziten Klassifizierung werden im Schritt des Explizierens also zu begrifflichen Gehalten geformt, die begründende Signifikanz haben. Aus unvermittelt nebeneinander stehenden Einzelsequenzen werden zueinander in Beziehung stehende Gehalte, die zusammen die Merkmale des Begrifflichen aufweisen.[64] Implizite Gehalte in ein Konzept zu überführen heißt bei Brandom, sie durch Normen so miteinander in Beziehung zu setzen, dass sie begrifflich werden, mit anderen Worten: sie werden aufgrund der Inferenzen, die sie zu einem Konzept ordnen, begreifbar.[65]

7.3.2 Ein rhetorisches Konzept des Explizit-Machens

Es steht außer Frage, dass Brandom, trotz aller Sprachpragmatik in seiner Ausrichtung, nicht per se schon rhetorische Theoriebausteine liefert, vielmehr muss seine Idee des Explizit-Machens in adaptiver Form umgedeutet werden. Schält man die erkenntnistheoretischen und sprachphilosophischen Spezifizierungen der Theorie Brandoms weg, bleibt ein Leitmotiv stehen, welches für die rhetorische Zweifelsevokation verwendet werden kann. Dieses Motiv lässt sich wie folgt zusammenfassen: Durch sprachliche Handlungen machen Diskursteilnehmer bestimmte Regeln, die zwischen urteilenden Klassifikationen bestehen, explizit und handeln damit aus, wie die sprachlichen Ausdrücke, die in dem Diskurs verwendet werden, zu gebrauchen sind.

Exakt diese Form des Aushandelns bedient das Interesse der Rhetorik, wie die Geltung von sprachlichen, insbesondere auch begrifflichen Handlungen so

---

61 Ebd., S. 192.

62 Vgl. Brandom 2000 [1994], S. 149f.

63 Was hier mit den Ausdrücken der Ein- und Mehrdimensionalität beschrieben wird, erläutert Barth anhand eines Modells von vertikalen und horizontalen Anordnungen von Klassifikationen. Vgl. Barth 2011, S. 192ff.

64 Vgl. Brandom 2000 [1994], S. 151ff.

65 Vgl. Barth 2011, S. 196.

zu statuieren ist, dass Persuasion zustande kommt. In den vorangegangenen Überlegungen war immer wieder die Rede davon, dass der Orator durch textliche Entscheidungen den Kontext des rhetorischen Falls so verschieben kann, dass Zweifelsevokation oder Gewissheitserzeugung für den Adressaten verstehbar und damit erst möglich werden. Im Lichte der Idee Brandoms von der normativen, inferentiellen Beschaffenheit des Begrifflichen und des sprachlichen Handelns als eines Explizit-Machens, lassen sich diese Überlegungen nun nochmals genauer erläutern.

Alle Objekt-Überzeugungen eines Adressaten befinden sich im Fall der voraddubitativen Gewissheit, also im Fall Zertum$_1$, in einer modular-holistischen Struktur, die eindeutig ausgerichtet ist. Der Kontext, in dem das Zertum steht und der zugleich den Holismus als modularen begrenzt, gibt dabei vor, welche der potentiellen Inferenzen zwischen den Objekt-Überzeugungen überhaupt sinnvoll zur Anwendung kommen können, er definiert die Meta-Regel, oder auch Deute-Regel genannt, nach der sich die Inferenzen eindeutig ausrichten. Mit Wittgenstein kann gesagt werden, dass dieses Regelfolgen blind geschieht, es ist im Grunde implizit in dem Sinne, dass es zwar ins Begriffliche überführt werden kann, jedoch nicht aktiv begrifflich, sprachlich zum Diskursgegenstand gemacht wird.

An dieser Stelle tritt nun der Orator in die Situation ein und macht sie (ausgehend von Davidson) zu einer triangulären rhetorischen Situation. Er fällt eigene begriffliche Entscheidungen, die er im Sinne kommunikativer Textarbeit sprachlich explizit macht – und mit ihnen die Inferenzen, die diesen Entscheidungen zu Grunde liegen. Damit verändert er unweigerlich das modular-holistische Überzeugungsschema, der Kontext variiert, indem der Orator ein Teil des Kontextes wird, und neue Objekt-Überzeugungen mit neuen begrifflichen Gehalten stehen zur Disposition.

Da der Adressat gemäß dem Gedanken der Triangulation das begriffliche Verhalten des Orators mit seinem eigenen abgleicht, muss er zur Erfassung der Wirklichkeit die vom Orator in die Situation neu eingefügten begrifflichen Entscheidungen in sein eigenes Denken, vor allem sein eigenes Begriffssystem, das heißt sein Überzeugungsschema, einfügen. Diese Operation führt zu logischen Inkonsistenzen: aus den inferentiellen Verpflichtungen, die sich aus der Anerkennung der Orator-Gehalte ergeben, folgen strukturelle Uneindeutigkeiten im Schema des Adressaten. Seine eindeutigen Inferenzbeziehungen werden also durch struktur-destruktive Inferenzen des Orators gestört. Geschieht dies nachhaltig und tiefgreifend genug, wird das Schema des Adressaten undeutig. Die Undeutigkeit der inferentiellen Beziehungen lässt das Schema im oben genannten

Sinne kippen und verhindert eine Zertifikation. Das Resultat dieser Strukturverwirrung ist der Zustand des Dubiums, der zwar auf Inferenzen basiert, aber deren konsistente Ausrichtung verhindert. Damit ist die Forderung Wittgensteins erfüllt, der Zweifel bedürfe einer Begründung, und zugleich ist die Theorie der Undeutigkeit bestätigt.

Der entscheidende Punkt ist nun, dass der Orator durch sein sprachliches Handeln nicht nur eigene textliche Entscheidungen trifft, sondern auch die Deute-Regel, nach der sich das Überzeugungsschema des Adressaten ausrichtet, explizit macht. Damit wird aus dem reinen Regelfolgen ein Regeldeuten – Orator und Adressat handeln auf einer normativen Ebene miteinander aus, welche Deute-Regel in dem spezifischen Kontext K_2, in dem sich nun der Orator mit dem Adressaten befindet, angemessen ist, um alle Objekt-Überzeugungen des Schemas strukturell wieder zu ordnen. Gelingt es dem Orator nun, seine begrifflichen Gehalte und deren inferentielle Kraft in der Situation stark genug zu verankern, erhält er auch die normative Macht über die Ausrichtung der Objekt-Überzeugungen. Dies zu behaupten, heißt zugleich, dass der Orator die Situation für den Adressaten neu deutet: Der Orator gibt die nun in seinem Sinne neu gestaltete Eindeutigkeit der Struktur für die Anwendung der inferentiellen Normen aller Überzeugungen vor und liefert ihm damit den Bauplan für die Ergreifung des Zertums Z_2.

Dadurch, dass der Orator mit seiner sprachlichen Interaktion Gedankengänge und begriffliche Gehalte verwendet, deren impliziter normativer Status dadurch explizit wird, deutet er für den Adressaten die Situation des rhetorischen Falls in neuer Weise. Durch die damit einhergehende Strukturveränderung von Eindeutigkeit zu Undeutigkeit und erneuter Eindeutigkeit in der inferentiellen Ausrichtung aller Objekt-Überzeugungen, kommt der Adressat damit auch von der Meta-Überzeugung der vorrhetorischen Gewissheit zum Dubium und anschließend zum vom Orator intendierten Zertum.

Brandom liefert für diese komplexe Vorstellung die entscheidende Idee, dass sprachliches Handeln ein Explizieren normativer Status bedeutet, die über die Angemessenheit oder Unangemessenheit von Überzeugungen in bestimmten Kontexten entscheiden und damit auch entscheiden können, zu welchen Gewissheiten sich ein Adressat in diesen Kontexten berechtigt sehen darf und zu welchen nicht.

Die Idee der rhetorischen Zweifelsevokation ist also eine Idee des rhetorischen Explizit-Machens diskursiver Regeln, die die Inferenzen, die alle Überzeugungen begleiten, auf persuasive Gleise setzen, die dem oratorischen Telos entgegenführen. Zweifel zu evozieren heißt, Situations-Deutungen in der Sprache expressiv zu machen, und zwar in einem normativ signifikanten Sinn.

Die Frage, wie dem Orator überhaupt Wissen über die diskursive Deute-Regel zur Verfügung stehen kann, nach der sich ein modular-holistisches Überzeugungsschema ausbilden lässt, verweist zurück auf die Feststellung, die bereits in Kapitel 3.3 dieser Arbeit getroffen wurde. Dort wurde zunächst eine im Vergleich zu Knape erweiterte Definition des Zertums vorgestellt:

> Def. 2: Das Zertum ist eine handlungsauslösende Meta-Gewissheit, die ein Überzeugungsschema aus Objekt-Überzeugungen sowie die handlungstheoretisch jeweils zugeordneten evaluativen Einstellungen (Wünsche) reflektiert und damit zur funktionalen mentalen Verankerungsgrundlage für die Zielsetzung eines rhetorischen Strategiekalküls und der Ergreifung des oratorischen Telos wird.

Aus dieser Definition wiederum leitet sich eine Besonderheit ab, die oben als Quasi-Wissen bezeichnet wurde: Der Orator kennt durch das Wissen über sein Zertum zugleich zumindest Teile des Zertums-konstitutiven Überzeugungsschemas und damit auch die relationalen Verhältnisse, die zwischen den einzelnen Objekt-Überzeugungen dieses Schemas bestehen. Mit der Theorie Brandoms im Rücken kann daher davon ausgegangen werden, dass sich der Orator aufgrund seiner Reflexion über das Zertum auch darüber im Klaren ist, zu welchen erkenntnistheoretischen Annahmen er durch dieses Zertum verpflichtet ist. Den Bauplan des eigenen Zertums zu erkennen heißt, über eine Bauanleitung für weitere Zerta zu verfügen – auch in Bezug auf die möglichen Zerta des Adressaten. Natürlich ist dem Orator keine direkte Eingriffsmöglichkeit gegeben, nach der er Objekt-Überzeugungen quasi transplantatorisch in den Adressaten einfügen kann, um diese dann in seinem Sinne zu verknüpfen. Aber dennoch gibt ihm sein eigenes Zertum das Wissen über die Deute-Regel, nach der sich auch andere Zerta konstituieren können. Notwendige Voraussetzung dafür ist einmal mehr die Akzeptanz der Thesen Davidsons, dass erstens Überzeugungen einen öffentlichen Charakter haben und zweitens Intersubjektivität durch kommunikative Triangulation zustande kommt.

7.4 Von Brandom nochmals zu Blumenberg: Die Eindeutigkeit der Institution

Eines der leitenden Worte bei Blumenberg war das Stichwort der Institution: ‚Rhetorik schafft Institutionen, wo Evidenzen fehlen.‘ Vor dem Hintergrund der dargelegten Theorie Brandoms kann dieser Satz nochmals einer Interpretation unterzogen werden. Was ist eigentlich die Funktion einer Institution? Man kann sich die Entstehung des Institutionellen vorstellen wie das langsame sich Herausbilden eines Gebirges. Während sich Erdplatten und flüssige Gesteinsschichten unterirdisch gegeneinander verschieben und zusammenströmen, das heißt, in einem Status permanenter Bewegung befindlich sind, erstarren die Formationen an der Erdoberfläche zu massiven, nahezu unbeweglichen Gebirgen. Das Prinzip hinter der Entstehung des Gebirges ist das Prinzip eines Statuswechsels, der aus der von oben betrachtet unsichtbaren Bewegung eine unbewegliche, dafür sichtbare Konstante schafft. Dem Prozess der Institutionalisierung korrespondiert dieser Statuswechsel, indem sozial unterschwellige, subkutan ablaufende Veränderungsprozesse, bestehend aus einem wechselnden Spiel an Normen, an ihrer Spitze eine oberflächenstrukturierende Starrheit ausbilden. Aus dem zähen Fluss der Konvention entsteht damit am Scheitelpunkt der Bewegung die sich verfestigende Masse der Institution. Und wie das Gebirge der sichtbare, das heißt der explizite Teil der sich verformenden Schichten unter ihm ist, sind Institutionen die expliziten Formen der sich unter ihnen befindlichen, sie aufbauenden Schichten der Konvention. Eine ihrer wesentlichsten Eigenschaften liegt im Moment des Expliziten. Institutionen sind in ihrem Kern als anschauliche Instanziierungen der bloß impliziten Konvention zu begreifen, die sie ergeben. Sie sind das offizielle Resultat aus einem Muster inoffizieller Normabfolgen, die sich an der Spitze der sozialen Konventionalisierung in eine feste Form einfügen. Die Institutionalisierung von etwas bezeichnet in erster und vielleicht wichtigster Konsequenz den Statuswechsel vom Un- oder Mehrdeutigen zum Eindeutigen. Damit ist dem Begriff der Institution das Wesen des Expliziten inhärent.

Wenn Blumenberg Rhetorik als institutionalisierende Kraft von Nicht-Evidentem begreift, ist damit jener Statuswechsel angesprochen, der zwischen dem Impliziten und dem Expliziten vollzogen wird. Evidenz wörtlich verstanden, also das aus sich selbst Herausscheinende, bezieht seine gewissheitsstiftende Funktion durch die besondere Expressivität des Erscheinenden. Das Evidente erscheint aus sich selbst heraus als Unverstelltes. Was nicht solcherart erscheinen kann, weil es dem Erkenntnissubjekt als solches nicht epistemisch zur Verfügung steht, wird im rhetorischen Akt zum Evidenz-Ersatz. Was nicht aus sich selbst heraus für sich spricht, wird in Blumenbergs Vorstellung durch den Redner sprechend gemacht, es wird expliziert durch die Handlung der rhetorischen Expression. Brandoms ‚Etwas-explizit-machen' ist in gewisser Weise in Blumenbergs Überlegungen zur Rhetorik enthalten. Natürlich sieht Blumenberg nach wie vor nur unscharf auf das Proprium der Rhetorik, vielleicht müsste man auch für ihn formulieren: ‚Diskursives Handeln schafft Institutionen, wo Evidenzen fehlen.' Mit dieser Wendung wäre die Adaption an Brandom zumindest aus Blumenbergs Sicht vollzogen. Aber auch wenn man den hier vertretenen, engeren Blick auf das Rhetorische heranzieht und kritisch von Blumenbergs Konzeption abtrennt, bleibt dessen Aussage für die Rhetorik gleichwohl gültig. Das Prinzip des Explizit-Machens von Normativem ist tatsächlicher Wesensbestandteil der Rhetorik.

In seiner *Anthropologischen Annäherung an die Aktualität der Rhetorik* macht Blumenberg den grundständigen Zusammenhang von Regel und Rhetorik deutlich: „Rhetorik ist, auch unterhalb der Schwelle des gesprochenen oder geschriebenen Wortes, Form als Mittel, Regelhaftigkeit als Organ."[66] Damit trifft seine pointierte Formulierung einmal mehr einen Kern des rhetorischen Ansatzes, der auch den rhetorischen Ausführungen zu Brandom eigen ist: Sprachen und das Begriffliche (mithin also auch das denkende Erkennen per se) sind durch normative Strukturen konzeptualisiert. Dieser Gedanke von Brandom kann nur konsequent auf die Rhetoriktheorie übertragen werden, wenn man nach einer Möglichkeit sucht, wie der Orator sich als sozialer Vorsprecher dieser normativen Strukturierung bedienen kann, um sie in sein Handlungskalkül einzubeziehen. Es muss daher gelten, eine Rhetoriktheorie habe, will sie Brandom ernst nehmen, nach den theoretischen Zugängen zu suchen, die Regelhaftigkeit, die zwischen den begrifflichen Gehalten einer rhetorischen Situation besteht, zum Organ des rhetorischen Handelns zu machen. „Die Technik der Rede erscheint dabei als der spezielle Fall von geregelten Weisen des Verhaltens, das etwas zu verstehen gibt, Zeichen setzt, Übereinstimmung bewirkt oder Widerspruch herausfordert."[67] Es ist nicht leicht zu verstehen, was sich Blumenberg in seiner vielsagenden und dennoch bisweilen unspezifischen Ausdrucksweise unter der ‚Technik der Rede' vorstellt, da der Begriff Technik hier ohne Erläuterung bleibt. Aber gerade dies erlaubt eine Interpretation, die Brandom nahesteht. Die Technik des Explizit-Machens, könnte man sagen, folgt als regelgeleitete Technik ebenfalls geregelten Weisen eines Verhaltens im Spiel des Gebens und Einforderns von Gründen. Rhetorik muss nun als eine spezielle Technik des sozial-kommunikativen Verhaltens gesehen werden, ein explizit-machendes Verhalten, dessen Ziel es ist, bestimmte Regelhaftigkeiten der Begründung in expressiver Weise zu nutzen, um das Geben und Einfordern von Gründen persuasiv zu gestalten.

---

66 Blumenberg 1981a [1971], S. 106.
67 Ebd.

8 Schlussbetrachtungen

8.1 Zusammenfassung der Ergebnisse

Die vorliegende Arbeit beginnt bei der Frage nach der grundsätzlichen erkenntnistheoretischen Möglichkeit rhetorischer Zweifelsevokation – und endet schließlich mit dem Angebot der Grundzüge einer epistemisch motivierten Persuasionstheorie. Diese Entwicklung ist unvermeidlich, nimmt man die funktionale und strukturelle Rolle der Begriffe Zweifel und Gewissheit für die Sache der Persuasion ernst. In diesen Rollen, dann als Dubium und Zertum zu verstehen, markieren sie die äußersten erkenntnis-theoretischen Pole des rhetorischen Theoriespektrums. Wer Rhetorik jedoch richtig begreift, nicht als bloße Wortspielerei oder Eloquenz-Rhetorik abtut, wer ihren lebensweltlich relevanten Charakter als soziale Handlungsgröße im omnipräsenten Rauschen der Kommunikation wahrnimmt, dem erschließt sich auch der fundamentale Zusammenhang, der innerhalb des Rhetorischen zwischen Erkenntnis- und Handlungstheorie besteht. Die Kapitel dieser Arbeit haben unter anderem den Versuch unternommen, diesen Zusammenhang einmal mehr und noch deutlicher vor Augen treten zu lassen. Rhetorisches Handeln ist sozial-kommunikatives Erkenntnishandeln. Die Gegenstücke Dubium und Zertum bezeichnen damit nicht nur eine theoretisch-abstrakte Ebene unter vielen, sondern sind die Dreh- und Angelpunkte der gesamten erkenntnistheoretischen Charakteristik des auf Persuasion gerichteten Kommunizierens.

Zu der Besonderheit rhetorischer Kommunikation gehört eine unauflösliche Verschränkung von Erkenntnis- und Handlungstheorie. Während Kommunikation ganz allgemein betrachtet zunächst einen Handlungskomplex bezeichnet, lebt Rhetorik davon, innerhalb dieses Komplexes fundamentale epistemische Vorgänge in Bewegung zu setzen. Die eben angesprochene Verschränkung setzt dann ein, wenn strategisches kommunikatives Handeln der Auslöser intendierter epistemischer Zustandsänderung ist. Dies ist die abstrakte Beschreibung des Persuasionsprozesses selbst, der darin besteht, durch kommunikatives Handeln ein Erkenntnissubjekt dazu zu bewegen, für gewiss zu halten, was zuvor zweifelhaft war, und zu bezweifeln, was vormals als gewiss galt. Damit ist auch jede handlungstheoretische Perspektive auf die Rhetorik auf eine rhetoriktheoretische Bestimmung epistemischen Vokabulars angewiesen. Persuasives Handeln lässt sich nicht beschreiben, und zwar weder auf teleologischem noch auf kausalistischem Wege, ohne die Begriffe Zweifel und Gewissheit zu verwenden. Diese jedoch im Rahmen disziplinärer Theoriearbeit sinnvoll anzuführen heißt, ihre

https://doi.org/10.1515/9783110653885-008

funktionale Rolle für die Persuasion und ihre strukturelle Beschaffenheit innerhalb der Persuasion zu kennen.

In der Gesamtschau aller Ergebnisse dieser Arbeit lassen sich diese beiden Theorieaspekte, der funktionale und der strukturelle, nochmals darlegen. Der rhetorische Persuasionsprozess lebt von zwei gegenläufigen Prinzipien, welche gleich zu Beginn der Arbeit als Konstruktion und Destruktion vorgestellt wurden. Was dort konstruiert und destruiert wird, sind Überzeugungen als grundlegende, epistemisch geprägte persuasive Baueinheiten. Soviel kann in einer validen Theorieannahme gesagt sein, ohne tiefer in den menschlichen Geist vordringen zu wollen. Für eine rhetorische Sicht auf die Dinge ist es nicht notwendig, sich darauf festzulegen, welche Überzeugungen exakt im Spiel sind und wie viele. Im Falle von Messbarkeit quantifizierbarer Teilchen innerhalb distinkter Mengen mögen solche Angaben methodisch notwendig sein, um einer Wissenschaftlichkeit Genüge zu tun. Für mentale Inhalte ist dies unmöglich. Und dennoch ist es in einer Wissenschaft, die sich mit Erfolg auf die Untersuchbarkeit der Einflüsse von strategischen Handlungsweisen auf mentale Zustände beruft, unumgänglich, nicht nur von den Handlungsweisen selbst, sondern auch von deren Zielobjekten zu sprechen. Diese Objekte, also die mentalen Zustände, in den Blick zu nehmen, kann daher nur im Rahmen funktionaler Modellierungen persuasiver Prozesse möglich sein und ist in dieser Verfahrensweise auch legitim. Da es nicht dem Theoriebereich der Rhetorik entspricht, von Grund auf eigene Modelle des Mentalen zu erstellen, liegt es nahe, sich jener Theorien zu bedienen, denen erstens die Arbeit mit den Begriffen Zweifel und Gewissheit selbst vertraut ist und die zweitens auch über diese Begrifflichkeiten hinaus Konzepte erwägen, welche sich für die Rhetorik als anschlussfähig erweisen.

Diese Arbeit hat in der Abfolge ihrer Kapitel immer neue Theorien dieser Art vorgestellt. Davidsons Handlungstheorie, seine Philosophie des Mentalen und seine Intersubjektivitätstheorie; Wittgensteins Gewissheits-Überlegungen, seine Sprachspielanalysen und die Grundzüge einer Kontextualitätstheorie; die Strömung des Kontextualismus selbst mit entscheidenden Vertretern wie etwa Williams; Blumenbergs Annäherung an die Rhetorik; und schließlich Brandoms Inferentialismustheorie und seine Wendung ins Deontische – alle diese Theoriestationen konnten Leitgedanken, Modelle und Stichworte liefern. Was durch diese umgreifende Abfrage der philosophischen Disziplin für die Rhetorik gewonnen werden konnte, wurde dann Stück für Stück in den Beantwortungsprozess der eingangs vorgestellten Forschungsfragen integriert.

Hält man sich nochmals die leitende Eingangsfrage vor Augen, wie nun rhetorische Zweifelsevokation aus epistemischer Sicht möglich sein kann, ergibt sich eine Beantwortung dieser Frage in sechs Schritten:

8.1.1 Terminologisierungsschritt

Dieser erste Schritt der Arbeit besteht in der Einführung jener Termini, die für den weiteren Verlauf zum Grundvokabular der Abhandlung werden und bereits konzeptuell auf die späteren Gedankengänge vorausblicken lassen. Zu nennen sind hier vor allem die Begriffe Dubium und Zertum selbst, das Prinzip der inversiven Persuasion und damit verbunden natürlich die Operationen von Infestation und Addubitation. Wenn hier gesagt wird, dass diese Begrifflichkeiten bereits auf die weiteren Schritte der Arbeit verweisen können, dann unterstreicht dies zweierlei:

Zum einen die enge Verwobenheit aller noch folgenden Theorieeinheiten und Modellierungsschritte mit dem leitenden Grundprinzip der Persuasion und deren Inversion. Kein theoretischer Zusammenhang dieser Arbeit ist außerhalb des Kontextes einer streng an diesen Prinzipien orientierten Rhetoriktheorie zu denken. Auch wenn exkursartige argumentative Zwischenschritte unternommen werden, sind diese immer dem Ziel der Klärung einer persuasionstheoretischen Fragestellung untergeordnet. Der Anspruch dieser Arbeit bleibt stets ein rhetorischer.

Zum anderen wird deutlich, dass in der Kernbegrifflichkeit des Zertums, der inversiven Persuasion und der Infestation bereits eine große Menge des theoriebildenden Potentials enthalten ist, welches diese Arbeit breiter auszufächern sucht. Das bedeutet nicht, dass die Ergebnisse dieser Arbeit eine reine Frage der analytischen Exegese dieser drei Begriffe an sich sind, aber es zeigt umgekehrt sehr gut, dass sich alles, was die Untersuchung der einzelnen Kapitel an Resultaten hervorgebracht hat, wieder an die Ausgangstheorie anbinden lässt.

8.1.2 Modellierungsschritt

Das dritte Kapitel vollzieht nach der terminologischen Vorarbeit des zweiten Kapitels den notwendigen Schritt der Modellfindung, um einen einheitlichen Vorstellungskomplex dessen zu ermöglichen, was ein Zertum überhaupt sein soll. Über die Auseinandersetzung mit drei Fehlinterpretationen des Zertum-Begriffs kristallisiert sich am Ende ein Konzept heraus, welches das Zertum als eine Überzeugung zweiter Ordnung klassifiziert, deren spezifische Form darin besteht, sich bestimmter Objekt-Überzeugungen innerhalb eines Schemas gewiss zu sein. Diese Klassifikation ist einem funktionalen Interesse geschuldet, denn das Zertum soll zugleich in Bezug auf seine Beschaffenheit als handlungstheoretische Größe im Persuasionsprozess bestimmt werden. Um diesem Unterfangen gerecht zu werden, vertritt die Arbeit einen Sequenz-Dualismus, der eine in sich kausalistisch strukturierte Zertums-Sequenz vorschlägt, die nach der Handlungstheorie Davidsons anzugeben vermag, wie Überzeugungen, Wünsche und weitere propositionale Einstellungen in Verbindung mit Absichten handlungsrelevant werden. Zugleich wird eine Telos-Sequenz stipuliert, welche die Strategie- und Kalkülforderung der Rhetorik erfüllen kann, indem sie eine teleologische Handlungserklärung möglich macht. Durch diese Konstruktion gerät die Anwendung der Davidson'schen Handlungstheorie nicht in einen Widerspruch mit der in der Rhetorik eigentlich (zu Recht) vorherrschenden teleologischen Handlungsausrichtung. Nachdem in dieser Form unterschiedlichste Bausteine an ihren Platz gerückt wurden, steht am Ende des dritten Kapitels die Zertums-Definition dieser Arbeit:

> Das Zertum ist eine handlungsauslösende Meta-Gewissheit, die ein Überzeugungsschema aus Objekt-Überzeugungen sowie die handlungstheoretisch jeweils zugeordneten evaluativen Einstellungen (Wünsche) reflektiert und damit zur funktionalen mentalen Verankerungsgrundlage für die Zielsetzung eines rhetorischen Strategiekalküls und der Ergreifung des oratorischen Telos wird.

Diese Definition wird im weiteren Verlauf das Modell für alle Überlegungen zur Infestation darstellen. Die Entscheidung, Davidsons Modell des *Holismus des Mentalen* als Ausgangskonzept zu wählen, bringt den Vorteil mit sich, der Schwäche einer rein rationalistischen Theorie zu begegnen, insofern der Holismus eben nicht nur kognitive, sprich wahrheitswertfähige Aspekte betrifft, sondern auch weitere mentale Begleitphänomene inkludiert, welche die Rhetorik aus ihrer eigenen Anthropologie selbstverständlich ohnehin kennt.

Vor allem führt die Vorstellung eines modular-holistischen Überzeugungsschemas jedoch eine geistesphilosophische Tiefenschärfe ein, die für die darauf aufbauende rhetoriktheoretische Modellbildung von großem Wert ist. Dies zeigt sich etwa an der Idee der hierarchischen Gliederung des Schemas, welche die konzeptuelle Ordnung einer Meta-Position für das Zertum reklamiert, um daran den wichtigen Akt der Reflexion zu verdeutlichen, den das rhetorische Erkenntnissubjekt durchläuft. Zudem wird sich im siebten Kapitel zeigen, welche Bedeutung der Schema-Gedanke für die gesamte Thematik der Eindeutigkeits- und Undeutigkeitsstrukturen hat. Denn um derartige Strukturverhältnisse überhaupt adäquat beschreiben und modellhaft abbilden zu können, ist die Konstruktion eines Schema-Gedankens unerlässlich.

8.1.3 Kontextualisierungsschritt

In dem darauffolgenden Schritt macht die Arbeit zunächst im vierten Kapitel Wittgensteins Gedanken über Zweifel und Gewissheit für die vorliegende Thematik fruchtbar und bettet diese Ergebnisse dann im fünften Kapitel in die philosophische Richtung des methodischen Kontextualismus ein. Nach einem Referat der Moore-Wittgenstein-Debatte, die in die Diskussion um anti-skeptische Argumente einführt, entfaltet das Kapitel die zentrale Einsicht Wittgensteins: Um zu zweifeln, braucht man Gründe. Aus dieser Feststellung ergibt sich für die Rhetorik die Forderung an den Orator: Gib dem Adressaten seine Gründe für den Zweifel! Diese Aufforderung ist bei näherer Betrachtung weit weniger trivial, als sie auf den ersten Blick scheinen mag. Denn das Konzept der rhetorischen Zweifelsevokation kann in einer ersten Näherung zu dem Gedanken verleiten, der Orator übertrage direkt den Zweifel, pflanze ihn quasi in das mentale System des Adressaten ein. Im Zuge der vorgenommenen Untersuchungen erweist sich diese Vorstellung jedoch als irreführend. Aufgabe des Orators ist es, einem möglichen Zweifel einen Lebensraum zu geben, also die Bedingungen der Möglichkeit des Zweifels zu schaffen. Dies geht nur, wenn er Gründe liefert, die für eine Gewissheit sprechen, welche sich wiederum innerhalb des mentalen Systems des Adressaten zu dessen bisheriger Gewissheit inkonsistent verhält. Wittgenstein bleibt in seiner Theorie jedoch nicht einfach dabei stehen, den Zweifel als abhängig von Gründen zu verstehen, er charakterisiert vielmehr die Bedingungen dieser Abhängigkeit als kontextsensitiv. Jeder Kontext bringt seine eigenen Akzeptabilitätskriterien mit, indem jeder Kontext in sich festgelegt hat, welche methodologischen Präsuppositionen quasi als *fundamentum inconcussum* gelten müssen. Diese begründungsunbedürftigen Voraussetzungen, die auch als basale Überzeugungen bezeichnet werden können, sind wiederum auf einer sprachpragmatischen Ebene an die Verwendung ihrer jeweiliger Sprachspiele gebunden. Jedes Sprachspiel bringt seine eigenen Akzeptabilitätskriterien mit, nach welchen Konsistenzen wie Inkonsistenzen geprüft und integriert oder als unverständlich zurückgewiesen werden können.

In erster Konsequenz folgt aus diesen Annahmen, dass Zweifel nur kontextsensitiv zu evozieren sind. Wenn ein Zweifel einer Begründung bedarf, Begründungen jedoch nur in bestimmten Sprachspielen überhaupt wirksam werden können, dann sind Zweifel selbst auch an diese Sprachspiele gebunden. In zweiter Konsequenz bietet Wittgenstein aber auch eine für die Rhetorik wertvolle Verbindung zur sprachlichen Handlungsebene, da sein Sprachspielkonzept den lebensweltlich realen Vollzug von Kommunikation adressiert und nicht auf der abstrakten Ebene mental-philosophischer Erwägung endet.

Was mit Wittgenstein begonnen hat, wird nun im folgenden Kapitel zur Verbindung von Rhetorik und Kontextualismus konsequent weitergeführt. Das Prinzip des epistemischen Kontextualismus sieht in seiner einfachsten Form vor, dass die Beurteilung und Rechtfertigung epistemischer Status eine Frage kontextsensitiver Faktoren ist. Damit ist ein Erkenntnisrelativismus angesprochen, der die Rhetorik seit ihren Anfängen begleitet, nicht nur im sophistisch-relativistischen Sinne, sondern auch im aristotelischen und neo-aristotelischen. Was für Orator und Adressat *endoxa* sind, welche Akzeptabilitätskriterien erfüllt sein müssen, um einer vorgetragenen Haltung zu folgen, welche Begründungsrelationen verletzt sein müssen, um Zweifel an einer Überzeugung überhaupt verstehbar zu machen – das sind alles Fragen, die einen kontextrelativen Standpunkt verlangen, um je und je beantwortet werden zu können. Ein solches Angebot bietet der epistemische Kontextualismus an. Da die rhetorische Ausgangs-situation, wie mit der Theorie Blumenbergs unterstützend gezeigt werden kann, eine epistemische Mangelsituation ist, in der das Primat des unzureichenden Grundes vorherrschen muss, sind adäquate Zuschreibungen von Wissen und Rechtfertigung nicht invariant. Dadurch entsteht mit dem rhetorischen Fall Knapes ein erkenntnistheoretisch gesehen ‚substantieller' Kontext, der sich dadurch auszeichnet, dass die Erkenntnissubjekte ‚Orator' und ‚Adressat' darüber entscheiden müssen, welche Aussagen begründungsbedürftig sind und welche nicht. Gemäß dem Potenzpostulat der Rhetorik, dem Orator die soziale Handlungsmacht in diesem Fall zuzuschreiben, liegt es nun also nahe, nach einem Weg zu suchen, den Kontext strategisch so variieren zu lassen, dass für den Zweck der Zweifelsevokation von einem zweifelsrepugnanten Zertums-Kontext$_1$ zu einem zweifelsaffinen Dubiums-Kontext gewechselt werden kann. Die rhetorische Anschlussoperation der Gewissheitserzeugung im Sinne eines Dezisionismus würde dann wiederum in einen Zertums-Kontext$_2$ führen, der die neue Zertifikation im Sinne des Orators annimmt.

8.1.4 Intersubjektivierungsschritt

Um diesen Weg zu finden, der eine strategische Kontextverschiebung erlaubt, geht die Arbeit nun wieder zurück zu Davidson. Denn dieser bietet eine Theorie der Intersubjektivität an, die nicht nur zu erklären vermag, in welchem Akteurs-Raum der jeweilige rhetorische Kontext steht, sondern zugleich eine Interaktions- und Kommunikationsdimension mitbedenkt, die für die Rhetorik hoch anschlussfähig ist. Durch Davidsons Differenzierung der drei unterschiedlichen Spielarten des Wissens wird die epistemische Notwendigkeit einer gemeinsamen

Bezugsgröße für zwei Erkenntnissubjekte verdeutlicht. Diese Bezugsgröße spielt selbstverständlich nicht nur in der Philosophie Davidsons selbst eine Rolle, sondern wird insbesondere aus rhetorischer Perspektive relevant. Denn sie ist für Davidson nur in Form eines gemeinsamen Koordinatensystems gegeben, in das jedes Subjekt seine eigene diskursive Position und die des anderen abtragen kann, um eine Korrelation beider Positionen vorzunehmen.

Vor allem jedoch ist eine These Davidsons ausschlaggebend, welche der Rhetorik extrem nahe steht: Für alles Subjektive ist das Vorhandensein der Intersubjektivität von konstitutiver Bedeutung. Zumindest für die Rhetorik muss dieser Satz unbedingte Geltung haben. Das rhetorische Subjekt ist nie alleine, es ist immer schon Subjekt im Rahmen sozialer Spannungsverhältnisse und Agonalitäten, vor allem aber kann es nur rhetorisch mit Blick auf andere Subjekte sein. Was Davidson als Triangulation bezeichnet, ist eine rhetoriktheoretische Grundposition, die Orator und Adressat in einen gemeinsamen Raum der Wirklichkeit stellt und dort ihre wechselseitigen Aktions- und Reaktionsmuster aufeinander beziehen lässt. Davidson bietet in seiner weiteren Intersubjektivitätstheorie, die ursprünglich aus einer Bedeutungstheorie entstanden ist, noch weitere Vorschläge an, wie die gemeinsame Kommunikation überhaupt gelingen kann. Aus ihnen leiten sich am Ende die Maxime einer adressatenseitigen Wahrheits- und Konsistenzunterstellung sowie das Prinzip der Adäquatheit ab. Diesen beiden Theorieelementen zufolge ist es erklärbar, wie ein Orator prinzipiell in der Lage sein kann, den diskursiven Kontext des rhetorischen Falls zu verschieben, ohne damit dem Adressaten den Zugang zu sämtlichen Plausibilisierungsstandards zu versperren, die dieser braucht, um die Überzeugungsangebote des Orators noch annehmen zu können. Man könnte auch sagen, dass damit eine Erklärung gefunden wird, wie ein Orator ein Sprachspiel wechseln kann, um so die Möglichkeit des Bezweifelbaren ins Spiel zu bringen, ohne dass sein Gegenüber nur noch mit Unverständnis reagiert. Das Prinzip der Adäquatheit wird so zu einer methodischen Persuasions-Präsupposition.

8.1.5 Operationalisierungsschritt

Durch die Intersubjektivität ist nun bereits ein erster Faktor der Operationalisierung in die Theorie eingebunden. Um sie jedoch im Sinne einer Produktionstheorie tatsächlich operabel zu machen, muss die sprachpragmatische Handlungsebene nochmals genauer untersucht werden. Hier beginnt nun der Einfluss der Philosophie Brandoms deutlich zu werden.

Rhetorik ist Handeln, welches im Prozess wesentlich auch auf ein Urteilen zielt. Davon ausgehend ist es konsequent, den Begriff des Urteils näher zu beleuchten, was Brandom ausführlich tut. In seiner an Kant angelehnten Theorie entwickelt sich seine Idee der deontischen Diskursführung, die den Ausgangspunkt für den letzten Funktions-Theoriebaustein dieser Arbeit bildet. Nach dieser Idee sind Begriffe funktionale Regelträger in inferentiellen Zusammenhängen. Was einen begrifflichen Gehalt besitzt, übernimmt zugleich eine Rolle in der Folgerungsbeziehung zwischen weiteren begrifflichen Gehalten. Diese Rolle wiederum ist eine deontische. Legt sich also ein Begriffsverwender auf einen Begriff fest, so geht er damit eine Reihe von normativen Verpflichtungen ein. Bestimmte Begriffe in bestimmten Zusammenhängen zu verwenden, legt den Begriffsverwender auf wieder andere Zusammenhänge fest, die er als gültig akzeptieren muss, will er konsistent bleiben. Dies führt Brandom zu der Idee des deontischen Punktekontos. Macht ein Sprecher in einem Gespräch eine Aussage, so ist er mit dieser Aussage verpflichtet, bestimmte andere Aussagen zu tätigen oder der Anerkennung bestimmter Wahrheits-Unterstellungen zu folgen, wohingegen er bei anderen Aussagen verpflichtet ist, sie in Zweifel zu ziehen.

Tatsächlich ist auch diese Theorie kompatibel mit der kontextualistischen Sichtweise. Alles Begriffliche enthält bereits die normative Anleitung zu seiner korrekten Anwendung in bestimmten Kontexten. Orator und Adressat handeln also in einem Beziehungsgefüge deontischer Rechte und Pflichten, worin die Möglichkeit liegt, sich gegenseitig auf manche Schlussfolgerungen und Handlungskonsequenzen festzulegen. Der Orator ist, besieht man sich seine Stellung als privilegiert Handelnder genauer, ein inferenz-evokativer Orator, der versucht, strategisch den Adressaten auf bestimmte Schlussfolgerungen festzulegen, von denen dieser nicht abweichen kann, will er nicht riskieren, inkonsistent zu sein (oder zumindest so dargestellt zu werden).

Daraus ergibt sich, dass Dubium und Zertum nicht mehr nur Meta-Überzeugungen sind, sondern zu Trägern deontischer Status werden. Bezogen auf das Modell des Überzeugungsschemas bedeutet dies, dass alle Objekt-Überzeugungen untereinander bestimmte Inferenzen festlegen, nach denen das Zertum in spezifischer Weise gebildet werden muss; dass zugleich aber auch Objekt-Überzeugungen, die durch den Orator in das Überzeugungsschema des Adressaten eingeführt werden, bestimmte inferentielle Forderungen stellen, die dann der Adressat erfüllen muss. Stehen diese inferentiellen Forderungen einer weiteren Zertifikation der Meta-Überzeugung des Schemas entgegen, kommt es zur Verunsicherung und Destruktion des Schemas selbst, so dass das Zertum in Zweifel gezogen wird.

Bezogen auf den handlungspraktischen und produktionstheoretischen Aspekt dieser Arbeit folgt daraus, dass ein Orator durch seine begrifflichen Entscheidungen in Verbindung mit seinem weiteren kommunikativen und sozialen Verhalten nicht nur im Akt der Triangulation einen Kontextwechsel vornehmen kann, sondern eben auch in der Lage ist, inferentielle Entscheidungen so zu treffen, dass sein Adressat aus Gründen der damit verbundenen deontischen Verpflichtung in der Akzeptanz von Zweifelsgründen ebenso folgen muss.

8.1.6 Strukturalisierungsschritt

Nachdem Brandom die Möglichkeit eröffnet, die Beziehungen aller Überzeugungen innerhalb eines Überzeugungsschemas untereinander und zur Meta-Überzeugung in den Blick zu nehmen, folgt nun eine strukturell-motivierte Modellierung dieser Relationen-Thematik. Die Idee inferentieller Beziehungen operiert mit dem Begriff der Regel, die festlegt, welche Inferenzen sich aus bestimmten begrifflichen Gehalten ergeben und welche weiteren Begründungsschritte ein Subjekt anzuerkennen verpflichtet ist. Nach diesem Muster dann innerhalb des Überzeugungsschemas eine Meta-Überzeugung auszubilden, bedeutet, einer Regel zu folgen. Regelfolgen selbst ist jedoch, wie Wittgenstein betont, an sich noch kein reflexiver Akt. Einer Regel folgt man zunächst in gewisser Weise blind, zumindest ist es keine notwendige Bedingung des Regelfolgens, das Folgen explizit zu machen. Gerade dies wird jedoch vom Erkenntnissubjekt verlangt, sobald das Überzeugungsschema der Infestation ausgesetzt ist. Denn der Akt der inversiven Persuasion betrifft eine reflexive Meta-Komponente eines Überzeugungsschemas – nämlich dessen Zertum.

Zertum und Dubium selbst kommen in ihrer reflexiven Stellung erst zustande, wenn es eine höherrangige Regel gibt, die sich der regelhaften Beziehungen aller Objekt-Überzeugungen eines Schemas annimmt und für diese die Normen der Inferenz selbst festlegt. Damit liegt eine Regel zur Beschreibung einer Regel vor, also das, was Wittgenstein das ‚Deuten' einer Regel nennt. Diese Meta-Regel, die die Ausrichtung aller normativer Status der Objekt-Überzeugungen ordnet, wird in dieser Arbeit als Deute-Regel bezeichnet.

Deuten kennt zwei kontradiktorische Ausprägungen: Eindeutigkeit und Undeutigkeit. Eindeutigkeit besteht, wo alle Elemente, die eine regelhafte Beziehung zueinander unterhalten, nach einer Deute-Regel in eine mögliche Richtung, das heißt eine Deutungsweise, ausgerichtet sind. Undeutigkeit hingegen markiert die Absenz einer solchen einheitlichen Ausrichtung. Strukturelle Ordnung im Sinne einer eindeutigen Vektorialität führt in ihrer logischen Konsequenz zur

Gewissheit. Alle Objekt-Überzeugungen des Schemas sind dann auf eine Meta-Überzeugung hin ausgerichtet und leiten diese aus ihren inferentiellen Relationen heraus ab. Unordnung wiederum zerstört diese Vektorialität und sorgt für Inkonsistenzen in der Deutung aller inferentiellen Beziehungen zwischen den Objekt-Überzeugungen. Das Schema wird daraufhin selbst inkonsistent, es verliert seine Gewissheit und wird undeutig, es gerät in Zweifel.

Denkt die Rhetorik hier wieder an ihre handlungspraktische Ebene, kann sie den Orator als die Instanz einsetzen, die die Deutungs-Hoheit über das Überzeugungsschema eines Adressaten hat, zumindest dann, wenn ihm der inferentielle Zugriff darauf gelingt. Dies wiederum ist eine Frage seiner begrifflichen Arbeit im Rahmen der Triangulation, mit der er inferentielle Beziehungen aufbauen kann, deren Akzeptanz den Adressaten gleichzeitig dazu verpflichtet, auch weiteren Inferenzen zuzustimmen, aus denen sich schließlich Überzeugungen ergeben, welche mit dem ursprünglichen Überzeugungsschema des Adressaten nicht mehr kompatibel sind.

Am Ende des siebten Kapitels folgt nochmals eine zusammenfassende Verdichtung der Zweifelsevokation: Durch sprachliche Handlungen machen Diskursteilnehmer Regeln, die zwischen Urteilen über die Welt bestehen, explizit und handeln damit aus, wie die Begriffe, die in dem Diskurs verwendet werden, zur Anwendung kommen dürfen und welche Schlussfolgerungen aus ihnen für Diskursteilnehmer gelten müssen. Damit ist die Idee der rhetorischen Zweifelsevokation eine Idee des rhetorischen Explizit-Machens diskursiver Regeln, die die Inferenzen, die alle Überzeugungen eines Überzeugungsschemas verbinden, in addubitative Undeutigkeit versetzen, um sie daran anschließend in persuasive Eindeutigkeit rückübersetzen zu können. Zweifel zu evozieren heißt, Wirklichkeits-Deutungen in der Sprache expressiv zu machen, und zwar in einem normativ signifikanten Sinn.

8.2 Zukünftige Forschungsanliegen

In seiner Darstellung *Erkenntnis und Interesse* rekonstruiert Habermas die Hegel'sche Kritik an Kants Erkenntnissubjekt:

> Hegel hingegen durchschaut, dass Kants Erkenntniskritik mit einem sich selbst nicht transparenten Bewusstsein anfängt. Das zuschauende Bewusstsein der Phänomenologie weiß sich als ein Element in die Erfahrung der Reflexion einbezogen. Erst muss die Genesis, die vom natürlichen Bewusstsein ausgeht, bis zu dem Standpunkt rekonstruiert sein, den der phänomenologische Zuschauer vorläufig einnehmen musste; dann kann die Position der Erkenntniskritik mit dem konstituierten Selbstbewusstsein eines, seines Bildungsprozesses innegewordenen und so erst von Kontingentem gereinigten Bewusstseins zusammenfallen.

> Das Subjekt der erkenntniskritischen Vergewisserung steht für das Bewusstsein, das geradezu ans Prüfen gehen will, nicht wie auf Abruf bereit; es ist sich erst mit dem Resultat seiner Selbstvergewisserung gegeben.[1]

Diese Passage drückt eine Einsicht aus, die sich auch durchgängig durch die vorliegende Arbeit zieht. Die erkenntniskritische Bewusstseinshaltung eines Subjektes kann nur unter der Bedingung der Selbstreflexion entstehen, und zwar jener Form der Selbstreflexion, in der sich das Subjekt selbst dessen bewusst wird, dass es Bewusstsein ist und so ein Selbst-Bewusstsein entwickelt. Hegel ist im Rahmen seiner *Phänomenologie des Geistes* mit diesem Gedanken noch recht weit von der Rhetorik entfernt, das Prinzip jedoch, welches er damit benennt, lässt sich auf die Rhetorik übertragen. Für Hegel ist „das Selbstbewusstsein ein anderes Selbstbewusstsein; es ist außer sich gekommen. Dies hat die gedoppelte Bedeutung; erstlich, es hat sich selbst verloren, denn es findet sich als ein anderes Wesen; zweitens, es hat damit das Andere aufgehoben, denn es sieht auch nicht das andere als Wesen, sondern sich selbst im andern."[2] In der für seine Denk- und Sprachfigur des ‚Aufhebens' typischen Weise bringt Hegel eine schwer zu durchschauende Dialektik von Nähe und Distanz ins Spiel,[3] die den *Locus classicus* der Dialektik von Positiv- und Negativ-Setzung ergänzt. Diese Nähe-Distanz-Thematik begegnet dem Interpreten des *Menon* ebenso. Auch Menon entwickelt im Verlauf des Dialoges eine Form des Selbstbewusstseins, und Hegels großes sprachliches Gespür für die Doppeldeutigkeit seiner Worte bildet hervorragend ab, was an der Figur des Menon sichtbar wird: Dieser verliert sich selbst in der Aporie, wie auch das Bewusstsein sich verliert, und in diesem Moment des Verlierens steckt zugleich das distanzierende Aufheben, das den Akt der Entwicklung eines Selbstbewusstseins erst ermöglicht.

Was die rhetorische Form einer Erkenntniskritik jedoch vor allem an den Worten Hegels interessiert, ist deren Anschlussfähigkeit an die wechselseitigen kommunikativen Beeinflussungskräfte im Raum des Intersubjektiven. Rhetorik geht davon aus, dass die distanzierenden und aufhebenden Kräfte, die das meinende Bewusstsein zu einem kritischen Selbstbewusstsein transformieren, externe Kommunikationsfaktoren sein können, die noch dazu strategisch nutzbar sind.

---

1 Habermas 1973, S. 25f.

2 Hegel: Phän., ed. Bonsiepen/Heede 2011, IV 109-110, 10-15.

3 Diese Deutung wird auch durch die Lektüre der Interpretation Gabriels gestützt, der von den „Verhältnisbestimmungen von Beobachtbarem und Beobachtung" spricht, also ebenfalls eine Differenzziehung vornimmt, die von einem Nähe-Distanz-Dualismus geprägt ist (Gabriel 2014, S. 214).

‚Selbst-Bewusstsein' im rhetorischen Sinne heißt, sich seiner Eingebundenheit in die grundsätzliche Agonalität des sozialen Meinungswettbewerbs bewusst zu sein und seinen eigenen Standpunkt im Vergleich zu den Meinungen der anderen abmessen zu können. Es ist diese Form des Bewusstseins, die Davidson mit seinem Modell der Triangulation an den Raum des Intersubjektiven bindet, in dem sich zwei Subjekte ihrer selbst und der (mentalen) Stellung des jeweils anderen bewusst sein müssen, wobei keines dieser beiden Momente dem anderen vorangeht. Selbst-Bewusstsein kann, folgt man Davidson, überhaupt nur ausgeprägt werden, ohne eine Vorgängigkeit der einen Wissensform vor der anderen zu postulieren. Für das rhetorische Selbst-Bewusstsein eines Erkenntnissubjektes ist die Form der Reflexion eine Grundvoraussetzung, die bereits im dritten Kapitel eingeführt wurde: Die Fähigkeit zur Erkenntnis einer eigenen Meta-Gewissheit, die das Zertum bildet. Es ist das Wissen zweiter Ordnung, das Wissen über die eigene Überzeugungslage, die dem Konzept ‚Zertum' einen Sinn verleiht. Und in gewisser Hinsicht, nämlich in Gestalt des Wissens der eigenen Überzeugungs-Destruktion, ist es auch ein Wissen zweiter Ordnung, zu zweifeln. Diese Formulierung klingt zwar paradox, ist aber konsequent, wenn man das Sprechen von einer meta-reflexiven Stellung von Zertum und Dubium innerhalb eines modular-holistisch verfassten Überzeugungsschemas ernst nimmt. Dieses rhetorische Selbst-Bewusstsein ist nun in zweifacher Hinsicht im Prozess inversiver Persuasion vertreten: zum einen ist es notwendige Bewusstseinsvoraussetzung für das Handeln des Orators, zum anderen ebenso notwendige Bewusstseinsvoraussetzung für die Infestation eines Adressaten. Im Moment der gelungenen Infestation, also des tatsächlich im psycho-mentalen Verarbeitungsapparat manifest werdenden Zweifels, wird der Adressat selbst zu einem erkenntniskritischen Subjekt. Seine Kritik bezieht sich nun auf das, was er zuvor noch für überzeugend oder wahr hielt, sein durch den Orator rhetorisch evoziertes Selbst-Bewusstsein geht nun mit den Erkenntnisleistungen ins Gericht, welche zuvor noch als sicher galten.

Die Rhetorik weiß, genau wie Hegel, dass das Element der Kritik als handlungspraktische Äußerungsform des Zweifels immer an eine epistemisch-dimensionierte Bewusstseinsreflexion gebunden ist. Hier darf nicht der Fehler begangen werden, den Begriff der Reflexion akademisch-normativ aufzuladen: Zu reflektieren meint hier nicht, eine höhere Stufe kognitiver Qualität im Sinne intelligenten Verhaltens zu erreichen. Reflexion ist in dem hier verwendeten Zusammenhang wertneutral zu verstehen. Wenn von tatsächlichem Zweifel und tatsächlichem subjektiven Gewissheitsempfinden die Rede ist, dann ist dies immer im Kontext von Begründungsoperationen zu sehen, so dürftig und formal inkorrekt diese von außen auch immer aussehen mögen.

Was also den rhetorischen Akt unter anderem kennzeichnet und im Übrigen auch von vielen anderen Akten allgemeiner Kommunikationshandlungen abgrenzt, ist die Tatsache, dass der Orator, will er wirklich persuadieren, im Adressaten eine Bewusstseinsgenese in Gang setzen muss, die diesen zum Selbst-Bewusstsein seiner eigenen Zerta führt – sei es, um auf diese konstruktiv-affirmierend oder destruktiv-zweifelsevokativ einzuwirken.

Für Brandom ist dieser Gedanke, wenn auch nicht gebunden an die Rhetorik, in seinem Konzept des diskursiven Handelns bereits sehr präsent. Was er als Explizit-Machen versteht, läuft am Ende darauf hinaus, das Selbst-Bewusstsein für das eigene deontische Punktekonto zu entwickeln.

Für die Rhetoriktheorie kann die Vertiefung dieser Thematik an dieser Stelle jedoch nur als zukünftiges Forschungsanliegen formuliert werden. Was eine rhetorische Theorie dieses Selbst-Bewusstseins bedeutet, ist noch lange nicht geklärt. Hegel selbst ist als Stichwortgeber hier natürlich nur kurz angesprochen und keineswegs wirklich zugänglich gemacht. Er ist ein Beispiel für die Lage der Rhetorik, nach ihrem jahrhundertelangen, nur stiefmütterlich beachteten Dasein, allmählich zu ihrer ursprünglichen Schwesterdisziplin, der Philosophie, wieder aufschließen zu können.

Fraglos ist die Untersuchung des Einflusses eines Orators auf die epistemische Reflexion seines Adressaten auch für die Rhetorik selbst schon ein Unternehmen, das großen Mehrwert verspricht, arbeitet man sich doch durch die Beschäftigung mit dieser Schwierigkeit ein Stück weiter in die intime Beziehung zwischen Orator und Adressat vor – ohne dabei in den obskuren Bereich der Spekulation über mentale Vorgänge zu geraten, die niemand erkennen kann. Denn die Lehre aus Davidsons Philosophie des Wissens und der Erkenntnis ist, dass das rhetorische Selbst-Bewusstsein, von dem hier die Rede ist, in seiner Ausbildung nicht alleine am Erkenntnissubjekt hängt, sondern nur im Zusammenhang rhetorisch-bedeutsamer Triangulation zustande kommt. Das ist der entscheidende Punkt eines Intersubjektivitätsverständnisses, welches die Rhetorik für sich erst noch weiter wird kultivieren müssen: rhetorische Öffentlichkeit konstituiert sich triangulär. Genau dieser Begriff der rhetorischen Öffentlichkeit ist in der Forschung bislang noch ungenügend ausgearbeitet. Ihn stärker zu entwickeln und damit die Lebensweltbedingungen zu erforschen, unter denen Persuasion tatsächlich stattfindet, ist das erste weiterführende Forschungsanliegen, welches sich an diese Arbeit anschließen kann.

Ein zweites Anliegen ergibt sich aus der Vorlage, die Davidsons Wissens-Explikationen und seine intersubjektivistisch verfasste Erkenntnis- und Bedeutungstheorie bietet. Persuasion arbeitet im Augenblick ihres noch erfolgsunsicheren Eintretens in die Welt des Fremdpsychischen mit projektiven Annahmen.

Diesen eine Theoriegrundlage zu geben, erweist sich als Gratwanderung, bei der haltbare Forschungsansätze von Spekulationen sauber getrennt werden müssen. Davidson bietet einen interessanten Zugang zum Fremdpsychischen an, indem er dieses an das eigene Wissen von sich selbst anbindet.

Das dritte Forschungsanliegen formuliert die Notwendigkeit einer weiterführenden Handlungstheorie. Gerade das dritte Kapitel dieser Arbeit konnte hier nur die Spitze dessen beleuchten, was an disziplinärer Debatte zwischen kausalistischen und teleologischen Ansätzen zu führen ist. Dies betrifft die Rhetorik als Handlungstheorie in einer für ihre fachliche Identität existentiellen Weise.

Und natürlich bleibt, um den handlungstheoretischen Charakter durch den performativ-praktischen dieser Disziplin zu ergänzen, noch die Frage nach der Produktionstechnik, die sich an alle Überlegungen dieser Arbeit nahtlos anschließen kann. Es geht in diesem vierten Forschungsanliegen konkret um Vertextungsstrategien zur Evokation von Undeutigkeiten. Die Untersuchung textueller Muster, die Produktion und Reproduktion solcher Muster unter situationsspezifischen Bedingungen sowie das weite Feld der Erforschung konkreter Resonanz auf diese Muster stehen dem zukünftig Interessierten offen.

Für alle diese Themen soll diese Arbeit einen ersten Anlaufpunkt bieten, der seinerseits Stichwortgeber für weitere Theorieleistungen ist, so wie diese Arbeit selbst etliche Stichwortgeber aufgesucht hat, um deren Gedanken für die Rhetorik produktiv gewinnen zu können. Sich auf abstrakter Ebene mit der Stellung und Funktion des Zweifels zu befassen, ist der theoretische Spiegel des praktischen Druckmomentes, das auf jedem Erkenntnissubjekt lastet, sobald es seinen Überzeugungen mittels Rhetorik zur sozialen Geltung verhelfen will. Um es an Brandom angelehnt auszudrücken: Rhetorik ist ein besonderes Spiel des Gebens und Forderns von Gründen, ein begriffliches Spiel, in welchem deontische Wertungen nicht nur über die Akzeptabilität einzelner Äußerungen und Urteile entscheiden, sondern zugleich über die soziale Anerkennung der Subjekte, die diese Begriffe verwenden, und über die lebensweltliche Reichweite ihrer sozialen Ziele, die sie vertreten. Damit steht für den sich im Diskurs befindlichen Begriffsverwender, den die Rhetorik als ihren Orator identifizieren kann, einiges auf dem Spiel. Rhetorik ist daher, sieht man von Akten reiner Affirmation ab, immer auch ein soziales Wagnis. Bedingt wird dies zum einen durch die Auswirkungen, die Gelingen wie auch Scheitern der rhetorischen Interaktion für alle Beteiligten haben können. Bedingt wird dies zum anderen auch durch Ursachen, die dem Gelingen oder Scheitern der rhetorischen Interaktion zugrunde liegen. Diese Ursachen können vielfältiger mentaler Art sein, sie alle rühren jedoch an jene Schemata, welche Orator wie Adressat mit Überzeugungen über die Welt Orientierung geben. Rhetorik ist immer bestrebt, diese Orientierungen zu verändern und strategisch zu beeinflussen. Die Überzeugungsschemata selbst sind die Lebensräume, wie Wittgenstein sie nennt, für alle Argumente, die ein Orator aus seinen eigenen Orientierungen gewinnt, und die einen Adressaten dazu bringen mögen, eine Ansicht, ein Verhalten oder eine Einstellung zu ändern. Vor allem aber sind diese Schemata die Lebensräume von Zweifel und Gewissheit. Dies ist zunächst nur eine geistesphilosophische Annahme, sie wird jedoch rhetoriktheoretisch relevant, sobald man Zweifel und Gewissheit als epistemische Konzepte mit dem Begriff des Arguments als zentralem rhetorischen Handlungselement zusammenbringt. Sobald dies geschieht, verwandeln sich Zweifel und Gewissheit in funktionale Größen innerhalb des Persuasionsprozesses und nehmen in Gestalt von Dubium und Zertum ihre Meta-Stellung innerhalb ihrer modular-holistischen Überzeugungsschemata ein.

Vor allem soll diese Arbeit dazu dienen, ein Sprechen von Zweifel und Gewissheit in der Rhetorik zu fundieren, um diesen Begriffen in der Rhetoriktheorie einen einheitlichen Platz zuordnen zu können. Aus welcher Richtung auch immer sonst auf die Frage der Persuasion geschaut werden kann, ist doch zumindest ein weiterer Schritt unternommen, zwei ihrer fundamentalsten Begriffe systematisch zu beleuchten – Zweifel und Gewissheit.

Literaturverzeichnis

Amoretti, Christina; Gerhard Preyer: Introduction. Mind, Knowledge, and Communication in Triangular Externalism. In: Dies. (Hgg.): Triangulation. From an Epistemological Point of View. Frankfurt et al. 2011, 9–28.

Anonymus Iamblichi. In: Die Sophisten. Ausgewählte Texte. Griechisch/Deutsch. Hrsg. u. übers. v. Thomas Schirren; Thomas Zinsmaier. Stuttgart 2003, 324–341.

Anscombe, Gertrude E. M.; Georg H. von Wright: Vorwort. In: Dies. (Hgg.): Wittgenstein: Über Gewissheit. Frankfurt 1984, 115–116 (= Wittgenstein Werkausgabe 8).

Aristoteles: Nikomachische Ethik. Hrsg. v. Günther Bien, übers. v. Eugen Rolfes. Hamburg [4]1985 (= Philosophische Bibliothek 5).

Aristoteles: Metaphysik. Hrsg. v. Ursula Wolf, übers. v. Hermann Bonitz. Hamburg [7]2014.

Aristoteles: Poetik. Hrsg. u. übers. v. Manfred Fuhrmann. Stuttgart 1982.

Aristoteles: Rhetorik. Übers. u. erläut. v. Christof Rapp. Berlin 2002 (= Aristoteles. Werke in deutscher Übersetzung. 4.1).

Aristoteles: Rhetorik. Kommentar. Übers. u. erläut. v. Christof Rapp. Berlin 2002 (= Aristoteles. Werke in deutscher Übersetzung. 4.2).

Aristoteles: Rhetorik. Übers. v. Gernot Krapinger. Stuttgart 1999.

Aristotelis Ars rhetorica. Hrsg. v. William David Ross. Oxford 1959 (= Scriptorum classicorum Bibliotheca Oxoniensis).

Aristoteles: Rhetorica. Übers. v. Willhelm de Moerbeka. Hrsg. v. Bernhard Schneider. Leiden 1978 (= Aristoteles Latinus XXXI 1-2).

Aristoteles: Rhetorik. Übers. u. erläut. v. Franz Sieveke. München [3]1989.

Aristoteles: Topik. Übers. u. komment. v. Tim Wagner; Christof Rapp. Stuttgart 2004.

Ayer, A. J.: Wittgenstein. London 1985.

Barth, Christian: Brandoms Expressivismus und die Konzeptualisierung impliziter Gehalte. In: Ders.; Holger Sturm (Hgg.): Robert Brandoms Expressive Vernunft. Historische und systematische Untersuchungen. Paderborn 2011, 175–208.

Bartley, William Warren: Wittgenstein, ein Leben. München 1983 (engl. Orig.: William Warren Bartley: Wittgenstein. Philadelphia 1973).

Bauer, Matthias; Joachim Knape; Peter Koch; Susanne Winkler: Dimensionen der Ambiguität. In: Ambiguität. Zeitschrift für Literaturwissenschaft und Linguistik Bd. 158 (2010), 7–75.

Baumhauer, Otto: Die sophistische Rhetorik. Eine Theorie sprachlicher Kommunikation. Stuttgart 1986.

Beerling, Rainer F.: Sprachspiele und Weltbilder. Reflexionen zu Wittgenstein. Freiburg, München 1980.

Benson, Hugh G.: The Priority of Definition and the Socratic Elenchus. In: Oxford Studies in Ancient Philosophy Vol. VIII (1990), 19–65.

Billing, Hans: Wittgensteins Sprachspielkonzeption. Bonn 1980.

Blumenberg, Hans: Anthropologische Annäherung an die Aktualität der Rhetorik [1971]. In: Ders. (Hrsg.): Wirklichkeiten in denen wir leben. Aufsätze und eine Rede. Stuttgart 1981a, 104–136.

Blumenberg, Hans: Einleitung. In: Ders. (Hrsg.): Wirklichkeiten in denen wir leben. Stuttgart 1981b, 3–6.

Blumenberg, Hans: Paradigmen zu einer Metaphorologie [1960]. Komment. v. Anselm Haverkamp. Frankfurt 2013.

https://doi.org/10.1515/9783110653885-009

Blumenberg, Hans: Theorie der Lebenswelt. In: Ders.: Theorie der Lebenswelt. Hrsg. v. Manfred Sommer. Berlin 2010, 7–108.

Borradori, Giovanna; Donald Davidson: Post-Analytic Visions. In: Giovanna Borradori: The American Philosopher. Conversations with Quine, Davidson, Putnam, Nozick, Danto, Rorty, Cavell, MacIntyre, and Kuhn. Chicago, London 1991, 40–54.

Brandom, Robert: Expressive Vernunft. Frankfurt 2000 (engl. Orig.: Robert Brandom: Making it Explicit. Reasoning, Representing, and Discursive Commitment. Harvard 1994).

Brandom, Robert: Begründen und Begreifen. Eine Einführung in den Inferentialismus. Frankfurt 2001 (engl. Orig.: Robert Brandom: Articulating Reasons. An Introduction to Inferentialism. Harvard 2000).

Brandom, Robert: Kantische Lehre über Geist, Bedeutung und Rationalität. In: Christian Barth; Holger Sturm (Hgg.): Robert Brandoms Expressive Vernunft. Historische und systematische Untersuchungen. Paderborn 2011, 27–59 (engl. Orig.: Robert Brandom: Kantian Lessons about Mind, Meaning, and Rationality. In: The Southern Journal of Philosophy 44 (2006), 49–71).

Brandom, Robert: Wiedererinnerter Idealismus. Frankfurt 2015.

Braver, Lee: Davidson's Reading of Gadamer: Triangulation, Conversation, and the Analytic-Continental Divide. In: Jeff Malpas (Hrsg.): Dialogues with Davidson: Acting, Interpreting, Understanding. MIT Press 2011, 149–166.

Brodersen, Kai: Antiphon. Gegen die Stiefmutter und Apollodoros. Gegen Neaira (Demosthenes 59). Frauen vor Gericht. Darmstadt 2004 (= Texte zur Forschung 84).

Cassirer, Ernst: Versuch über den Menschen. Einführung in eine Philosophie der Kultur [1944]. Hamburg ^{2}2007.

Classen, Carl Joachim: Einleitung. In: Ders. (Hrsg.): Sophistik. Darmstadt 1976, 1–18.

Coates, John: The claims of common sense. Moore, Wittgenstein, Keynes and the social sciences. Cambridge 1996.

Corcilius, Klaus: pragma/Sache, Gegenstand, Ding, Sachverhalt. In: Otfried Höffe (Hrsg.): Aristoteles-Lexikon. Stuttgart 2005, 486–487.

Davidson, Donald: Handlungen, Gründe und Ursachen [1963]. In: Ders. (Hrsg.): Handlung und Ereignis. Frankfurt 1990a, 19–42 (engl. Orig.: Donald David-son: Actions, Reasons, and Causes. In: Journal of Philosophy Vol. 60, Nr. 23 (1963), 685–700).

Davidson, Donald: Radikale Interpretation [1973]. In: Ders. (Hrsg.): Wahrheit und Interpretation. Frankfurt 1990b, 183–203 (engl. Orig.: Donald Davidson: Radical Interpretation. In: Dialectica 27 (1973), 313–328).

Davidson, Donald: Was ist eigentlich ein Begriffsschema? [1974] In: Ders. (Hrsg.): Wahrheit und Interpretation. Frankfurt 1990c, 261–282 (engl. Orig.: Donald Davidson: On the Very Idea of a Conceptual Scheme. In: Proceedings and Addresses of the American Philosophical Association 47 (1974), 5–20).

Davidson, Donald: Der Begriff des Glaubens und die Grundlage der Bedeutung [1974]. In: Ders. (Hrsg.): Wahrheit und Interpretation. Frankfurt 1990d, 204–223 (engl. Orig.: Donald Davidson: Belief and the Basis of Meaning. In: Synthese 27 (1974), 309–323).

Davidson, Donald: Denken und Reden [1975]. In: Ders. (Hrsg.): Wahrheit und Interpretation. Frankfurt 1990e, 224–246 (engl. Orig.: Donald Davidson: Thought and Talk. In: Samuel Guttenplan (Hrsg.): Mind and Language. Oxford 1975, 7–23).

Davidson, Donald: Einleitung [1984]. In: Ders. (Hrsg.): Wahrheit und Interpretation [1984]. Frankfurt 1990f, 9–19 (engl. Orig.: Donald Davidson: Introduction. In: Ders. (Hrsg.): Inquiries into Truth and Interpretation. Oxford 1984, 15–23).

Davidson, Donald: Handeln [1971]. In: Ders. (Hrsg.): Handlung und Ereignis. Frankfurt 1990g, 73–98 (engl. Orig.: Donald Davidson: Agency. In: Robert Binkley; Richard Bronaugh; Ausonio Marras (Hgg.): Agent, Action, and Reason. Toronto 1971, 3–25).

Davidson, Donald: The Emergence of Thought [1997]. In: Ders. (Hrsg.): Subjektive, Intersubjective, Objective. Oxford 2001a, 123–134 (Orig.: Donald Davidson: The Emergence of Thought. In: Erkenntnis 51 (1997), 7–17).

Davidson, Donald: Externalism. In: P. Kotatko; P. Pagin; G. Segal (Hgg.): Interpreting Davidson. Stanford 2001b, 1–16.

Davidson, Donald: A Coherence Theory of Truth and Knowledge. In: Ders. (Hrsg.): Subjective, Intersubjective, Objective. Oxford 2001c, 137–157 (engl. Orig.: Donald Davidson: A Coherence Theory of Truth and Knowledge. In: Alan Malachowski (Hrsg.): Reading Rorty. Critical responses to Philosophy and the mirror of nature (and beyond). Oxford 1990, 120–138).

Davidson, Donald: Die Torheit des Versuchs, die Wahrheit zu definieren [1996]. In: Mike Sandbothe (Hrsg.): Donald Davidson, Richard Rorty. Wozu Wahrheit? Eine Debatte. Frankfurt 2005, 246–268 (engl. Orig.: Donald Davidson: The Folly of Trying to Define Truth. In: The Journal of Philosophy Vol. 93, 6 (1996), 263–278).

Davidson, Donald: Vernünftige Tiere [1982]. In: Ders. (Hrsg.): Subjektiv, intersubjektiv, objektiv. Frankfurt 2013a, 167–185 (engl. Orig.: Donald Davidson: Rational Animals. In: Dialectica 36 (1982), 317–327).

Davidson, Donald: Der Mythos des Subjektiven [1988]. In: Ders. (Hrsg.): Subjektiv, intersubjektiv, objektiv. Frankfurt 2013b, 79–101 (engl. Orig.: Donald Davidson: The Myth of the Subjective. In: Michael Benedikt; Rudolf Berger (Hgg.): Bewusstsein, Sprache und die Kunst. Metamorphosen der Wahrheit. Wien 1988, 39–53).

Davidson, Donald: Eine Kohärenztheorie der Wahrheit und der Erkenntnis [1990]. In: Ders. (Hrsg.): Subjektiv, intersubjektiv, objektiv. Frankfurt 2013c, 233–269 (engl. Orig.: Donald Davidson: A Coherence Theory of Truth and Knowledge. In: Alan Malachowski (Hrsg.): Reading Rorty. Critical responses to Philosophy and the mirror of nature (and beyond). Oxford 1990, 120–138).

Davidson, Donald: Externalisierte Erkenntnistheorie [1990]. In: Ders. (Hrsg.): Subjektiv, intersubjektiv, objektiv. Frankfurt 2013d, 321–338 (engl. Orig.: Donald Davidson: Epistemology Externalized. In: Dialectica 45 (1990), 191–202).

Davidson, Donald: Drei Spielarten des Wissens [1991]. In: Ders. (Hrsg.): Subjektiv, intersubjektiv, objektiv. Frankfurt 2013e, 339–363 (engl. Orig.: Donald Davidson: Three Varieties of Knowledge. In: A. Phillips Griffiths (Hrsg.): A. J. Ayer Memorial Essays. Royal Institute of Philosophy Supplement 30. Cambridge 1991, 153–166).

Davidson, Donald: Die zweite Person [1992]. In: Ders. (Hrsg.): Subjektiv, intersubjektiv, objektiv. Frankfurt 2013f, 186–210 (engl. Orig.: Donald Davidson: The Second Person. In: Midwest Studies in Philosophy 17 (1992), 255–267).

Davidson, Donald: Indeterminismus und Antirealismus [1997]. In: Ders. (Hrsg.): Subjektiv, intersubjektiv, objektiv. Frankfurt 2013g, 127–151 (engl. Orig.: Donald Davidson: Indeterminism and Antirealism. In: Christopher. B. Kulp (Hrsg.): Realism/Antirealism and Epistemology. Lanham 1997, 109–122).

Davidson, Donald: Die Entstehung des Denkens [1997]. In: Ders. (Hrsg.): Subjektiv, intersubjektiv, objektiv. Frankfurt 2013h, 211–229 (engl. Orig.: Donald Davidson: The Emergence of Thought. In: Erkenntnis 51 (1997), 7–17).

DeRose, Keith: Contextualism: An Explanation and Defense. In: John Greco; Ernest Sosa (Hgg.): The Blackwell Guide to Epistemology. Malden 1999, 187–205.

DeRose, Keith: The Case for Contextualism. Knowledge, Skepticism, and Context Vol. 1. Oxford 2009.
Diogenes Laertius IX 50-56. In: Die Sopisten. Ausgewählte Texte. Griechisch/Deutsch. Hgg. u. übers. v. Thomas Schirren; Thomas Zinsmaier. Stuttgart 2003, 34–41.
Dohrn, Daniel: Brandoms Kantische Lehren. In: Christian Barth; Holger Sturm (Hgg.): Robert Brandoms Expressive Vernunft. Historische und systematische Untersuchungen. Paderborn 2011, 61–90.
Dostal, Robert: In Gadamer's Neighborhood. In: Jeff Malpas (Hrsg.): Dialogues with Davidson: Acting, Interpreting, Understanding. MIT Press 2011, 167–190.
Eagly, Alice H.; Shelly Chaiken: The Psychology of Attitudes. Boston 1993.
Eagly, Alice H.; Shelly Chaiken: The Advantages of an Inclusive Definition of Attitude. In: Social Cognition Vol. 25, Special Issue: What is an Attitude? (2007), 582–602.
Eisler, Rudolf: Kant-Lexikon. Nachschlagewerk zu Kants sämtlichen Schriften, Briefen und handschriftlichem Nachlass. Hrsg. v. Helmut Kuhn. Berlin 1930. Nachdruck Hildesheim 2008.
Ellis, Jonathan: The Relevance of Radical Interpretation to the Understanding of Mind. In: Jeff Malpas (Hrsg.): Dialogues with Davidson: Acting, Interpreting, Understanding. MIT Press 2011, 191–217.
Erler, Michael: Der Sinn der Aporien in den Dialogen Platons. Übungsstücke zur Anleitung im philosophischen Denken. Berlin, New York 1987.
Ernst, Gerhard: Einführung in die Erkenntnistheorie. Darmstadt 2007.
Fauconnier, Gilles; Mark Turner: The way we think. Conceptual Blending and the Mind's Hidden Complexities. New York 2002.
Fay, Siegfried C. A.: Zweifel und Gewissheit beim späten Wittgenstein. Eine Einführung. Frankfurt 1992.
Fishbein, Martin: Attitude and the prediction of behavior. In: Ders. (Hrsg.): Readings in attitude theory and measurement. New York 1967.
Fogelin, Robert: Pyrrhonian Reflections on Knowledge and Justification. Oxford 1994.
Frede, Michael: Pyrrhon. In: Hubert Cancik; Helmuth Schneider (Hgg.): Der Neue Pauly. Enzyklopädie der Antike Bd. 10. Stuttgart, Weimar 2001, 644–645.
Fuhrmann, Manfred: Die antike Rhetorik. Eine Einführung. Mannheim [6]2011.
Gabriel, Markus: Antike und moderne Skepsis zur Einführung. Hamburg 2008.
Gabriel, Markus: Die Erkenntnis der Welt – Eine Einführung in die Erkenntnistheorie. Freiburg 2012.
Gabriel, Markus: An den Grenzen der Erkenntnistheorie. Die notwendige Endlichkeit des objektiven Wissens als Lektion des Skeptizismus. Freiburg, München [2]2014.
Gadamer, Hans-Georg: Die griechische Philosophie und das moderne Denken [1978]. In: Ders. (Hrsg.): Der Anfang des Wissens. Stuttgart 1999.
Gadamer, Hans-Georg: Wahrheit und Methode. Grundzüge einer philosophischen Hermeneutik [1960]. Tübingen [7]2010.
Gardt, Andreas: Zur Rhetorik des Kunstdiskurses. In: Marcus Müller; Sandra Kluwe (Hgg.): Identitätsentwürfe in der Kunstkommunikation. Studien zur Praxis der sprachlichen und multimodalen Positionierung im Interaktionsraum ‚Kunst'. Berlin, Boston 2012, 47–66.
Gehlen, Arnold: Der Mensch. Seine Natur und seine Stellung in der Welt. Frankfurt [8]1966.
Geiger, Rolf: aporia/Schwierigkeit. In: Otfried Höffe (Hrsg.): Aristoteles-Lexikon. Stuttgart 2005, 66—68.

Gerlach, Stefan: Der Gegensatz von kausaler und teleologischer Handlungstheorie und die zwei Reihen der Zeit. In: Philosophisches Jahrbuch 121/1 (2014), 33–55.
Glock, Hans-Johann: Regelfolgen. In: Ders. (Hrsg.): Wittgenstein-Lexikon. Darmstadt 2000, 294–300.
Glüer, Kathrin: Donald Davidson. Zur Einführung. Hamburg 1993.
Glüer, Kathrin: Wittgenstein and Davidson on Agreement in Judgment. In: Wittgenstein-Studien 2 (2001), 81–103.
Glüer, Kathrin: Triangulation. In: Ernest Lepore; Barry C. Smith (Hgg.): The Oxford Handbook of Philosophy of Language. Oxford 2008, 1006–1019.
Gomperz, Heinrich: Sophistik und Rhetorik. Das Bildungsideal des EY ΛΕΓΕΙΝ in seinem Verhältnis zur Philosophie des V. Jahrhunderts [1912]. Unveränd. Nachdr. d. Ausg. Leipzig, Berlin 1912. Darmstadt 1965.
Gorgias: Enkomion auf Helena. In: Die Sophisten. Ausgewählte Texte. Griechisch/Deutsch. Hgg. u. übers. v. Thomas Schirren; Thomas Zinsmaier. Stuttgart 2003, 78–89.
Göttert, Karl-Heinz: Einführung in die Rhetorik. Paderborn ^{4}2009.
Grundmann, Thomas: Analytische Einführung in die Erkenntnistheorie. Berlin, New York 2008.
Grüne, Stefanie: Brandom über Kants Konzeption der Intentionalität. In: Christian Barth; Holger Sturm (Hgg.): Robert Brandoms Expressive Vernunft. Historische und systematische Untersuchungen. Paderborn 2011, 91–115.
Habermas, Jürgen: Erkenntnis und Interesse. Frankfurt 1973.
Habermas, Jürgen: Rationalität der Verständigung. Sprechakttheoretische Erläuterungen zum Begriff der kommunikativen Rationalität [1999]. In: Ders. (Hrsg.): Wahrheit und Rechtfertigung. Philosophische Aufsätze. Erweiterte Ausgabe. Frankfurt 2004a, 102–137.
Habermas, Jürgen: Von Kant zu Hegel. Zu Robert Brandoms Sprachpragmatik [1999]. In: Ders. (Hrsg.): Wahrheit und Rechtfertigung. Philosophische Aufsätze. Erweiterte Ausgabe. Frankfurt 2004b, 138–185.
Hallich, Oliver: Platons ‚Menon'. Darmstadt 2013.
Hegel, Georg Wilhelm Friedrich: Phänomenologie des Geistes. Hgg. v. Hans-Friedrich Wessels; Heinrich Clairmont. Hamburg 2011 (= Philosophische Bibliothek 414).
Hoerster, Norbert: George Edward Moore: Die Wahrnehmung der Außenwelt. In: Josef Speck (Hrsg.): Grundprobleme der großen Philosophen. Göttingen 1975, 9–50.
Höffe, Otfried: Aristoteles. München 1996.
Jaeger, Werner: Paideia. Die Formung des griechischen Menschen. Berlin, New York 1989.
Kahn, Charles H.: Plato and the Socratic Dialogue. The philosophical use of literary form. Cambridge 1996.
Kant, Immanuel: Kritik der reinen Vernunft. Nach der ersten und zweiten Originalausgabe. Hrsg. v. Jens Timmermann. Hamburg 1998 (= Philosophische Bibliothek 505).
Kant, Immanuel: Kritik der Urteilskraft. Hrsg. u. eingel. v. Heiner F. Klemme. Hamburg 2009 (= Philosophische Bibliothek 507).
Kellerwessel, Wulf: Zum Begriff der Gewissheit in Wittgensteins Über Gewissheit und seinen Implikationen. Ein Kommentar. In: Ders.; Thomas Peuker (Hgg.): Wittgensteins Spätphilosophie. Analysen und Probleme. Würzburg 1998, 227–255.
Kemmann, Ansgar: Evidentia, Evidenz. In: Gert Ueding (Hrsg.): Historisches Wörterbuch der Rhetorik Bd. 3. Tübingen 1996, 33–47.
Kennedy, George: The Art of Persuasion in Greece. Princeton, New Jersey 1963.
Kerferd, George B.; Hellmut Flashar: Sophistik. In: Klaus Döring et al. (Hgg.): Die Philosophie der Antike Bd. 2/1. Basel 1998, 1–137.

Kirste, Stephan: Einleitung. In: Ders.; Kay Waechter; Manfred Walther (Hgg.): Die Sophistik. Entstehung, Gestalt und Folgeprobleme des Gegensatzes von Naturrecht und positivem Recht. Stuttgart 2002, 7–16.

Knape, Joachim: Persuasion. In: Gerd Ueding (Hrsg.): Historisches Wörterbuch der Rhetorik Bd. 6. Tübingen 2003, 874–907.

Knape, Joachim: The Medium is the Massage? Medientheoretische Anfragen und Antworten der Rhetorik. In: Ders. (Hrsg.): Medienrhetorik. Tübingen 2005, 17–39.

Knape, Joachim: Poetik und Rhetorik in Deutschland 1300-1700. Wiesbaden 2006 (= Gratia 44).

Knape, Joachim: Rhetorik der Künste. In: Ulla Fix; Andreas Gardt; Joachim Knape (Hgg.): Rhetorik und Stilistik. Ein internationales Handbuch historischer und systematischer Forschung. 1. Halbbd. Berlin, New York 2008, 894–927 (= Handbücher zur Sprach- und Kommunikationswissenschaft 31.1).

Knape, Joachim: Rhetorik des Gesprächs. In: Ders. (Hrsg.): Rhetorik im Gespräch. Ergänzt um Beiträge zum Tübinger Courtshiprhetorik-Projekt. Berlin 2009, 13–51 (= Neue Rhetorik 4).

Knape, Joachim: Was ist Rhetorik? Bibliogr. erg. Ausgabe Stuttgart 2012a [2000].

Knape, Joachim: Duale Performanz in Rom. In: Felix Mundt (Hrsg.): Kommunikationsräume im kaiserzeitlichen Rom. Berlin, Boston 2012b, 123–141 (= Topoi. Berlin Studies of the Ancient World).

Knape, Joachim: Modern Rhetoric in Culture, Arts and Media. 13 Essays. Berlin, Boston 2013a.

Knape, Joachim: Kreativität der spontanen Findung. Inventivik im rhetorischen Stegreif heute, bei Alkidamas und bei Heinrich von Kleist. In: Ders.; Achim Litschko (Hgg.): Kreativität. Kommunikation – Wissenschaft – Künste. Berlin 2013b, 183–220 (= Neue Rhetorik 6).

Knape, Joachim: Textleistung. Eine moderne rhetorische Kategorie, erprobt am Beispiel mittelalterlicher Chronistik. In: Klaus Ridder; Steffen Patzold (Hgg.): Die Aktualität der Vormoderne. Epochenentwürfe zwischen Alterität und Kontinuität. Berlin 2013c, 135–159.

Knape, Joachim: Emotionssemantik oder Emotionsstilistik? Zur rhetorischen Theorie und Analytik des Emotionalen am Beispiel eines Einstein-Briefs. In: Miriam Langlotz et al. (Hgg.): SprachGefühl. Interdisziplinäre Perspektiven auf einen nur „scheinbar" altbekannten Begriff. Frankfurt 2014, 281–320 (= Medien – Literaturen – Sprachen in Anglistik/Amerikanistik, Germanistik und Romanistik 17).

Knape, Joachim: Das Othello-Reaktiv. Zur Funktion des Zweifels im rhetorischen Persuasionsprozess. In: Frank Duerr; Florian Landkammer; Julia Bahnmüller (Hgg.): Kognition. Kooperation. Persuasion. Überzeugungen in Gehirn und Gesellschaft. Berlin 2015a, 151–180 (= Neue Rhetorik 19).

Knape, Joachim: Inversive Persuasion. Zur Epistemologie und Rhetorik der Rhetorik der Verunsicherung. In: Therese Fuhrer et al. (Hgg.): Irritationen: rhetorische und poetische Verfahren der Verunsicherung. Berlin, München, Boston 2015b, 5–60.

Knape, Joachim: Von der intendierten Ambiguität in die Aporie. Monologische und dialogische Erkenntniswege im Beispiel von Platons Hippias Minor. In: Susanne Winkler (Hrsg.): Ambiguity. Language and Communication. Berlin, München, Boston 2015c, 111–154.

Knape, Joachim: Politrhetorik. In: Jörg Kilian; Thomas Niehr; Martin Wengeler (Hgg.): Handbuch Sprache und Politik Bd. 1. Bremen 2017, 100—128 (= Sprache – Politik – Gesellschaft 21.1).

Knape, Joachim; Sophia Kuhs: Szenische Ambiguität und politischer Zweifel in Parlamentsdebatten. In: Frank Duerr; Florian Landkammer; Julia Bahnmüller (Hgg.): Kognition, Kooperation, Persuasion. Überzeugungen in Gehirn und Gesellschaft. Berlin 2015, 181–196 (= Neue Rhetorik 19).

Kober, Michael: Gewissheit als Norm. Wittgensteins erkenntnistheoretische Untersuchungen in Über Gewissheit. Berlin, New York 1993.

Kopperschmidt, Josef: Was weiß die Rhetorik vom Menschen? Thematisch einleitende Bemerkungen. In: Ders. (Hrsg.): Rhetorische Anthropologie. Studien zum Homo rhetoricus. München 2000, 7–38.

Kraus, Manfred: Name und Sache. Ein Problem im frühgriechischen Denken. München 1987.

Kripke, Saul: Wittgenstein über Regeln und Privatsprache. Eine elementare Darstellung. Frankfurt 1987.

Kroß, Matthias: Klarheit als Selbstzweck. Wittgenstein über Philosophie, Religion, Ethik und Gewissheit. Berlin 1993.

Lakoff, George; Mark Johnson: Leben in Metaphern. Konstruktion und Gebrauch von Sprachbildern. Heidelberg 2018 (engl. Orig.: George Lakoff; Mark Johnson: Metaphors We Live By. Chicago 1980).

Lenk, Hans: Schemaspiele. Über Schemainterpretationen und Interpretationskonstrukte. Frankfurt 1995.

Lindroth, Heinzpeter: Zwischen Wahrheit, Holismus und Externalismus. Donald Davidsons semantische Theorie im Spiegel der Kritik. Wien 2000.

Lohmann, Hans: Poros. In: Hubert Cancik; Helmuth Schneider (Hgg.): Der Neue Pauly. Enzyklopädie der Antike Bd. 10. Stuttgart, Weimar 2001, 172–173.

Löhrer, Guido: Abweichende Kausalketten, abwegige Handlungsverläufe und die Rückkehr teleologischer Handlungserklärungen. In: Deutsche Zeitschrift für Philosophie 54/5 (2006), 785–800.

Luhmann, Niklas: Die Wissenschaft der Gesellschaft. Frankfurt 1990.

Malpas, Jeff: Donald Davidson and the Mirror of Meaning. Holism, truth, interpretation. Cambridge 1992.

Marcic, René: Geschichte der Rechtsphilosophie. Schwerpunkte – Kontrapunkte. Freiburg 1971.

McDowell, John: Non-Cognitivism and Rule-Following. In: S. Holtzmann; C. Leich (Hgg.): Wittgenstein: To Follow a Rule. London 1981, 141–162.

McTaggart, John; Ellis McTaggart: Die Irrealität der Zeit. In: Walther Zimmerli; Mike Sandbothe (Hgg.): Klassiker der modernen Zeitphilosophie. Darmstadt 1993, 67–86 (engl. Orig.: John McTaggart; Ellis McTaggart: The Unreality of Time. In: Mind XVII (1908), 457–474).

Meier, Christian: Die Entstehung des Politischen bei den Griechen. Frankfurt 1980.

Merkelbach, Reinhold: Platons Menon. Hrsg., übers. u. nach d. Inh. erkl. von Reinhold Merkelbach. Frankfurt 1988.

Möllers, Christoph: Die Möglichkeit der Normen. Über eine Praxis jenseits von Moralität und Kausalität. Berlin 2015.

Möllmann, Margarete: Sprache, Regel und Spiel. Die Stellung des Regelbegriffs in der Spätphilosophie Ludwig Wittgensteins. Frankfurt 1977.

Moore, George Edward: The Nature and Reality of Objects of Perception. In: Proceedings of the Aristotelian Society, New Series Vol. 6 (1905–1906), 68–127.

Moore, George Edward: The Conception of Reality. In: Ders. (Hrsg.): Philosophical Studies. London 1922, 197–219.

Moore, George Edward: A Defense of common sense [1925]. In: Ders. (Hrsg.): Philosophical Papers. London, New York 1959, 32–59 (Orig.: George Edward Moore: A Defense of common sense. In: J. H. Muirhead (Hrsg.): Contemporary British Philosophy. Personal Statements (2end series). London 1925, 191–223).

Morgan, Kathryn: Myth and Philosophy from the Presocratics to Plato. Cambridge 2000.

Nestle, Wilhelm: Vom Mythos zum Logos. Die Selbstentfaltung des griechischen Denkens von Homer bis auf die Sophistik und Sokrates. Stuttgart [2]1975.

Nietzsche, Friedrich: Nachgelassene Fragmente 1875-1879. Hgg. v. Giorgio Colli; Mazzino Montinari. Berlin, New York [9]2012 (= KSA 8).

Nietzsche, Friedrich: Die Geburt der Tragödie aus dem Geiste der Musik. In: Friedrich Nietzsche: Die Geburt der Tragödie. Unzeitgemäße Betrachtungen. Nachgelassene Schriften 1870-1873. Hgg. v. Giorgio Colli; Mazzino Montinari. Berlin, New York [9]2012 (= KSA 1).

O'Keefe, Daniel: Persuasion. Theory & Research. Thousend Oaks 2002.

Peirce, Charles Sanders: Die Festlegung einer Überzeugung. In: Karl-Otto Apel (Hrsg.): Charles Sanders Peirce. Schriften I. Zur Entstehung des Pragmatismus. Frankfurt 1967, 293–325 (engl. Orig.: Charles Sanders Peirce: The Fixation of Belief. In: Popular Science Monthly Vol. 12 (1877), 1–15).

Perelman, Chaïm: Das Reich der Rhetorik. Rhetorik und Argumentation. München 1980.

Platon: Kratylos. In: Platon: Kratylos, Parmenides, Theaitetos, Sophistes, Politikos, Philebos, Briefe. Hrsg. v. Ursula Wolf, übers. v. Friedrich Schleiermacher. Auf Grundl. der Bearb. v. Walter F. Otto; Ernesto Grassi; Gert Plamböck. Hamburg [37]2013 (= Platon. Sämtliche Werke 3).

Platon: Menon. In: Platon: Apologie, Kriton, Ion, Hippias II, Theages, Alkibiades I, Laches, Charmides, Euthyphron, Protagoras, Gorgias, Menon, Hippias I, Euthydemos, Menexenos. Hrsg. v. Ursula Wolf, übers. v. Friedrich Schleiermacher. Auf Grundl. der Bearb. v. Walter F. Otto; Ernesto Grassi; Gert Plamböck. Hamburg [32]2011 (= Platon. Sämtliche Werke 1).

Platon: Phaidros. In: Platon: Lysis, Symposion, Phaidon, Kleitophon, Politeia, Phaidros. Hrsg. v. Ursula Wolf, übers. v. Friedrich Schleiermacher. Auf Grundl. der Bearb. v. Walter F. Otto; Ernesto Grassi; Gert Plamböck. Hamburg [33]2011 (= Platon. Sämtliche Werke 2).

Platon: Symposion. In: Platon: Lysis, Symposion, Phaidon, Kleitophon, Politeia, Phaidros. Hrsg. v. Ursula Wolf, übers. v. Friedrich Schleiermacher. Auf Grundl. der Bearb. v. Walter F. Otto; Ernesto Grassi; Gert Plamböck. Hamburg [32]2011 (= Platon. Sämtliche Werke 2).

Poulakos, John: Toward a Sophistic Definition of Rhetoric. In: Mark J. Porrovecchio; Celeste Michelle Condit (Hgg.): Contemporary Rhetorical Theory. A Reader. New York, London [2]2016, 19–26.

Protagoras. Fragmente. Übers. v. Herman Diels, hrsg. v. Walther Kranz. 12., unveränd. Nachdr. der 6., verb. Aufl. 1951. Zürich, Hildesheim 1985 (= Die Fragmente der Vorsokratiker 1).

Quine, Willard van Orman: Word and Object. MIT Press 1960.

Quintilian: Institutionis oratoriae libri XII. Hrsg. u. übers. v. Helmut Rahn. Darmstadt [5]2011.

Rapp, Christof: Aristotle's Rhetoric. In: Edward N. Zalta (Hrsg.): The Stanford Encyclopedia of Philosophy (Spring 2010 Edition). § 6. http://plato.stanford.edu/archives/spr2010/entries/aristotle-rhetoric/ (letzter Zugriff: 28.03.2019).

Recki, Birgit: Der praktische Sinn der Metapher. Eine systematische Überlegung mit Blick auf Ernst Cassirer. In: Franz Josef Wetz; Hermann Timm (Hgg.): Die Kunst des Überlebens. Nachdenken über Hans Blumenberg. Frankfurt 1999, 142–163.

Rese, Friederike: Praxis und Logos bei Aristoteles. Handlung, Vernunft und Rede in Nikomachischer Ethik, Rhetorik und Politik. Tübingen 2003.

Rhodes, Peter J.: Isonomia. In: Hubert Cancik; Helmuth Schneider (Hgg.): Der Neue Pauly. Enzyklopädie der Antike Bd. 5. Stuttgart, Weimar 1989, 1143.
Robling, Franz-Hubert: Was ist rhetorische Anthropologie? Versuch einer disziplinären Definition. In: Manfred Beetz et al. (Hgg.): Rhetorik. Ein internationales Jahrbuch Bd. 23. Tübingen 2004, 1–10.
Rovane, Carol: Nachsicht und Identität. In: Wolfgang Köhler (Hrsg.): Davidsons Philosophie des Mentalen. Paderborn 1997, 67–80.
Schaffer, Jonathan: What Shifts? Thresholds, Standards, or Alternatives? In: Gerhard Preyer; Georg Peter (Hgg.): Contextualism in Philosophy. Knowledge, Meaning, and Truth. Oxford 2005, 115–130.
Schirren, Thomas; Thomas Zinsmaier: Die Sophisten. Ausgewählte Texte. Griechisch/Deutsch. Hgg. u. übers. v. Thomas Schirren; Thomas Zinsmaier. Stuttgart 2003.
Searle, John: Die Konstruktion der gesellschaftlichen Wirklichkeit. Zur Ontologie sozialer Tatsachen. Frankfurt 2011 (engl. Orig.: John Searle: The Construction of Social Reality. New York 1995.)
Seide, Ansgar: Rechtfertigung, Kohärenz, Kontext. Eine Theorie epistemischer Rechtfertigung. Paderborn 2011.
Stekeler-Weithofer, Pirmin: Zur Besonderheit der ersten Person. In: Wolfgang Köhler (Hrsg.): Davidsons Philosophie des Mentalen. Paderborn 1997, 197–216.
Stetter, Christian: Schrift und Sprache. Frankfurt 1997.
Stjernberg, Fredrik: Knowing me, knowing you: Triangulation an it`s discontents. In: Maria Cristina Amoretti; Gerhard Preyer (Hgg.): Triangulation. From an Epistemological Point of View. Frankfurt et al. 2011, 105–120.
Strawson, Peter: Skeptizismus und Naturalismus. Frankfurt 1987 (engl. Orig.: Peter Strawson: Skepticism and naturalism. Some Varieties. New York 1985).
Stüber, Karsten: Donald Davidsons Theorie sprachlichen Verstehens. Frankfurt 1993.
Svensson, Gunnar: On Doubting the Reality of Reality. Moore and Wittgenstein on sceptical doubts. Stockholm 1981.
Tordesillas, Alonso: Sophistik. In: Gerd Ueding (Hrsg.): Historisches Wörterbuch der Rhetorik Bd. 8. Tübingen 2007, 990–1027.
Venieri, Maria: Wittgenstein über philosophische Erklärung. Frankfurt 1989.
Vorländer, Karl: Geschichte der Philosophie Bd. 1. Hamburg 1990.
Waldenfels, Bernhard: Das sokratische Fragen. Aporie, Elenchos, Anamnesis. Meisenheim a. G. 1961.
Waldenfels, Bernhard: Aporie, Aporetik. In: Gottfried Gabriel; Karlfried Gründer; Joachim Ritter (Hgg.): Historisches Wörterbuch der Philosophie Bd. 1. Basel 1971, 447–448.
Waldenfels, Bernhard: Elenchus, Elenktik. In: Gottfried Gabriel; Karlfried Gründer; Joachim Ritter (Hgg.): Historisches Wörterbuch der Philosophie Bd. 2. Basel 1972, 442–443.
Willaschek, Marcus: Der mentale Zugang zur Welt. Realismus, Skeptizismus und Intentionalität. Frankfurt 2003.
Williams, Michael: Problems of Knowledge. A Critical Introduction to Epistemology. Oxford, New York 2001.
Wittgenstein, Ludwig: Bemerkungen über die Farben. In: Gertrude E. M. Anscombe (Hrsg.): Wittgenstein: Über Gewissheit. Bemerkungen über die Farben. Zettel. Vermischte Bemerkungen. Frankfurt 1984, 7–112 (= Wittgenstein Werkausgabe 8).

Wittgenstein, Ludwig: Das Blaue Buch. In: Rush Rhees (Hrsg.): Wittgenstein: Das Blaue Buch. Eine Philosophische Betrachtung (Das Braune Buch). Frankfurt 1984, 15–116 (= Wittgenstein Werkausgabe 5).

Wittgenstein, Ludwig: Bemerkungen über die Philosophie der Psychologie II. In: Georg H. v. Wright; Heikki Nyman (Hgg.): Wittgenstein: Bemerkungen über die Philosophie der Psychologie. Letzte Schriften über die Philosophie der Psychologie. Frankfurt 1984, 217–346 (= Wittgenstein Werkausgabe 7).

Wittgenstein, Ludwig: Eine Philosophische Betrachtung. (Das Braune Buch). In: Rush Rhees (Hrsg.): Wittgenstein: Das Blaue Buch. Eine Philosophische Betrachtung (Das Braune Buch). Frankfurt 1984, 117–282 (= Wittgenstein Werkausgabe 5).

Wittgenstein, Ludwig: Philosophische Bemerkungen. Hrsg. v. Rush Rhees. Frankfurt 1984 (= Werkausgabe 2).

Wittgenstein, Ludwig: Philosophische Grammatik. Hrsg. v. Rush Rhees. Frankfurt 1984 (= Wittgenstein Werkausgabe 4).

Wittgenstein, Ludwig: Philosophische Untersuchungen. In: Gertrude E. M. Anscombe; Rush Rhees (Hgg.): Wittgenstein: Tractatus logico-philosophicus. Tagebücher 1914-1916. Philosophische Untersuchungen. Frankfurt 1984, 225–580 (= Wittgenstein Werkausgabe 1).

Wittgenstein, Ludwig: Logisch-philosophische Abhandlung. Tractatus logico-philosophicus. In: Gertrude E. M. Anscombe; Georg H. von Wright (Hgg.): Wittgenstein: Tractatus logico-philosophicus. Tagebücher 1914-1916. Philosophische Untersuchungen. Frankfurt 1984, 7–85 (= Wittgenstein Werkausgabe 1).

Wittgenstein, Ludwig: Über Gewissheit. In: Gertrude E. M. Anscombe; Georg H. von Wright (Hgg.): Wittgenstein: Über Gewissheit. Bemerkungen über die Farben. Zettel. Vermischte Bemerkungen. Frankfurt 1984, 113–258 (= Wittgenstein Werkausgabe 8).

Wood, Samuel E.; Ellen Green Wood: Mastering the World of Psychology. Boston et al. 2014.

Wright, Crispin: Wittgenstein on the Foundations of Mathematics. London 1980.

Wright, Georg H. von: Wittgenstein. Frankfurt 1986.

Žižek, Slavoj: Weniger als nichts. Hegel und der Schatten des dialektischen Materialismus. Frankfurt 2014 (engl. Orig.: Slavoj Žižek: Less Than Nothing. Hegel and the Shadow of Dialectical Materialism. London, New York 2012).

Index

https://doi.org/10.1515/9783110653885-010